夏国平 著

灰色的建筑

文匯出版社

序

"灰色建筑"之殇

　　夏国平不是一个职业作家,但他已经写下两部长篇小说了。而且两部书都是厚厚的、沉甸甸的作品。

　　2008年,他出版了第一部书《天堂鸟》。文汇出版社在书的腰封上醒目地写着,这是"一部关于当代中国人的眼泪和欢笑的激情小说。"三个大学生周建伟、林捷、徐德峰走出了大学,走上了不同的追求之路。从作品展示的情节和故事,可以明显地感觉到,夏国平从自己的人生体验和同时代人的追求和拼搏中,汲取了不少创作的素材,并融进了自己的思考。

　　给我印象深刻的是,写作这第一部书,夏国平还经历了一次电脑吞噬他原稿的灾难。有过写作经历的人都知道,这是多么令人沮丧的"事件"。但是夏国平扛住了,坚持下来了,终于在"好事多磨"之后,推出了50万字之巨的《天堂鸟》。

　　从这件小小的事情上,看得出他对文学、对写作长篇小说的执着和那份感情。

　　是啊,写作是需要种种条件的,甚至还需要有一点才情。但是,对于文学的执着,对于文学的"爱",是最为主要的首决条件。

　　我想,正是因为有了这份爱,夏国平先生才会在仅仅隔了七年之后,又给广大读者捧出了今天这本同样厚重的长篇小说《灰色的建筑》。

　　如果说《天堂鸟》的题材取自于他和他的同时代伙伴们的人生经历。那么,《灰色的建筑》这本书,则更多地来自于他的职业体验和工作感受了。

　　夏国平先生出生于1954年,和许许多多20世纪50年代早期出生的人相似,他经历过"文革",特别是在"十年浩劫"中有过"上山下乡"当知青的那一段农场岁月。读大学之前,他就有过生活的历练。大学毕业之后,在教育和文化部门任职,以后又进入一家集团公司任执行总裁。正是这一段和职场生活中形形色色各种人物接触与打交道的过程,令他萌生了创作《灰色的建筑》这部书的冲动。

小说写的是世人瞩目的建筑行业内的故事。

改革开放的三十几年来，我们大大小小的开发区，我们的大、中、小城市乃至小城镇，造了多少的高楼大厦啊！这常常成为我们城市化进程值得自傲的标志。

只是，这些房子是怎么造出来的？在建造耸天的大楼中有些什么跌宕的故事，局外人都所知寥寥。正像经常从报纸上读到反腐败报道中"拍苍蝇""打老虎"、"能吏"庸官"一锅端"一样，人们也时常听到建筑行业内部的"水"如何深，其间的奥妙如何难以言尽。可究竟是怎么一回事，善良的人们实在是不晓得的。

夏国平这一本取名《灰色的建筑》的长篇小说，就给读者们掀开了这一行业的内幕。一心想把自己的公司打造成建筑行业里"航空母舰"的郑昱嘉，凭借他的坚忍，凭借他周旋于上上下下、方方面面人物的能力，凭借他逐渐运用得越来越娴熟的"潜规则"，在承接关键性的"新农村建设"项目中，施展他的本领，演出了一场又一场勾心斗角甚而至于惊心动魄的戏文。除了商海中一心逐利的主角郑昱嘉之外，贪图钱财、聚众闹事的包工头黎一鸣，一门心思想着升官不忘发财的书记江永祥、镇长赵则林，掌握着审批大权的公务员邹培远，借着权力中饱私囊，赤裸裸露出他这种人物的嘴脸；还有一些看似不重要的角色包工头韩长龙、开小旅馆的程子根，一派无赖的项目经理范于波，扦脚师傅焦保业，当然还有正直善良的正面人物大学教授严于信……总而言之，夏国平把这些人物一个个刻画得栩栩如生、跃然纸上，让读者们一一看到了建筑行业内外的社会众生相。当这样一些人在权力、金钱、美色面前情不自禁显露出他们的真实面貌时，读者自会感到，如果没有对这一行业的深切体验和感悟，是不可能有如此淋漓尽致的描写的。

夏国平的《灰色的建筑》一书，无论在向社会昭示其警世意义的主题，在人物的刻画和情节的设置，以至许许多多细节的描绘上，都比《天堂鸟》一书有了进步。

这是令人可喜可贺的事情。

愿夏国平先生在创作上不断地取得新的进步，有新的突破。

是为序。

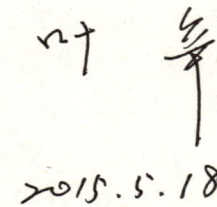

2015.5.18

1

　　江南的梅雨季节闷热潮湿，绵绵不断的雨丝搅得人心烦意乱，伸手往半空中抓一把，似乎就可以将水珠攥在手心。今年的梅雨季节没有个出头的日子，六月份都快过去了，还一天到晚滴滴答答下个不停。郑昱嘉的眼角朝那本搁在宽大办公桌上的台历稍稍瞅了一眼，小声地嘟囔着：可恶的黄梅天。他抓起空调遥控器，将办公室内的温度下调到摄氏二十度才罢手。感觉上凉爽了些，郑昱嘉起身推开紧贴着他的脊背足足有几个小时的老板椅，慵懒地扭动胯部，蹒跚几步，又将自己的半个身子扔进办公桌对面几步之遥的牛皮沙发里。

　　郑昱嘉这几天一直心神不宁。他自嘲自己的心跟随着另外一个人飞到北京去了，唯有等到北京方面来电，他那颗心才会重新回到他的胸膛。约定的时间就在今天，就在眼前的这个时间段。郑昱嘉半个身体侧卧在那张古铜色牛皮沙发，右手掌紧贴自己的半个脸颊，两只眼睛紧盯着左手腕的江诗丹顿，还有一个小时就是约定的时间，北京方面该来电话了。郑昱嘉的心脏又开始剧烈地跳动，他清晰地听见那颗心脏有力搏动的声音。当自己的手机铃声响起时，听到的会是何种消息，郑昱嘉不得而知，他的心绪莫名地烦躁。蓦然间，郑昱嘉鱼跃而起，连声自责今天怎么忘记做功课了，该死！该死！他一个箭步窜到供奉佛像的神龛前，恭恭敬敬地焚香三炷，虔诚地磕头作揖三下：我佛大慈大悲，保佑我，保佑我成功！已经好几次请大师卜过卦了：出师有利，马到成功啊！可是郑昱嘉仍然忐忑不安，轮廓分明的脸庞分明书写着无比的焦虑，一丝不祥笼罩在他的心头。他的额角开始沁出点点汗珠，两道又浓又黑的眉毛逐渐向眉间聚拢，鼻翼也开始有规律地翕动，瘦削的两颊那几丝仅有的肌肉也跟着微微抽搐。郑昱嘉极其虔诚地在菩萨面前顶礼膜拜，整个身子都趴在地面，远远瞅去，原本颀长的身材就像一棵倒塌的枯树横亘在观音菩萨塑像前。

　　外形俊朗的郑昱嘉信佛，受过高等文科教育的他，很喜欢六世达赖仓央嘉措的情诗,独处静思的时候总会取出搁在书桌上的仓央嘉措诗选,默默吟诵几节。他追寻的不是仓央嘉措诗歌中所表现的佛学和爱情交织的深邃意境,而是从中感悟出他自商界拼搏后的疲惫,觉悟唯有他才能提炼出来的哲理。仓央嘉措那忧伤而又清练的文字,并不仅仅展现情爱的至上和佛祖的博大,其间,还有另一种不可言传的人生感悟,只有深入仓央嘉措的内心世界,感受才会更加真切。匍匐在佛像前的郑昱嘉,此时在心头询问菩萨:

  我问佛:为何世间有那么多遗憾?
  佛曰:这是一个婆娑世界,婆娑即是遗憾,没有遗憾,给你再多幸福也不会快乐。

郑昱嘉顿悟,佛给了他答案。幸福躲藏在遗憾的背后,没有遗憾哪有幸福?郑昱嘉释然。

  自小就浸润在商海的郑昱嘉内心有个宏图大愿,他一直想建立自己心目中的建筑王国,打造一个建筑业无与伦比的建筑平台——凡是与建筑业有关的建设项目,他这个平台都能提供任何一项资质,可以供任何挂靠的施工队伍来承接项目。十八岁高中毕业后,郑昱嘉考进东海市的东海大学现代汉语专业,毕业后回到家乡的省城,在一家大型国企的宣传科待了一年,实在忍受不了坐办公室一潭死水般的生活,递交一纸辞职书后,便马不停蹄地找到父亲,宣告自己要下海经商。彼时,郑昱嘉的父亲是东海市小有名气的建筑小老板,极不情愿唯一的儿子继承他的衣钵,干工程是看人脸色吃饭的活,个中三昧难以说清。郑昱嘉的父亲竭力规劝儿子返回国企,郑昱嘉吃了秤砣铁了心,无奈之下,其父只得让儿子在他的手下负责建筑材料的采购这一块。

  郑昱嘉从二十世纪九十年代初跟随父亲从做清包工开始,在建筑行业跌爬滚打了近十五年,饱尝了建筑业的潜规则带给自己的种种甘苦。千辛万苦获得的机会,只得借用其他公司的资质,被借用资质的企业,毫不留情地抽取至少百分之三的管理费,还巧立名目收取种种费用。一个项目做下来,除了感谢中间人之外,所挂靠的公司又抽掉一大块利润,到自己手里就所剩无几了,他发誓要建立一个自己的建筑公司。

  一年前,郑昱嘉花十五万人民币购买了一个具有三级资质的建筑公司。他发誓要把这个建筑公司变成二级,再升格为一级,直到特级。路漫漫其修远兮,但郑昱嘉踌躇满志,他准备用五到八年的时间卧薪尝胆,完成这个宏图大愿。真是神助郑昱嘉也!他有幸结识了生长在东海市的老乡邹培远,是邹培远为郑昱嘉打开了一条通往他理想王国的通途。

论辈分,邹培远要长郑昱嘉一辈,郑昱嘉恭敬地尊称邹培远为叔叔。邹培远的形象与郑昱嘉有相似之处,都长得高大俊朗,且邹培远与郑昱嘉相比外形上更显得欧化,最显著的特征是邹培远棱角分明的脸庞上长着一个突出的鹰钩鼻子。据邹培远自述,他的身上有八分之一的英格兰血统,他的曾外祖母年轻时和一个英籍传教士有染,生下邹培远的外祖父后,被族人认为有伤风化赶出村外,邹培远的曾外祖母怀抱未满月的骨血独自迁徙到郑昱嘉的故乡。百年前,郑昱嘉的故乡盛行信奉耶稣,邹培远的曾外祖母被此地好心的乡人收留落脚。二十多年后,邹培远的外祖父在东海市与郑昱嘉的一个远亲结亲,郑昱嘉和邹培远之间也就形成了这么一层亲戚关系。

邹培远的外祖父是裁缝。民国初年,他的外祖父跟随村里的一个乡邻到东海市闯荡,那时候他的外祖父才十五六岁。邹培远的外祖父聪敏机灵,手勤脚快,据说,他那一半英格兰基因所塑成的外形为他的店铺树立了很好的招牌,诸多阔太太娇小姐都慕名而来,门庭若市。邹培远的外祖父三年学徒生涯结束后就独立谋生,在东海市紧邻法租界的老城厢觅得一个门面,自立门户,开设了一个裁缝铺,生意红火。后来,他认识了邹培远的外祖母,一家南货店老板的千金小姐,该千金小姐正是郑昱嘉祖上的亲戚,原先也是邹培远外祖父的顾客。结亲后,邹培远的外祖父就此在东海市立足生根,所以邹培远该是东海市的第三代移民了。

邹培远初中毕业因家庭成分不好下乡到黑龙江当知青,一九七七年恢复高考,他从农村考回东海市的名牌大学东海大学经济系,毕业后,分配到东海市的建筑业管理办公室担任一个政府官员,专门负责审批建筑企业的资质。二十世纪八十年代,这个部门并不起眼,邹培远终日里过着平静安稳、与世无争的悠闲生活。改革开放的时代到来,中国大地掀起一股基建的浪潮,邹培远的部门明显地热闹起来,他手中的权力显示出其重要性。郑昱嘉是在邹培远春节回乡省亲时的一次聚会上认识对方的,两个人都惊讶彼此之间不但是东海大学的校友,而且还竟然有着拐弯抹角的亲戚关系,距离一下子拉得很近,行业的敏感性让郑昱嘉意识到邹培远很可能就是他的财神爷。回到东海后,郑昱嘉就逐渐地和邹培远套近乎,一来二去,郑昱嘉成了邹培远家的座上客,并且跨越了辈分,以兄弟称谓。

好几年的功夫,郑昱嘉在邹培远的身上是花钱如流水,他从来没有向邹培远提出任何要求,他觉得时机还不成熟。一方面自己的羽翼未丰,另一方面他不想为了一些蝇头小利而动用邹培远这层关系,他在邹培远身上的赌注必须用到最关键的时刻。让郑昱嘉动了念头起用邹培远的关系要追溯到两年前的那件事,是由一个工程的投标所引起的。这个市政道路工程郑昱嘉整整跟踪了将近两年,建筑行业素来有"金桥银路"之说,修建一条市政道路,标的三千万,只要和甲方关系协调到位,这种短平快的项目,技术含金量又不是很高,郑昱嘉满打满算至少有将近一千万的利润,实在是丰厚得很。郑昱嘉和掌握这个项目实权的领导私下里沟通得非常到位,这两年里,他陪同这位领导南下中国的香港、澳门,东渡邻国日本,西飞我国的新疆喀纳斯,南游海南岛三亚,下了很大的本钱。真的是一片赤诚之心感动了上苍,领导总算开了金口,让郑昱嘉同时找五家具有市政工程总承包国家一级资质的建筑单位进行围标,并且将标的也透露给了郑昱嘉。当然,这位领导的吃心也大得很,张口就要百分之八的好处费,郑昱嘉不加思索地答应了。他横竖盘算,百分之八的回扣加上税收,充其量也就是百分之十二,再加上借用资质扣除的管理费百分之四,自己满打满算也可以有百分之二十的利润,半年的施工周期自己就可以稳赚六百多万,如果和业主、设计以及监理的关系协调得到位,再追加个二百万也有可能。谁料到业主认可的那家建筑单位张口就要收取含税收在内百分之十的管理费,还要派驻一个项目经理以及两名专业技术人员,工资和奖金由郑昱嘉一并包揽。郑昱嘉心疼啊! 在他的眼里,这甲方的领导和被借用资质的建筑单位都是白眼狼,剜他的肉,吸他的血。但也没有办法,谁让他没有自己的平台呢?

自这个工程之后,郑昱嘉就立志要打造一个自己的建筑平台。他身边唯一可以帮得上忙的就是邹培远,郑昱嘉打算正式向邹培远摊牌了。一个春风沉醉的夜晚,郑昱嘉先陪同邹培远在新加坡泰国村鱼翅馆酒足饭饱了一顿,又到香港城洗桑拿。做完泰式按摩后,郑昱嘉将瘦削的身体半蜷在沙发里,不时拿眼梢悄悄斜扫仰头看天花板默默抽烟的邹培远,揣摩着如何向邹培远开这个口。郑昱嘉的嘴唇吧嗒吧嗒蠕动好几次,话到喉咙口却又生生地硬咽到肚子里,竟不知如何说起,只是下意识地用双手的食指死劲地按摩着高耸鼻梁的两侧,两道浓浓的眉毛又逐渐向眉心聚拢。这是郑昱嘉的习惯,每当他要做出一个重大决定时必然会有这个小动作。

邹培远当然觉察到郑昱嘉如此不安的举动,他明白对方的花花肠子开始捣鼓了。邹培远也习以为常,郑昱嘉亏待不了他,举手之劳就受益的事情,他何乐而不为?他深深地吸了一口烟,惬意地伸了一个懒腰,慢悠悠地吐出了一句话:"兄弟,你今天是醉翁之意不在酒吧?有劳你如此破费,我邹培远也得有功受禄才行。别磨磨蹭蹭的,想说什么尽管开口。"邹培远的声音低沉而又富有磁性,语速缓慢却很有穿透力,如果唱卡拉OK,绝对是个出色的男中音。

"大哥果真是个爽快人,"郑昱嘉撅起半个臀部凑向邹培远,不失时机地为邹培远重新点燃一支熊猫牌香烟,"我就直说了,大哥,我最近购买的那个三级公司想升二级,能帮个忙吗?"郑昱嘉的心里还是没有底,只是试探性地发问。

邹培远哈哈大笑,扭转头上上下下打量郑昱嘉半晌,不温不火地慢慢开了腔:"这事?就是你所说的那个叫海申的三级公司要升二级?"

郑昱嘉不明白邹培远的这连续两个发问是何意,他的脸顿时涨成猪肝色,鼻尖汗珠沁出,有点不知所措,不敢正眼注视邹培远,头微微低垂,嗫嚅道:"在大哥面前有些唐突了,我只是想问问,没其他意思。"

邹培远又是哈哈大笑,泪水都从眼眶里爆出来了:"真逗!你。"邹培远好半晌才止住笑,右手捂住嘴巴,夹着香烟的左手在郑昱嘉面前不停地画圈:"就这件事情?没其他的了?"抛出的又是两个问句。

郑昱嘉晃荡着脑袋摇头无语,往昔那双能够摄人魂魄的眸子漫散出无泽的光彩,他的自尊在邹培远的嘲笑下变得自卑,他的心悬在半空,他不明白邹培远是怎么想的,他的内心在努力地编织着一串串的话,很想说服邹培远能够帮上这个忙,可舌头却偏偏不管用,嗫嚅了好久,也没法说出一句完整的话来:"大哥,我只是,只是想……"

"打住,"邹培远挥挥手,一字一顿,"我明白你要说些什么,行啦,这件事情我来给你办了。"邹培远一锤定音:"周六你安排一个好点的地方,我会把资质审批办公室的两个科长给你叫过来,一个姓张,是负责签名同意我来审批的;一个姓杨,是负责同意认可受理的,他们会指点你的,到时候你面子上帮我过得去就行,不过这种场合我就不出面了。"

郑昱嘉心花怒放,拍着胸脯向邹培远保证:"大哥,难道你还不相信我的人品?小弟对其他人不能保证,对大哥您我可以对天发誓,这辈子我若有半点对不起您大哥的地方,四个字:天诛地灭!"郑昱嘉举起右手赌咒。

邹培远摆摆手,他很讨厌郑昱嘉这种功利性的表白,慢声细语中夹带着些许鄙夷:"好啦,别再表演了,既然我答应你,就一定会给你办好。也该走了,你准备着周末和他们见面吧。"

郑昱嘉彻底佩服邹培远的巨大能量。他那个花十五万元人民币购买来的三级建筑企业朝思暮想能晋升为二级资质,这于郑昱嘉来说,如同女娲补天、夸父追日一样的艰难,邹培远却不费吹灰之力轻而易举地替他办妥了。一个空壳公司,要业绩没有业绩,要人员没有人员,要升格为一个国家二级企业近乎天方夜谭,谁料到邹培远却让郑昱嘉梦想成真。

事情的进展顺利得出乎郑昱嘉的意料。按照邹培远的要求,郑昱嘉将两位具体负责建筑企业资质审批的科室人员安排到他在郊外的一幢豪华别墅,这也是邹培远的授意,让其部下对郑昱嘉能够有一个敬畏的感觉。郑昱嘉先将两人引进别墅外的花园浏览一番,让他俩欣赏他种植的各类名贵花木,邹培远告诉他其中一人对盆景情有独钟。果不其然,那位杨姓干部驻足在一盆栽培了数十年之久的五针松盆景前,迟迟不愿离去。郑昱嘉窃喜,随即弯下腰亲手将盆景捧到杨姓科室干部面前,脸带谄媚:"杨科长如此喜欢,就算我小郑交你这个朋友的见面礼吧。"

杨科长连连摆手:"无功受禄,礼实在太重,太重。"嘴上虽这么说,杨科长的双手却不由自主地伸了出来。

郑昱嘉满脸讨好的笑容:"领导,这盆景分量太重,待会我让司机帮你送上门。"

一番寒暄之后,郑昱嘉又将两位引入客厅,再拐入书房,让他俩继续欣赏自己收藏的几幅字画。这也是邹培远的点拨,另一个姓张的副科长对收藏古玩字画颇有喜好。自然是不出所料,张副科长的鉴赏能力不同一般,张口就说:"这几幅字画中,还是胡问遂的这幅字最好。"

郑昱嘉翘起大拇指:"张科长好眼力。"他迅速地将胡问遂的那幅中轴卷起,奉送到张科面前:"张科长你这个朋友我交定了,也算我小郑的见面礼吧。"

几番推辞,张科嘴上又客套了几句:"郑总如此诚意,我也就不推脱了,笑纳了。"

在豪华舒适的客厅落座后,建管办的杨科呷一口香茗,开门见山:"其实我们到郑总的府上,也不是什么外人,我和张科长也很愿意能够帮上你的忙。请将你公司的情况简单地介绍一下。"

张科接上话语,点头道:"对,我们也很想帮你的忙。说到底,民营企业的发展,我们职能部门有责任服务好。"

郑昱嘉一个劲地点头,恭敬地替两位续茶水,点香烟,扭捏半响,才不好意思地开口:"其实也就是为升资质的事情,想必邹培远大哥也和两位领导说起过。现在三级资质在建筑市场上是根本没机会接工程的。"郑昱嘉边说边将早准备好的相关资料递给了两位科长,小心翼翼地试探:"只是没有什么业绩,领导看看有什么办法吗?"

两位科长相视一笑。张科长不慌不忙地吐了一个烟圈,而后用左手指了指杨科长:"你听听他的就可以,让杨科长帮助你完成这份考卷。"

郑昱嘉连连作揖:"谢谢两位领导。"他半个身子挨着杨科长坐下,很虔诚地聆听杨科的垂教:"请领导指点迷津。"

杨科和张科双目相对,得到张科很肯定地点头之后,杨科不慌不忙地从口袋里掏出一张纸片夹在右手的食指和中指间递给郑昱嘉,不紧不慢地提示:"看看这里面所写明的要求,注册资金多少,做过哪些符合条件的项目,管理人员又有多少,全部都有标准。"

郑昱嘉如获至宝,他双手接过那张纸片,快速地浏览,脸部欣悦的表情立马变得僵硬,他心知肚明,自己的这个三级公司仅仅是一个空壳,哪里够得上晋升二级的条件!"这,两位领导……"郑昱嘉说话的舌头有些大,"我只有靠你们了,我实在是难以办到。"

张科哈哈大笑,含在口中的茶水溅了郑昱嘉一脸。"郑总真逗,"张科笑指杨科,"你不是要我们指点迷津吗?赶快请教我们的杨科吧。"

郑昱嘉如获圣旨,赶紧半跪在杨科的右侧,点头哈腰地说:"领导,全靠你们了。"郑昱嘉不失时机地将早已准备好的二万元商场购物卡人手一份地递给两位,"小弟我拜托两位领导了。"

杨科轻轻地捏一下那个装在信封袋里的购物卡,非常满意。他挺自然地将信封袋塞进自己的衣兜后对郑昱嘉面授机宜:"郑总,看看我身上穿的这件衬衫,阿玛尼,世界名牌对吗?大兴的,假冒伪劣商品。给人家的感觉就是阿玛尼!为什么?因为它有商标,给人的感觉是真实的。我呢,就认定它是阿玛尼,不就可以了。会做填空题吗?把这些升资质要求的填空全部都做满,不会做不来吧?你做完了,不就可以了?"

张科唯恐杨科的提示郑昱嘉不甚明了,又来个彻底地点明道破:"下个星期三的上午十点,杨科长受理大厅坐镇,你将这些填空全部完成直接送给杨科。我们认定杨科长的这件阿玛尼衬衫是正宗的世界名牌,我们的邹培远主任也是这么认定的。"

郑昱嘉这才醍醐灌顶,他冲两位连连拱手:"两位领导仙人指路。"郑昱嘉对一直站在一边没有吭声的驾驶员使个眼色:"升级的资料我也做了些准备,就是怕拿出来笑话,听领导这么一说,我就心定了。"

杨科接过驾驶员递过来的有关资料,一页页地翻阅,笑道:"面上的工作应该是做到位了,中国人就是有这个本事。"

郑昱嘉丝毫没有脸红,心里反而对坐在他眼前的两位产生些许鄙夷,暗自讥笑想:造假也需要成本付出的,我所做的这些工程假合同还有胡编乱造的相关技术人员能得到认可,还不是用金钱来买你们的认同?他暗自肉痛自己的物质付出,前后加起来包括在邹培远这儿的付出,自己为升这个二级资质至少已经花去二十万人民币,还不包括送出去的盆景和字幅,当然,郑昱嘉认为这个交易是完全划得来的。

郑昱嘉认为大事已经解决，泛泛地又聊了一会儿，将两位延请到早已安排停当的会所共飨晚宴。觥筹交错之中，醉醺醺的张科拍着郑昱嘉瘦削的肩膀语无伦次："你这个小兄弟我是交定了。"

郑昱嘉满脸堆着笑容："我这个小老弟高攀了，今后的事业得仰仗领导的点拨呢。"

"郑总这话说得就不太友好了，"杨科抢过话头，"虽然是邹主任引荐认识的，可我和张科长对你确实是一见如故啊！来，干杯。"杨科率先举起了酒杯。

按照约定的时间，郑昱嘉让自己的助手在两天后的上午将海申建筑公司的升级资料送到建管部门的受理窗口。杨科亲自坐镇等候，很认真地翻阅海申建筑公司提供的升级资料，不经意间，抬眼望了望毕恭毕敬地站立在受理柜台前的郑昱嘉的下属，也许是有些心虚，申报海申建筑公司升级资料的小伙子一阵脸红，不由自主地低下了头，交叉搁在受理柜台上的两只手也有些颤抖。

杨科需要的就是这种感觉：权力的象征。他的嘴唇悄然紧抿，拉出了一缕笑意："哦，你叫彤浩？"

年轻的小伙子一个劲地点头，他很想说几句让杨科领情的话，刚要张口，杨科却用一个手势给制止了。杨科头也不抬，随手取出抽屉里面一枚同意受理的公章，在一沓资料上加盖一个个猩红的印章。完毕，将受理单抛在柜台，吐出两个字："行了。"彤浩还没有来得及致谢，杨科一个起身，将自己的背影留给了彤浩。

一个月后，郑昱嘉坐在办公室无所事事，彤浩兴冲冲地闯进他的办公室，喜形于色地说："老板，海申公司的二级资质批下来了，我刚刚在网上查到。"

郑昱嘉没有表现出激动的神色，他朝彤浩挥手示意他离开。等待邀功请赏的彤浩有些惊讶，将从网上下载的有关海申建筑公司被晋升二级资质的公示放在郑昱嘉的面前，一声不吭地步步后退走出郑昱嘉的办公室。

郑昱嘉顺手关门，迈着方步，缓缓走到供奉观音菩萨的佛龛前，轻捻高香三炷，不急不缓地点燃，再插进香炉，随即双手作揖膜拜，口中念念有词："感谢我佛显灵保佑。"在郑昱嘉的生活中，菩萨是他的精神寄托，他此生的夙愿和人生的挫折全部都交给了菩萨，他希望菩萨保佑自己能获得所想的一切，佛成为他的人生宝典。

完成了这项功课，郑昱嘉又返回凡夫俗子的状态。他落座沙发，眼睛死死地盯着彤浩交给他的那张从网上下载的关于海申建筑工程公司晋升为二级资质的公示,由衷地吐出一句话:"有钱能使鬼推磨啊!"郑昱嘉的眸子里跳跃着异样的光泽。他拍拍自己的额头,双手紧握,给自己打气:"一定要在最短的时间里使自己的公司升格为一级资质!"

郑昱嘉又用了整整三年多的时间不惜工本地和张科、杨科频繁往来,同时,又命令彤浩赶紧准备海申建筑公司报批一级资质的相关资料。彤浩在老板的催促下忙得连轴转,四处网罗或借调相关人员,甚至让非法人员制作了上百张假冒的身份证。凑齐了人员,彤浩又找来好几份工程的合同和中标通知书等,通过电脑上的移花接木都变成了海申建筑工程有限公司的项目。当彤浩将一大沓申报一级资质的材料送到郑昱嘉的面前时,郑昱嘉随即拨通了邹培远的手机号码。听到邹培远答应今天晚上和他见面时,郑昱嘉开始在脑海中盘算自己的计划了。他又向办公室内供奉的观世音菩萨膜拜祈求。

当天晚上,郑昱嘉和邹培远告别的时候简直是心花怒放,因为邹培远告诉他,在建设部也有相关的熟人可以助一臂之力,而且邹培远还答应倾全力帮助郑昱嘉。踌躇满志的郑昱嘉隐隐觉得他理想中的建筑王国距离现实只有一步之遥了。他更坚定了自己以往的思维定式:这个世界上没有办不成的事情,就看你敢不敢想象,敢不敢花钱。郑昱嘉算了一笔账,估计自己的海申公司升为一级资质需要花二百万人民币。邹培远这里,疏通上层关系方方面面的打点需要一百万;张科和杨科这里,帮助审核资料,保证不漏破绽,最后认可受理,需要花三十万;彤浩准备各项资料借调人员等的支出是七十万,绝对是一笔合算的买卖。只要一级资质给批下来,到时候别人来借用自己的资质,一年收取的管理费至少也可以有上千万,郑昱嘉有些飘飘然了。

海申建筑工程有限公司申报三个一级资质的资料经过杨科的同意受理和张科的同意审批后,所有的申报材料都整整齐齐地码放在邹培远的案头,邹培远最终在受理表上签署自己的大名,同意送到北京建设部审批。

地方上的一切程序全都波澜不惊地畅行无阻,邹培远开始成为郑昱嘉的外交大使。对于邹培远来说,出差到建设部原本就是他的常规性的工作,但这次,他亲自飞赴京城却颇有点临危受命,他要将海申建筑工程有限公司的所有申报材料送到他事先就疏通好关系的朋友那里。

北京方面的斡旋,邹培远也着实下了一番功夫。他一下飞机钻进出租车内,就迫不及待地拨通老同学徐辉的电话,等到徐辉肯定地回答晚上在他下榻的宾馆见面,邹培远似乎才有如释重负的感觉。

金碧辉煌的中国大酒店大堂咖啡吧一隅,邹培远和他的大学同班同学徐辉低声交谈。老同学见面后免不了互相调侃几句,徐辉打趣邹培远:"还是东海的水土养人,我比你小一岁,看上去却至少比你要老五岁。"徐辉拍拍自己的腹部,"你看看我,都变了形,已过天命了,这将军肚是越来越招人烦。上个月例行体检,做B超时医生已经警告,中度脂肪肝,血糖也偏高。现在是害怕应酬,能推的就尽量推。你是经常来北京的,咱又是老同学,喝杯清茶谈正事最简单科学。"

"你是官员综合症,网上不是有个说法,这当官的肚子腆得越突出,就说明他的权力越大。"邹培远毫不客气地揶揄徐辉:"想当初咱们在学校时,你一顿饭至少吃半斤,体重却从来没有超过五十五公斤。"

"别再提那些陈谷子烂芝麻的破事了,从农村考大学就盼望着有朝一日能出人头地,现在么也可以说当初的愿望确实是实现了,过天命之年也好歹混了个副厅级的官,比我老家县太爷的级别还高,也不见得怎么高兴,这人是不是特别难满足?"徐辉自言自语,"还是很留恋校园的生活,每周能吃两次肉是天大的享受,天天都在做理想的梦。培远兄,说句心里话,其实当初的梦远比现在要简单得多,该追求的现在都有了,不过我却没有觉得怎么快乐,最近我老是觉得烦。"

"这是人性的本能使然,都在讲什么幸福指数如何如何,我看所谓的幸福指数真的要有个前提,这一辈子至少不愁没钱花。看看目前的物价水平,通货膨胀得这么厉害,按照咱们的社会地位和生活层面来制定幸福指数,没有个三五千万压底万万不行,否则的话,等到退了后说不定哪天就成为穷光蛋呢。兄弟,我说的可是真心话。"

邹培远的话点到徐辉的心病:"说到底烦恼也就在这里,咱俩是在其位还能谋其政,好歹还可以风光一阵,再过几年退居二线,给你个巡视员的位置混到退休。现在人类的预期寿命至少要活到九十岁吧,我老家的几个亲戚又都靠我来接济。我现在几顿应酬的花费就等于他们一年的收入,虽然眼下额外的进账也有一些,这几年还能对付得过去,后面就不敢多想了。"徐辉从口袋里掏出一盒烟,递给邹培远一支,不紧不慢地给自己也点燃一支。

邹培远笑道:"黄鹤楼,比我的中华还高级,真有你的。"

徐辉苦笑:"这一包烟等于我老父亲在农村一个月的收入呢,你以为我会这么烧掉?"

"你想到哪里去了?"邹培远将自己搁在沙发扶手上的中华牌香烟拿在手中扬了扬,"咱们怎么会这么烧?反正有人给就抽呗。言归正传,请你来就是商议我所托你的事情的。"邹培远从他的公文包取出海申建筑工程有限公司申报一级资质的材料,一五一十地向徐辉介绍郑昱嘉的相关背景。"资料全部都做齐了,我也签字同意报送,现在就看你如何发力。这个农民企业家不可小觑,他是咱们的校友,中文系毕业的,此人以后对咱们绝对会有帮助。"

"我也不需要和你的这个农民企业家老乡或者亲戚有什么攀扯,全国各地找我办这种事情的人多了去,我如果一概照单全收,岂不是变成社会上兜售假冒文凭的不法分子?我的这个位置还要不要再继续坐下去?当然喽,我这里颁发的证是货真价实的,条件是申报的材料也必须真实。现在整个中国简直就变成了一个大工地,无论是一线城市还是二三线城市,都一哄而上地大搞基建,也难怪,过去的几十年中国的基建基本是处于停滞状态。培远兄,你应该知道,这里面有一根利益链存在。"徐辉话中有话。

"我当然明白,"邹培远为徐辉续茶,"这一行你我都混了二十多年了,中国的基建现状用不着多解释,咱俩不妨来把把脉会诊一下也可以。举一个具体的例子,你要接一个工程,首先必须要有施工资质,有了资质你才具备投标的条件。下面呢,应该看你施工企业的实际能力,这个层面其实最缺乏监管力度。比如说,一个上亿的工程要建设,业主方首先在具备了开工的条件之后,必须在网上公开项目的信息进行招标,接下来是资格预审,考察比选,招标办按照业主的要求进行客观公正的工作运转,招标办是建筑行业的法官嘛。问题是,招标办是否具有公信力?是否能主持正义?又是否具备主持正义的权力?现在的招标办,说到底是项目投资方,也就是业主的傀儡,花落谁家,招标办早就根据业主的提示心中有了底。否则的话,这招标办还要不要继续生存?人家给你业务,付钱给你,你得按业主的要求做到位,那业主还会带出其他相关的业务让你生生不息,你犯得着和业主顶牛主持公道?至于评委,只要红包一拿,还不是根据招标办的暗示和业主的提醒,投票同意业主倾向性的施工单位,要不你今后还有没有资格当评委?还有没有机会拿红包?这是问题的关键所在。"

"有道理,这是市场经济条件下所产生的必然。"徐辉颔首赞同,"所以说,现在揽工程一是要有资质,二是要有关系,两者缺一不可,腐败也由此滋生。"

"你也不必装得这么清高,咱俩谁跟谁啊?你要廉政,就不会抽黄鹤楼。"邹培远调笑道,"你刚才所说的那句话:市场经济条件下所产生的必然就是让你明白一个道理,这市场经济就是朋友经济。如果你的手里有一个你可以拍板决定的工程,我和你是哥们,我想要承接你的这个项目,而且是和你的直接个人利益相关,难道你会不帮我的忙?因为帮我的忙也就是帮你自己的忙。可是我又没有资质,怎么办?只能挂靠符合资质条件的建筑公司,这家建筑公司当然愿意将资质借给我,它什么都不用付出,就可以收取至少百分之三以上的管理费,而且还有税收、业绩,还可以以管理人员派驻现场监督工程的名义,让施工单位养几个人,何乐而不为?其实有关系的人接到了这个项目,他并不会直接去施工,他不是这一行业的。没关系,找一个关系不错的天天奔走建筑市场揽活的包工头,问他收取中介费不就得了?假如你把这个机会直接给这个包工头,他绝对会想办法借到资质,土建的、安装的,还有什么市政啊、绿化啊等等,只要有机会,他什么资质都能借得到。此外,你自然还明白人人心知肚明的个中奥秘,对于手里攥着工程项目的掌门人,这个项目其实就是他财富增长的摇钱树,他怎么轻易舍得放弃这个抓钱的机会?他自然要寻找铁杆的哥们做他的代理人,两者的关系就像导演和演员。我的这个小老乡别看他小我们十几岁,还是很可以交往的,当然我们也不是白白地帮他的忙。我心里也很明白,他的这个建筑公司一旦升为一级乃至以后的特级,那他等于拥有了一棵摇钱树,即使不做项目,每年收取管理费至少也有千万以上,以后咱们也可以将他作为我们的摇钱树,至少退休后的黄鹤楼香烟有人提供了。"

徐辉被邹培远游说得有些心动,心里头开始跃跃欲试:"真的要帮忙我还是可以的,关照一下,网上不用审核他所申报的资料的真伪,几个专家评委私下再关照关照应该过得去。"

"好!"邹培远一拍大腿:"我给你五十万,怎么运转我不管,说定了!"邹培远举起茶杯和徐辉碰了一下。

翌日,邹培远将地方上这一批送报升级的诸多单位的资料送到徐辉指定的受理人员的手中。他抬腕看看手表,和郑昱嘉约定通话的时间至少还有好几个小时,他打车回到宾馆,洗了个澡,浑身轻松地打开电视胡乱欣赏着地方卫视台播放的肥皂剧,开始想象以后怎么和郑昱嘉全方位合作的前景,想得美滋滋的,不一会儿竟迷迷糊糊地睡去,居然将和郑昱嘉约定的通话时间交给睡神了。

郑昱嘉在东海自己的办公室一分一秒地挨时间,距离邹培远和郑昱嘉通话的时间仅剩五分钟了,郑昱嘉有些心神不宁。他不知道邹培远此行的最后结果到底是悲还是喜,因为邹培远给他的回答总是让他不能安心。邹培远挂在口头的那句话,郑昱嘉听得耳朵都快起了老茧:放心,我会尽力而为的。

约定的时间到了,邹培远的手机铃声并没有响起。郑昱嘉的心头一沉,他的自我感觉有些不妙,因为邹培远历来是一个非常有时间观念的人。时间又过去了十五分钟,邹培远还是没有来电,郑昱嘉的心真正地发了慌。他抓起老板桌上的手机,拨通了邹培远的电话号码,直到铃声自动停止,邹培远也没有接听电话。"泡汤了。"郑昱嘉整个人瘫软在座椅,仰天长吁,"二百万没有了。"他愤然迁怒于邹培远,在一张白纸上连续写上好几遍"鹰钩鼻子邹培远",再死命地画上大叉,以解心头的愤懑。

极度失望的郑昱嘉就像一头暴躁的狮子,凡是进办公室找他的下属,一个个都被他破口大骂撵了出去。他不仅仅心疼这二百万,更重要的是他的理想建筑王国功亏一篑。火山爆发平息,郑昱嘉回归常态,仔细构想以后的发展策略,任凭他绞尽脑汁也没有很好的招数。郑昱嘉的太阳穴隐隐作痛,他拉开抽屉,取出一盒清凉油,剜出好大一块,死命地往两侧的太阳穴涂抹,不经意中,竟然将清凉油给抹到眼睛里去了,辣得郑昱嘉竟然想到了寻死觅活。

电话铃声突兀地响起,郑昱嘉睁开红肿的眼睛一看来电显示是邹培远的电话号码,他的心随即吊到喉咙口,他竟有些害怕听到邹培远的声音,犹犹豫豫中,电话铃声已经响了多次,郑昱嘉终于拿起了话筒。

电话那头的邹培远哈哈大笑:"三个字,搞定了。小子,等着后面财源滚滚吧。"邹培远实在不想多听郑昱嘉后面的一连串恭维话,他心知肚明,自己的付出可以得到怎样的回报,他需要看郑昱嘉的实际行动。

窗外的梅雨顷刻间停止,一缕阳光透进郑昱嘉的办公室,郑昱嘉原来犹如枯泉的眼神骤然间熠熠闪光,转而满眼又泛动着汩汩的泪花,两道浓黑的眉毛惬意地朝太阳穴两侧舒展。他认定邹培远是他生命中的救赎,他的福星!心情特好的郑昱嘉振臂仰天高呼:"老天开眼了!"他迅速拨通了彤浩的电话:"今天晚上公司聚餐,标准五千元一桌。"

2

三个月后,郑昱嘉夙愿以偿,海申公司成为具有三个国家一级资质的建筑公司。他开始制定自己下一步理想的建筑王国的构想,首先想到的是该如何包装自己的公司。郑昱嘉让彤浩负责海申公司的增资,已经和会计事务所沟通,只要多支付一些验资费用,验资报告可以达到两个亿,这样,海申公司一个合同就可以承接十个亿的项目;随后,他又吩咐另一个下属负责将海申公司变更为集团公司,给人的感觉海申公司能更上一层楼;第三件事情,就是要制作一本精良的公司画册。郑昱嘉对公司介绍的画册要求特别高,他对下属的指令是不惜工本,不管是自己曾经做过的项目还是分包的项目,经过摄影师巧妙地移花接木都变成了一张张建筑精品的画面,又请专业人员妙笔生花写了一篇有关公司介绍的美文,同时还匹配有英文的翻译。他自己的照片放在第一页,令人刮目相看的是,该建设集团公司的掌门人是多么潇洒飘逸,神采飞扬。一个规模相当的建设集团在郑昱嘉的手里实现了,郑昱嘉将公司更名为嘉海建设集团,寓意不言自明,是他郑昱嘉在东海市的建设集团。

郑昱嘉第二步的规划是,如何用嘉海建设集团这个平台获得更多的建设项目。他深知,凭借自己公司的管理能力只能够承接极其有限的工程项目,获得利润最大化的唯一途径,必须让更多的小老板能将自己揽到手的项目挂靠到他郑昱嘉的公司,嘉海集团则运用自己的壳资源来收取管理费,嘉海集团赚钱的大头来自项目的挂靠。此外,他设想再用三年的时间将自己的这个公司打造成一个特级资质的建设集团。晋升特级资质必须连续三年至少要有五十个亿的经营业绩,且必须在其企业的注册地连续三年所缴纳的税收在五千万以上,造假的工程不可能实现税收的落地,当然也无法造出几十个亿的项目合同,因此,郑昱嘉亟须小老板们将项目挂靠到嘉海集团,既能稳收管理费又能增加业绩。

郑昱嘉深知,这个刚刚成立的嘉海建设集团要获得建筑市场的认可,唯有降低收取管理费的标准,才能吸引更多的没有施工资质的建筑业小老板投靠到他的门下。郑昱嘉又找到了邹培远,他希冀从邹培远那里能够得到些妙计良策。郑昱嘉安排邹培远在郊区的一个度假村垂钓。

嘉海建设集团的建立,邹培远于郑昱嘉而言功不可没,邹培远自然是郑昱嘉的座上客。郑昱嘉将邹培远为他的服务周期预定为五年,等到他的建筑王国全部建成,也许他对邹培远就不会那么毕恭毕敬了。最近,郑昱嘉对邹培远有些隐隐不满,自打嘉海建设集团成立后,邹培远在他面前一副居功自傲的架势,各种各样的花销也越来越多。不过,郑昱嘉倒也修炼得一身好涵养,对邹培远稍稍出格的行为陪着笑一忍再忍,他还不能失去邹培远。

两个人在风景秀丽的南湾度假区垂钓,柳树下,邹培远安之若素,手持钓竿,双目微闭,似乎全然忘记旁边有郑昱嘉的存在,邹培远明白郑昱嘉邀请他到南湾度假区休闲完全是醉翁之意不在酒。自打帮郑昱嘉的嘉海建设集团打造成功之后,邹培远对郑昱嘉也屡屡产生不满,他感到自己这么丰厚的人脉资源全都围着郑昱嘉转,自己却很可怜地获得一些微不足道的赏赐,邹培远的心态也有些失衡。其实他是可以向郑昱嘉要些股份的,岂料邹培远屡次三番将话题引到有关自己想得到一些嘉海建设集团股份方面,郑昱嘉不是顾左右而言他,就是三缄其口拒不回答,被逼问得退到死胡同,郑昱嘉索性就将他的老爷子给抬出来,说什么家里面有明确的态度,嘉海的股份只能够由他郑氏家族的父子两代享有,他暂时还不能违背老爷子制定的条规。话说到这个份上,邹培远也不好再说什么,只能后悔不迭,当初为什么不和郑昱嘉谈好条件再赤膊上阵,还将老同学徐辉也拉出来为郑昱嘉卖命?现在是悔之晚矣!邹培远心知肚明,今天郑昱嘉安排这样的场合邀请他休闲,分明又是一道鸿门宴。这家伙别看长得一表人才,却装着一肚子的坏水。邹培远暗暗告诫自己:守住心中设定的防线,千万不要被郑昱嘉的小恩小惠再给说动心。邹培远也明白自己的性格弱势,只要有人稍稍哄得他兴致被撩动,再加上有一份不菲的孝敬放在他的眼前,保不准立马就成了替旁人鞍前马后效力的一颗卒子,别人表面上在不断地奉承恭维他,背地里也许正捂嘴哂笑:瞧,这家伙,又被钓上钩了。一想到这里,邹培远就有些气不打一处来,他感觉到郑昱嘉精心安排的钓鱼休闲,像在嘲讽他是一条正等待着上钩的大鱼。

正襟危坐的郑昱嘉在距离邹培远一步之遥的右侧,目不转睛地盯着钓竿,内心却在翻来覆去地盘算如何向邹培远和盘托出自己的图谋。郑昱嘉明白,自己理想中的建筑王国一步步地在向现实靠拢,但真正地要稳操胜券,还得有赖于邹培远的鼎力支持。对于邹培远多次婉转提出的要持有嘉海建设集团的股份,郑昱嘉压根都不会考虑,这是他的亲生儿子,谁都甭想染指。目下,也许采取缓兵之计,给鹰钩鼻子邹培远一个空心汤圆,让他欢喜一场再继续替自己效力为上等计策,等到嘉海建设集团晋升为特级资质,邹培远的使用价值也就没有任何意义,再巧妙地设法杜绝他对嘉海集团持有股份的非分之想,当然在其他的物质利益方面,他还是会考虑邹培远的。郑昱嘉自诩自己不是那种过河拆桥、见利忘义的小人。他对自己的为人定义是:一个有着强烈的事业心并想有所作为的现代红顶商人,他郑昱嘉是一代人杰。

  暮春的晌午,阳光透过柳丝斜射到脊背上,有一些热辣辣的感觉,一丝微风袭来,让人感觉挺舒坦。专供垂钓的池塘波澜不惊,只有丝丝涟漪在垂钓者的眼前很有规律地舒展,郑昱嘉索性闭上了眼睛,他自认为早就钓到了一条大鱼,就是坐在他身边的邹培远。蓦地,郑昱嘉手中的钓竿一阵抖动,有下沉的感觉,凭经验他明白是一条大鱼咬住了鱼饵,情不自禁地嚷道:"哈哈,钓到了!我钓到了一条大鱼!"郑昱嘉用力一扬钓竿,浮出水面的果然是一条脊背乌黑的大青鱼,一眼望去足足有十来斤重。"皇天不负有心人啊!"郑昱嘉欣赏着在草坪上活蹦乱跳的大青鱼,兴奋地摩拳擦掌:"姜太公钓鱼,愿者上钩,我是耐心等待,想尽方法,让鱼儿上我的钩啊!"郑昱嘉晃荡着脑袋得意忘形。

  邹培远的脸色变得很难看,这郑昱嘉分明是指着和尚骂秃子。"你……"邹培远勃然大怒。

  邹培远的遽然变色让郑昱嘉不知所措,他自知说漏了嘴,把邹培远给彻底得罪了。郑昱嘉眉宇紧蹙,眼神流露出慌乱,高挺的鼻尖渗出汗粒,嘴角硬生生地往上扬,咧出两排洁白的牙齿。他朝邹培远讪讪一笑,整个脸却僵硬得很。"大哥,我得罪您了。"郑昱嘉陪着小心。

  邹培远的鹰钩鼻子随着脸庞的拉长显得更长,鼻缝送出一声"哼哼",扬头一甩披在额角的发梢,扔下鱼竿,一跃而起,头也不回地朝停车场走去。

  邹培远的甩手离去留给郑昱嘉的大脑一片空白,他的呼吸开始局促,似乎觉得自己行将攀登到珠峰的顶巅,也就是几步之遥的距离,却因为空气的稀薄让他再也没有能力提起精神做最后的冲刺,唯有邹培远给他输氧才能拯救他。他赶紧抬起脚步奔向邹培远:"大哥留步,小弟我该死!"郑昱嘉还真会演戏,他边说边朝自己的脸颊掴了一个耳光。

  邹培远止步,朝郑昱嘉冷笑:"该死的是我啊!"邹培远仰天长叹,他后悔自己与郑昱嘉走得如此之近,如今想抽身也有些难了。他心知肚明,自己的软肋被郑昱嘉给拿捏住了。这家伙分明是一头狼,说不定哪天你不听他的摆布,他会反过来咬你一口呢。想到这里,邹培远不由倒吸了一口冷气。他此时倒满心希望郑昱嘉能够说上几句好听的话,让他很有面子地留下来,以后再和这头狡猾的狼周旋。

郑昱嘉心头也在打鼓,邹培远倘若真的一怒之下拔脚就走,他的宏图大愿也许就此毁于一旦。他无论如何得设法留住这棵摇钱树,等到自己羽翼丰满,再踹他出局也不迟。想到这里,他偷偷地瞟了邹培远一眼,在邹培远迟疑的脚步中阅读出邹培远的内心世界:这家伙在等着我说好话留住他呢。郑昱嘉深知现阶段邹培远对他的重要性,至少未来的三年邹培远于他郑昱嘉来说至关重要。"大哥,你真的要离开小弟?"郑昱嘉一声发自内心的呼唤令人感动,他叫得如此真诚,而且夹带着一缕唯有邹培远分辨得出的伤感,这声呼唤令邹培远止住脚步,他背对着郑昱嘉,仰面朝天,双手捂住自己的脸庞,随后,缓缓转过身体,半个脸对着郑昱嘉露出一丝凄楚的苦笑。

邹培远看到瘦削的郑昱嘉站在日头底下,他那勾魂摄魄的漂亮眼睛分明送出两道无辜并哀婉的神情,似乎在哀求邹培远别再计较他郑昱嘉的一时口误。邹培远一声叹息,又扭转身背对郑昱嘉。

邹培远的举手投足让郑昱嘉悬在喉咙口的心,滑到原来该有的位置,他冲邹培远的背影微微冷笑,两只眼珠子飞速地骨碌碌转动,眉头一皱,主意形成。他大踏步地走到邹培远的面前,又迅速地恢复谄媚的表情,忙不迭地从口袋里掏出一张银行金卡:"大哥,小弟早就为你盘算好了,这个给你。"郑昱嘉容不得邹培远有推辞的时间,硬生生将金卡塞在邹培远的手心。"里面有十八万,是你上半年的年薪,密码是六个八,以后我每个月的五号会定期将工资打到你的这个账户。等到特级资质升好,我再会给你一定的干股。一言为定,怎么样?"郑昱嘉歪着头打量着邹培远,他的心中也没有底,他在揣摩邹培远的反应,假如邹培远仍然拒绝,他准备给邹培远的报酬提升到五十万一年。反正就是三年,一百五十万稳住邹培远的军心,值得!

邹培远确实心动了,仅仅动用自己的一些人脉资源,就能稳定地获取三十六万年薪,岂不是天上掉下的馅饼?他也深知郑昱嘉的为人,这个价钱绝对不是郑昱嘉的底线,他不能让郑昱嘉小瞧自己,为这点钱而显得卑躬屈膝。他也必须欲擒故纵,钓一条更大的鱼才善罢甘休,才能显示出他邹培远的价值。想到这里,邹培远的鼻缝里又发出轻蔑的"哼哼"声,他不屑地将那张银行金卡掷还给郑昱嘉,冷冷地回绝:"谢谢郑董事长的美意,我承受不起,你的翅膀也硬了,财大气粗啊,所以郑董还是另请高明为好。"说罢,邹培远掉头就走,还不忘甩下一句话:"祝郑董前途无量。"

郑昱嘉这下还真是有点着急,他知道只要邹培远在他的眼皮底下消失,这辈子就和这家伙结下梁子了,保不准还会给他制造不少麻烦。郑昱嘉的脊背感觉到有一股寒气直冒,他不假思索地冲邹培远的背影叫喊:"大哥,小弟的一切都是你给的,我怎么能过河拆桥呢?这三十六万仅仅是年薪,还不包括奖金,年底你还有十四万的奖金,总共是五十万一年。大哥!你总不见得看到小弟发了,你就隐退江湖吧?我们讲好要有福同享的。"郑昱嘉言辞恳切,语气动人。

邹培远的脚步果然停住,慢慢地转过身,两眼直直地盯着郑昱嘉,仿佛不认识眼前这个长着英俊脸蛋身材修长挺拔的瘦高个,他几乎怀疑自己的听觉犯了错误,这番推心置腹的话语是出自郑昱嘉之口。

郑昱嘉表面上显得憨厚中肯,心里却在捕捉邹培远的一举一动。邹培远脸部细微的变化给他吃了颗定心丸,他知道邹培远已经成了自己的俘虏,但还必须趁热打铁,才能让这家伙乖乖地围着自己转,充其量也就是三年时间一百五十万人民币,换上这个家伙的所有人脉资源,打着灯笼也难找的买卖。再过三年就由不得你不叫我郑昱嘉天王老子了,为了自己的宏图大愿,暂且学学越王勾践卧薪尝胆吧!郑昱嘉紧追邹培远几步,摇晃着邹培远的臂膀,再次以情感人:"我的好大哥,小弟的这一切都是你给予的。我们早就说好,有粥一起喝粥,有饭一起吃饭,我郑昱嘉忘记大哥岂不要天打雷轰?老天在上,假如我这辈子有半点对不起大哥的话,就让我被雷劈死。"郑昱嘉言之凿凿地赌咒发誓。

邹培远的心里其实早就回心转意,即使是年薪三十六万,他也万万不肯放弃,他欲擒故纵,也就是想再逼逼对方,获取更多的利益,果然小试牛刀,郑昱嘉这浑蛋就乖乖入彀。邹培远暗自吟诵一句古诗:不信东风唤不回,小子你要和我玩,看谁玩得过谁?既然戏演到这个份上,也该顺势收场了。邹培远轻轻叹气,右手的食指微微指点郑昱嘉:"你呀,怎么说你才好。"邹培远还装作情不自禁地摇头喟叹:"谁让我认你这个兄弟。"

这回轮到郑昱嘉暗自冷笑:猫哭耗子假慈悲!我就和你装到底,看谁笑到最后?"大哥,以后小弟说话不当,大哥不该见外。我以后倒是应该吸取教训,避免和大哥说话时再次产生歧义,惹得大哥胡思乱想。假如我像大哥一样是学经济学的,也许说话就会很理性,可惜我学的是现代汉语专业,屈原、李白装在脑袋瓜里,言行举止也就跟着率性直白。大哥你也应该明白,我没将大哥你当作外人,说话也就直截了当,以后我在大哥面前说话还真要小心点才是,可这样的话,我又太累,有时候我装也装不像,那该怎么办?"

邹培远的嘴角拉出一丝笑意:"商海里滚打,你是真长本事了,得了便宜还卖乖,算你狠。"说完,邹培远很自然地将那张银行金卡揣入自己的衬衣口袋,兴致勃勃地接受郑昱嘉的邀请,去会所做个泰式按摩。

踏进会所的大门,郑昱嘉狡黠地朝邹培远眨眨眼:"大哥,彻底放松一下吧!

食色,人之性也。"

邹培远憋不住"扑哧"一笑,骂郑昱嘉道:"去你的!"

郑昱嘉抚掌笑着回答:"我和大哥谁跟谁哟,咱俩都好这一口。"郑昱嘉的眼睛贼溜溜地扫视邹培远的下胯。几秒钟后,他将邹培远引进私密性极好的桑拿场所:"大哥,你先蒸一下,然后再让这里的小姐给你做个全身按摩,我和会所的老板打个招呼,让他找个绝色美女来陪陪大哥,我一会儿就过来。"郑昱嘉眼见着邹培远脱得赤条条的,又不失时机地嘲弄并加上恭维,"大哥身材保持得还是那么好,到底是男人享福还是女人销魂谁知道哦。"

"去你的,狗嘴里吐不出象牙。"邹培远有些害臊地用浴巾裹住下半身。

郑昱嘉急忙找到做按摩的茜茜小姐,她是他的地下情人。郑昱嘉用手指抬起茜茜的下颏,犀利的目光将茜茜从头到脚打量个遍,不阴不阳地讥讽:"有一阵子不见,看你满面春风,莫不是和哪个小白脸打得火热,用我的钱倒贴?"

茜茜抛给郑昱嘉一个媚眼,含嗔啐郑昱嘉一口:"嘉哥你每次见面不冤枉我几句就难受,我不理你了。"茜茜扭动腰肢假装要走。

郑昱嘉一把将茜茜揽入怀抱,嘴唇贴近茜茜的香腮狠狠地亲一口:"宝贝,见面总要调节气氛,从良就好,既往不咎。"他将一个小东西塞在她的手心,轻声耳语几句,又从口袋里掏出厚厚的一沓百元大钞,铁着脸训斥道:"假如走漏半点风声,看我怎么弄死你。"

茜茜眉开眼笑地将那迭人民币揣进口袋,信誓旦旦:"嘉哥,你又不是第一次让我干那种事情,一万个放心吧!"

事情落实停当,郑昱嘉顿觉神清气爽。他跨进更衣室,一边宽衣解带,一边扯开嗓门叫道:"大哥!大哥!小弟和你坦诚相见来了。"他一抬腿跨进桑拿房,扫视一下大汗淋漓的邹培远,自我哂笑,"大哥你要胸肌有胸肌,要肥臀有肥臀,瞧着咱大哥的将军肚。"郑昱嘉拍拍邹培远腆起的肚子,恭维道,"真正是非同凡人。你看我的胸脯就像洗衣服的搓板,女的躺在我的怀里都叫嚷着骨头疼。"

"你呀,一肚子坏水,整天算计着如何玩转别人,怎么会胖?"邹培远抹去胸前的汗珠子甩向郑昱嘉,不失时机地揶揄。

换上质地柔软的丝质睡袍,邹培远跟随郑昱嘉来到按摩室,早就有按摩小姐在门口恭迎。一个面容娇好的按摩小姐含笑搀扶邹培远:"大哥,这里请。"

邹培远上下打量一番为他服务的按摩小姐,频频点头,赞叹道:"嗯,还过得去,秀色可餐。"

郑昱嘉的地下情人茜茜跟随在一边,扑哧一笑:"大哥说话就是文绉绉的。"暗中,她朝郑昱嘉使个眼色,示意郑昱嘉朝按摩室的天花板上打量。郑昱嘉一眼瞧见偷偷安放在按摩室天花板上的微型摄像机,一丝狡猾的笑意在他的脸上一闪而过。他悄悄地捏一把茜茜肥硕的臀部,一语双关:"好,好!大哥保证舒服。"随手将按摩室的门给关上。原始的雄性冲动在郑昱嘉的体内膨胀,他也拽着茜茜的胳膊迫不及待地去找自己的乐子。

　　几个时辰消磨过去,郑昱嘉和邹培远双双躺在另外的一间休息室。品尝过一盅据说是出自马来西亚的精致燕窝后,邹培远惬意地吸一口烟,微闭双目回味着刚才妙不可言的人生乐趣,彻底地陶醉了。他的眼前浮现着此生难忘的情景,颠鸾倒凤的交织让他着实地过了一把瘾,雄性的伟大让他深知主宰的无尽欢快。他算是看破了红尘,看穿了世界。他明白,自己实实在在离不开郑昱嘉,继续为郑昱嘉效力,才会有这种生活,此生已无法自拔,他需要这种人生享受,他欣赏并且喜欢,这才是做人啊!邹培远感慨万千。

　　郑昱嘉的心里也在盘算着如何与邹培远斗智斗勇,他深深明白父亲所传授的一个经商哲理:将欲取之,必先予之。将对方制服得俯首帖耳,才能让他乖乖地围着自己的计划鞍前马后转。该使用的撒手锏都已经用上,得向邹培远亮底牌了,这一搏如果能够成功,邹培远这个狐狸再狡猾也斗不过他郑昱嘉。郑昱嘉禁不住跃跃欲试,略微收敛自己刚才得意之时的夸张表情,跃身盘腿在邹培远面前,正襟危坐,极其诚恳地表态:"嘉海发展到这个地步,大哥你功不可没。古人云:两人同心,其利断金;同心之言,其臭如兰。此语是咱俩友情的最好注解。大哥,你一千个一万个放心。"郑昱嘉信誓旦旦:"我这辈子绝不会做过河拆桥的烂小人动作,你是我的恩人,等到嘉海升格为特级资质的时候,大哥你享有百分之五的干股,小弟我绝不食言。但现在最重要的是,我们还必须创造条件,将嘉海的蛋糕做大做足。"郑昱嘉边说边用眼角窥视邹培远的反应。

　　邹培远被郑昱嘉的言之凿凿撩拨得心头痒痒,尤其是那百分之五的干股让他的精神大振。邹培远一直期盼此生能够有好运降临,他深知自己这把年龄在仕途上不会再有长足的发展,混到退休最多也就是个副厅级的巡视员,还得左右逢源,露着谄媚的笑容巴结自己的上司。他很想有朝一日能在经济上获得翻身,自己区区一介处级小吏,摇身成为几千万以上的富翁谈何容易?这个千万富翁的梦想距离邹培远是何等遥远,简直是天方夜谭。殊不知,幸运居然如此轻而易举地落在了他的身上,悄然无声地来到了。邹培远的脑海里突然跳出诗人海子的一句诗:明天,明天起来后我要重新做人,挥霍我的青春……邹培远开始浮想联翩。

　　郑昱嘉信誓旦旦的承诺,搅得邹培远的内心世界波澜四起,他仍然心存疑虑,此等上好的买卖怎会眷顾他邹培远?对方的葫芦里究竟卖什么药?他暗暗告诫自己：天上不会白白掉下馅饼，商场之中突然呈现出一条铺满鲜花的道路，往往是陷阱暗存，这郑昱嘉可不是省油的灯，嘉海公司是他的命根子，怎么让我一个外人平白无故地就享有百分之五的股份？背后肯定藏有不可告人的目的。索性来个欲擒故纵，装作若无其事的样子探探他的底线在哪里。邹培远将半截熊猫牌香烟揿灭在烟灰缸，托起郑昱嘉讨好地送上来的茶杯，慢悠悠地呷一口香茗，不急不缓地回答："你郑大人实在是慷慨，我无功不受禄，鄙人消受不起，我这个外人岂敢染指嘉海公司？免谈，免谈。你要我帮忙我还是会尽力的，这个你大可放心。"

郑昱嘉早就认准邹培远会来这一套，他的鬼心眼比藕眼还要多好几个，邹培远亮出的这点雕虫小技，哄骗别人还能蒙混过关，在他这里反倒会让他从骨子眼里瞧不起邹培远，但利益的驱动还是让郑昱嘉装作故意吃惊的样子："大哥你真的就这样公而忘私？这百分之五的干股是我在家父面前历陈你老兄的种种功德，才好不容易争取来的，你就轻而易举地放弃？"见邹培远沉默不语，郑昱嘉干脆来个将计就计，故意顺水推舟："也好，小弟尊重大哥是个正人君子，我也就不勉强了，回去我禀告家父，说你和我们保持距离，家父应该会尊重你的决定的，我可是帮过忙的，别怪我不讲交情哦？"

邹培远握着茶杯的手稍稍抖动，晃出的茶水溅在郑昱嘉的膝盖上，他依然沉默不语，内心却有些着急。到嘴的肥肉就这样平白无故地没了？真应验了一句老话：煮熟的鸭子飞走了？也许是郑昱嘉在卖关子？冷静，冷静是最重要的。他在心里面反复叮咛自己：再坚持一会儿，等到郑昱嘉再次开口，我就做个顺水人情的样子满不在乎地接受，千万不能让这小子轻视我邹培远。主意打定，邹培远索性微闭双目，不再接郑昱嘉的话茬。他从沙发旁的茶几上夹起熊猫牌烟盒，再用左手的食指抠出一支烟，笃悠悠地点燃，深深地吐出一个烟圈，自言自语道："是好烟啊！可是鄙人消费不起，没法长久受用。"

郑昱嘉心里悻悻地怒骂邹培远："狗娘养的，想做婊子还要立牌坊，我倒要看看谁笑到最后？"郑昱嘉在内心里发泄完毕，又默默祈祷：菩萨保佑我，快让邹培远这狗东西乖乖就范，保佑我，大慈大悲的菩萨。郑昱嘉情不自禁双手合十作揖。

双方都陷入沉默，谁都没有再起话头，彼此间都在博弈，谁先开口，意味着谁就和对方签订了城下之盟。稍过半晌，郑昱嘉斜过眼角偷偷瞟了邹培远一眼，随后眼珠子骨碌碌地一阵转动，眉头一皱，计上心来。他往喉咙里咽一口口水，殷勤地替邹培远搁在茶几上的茶杯里续水，试探道："大哥，时间不早了，我送你回家吧？"

邹培远稍稍一愣,随即应允:"好啊,时间不早了,该回家了。该做什么就做什么了。"邹培远故意伸了个懒腰:"谢谢犒劳哦。"

"大哥又见外了,只要你有时间,我有的是时间奉陪大哥,只怕大哥今后不肯赏光,我们这种建筑包工头能攀上大哥本身就是一种福分,用我们这种人的钱只怕是腌臜大哥。"郑昱嘉憋不住甩出一句酸溜溜的话,他自知今晚是没戏可唱,还想用激将法刺激邹培远,让邹培远能够留下,和盘托出原先自认为胸有成竹让邹培远配合的计划。

已经起身的邹培远果然侧身扫视郑昱嘉,他也很想顺势找个台阶,苦于郑昱嘉就是不肯再提那百分之五的股份,自己重新挑起话题,今后岂不是在郑昱嘉面前矮了三分掉了价?邹培远正心疼着呢,百分之五的股份,每年坐收的红利至少百万以上。邹培远后悔刚才自己过于矫情,正盘算着如何能让郑昱嘉再提此事。郑昱嘉刚才那番不阴不阳的话分明是给自己一个台阶,不能再犹豫了,邹培远对自己下了命令。他用两秒钟的时间微闭双目,转而微笑地冲郑昱嘉点头:"酸话说得太多也不怕牙疼,你小子的好意我领了,我接受百分之五的股份,行不?改日你送一份协议书给我。"邹培远郑重补充。

狐狸再狡猾也斗不过好猎手啊!郑昱嘉在内心大吼,大喜过望的他从沙发躺椅跃身而起,双手使劲将邹培远按在原位:"明人不做暗事,协议书我回去就写,发到你的邮箱后大哥再修改确认。大哥,今后你不仅仅享有嘉海百分之五的股份,还有更多的赚钱机会等着我们,咱再躺会,听兄弟我说说心中的想法。"郑昱嘉在商海滚打多年,除对女色情有独钟,烟酒却一概不沾,此刻他忍不住也叼起一支烟,狠狠地吸了一口,眉飞色舞地向邹培远描绘嘉海发展的宏伟蓝图。"大哥,嘉海两三年之内一定要升特级资质,这是建筑市场的大势所趋。"

"困难重重,谈何容易?"邹培远在政府的建筑部门混迹多年,深知这是一件很难办到的事情。"蜀道之难难于上青天。"邹培远陷入了沉思,他知道百分之五的股份意味着自己又将会有多少付出。邹培远瞪大眼睛朝天花板出神,也在暗自盘算自己的利益,盘算着如何能圆郑昱嘉的梦想,自己跟在后面享受荣华。"连续三年必须达到五十个亿的量,注册所在地必须连续三年缴纳五千万的税收,还要有科研的平台,有一系列硬性规定的技术人员到位的指标等,"邹培远的口中缓缓地吐出晋升特级资质的标准,不停地摇头,"太难了,很难做得到,要付出很大的代价的。"

郑昱嘉唯独捕捉到邹培远说的最后一句话,他的劲道鼓得足足,脑袋晃动得像个拨浪鼓,右手用力地晃动邹培远的左肩胛,牛气十足地提高话音的分贝:"大哥,你不会放着这么好的机会临阵退却吧?这个社会只有想不到的事情,没有办不成的事情。要花多少钱我来负责,哪怕输得一败涂地,我也心甘情愿。你不去尝试,百分之一的希望都没有,你如果去尝试,至少就有百分之五十的成功概率,机会对半开,为什么不去试一试?"

邹培远不以为然地反唇相讥:"你的面前横亘着一座大山,连羊肠小道都没有,怎么去试一试?难道学愚公劈山开路?"

郑昱嘉双手握拳哈哈大笑:"大哥所言极是,我就是要劈山开路!但绝不会笨得像愚公那样自己抡斧头去开山凿路,那要到猴年马月?我所做的是花钱买炸药,让别人为我开路。怎么样,大哥?难道还不愿意试试?"

邹培远对郑昱嘉的了解可谓是入木三分,这家伙认定的事情,撞了南墙也不回头,他会不计代价地付出,一旦得手,他又会不择手段地成倍捞回,这种秉性在商场的利益博弈上屡试不爽,每每都能得手。邹培远满腹狐疑地打量神秘莫测的郑昱嘉,内心却被他的三寸不烂之舌游说得心头痒痒。假如这次博弈侥幸成功,我邹培远的利益不也是跟着几何级地增长?有他的金钱铺垫,反正损失又不是自己的,何乐而不为跟着他赌一把,输赢与自己都是有百利而无一弊,这局棋该跟着他下!主意一定,邹培远一拍大腿,朗声应允:"既然老弟有这番雄心壮志,我也就豁出去了,敬请指点迷津,我们该怎么办?"

郑昱嘉"嗤嗤"干笑几声,眼珠子狡黠地转动几圈,扯起嗓门大叫:"我的好大哥,你聪明绝顶,却又聪明反被聪明误。怎么办?很简单,四个字:对号入座。要什么咱就给什么,没有?花钱买,再简单不过。"见邹培远愣怔着双眼若有所悟,郑昱嘉拿起一支烟塞到邹培远的嘴巴,将打火机的火苗拨得有两厘米高,"老古话说得好,'众人拾柴火焰高',不是么?"郑昱嘉歪头坏坏地冲邹培远一笑,他替邹培远点燃香烟,不失时机地补充:"咱们嘉海现在这么好的平台,也必须用足资源,用成立分公司的形式将蛋糕做大做强。"

邹培远恍然大悟,他抬起脚踢郑昱嘉的臀部:"你这家伙,歪点子一个接一个,不愧是块经商的料,恐怕我是玩不过你。"邹培远的脸部隐隐露出一丝悲哀,他恍惚看到自己的另外一个结局,情不自禁地打个寒战,他感到郑昱嘉的可怕,保不准哪一天兔死狗烹,被这家伙卖掉,自己还稀里糊涂地蒙在鼓里,心甘情愿地让他当枪使呢,得提防着他一点。想到这一层,邹培远狠狠地抽了口烟,稍稍定神后,才恢复常态,极力用淡淡的口吻冷冷地答复郑昱嘉:"我是悟出个道道来了,不就是用分公司的形式,将资源整合到你嘉海公司,从而满足人员和业绩的需要。"

"大哥到底高明,"郑昱嘉朝邹培远翘起大拇指,"咱就走这招棋。"

"说说你的具体方案，"邹培远斜睨郑昱嘉，不紧不慢的语调，显示自己似乎早就料到郑昱嘉的葫芦里卖的是什么药，"我先洗耳恭听，看看你的方案和我思考的是否不谋而合。"

郑昱嘉才不理会邹培远的拿腔拿调，他兴奋得手舞足蹈，加快的语速伴随着唾沫冲邹培远一发而不可收："首先，我的嘉海公司要在全国各地成立三十个分公司，每个分公司必须为我嘉海公司引进十个专业人员，包括一级和二级的项目经理，还有其他的技术管理人员，这些人员必须全部在我嘉海公司缴纳'四金'，这样一来，我公司晋升特级资质的人员岂不是达到了标准？其次，我每年再资助高校二十万元，他们建立的科研平台，我只要挂个名就可以，这项指标我也就得以完成。至于业务量也好办，每个分公司年产值必须达到一个亿，我管理费的收取为百分之一，两个亿以上，我管理费是百分之零点五，但每个分公司不管经营业绩如何，每年都必须交给总公司五十万的分公司管理费。另外，我再通过代征税的形式收取百分之一的税收，至于税务局那边，这代征税是绝对用不着全额缴纳的。大哥你想想看，现在市场上拿工程项目，是你得先有关系才考虑对号入座的公司，关系到位，利益捆绑在一起，你只需要找符合项目资质的建筑公司就可以，那些小老板找大公司挂靠，至少要收取百分之三的管理费，还不包括其他形式的费用，这笔账连傻瓜都算得过来。只要有项目，关系又搞得定，谁都愿意和我嘉海合作。对外而言，缴纳百分之一的代征税乃天经地义，他们何乐而不为？"郑昱嘉一口气描述完他的设想，胸有成竹地歪头打量邹培远，用调侃的口吻询问道："我的大哥，怎么样？"

邹培远不得不佩服郑昱嘉的如意算盘打得是如此天衣无缝。"你真是商界的一代枭雄。"邹培远听后也禁不住啧啧称赞，"不过话又说回来，说说容易操作难，你就这么自信？"邹培远还是心存疑虑。

郑昱嘉拍腿抚掌，大笑不止："大哥，我是相信谋事在人，成事也在人。记得有句话倒是很有道理：世上无难事，只要肯登攀。嘉海的经营模式就是筑巢引凤凰，有谁会心甘情愿多掏钱给挂靠公司？"郑昱嘉一头倒在沙发床上，仰天紧盯着天花板久久不语。"我就是相信这句话：这个世界上没有办不成的事情，只有想不到的事情，不成也得成！"

郑昱嘉一字一顿，说得掷地有声，邹培远感到一阵凉意穿透他的脊背。他太了解郑昱嘉的为人，一时半刻竟不知道该说什么，为了掩饰自己的稍稍不安，邹培远唯有闷头抽烟一言不发。"我的话还没有说完呢，"郑昱嘉用臂肘捅捅邹培远的肩胛，脸部表情变得神秘兮兮，两只眼睛很夸张地瞪得老大，就像要生吞活剥掉邹培远，"我要给公司里的每个管理人员摊派任务，冠冕堂皇一点,就是每个人都有一年一度的目标责任状。具体来说,每个管理人员一年之内负责引进两个分公司,年终奖金以此作为考评。你也有任务,必须帮助我引进至少三个分公司,也就是说有三十个管理人员,你负责落实到嘉海公司。当然对培远兄我是另当别论,这三个分公司的一百五十万管理费,奖励你百分之五十,另外还要求你连续三年每年为公司引进五个亿的项目,中介费你自己和对方谈,我只收取税收和百分之零点五的管理费,你有本事就能获得至少百分之一乃至百分之二的中介费,这一块我分文不取。怎么样?做得好的话,三年你就可以腰缠三千万。"

邹培远嗤之以鼻:"天上的月亮,可望而不可即,你要折煞我这把老骨头不成,我哪有这等本事?"邹培远很干脆地予以拒绝,"这样的好事轮不到我,你还是另请高明。"

"此言差矣,大哥,我把嘉海公司的总经理职务让给你,公司的一切人员听凭你调遣,你在机关里再也混不出名堂了,我挑明了说吧,你索性就办个停薪留职手续,到嘉海干上几年,等到赚得钵满盆满再金盆洗手回到机关,岂不是两头都能赶上趟?我是真心实意的。"郑昱嘉说得言之凿凿,由不得邹培远不动心。

邹培远双手抱头陷入沉思,郑昱嘉抛出的诱惑实在是无法抵挡。邹培远的脑海中迅速地扫一遍自己的人脉关系,他在盘算着如何能将这天上的月亮揽到手,也许真该拿出吃螃蟹的勇气,不入虎穴,焉得虎子?人生能有几回搏?放着这等上好的买卖,过了这村就没有那店,凭我邹培远的能力还是能抓住这千载难逢的机会的。打定主意,邹培远长吁一口气,他打算很干脆地接受郑昱嘉的邀请,转而拍着脑袋细细一想,却又表现得吞吞吐吐,模棱两可地答道:"这事情太大了,我和老婆商量商量再答复你。"

"好!"郑昱嘉爽快地答应,他和邹培远击掌盟誓,"我给大哥你半年的时间,过期我只得另找他人。培远兄,觊觎这总经理职位的大有人在,我只是把这个机会先留给你,于我而言,你有知遇之恩,我岂能过河拆桥不报答?我可不是这种小人。"郑昱嘉话中有话,他边说边偷瞄邹培远,邹培远涨红的脸让郑昱嘉很肯定地做出判断:邹培远肯定抓住了自己抛出的诱饵,自己有把握坐等着榨取他的资源,享受更大的利益。等到我嘉海公司晋升为特级资质,我郑昱嘉还会向谁俯首帖耳?郑昱嘉浮想联翩:到那时,建立建筑业的王国如愿以偿,我郑昱嘉从必然王国跨入自由王国,到了那一天,舍我其谁?我倒要看看谁笑到最后!

子夜时分,郑昱嘉将邹培远送回家。邹培远下车跨步进楼的时候,郑昱嘉跟着下车,黑暗中郑昱嘉的双眸闪闪发光,狡黠地对邹培远露出微笑:"大哥,劳累过度,别再加班了。机不可失,时不再来,咱们碰上了好时代,做个弄潮儿吧!"

邹培远点头赞同:"也许是该跨出这一步了,等我的消息吧。"邹培远用力握郑昱嘉的手,手心的热流让郑昱嘉明显地觉得,邹培远的心跳得很快,他知道大功告成。

3

  半年之后，嘉海集团的分公司陆续成立，业务量也呈几何级的增长，嘉海公司正式更名为嘉海建设集团有限公司。集团公司下属的事业发展部的几个管理人员天天忙得不亦乐乎，彤浩也被郑昱嘉任命为事业发展部的经理，还涨了工资，手下掌管着四五号新招聘来的工作人员，专门负责跑工商局、建管办等部门，忙得白天黑夜连轴转，和女朋友约会的时间都没有。

  东海市建筑业的圈子说大也不大，掰着手指头都能数出有哪几家具备国家一级资质的建筑企业，尤其是纯家族式的民营企业更是屈指可数。行业内口口相传，都知道东海市的建筑圈内杀出一匹黑马——嘉海建设集团有限公司，只要每年上缴五十万的管理费，再引进十个专业技术人员，超过两个亿的业务量上交的管理费仅仅为百分之零点五，这对那些有关系揽到建筑工程，却苦于国营建筑公司动辄就至少收取百分之三以上的管理费，还要接纳五个工程管理人员，且包吃包住包工资包奖金的条件来说，嘉海集团不啻是那些小老板的福星。于是各路人马纷纷涌向嘉海集团，要求成立分公司。嘉海集团的办公地点一时间竟门庭若市，每天都可以看到公司停车场清一色的奔驰、宝马等名牌轿车齐刷刷地一溜排开，很是壮观。这是中国社会的特定文化体现，每个小老板即使身价寒碜，也懂得如何包装自己，所以必备一辆名牌的轿车，出手必定是中华牌香烟，乃是最基本的交际底线。不管你的囊中如何羞涩，请客吃饭洗桑拿，上卡拉 OK 或者到棋牌室修筑长城，那是绝对不能丢人现眼的，随身携带的提包里至少要装下五万人民币，应急的时候还得刷信用卡。每个小老板都知道该如何包装自己，财大气粗才能让人刮目相看，多少打肿脸充胖子的小老板一边潇洒地挥霍，一边心疼得暗自叫爹喊娘，殊不知这番投资未必能如愿以偿将工程拿下，更多的时候这些付出都是打了水漂。即使将工程揽到手，还得找挂靠的公司，这对小老板们来说，又是一个让人畏惧的门槛，这工程利润的四分之一必须由被挂靠的公司截留,还美其名曰为了对公司的形象和工程的质量负责,要派驻五个专业技术人员监督管理该工程项目,这笔人员的费用支付也必须是小老板们掏腰包。侍候这几个大爷,小老板们也是头痛不已,简直是供奉自己的五个爷爷,报销汽油费应酬费等不一而足,更有甚者,还要介绍材料供应商或者要分揽部分的工程。稍有怠慢,他们就处处给小老板们暗中使绊子,到公司告状,在业主面前派小老板们的种种不是,弄得小老板们干脆就一口价,开一份天价的工资,随他们在整个施工周期内自我逍遥,这部分的花销至少要占整个工程百分之一的利润。此外,工程介绍人和业主这里的中介费用,至少也在百分之四甚至还要多,都是得罪不起的,无论对方如何心黑,说到底他们也是小老板们的衣食父母,只要算得过来,中介人或者是业主这里的费用一分钱都不能少的,彼此间的默契都心照不宣,唯有将这方太上皇侍候到位,在你施工的过程中多弄些签单,多报些工程量,才会让可能性变为现实性。还有第三笔的开支,那是针对监理和审计单位的,行业内有个公认的事实:做得好不如算得好,千日做不如一日算。这方面的公关也是小老板们要做的功课,但开支会相对少一些。此外,还有各政府部门的往来,譬如质监站等,也是一笔不菲的支出。最后的支付费用是逢年过节的礼品、礼券,任何方面都少不了。小老板们最怕过年过节,商场的礼券和烟酒补品等采购至少需要十几万,稍有挂一漏万保不准就得罪了哪一方,自己还蒙在鼓里,阴沟里翻船还不明白是被谁坑了。最后剩下的才是自己的利润,假如安分守己做这项工程,估计十有八九都会亏损。建筑行业的利润空间越来越透明,很多主材都是甲供,人工费又一个劲地看涨,要想获取利润的最大化,小小的偷工减料,多报些工程量等是建筑行业内的不争事实,只要不出重大的质量事故,反正一百年的建筑寿命缩短二十年谁都眼开眼闭,真的到了那时候,是下一代去面对现实,种瓜种豆的早就在天堂相会了。

  突然冒出的嘉海建设集团有限公司推出的优惠政策,简直是东海市建筑业内新开辟的一个建筑特区,无怪乎小老板们趋之若鹜,远至新疆、内蒙古和海南都纷纷建立了分公司,原因很简单,小老板们在哪里揽得工程,就在哪里就地注册分公司,被郑昱嘉封为事业发展部经理的彤浩当然要忙得四脚朝天,麾下的几个新招进来的大学生满中国奔波,为郑昱嘉的三十个分公司马不停蹄。

  邹培远最终没有办理停薪留职的手续,此事遭到他太太的竭力反对,面对邹培远去意已决的表态,他太太不惜以离婚为抗争,邹培远自然就将其壮士断腕的气势稍稍收敛。他又和北京的老同学徐辉商议,徐辉也不赞同邹培远就此一搏,他很诚恳地规劝邹培远:"还是留一手吧,跨进嘉海的大门你就没有退路了,你可以利用它的平台打些擦边球,保持你的独立很重要。这个世界只有永恒的利益,没有永远的友情,保不准哪一天飞鸟尽良弓藏,你咋办?当然,这个机会也不要轻易放弃,找个代理人替你下这盘棋,岂不两全其美?"

  徐辉的忠告虽然没有让邹培远彻悟,但思来想去觉得还是很有道理。邹培远与郑昱嘉这几年过招,也心知肚明他俩完全是捆绑式的利益组合,一旦自己失去使用价值,保不准郑昱嘉会踹了他,完全有这种可能。邹培远决定采用徐辉的建议,和郑昱嘉之间既保持独立又紧密合作,分合自由。当他委婉地向郑昱嘉表示自己的想法时,郑昱嘉没有露出吃惊的表情,而是很理解地握着邹培远的手:"大哥,我理解你,没问题,你提出的松散型的合作方式我没有意见。"面对迅速膨胀的嘉海集团,郑昱嘉也无所谓邹培远的去与留,超乎预先想象的蓬蓬勃勃早就让他飘飘欲仙,哪里还在乎邹培远的踌躇不决。相反地,他还隐隐产生一丝悔意,对邹培远的承诺实在是太多了。邹培远的犹豫正中他的下怀,惺惺惜惜中,郑昱嘉还是信誓旦旦:"我对大哥的承诺一如既往,你所引进的分公司和项目,按我们原先的约定绝对不变。"

  有郑昱嘉的拍胸脯保证,邹培远领得这把尚方宝剑开始物色人选,他掰着手指头将身边的至爱亲朋一一过滤,最后选定毕业留校在东海大学任职的老同学严于信,让他和自己一起做个编外的嘉海管理人员。其实邹培远在找严于信之前,就将自己所有的人脉关系细细地梳理一遍,也找过十来个同学或朋友,都是些利益至上者,邹培远一个都不满意,他想找一个建立在他利益基础之上的代理人。选定严于信,邹培远的理由有三:首先,严于信为人正派,不会背着他干些偷鸡摸狗的事情;其次,严于信在高校任教二十几年,有广泛的人际资源可以利用;第三,严于信的老家在农村,家境一般,生活在东海大都市,经济上的捉襟见肘,邹培远是知道的,碍于知识分子的面子,严于信从不在老同学面前透露。要说动严于信加盟,确实是一件很不容易的事情,知识分子一贯自恃的清高,让邹培远很费一番心思对严于信进行游说。

  恰好在一个秋高气爽的周末,老同学徐辉从北京来东海出差,邹培远做东邀请徐辉小聚。举杯相邀,真诚开怀,徐辉很关心邹培远与嘉海的发展状况。邹培远在徐辉面前倒不保留,他明白嘉海今后还必须仰仗徐辉的关系升特级资质,这是邹培远在郑昱嘉面前的筹码,也是郑昱嘉能够尊重邹培远的重要原因。邹培远一杯啤酒下肚,酒酣耳热之际,邹培远一五一十向徐辉袒露自己想邀请严于信作为合作伙伴。

  徐辉略一思索表示首肯:"这个老夫子,为人可靠,说起来他还是我的恩人,我在大学里闹的那场风波,差一点行政上记过处分,是严于信挺身而出,说句心里话,一直想报答他,二十多年过去了,始终没有机会。将严于信拉到这个团队,能够让他有些额外收入,也了却我的一桩心愿,我倒是要感谢你。严于信这家伙没有商场的市侩味儿,我看能成,别看他平日里挺蔫,真的干起事来还是挺有闯劲的。"

得到徐辉的赞同,邹培远有了底气,他建议道:"明天是星期天,趁着你也在,咱们邀老夫子一起出来好好谈谈怎么样?"

徐辉满口应允:"赶上不如撞上,趁热打铁,咱俩也是在帮老夫子一把,凭他在大学研究所谓的经济学,这辈子赚个百万千万的恐怕是个梦想。咱仨在大学里读的虽是经济专业,但毕竟一同创办白帆文学社,都钟情于文学事业,身上文人的气质永远不会磨灭。你还记得吗?当初我们三个都到教务处申请转系,迫切地希望能转到中文系,现在想想都觉得搞笑。话说回来,毕竟有共同的志趣,又是一个寝室出来的,应该有福同享。这确实是个机会,何况严于信又不坐班。"徐辉倒是很感谢邹培远的重情重义,压根没有想到邹培远是另有图谋。

当晚,邹培远和徐辉共同在宾馆下榻。第二天一早,邹培远电话邀严于信一起到阳澄湖品尝大闸蟹。严于信一口回绝:"平白无故地添出这份雅兴请我到阳澄湖,醉翁之意不在酒吧?我没空。"

邹培远好说歹说,严于信依然不领情,情急之下,邹培远脱口而出:"徐辉来了。"说罢,邹培远将手机递给了徐辉。

徐辉摇头:"这老夫子。"他接过电话直截了当:"于信兄,我难得来东海,总不见得驳我的面子不成?我和邹培远午饭后到你家来接你。"挂掉电话,徐辉冲邹培远扮个鬼脸,"没啥啰嗦的,到他家去不就得了?"

邹培远用手指敲打徐辉的额头:"还是老兄你办事干脆,东北人的性格,爽快!"

徐辉不以为然地耸耸肩:"咱俩打上他的家门,看这家伙还得瑟?"

下午两点左右,邹培远亲自驾车和徐辉冲到严于信的家。徐辉自打去京城谋生,与严于信暌违近十年,好友相见,徐辉当胸朝迎门而候的严于信一拳砸去:"这你家伙,敢情不食人间烟火,小十年了,也没有个音讯。若不是培远有邀请,敢情我俩是十年生死两茫茫了。"他拽住严于信的臂膀,"别整天躲进小楼成一统,管它春夏与秋冬,跟我和邹培远去醒醒脑子吧。"徐辉不由分说,将严于信推搡出门。

出了电梯,徐辉也容不得严于信分辩,又一把将他塞进车厢,然后一屁股挨着严于信落座,命令邹培远:"开车。"

邹培远开着从郑昱嘉处借来的奔驰远离繁华喧嚣的钢筋水泥世界,严于信很不自在地倚着徐辉坐定后驾驶座位,左右打量大奔:"还是头一遭享受,真有点不习惯。"

"你呀,"邹培远回头与徐辉相视一笑,接过严于信的话,"偷得浮生半日闲,好好地享受吧。"

抵达阳澄湖才刚过下午四点,恰逢菊黄蟹肥的好时节,阳澄湖周边的蟹舫车水马龙,老饕们纷纷结伴而来。

邹培远泊完车,三人一路闲话,进入一艘市招为"金蟹舫"的船舫,找到一个面对阳澄湖的包厢。一行三人甫入包房,严于信就脱口而出:"室雅何须大,花香不在多,倒布置得还精致。"

严于信这么一说,邹培远和徐辉也仔细地浏览包房的陈设,颔首赞同。四十多平方米的房间,正中央挂着一幅号称是出自所谓名家的国画,一看就知道是赝品,画面上,一公一母的两只张牙舞爪的大闸蟹,让人过目后倒有些忍俊不禁。洁白的桌布覆盖着餐桌,一盆傲放的秋菊,黄澄澄的颜色使人忍不住凑上前用鼻子深深地呼吸。几张沙发很规矩地躲在角落,一席屏风半遮半掩住沙发,仿佛在暗示宾客,这包厢里还有私密的地方。推开落地长窗,沿船舷又是一溜姹紫嫣红的菊花在秋阳下竞相绽放,几只胆子比较大的鸽子在船舷的栏杆上跳跃不停,平添几分动态的情趣。极目而望,浩瀚的湖面在落日余辉的照耀下泛动粼粼波光,一叶扁舟收入眼底,可以看见撑竹篙的渔翁悠然自得。严于信赞叹:"泛舟湖上,吹一曲江南丝竹的古韵,敢情是王勃《滕王阁序》中的渔舟唱晚,人间仙境也。落霞与孤鹜齐飞,秋水共长天一色,美哉妙也。"严于信摇头晃脑有些陶醉,"假如有潇潇秋雨扑面,我们仨躲进房间,隔墙又有曼语妙歌送入耳畔,听雨歌楼的景致合该天上才有,人间哪得几回闻哪!"

邹培远和徐辉相视而笑:"老夫子的文学功底比中文系的教授还扎实,难得有机会让他之乎者也。"邹培远咬咬徐辉的耳朵:"拽他进房间吧,否则又要走火入魔出口成章,保不准李白、杜甫、白居易都要出来了。"

"得令。"徐辉打个响指,扳着严于信的肩膀哂笑,"老学究,岂不知秋风秋雨愁煞人,可别再发思幽古之情,我感到冷。该入席了,咱让培远好好出血。"

刚落座,就有殷勤的服务员泡上茶水,并送上几盆餐前小佐。徐辉的座位正对浩瀚的湖面,刚才被严于信的沉醉神态逗乐,徐辉很想戏弄自己的老同学一番。他信手解开衬衣的纽扣,迎着吹来的徐徐秋风,由衷赞叹:"江南好啊,风景旧曾谙,连扑在脸上的风也是柔和的,湿润的,我们北方哪有这般妩媚的景致和人文?我真的要像阿斗乐不思蜀了。"

适才湖面的潮湿空气氤氲成两团雾气,爬上严于信深度近视眼镜的镜片,严严于信摘下眼镜,用嘴对着镜片哈气,又用衬衫衣角擦拭镜片复而戴上。他仔细地将徐辉浑身上下好好地打量一番调侃道:"倒没有忘本,像当年白帆社的成员,还能接得上几句,我以为你早就把之乎者也扔到爪哇国,满脑子装的是声色犬马。"说罢,抿一口茶又冲邹培远嘲笑:"'邹忌,修八尺有余,而形貌昳丽',当年的美少年也开始步城北徐公的后尘,莫非官场就是这番做派?瞧你城北徐公的肚子,像是身怀六甲,在学校读书的时候你可比邹忌美甚。"严于信说完此话,呷了一口茶,摇头晃脑:"徐公不若君之美也。"严于信此话一出口,想想把自己比作一个很不恰当的角色,忍俊不禁,憋不住将含在口中的茶水喷在邹培远衬衣上。

邹培远毫不介意,冲严于信做个鬼脸,"你是私我也,畏我也。"没有等严于信接口继续卖弄他的功底,邹培远就做个打住的手势,"好不容易聚在一起,别再斗嘴,都不是风华正茂的年龄了,也别再挥斥方遒。你俩掐起来,最后又是我落得个替罪羊的角色,点菜吧!"邹培远扔一包中华牌香烟给徐辉:"于信老夫子至今烟酒不沾,我还得单独给他点一扎鲜榨果汁。"

"不行,咱同窗同寝室四年,今天好不容易聚在一起,于信你无论如何也得破戒喝上一盅。"徐辉提议。

邹培远附和:"对,对。吃大闸蟹还真的要喝点黄酒才能解寒,老夫子,从命吧。"邹培远用征询的口吻试探严于信。

严于信倒也爽快:"得,被绑架到这里,一切客随主便,却之不恭。特别是徐辉千里迢迢下江南,我自然要舍生取义,今天我也喝上几盅。"

调笑过后,邹培远将菜单浏览一遍,随后吩咐服务员:"一盘白斩土鸡,凉拌海蜇,葱烤鲫鱼,凉拌黄瓜,冷菜就这四个。另外,野生甲鱼红烧,螺丝一盘红烧放点辣椒,水煮虾半斤,昂子鱼三条也红烧,新鲜蔬菜一份,一雌一雄四两以上的大闸蟹三对,半个野鸭熬汤,多放点扁尖笋,再加黑标黄酒两瓶,放点姜丝,赶快给烫热。"邹培远不假思索一口气报出菜单。

"太多了吧?老同学见面何必如此奢侈?"严于信提提架在鼻梁上的眼镜提议:"大闸蟹一个足矣,野生甲鱼也可以不要,我一介布衣无功受禄,可承受不起,保不准哪一天你俩打我的秋风,我真的要请你们喝西北风了。"

邹培远冲徐辉使个眼色,又指着严于信正色道:"你可劲地酸吧,真正是个现代版的孔乙己。你别管,这顿饭我还请得起。想当初,在学校里夜自修结束,你严于信还经常请我吃一碗小馄饨,今天有机会投桃报李自然是应该的,再说,徐辉打北京赶来,总不见得让京城的官员小看咱们。徐辉老弟,我说得没错吧?赶明儿我和严于信到京城衙门来找你办事,别有理无钱莫进来哟。"邹培远趁机打趣徐辉。严于信不知道,过几天,这张请客的发票,邹培远自然会在郑昱嘉那里报销,哪里会花销邹培远半文钱。

菜肴酒水逐一端上餐桌,严于信咂咂嘴巴,用鼻子嗅闻漫散在满室的香味,眯缝起眼睛摇头晃脑:"金樽美酒,玉盘珍馐,就这么穿肠而过,我老觉得有些罪过。"

邹培远笑着用脚踢严于信:"你就消停吧,看来还得点一盘酸菜鱼犒劳你才行,我还等着与尔同销万古愁呢。来,且举杯,莫停酒,千金散尽还复来。"

"对酒当歌,人生几何?譬如朝露,去日苦多。"徐辉跟着嚷嚷举起了酒杯。

三位老同学开怀畅饮,觥筹交错中酒过三巡,盘中的佳肴逐一落肚。热气腾腾的大闸蟹最后端了上来,徐辉率先拣了一个母的,拨开蟹壳,那红艳艳的蟹膏惹得徐辉不停地咂嘴:"满室飘香,挡不住的诱惑,当初我该留在东海才是,光这口福就足以让人恋恋不舍。等到告老还乡之时,我就在东海安度晚年,你邹培远每年都要请我来阳澄湖品尝大闸蟹。"

"区区小事,何足挂齿?我邹某人每年请你吃几次大闸蟹的小钱还是有的。"邹培远边说边笑,举起酒杯和徐辉轻轻一碰:"清风徐来,明月即将高悬,咱们虽过天命,且聊发少年狂,喝酒作诗也不枉为人一世,"邹培远有感而发,"就当作白帆社的三剑客再次为文学而聚会,好词好句尽管吟诵。"

徐辉将大闸蟹的两个蟹钳中的肉小心翼翼地剔出,蘸上香醋后送进口里,美美地品尝,而后又呷一口黄酒,悠悠地接口:"培远兄你大发诗情,倒使我真的要打定主意将来在东海养老了,富甲天下的好江南哟,谁都会流连忘返。"

严于信刚拨开自己手中那只大闸蟹的肚脐,听徐辉的感叹不由将大闸蟹放回盘中,疑惑不解。严于信圆圆的脸庞再加上那对圆圆的眼睛躲在深度镜片后面,他被搞得云遮雾罩:"你退休后回东海定居?光这房价,你怎么吃得消?居东海,大不易,难道你不明白?"

邹培远哈哈大笑,眼泪都憋不住笑了出来:"老夫子,光凭你这么点死工资,当然甭想在东海买房子。"

"我哪敢奢望?"严于信坦诚地答道,"我一不经商,二没豪门,更不是高官,这房子对我是水中的月,镜中的花,学校里给我这套居室心满意足矣。"严于信又自我解嘲,"当然喽,假如我将这套房子卖给你徐辉,我也是百万富翁了。干脆徐辉你退休后,我将这套房子卖给你,我怀揣百万,找个'采菊东篱下,悠然见南山'的去处归隐得了。"

邹培远和徐辉被严于信逗得捧腹大笑,一不留神邹培远将面前的一碟醋给打翻。"我,我是真的要吃醋了,你的清高和情操,我邹培远自叹不如。"邹培远揉着肚子好不容易喘过气来,"话又说回来,你这老夫子,大隐隐于市才是高人。"邹

35

培远边说边用小毛巾抹桌面上的醋汁。

徐辉也被严于信给逗笑,他好不容易才制止住邹培远对严于信的调侃:"好啦,三个年过五旬的老男人还如此癫狂,好歹都是受过高等教育的,你们看,连服务员小姐都在看着我们笑呢。"徐辉起身,抓起酒瓶分别给邹培远和严于信斟酒,"咱们仨满饮一杯,同窗知己,无话不说,有福同享,我先干了。"徐辉仰头一饮而尽,邹培远和严于信也同时满饮一杯。

见时机已到,邹培远咂咂嘴巴,继续往酒杯里斟酒:"两位仁兄在上,我邹培远再痛饮一杯。"邹培远抬头一饮而尽,脸泛红晕,双手撑住桌面的边缘,缓缓起身后,抽出右手叉腰伫立片刻,随后绕着餐桌转了一圈,又缓缓踱步到严于信的面前,一副严峻的脸色,鹰钩鼻子下一对大鼻孔喘出很响的气息。他伸出双手按着严于信的肩膀一字一顿:"言归正传,刚才我是醉翁之意不在酒,今天三个老同学难得相聚一起,我有个发财的机会让大家共享,我们争取在三年之内共同致富,然后咱们仨都在东海市的黄金地段买上一套高级公寓,大隐隐于市。"

徐辉随即也在自己的酒杯斟满黄酒,端起酒杯站在严于信的左侧,掷地有声:"我也奉陪一杯,培远老兄言之有理,咱们该同舟共济为未来的养老计划奋斗几年,必须为老年时幸福指数的提升未雨绸缪。"徐辉大口喝酒,随后将酒杯朝餐桌一掷,大手一抹嘴巴,冲邹培远发声,"你开门见山对我和于信直言相告你那发财致富的构想吧。我虽明白一点,还是不太清楚,说,快说!"徐辉的舌头有点大了,他跟跟跄跄坐回自己的位置直着眼睛朝邹培远吼:"你,快点说。"

邹培远一拍巴掌,潇洒地扬头捋发:"好,在两位兄弟的面前,我就毫无保留一吐为快,一个极好的机会放在我们的面前。"邹培远的头脑还保持着清醒,他示意在一侧侍奉的服务员小姐退出,随后将包厢的门关上。他走到包房一侧安放的茶几边,在服务员事先准备好的茶水盆中洗完手,用服务员事先准备好的毛巾擦干手后,一左一右拽着徐辉和严于信的手走向包房的窗口,他推开窗户,放眼满湖波澜不惊的阳澄湖水,心情极佳,随口吟唱:"朝霞映在阳澄湖上,芦花放,稻谷香,岸柳成行。全凭着咱哥儿三个用智慧,打造出人生繁华新天地。"唱毕,邹培远将徐辉和严于信揽入怀抱,立下誓言:"从今天起,咱哥儿仨有福同享,有难同当。"邹培远一五一十将嘉海集团的发展状况娓娓道来,"敢问路在何方?路在脚下;敢问钱在何处?钱在眼前。真心地期望两位兄弟和我一展身手。倒酒!为我们的同舟共济再次干杯!"邹培远提议。

严于信按住酒杯,不让邹培远续酒,圆圆的眼睛躲在厚厚的镜片后面跳跃着疑惑的神色:"我又不干这一行,我不行。"严于信摇头拒绝:"天下哪有免费的午餐? 不行,我干不了,别勉为其难我。"

邹培远朝徐辉使个眼色,徐辉会意,他拍拍严于信的肩,规劝道:"你呀,迂得可爱,迂得可恨。你以为是让你去做包工头?邹培远提供一个平台给我们,我们只要运用自己的人脉资源,做四两拨千斤的活就可以赚钱,你的明白?"

严于信还是一口回绝:"我有什么人脉资源?圈子里都是教书的,搞学术研究的,八竿子也找不到干工程的,关公战秦琼,滑稽又荒唐。"严于信扑哧笑出声来,架在鼻梁上的眼镜也差点掉落,"我真不明白这是哪门子的赚钱机会?培远,你的主意也太馊了点,恕我不恭,没办法接受此番盛情。"

徐辉有点着急,他是真心实意想帮助严于信,能够借助邹培远提供的平台,帮忙拉些关系得以获取真金白银,提高老夫子今后的生活质量,面对死心眼的严于信,他一时不知如何才能说服老夫子回心转意。徐辉急得干搓手:"你这老夫子,我真不知道如何才能点化你,你怎么就这么不开窍?"情急之中,徐辉说话也有点语无伦次,他心里面悻悻地责骂严于信:死不悔改的迂老夫子,要到哪一天才能明白过来?机不可失,时不再来。失去这个机会,你再清醒,只怕黄花菜早就凉了。

严于信的断然拒绝,邹培远倒是意料之中,他恰恰欣赏严于信的认死理,这是他最最放心的,假如找个花花肠子的合作伙伴,保不准哪一天将他卖掉,他还蒙在鼓里,到那时他就是肠子悔青了,也只能干瞪眼。严于信的性格和邹培远迥然相反,严于信的性格方方正正,有棱有角,四条边都是笔直的,说话做事都认一个死理,从来不会拐弯抹角。邹培远的性格恰恰是工于心计、又圆又滑,说话办事总会事先设计一个攻略,再按照其思路发挥他长袖善舞的一面。于邹培远而言,严于信的耿直性格恰巧是他最需要的,严于信绝对不会出卖他。邹培远自忖能说服严于信,严于信是个重情重义之人,正如其名,严于守信,只要从情字入手,感化严于信,他就不信严于信不能俯首帖耳。

邹培远不慌不忙,架着严于信走到包厢角落设置的供休憩用的沙发,他将严于信按下座位,随后又让徐辉给严于信端上一杯醒酒的菊花茶,缓缓劝导:"瞧你这老夫子,我话还没有说完,你就急得太阳穴青筋都爆出来,好像我和徐辉设鸿门宴要吃了你似的,若你严于信不是我四年的同窗好友,若咱俩不是一个寝室上下铺共同生活四年,我哪里会想到你?更何况徐辉老是在我面前念叨你生活清平,说你再过几年就到告老还乡的岁数,可还是两袖清风,他于心不忍,因为你在大学读书时对徐辉有恩。你还记得那次考试徐辉作弊,学校里要给他行政处分,是你单枪匹马跑到教务处,一口咬定监考的吴老师和徐辉有过节,徐辉曾经在吴老师的课上和他当面争执过,让他下不了台,为此一直对徐辉耿耿于怀。你说你和徐辉同桌,徐辉绝对没有偷看你的答题,并放言如果给徐辉行政警告处分,你严于信也要跟着接受处分。有谁能像你严于信老兄如此仗义？当时面临毕业，谁都不想得罪学校的老师，何况吴老师在我们学校还是挺有权势的，你严于信却挺身而出，仗义执言。"

邹培远的一席话，说得北方大汉徐辉用大手抹滚落在眼角的泪花："兄弟，大恩不言谢，你的情我徐辉铭记终身。"徐辉抓起酒瓶，往自己的酒杯咕咚咕咚灌酒："我徐辉感谢你。"一仰头，徐辉一干而尽，朝严于信一鞠躬。

严于信圆圆的眼睛在镜片后面不停地眨巴，他满腹狐疑："我没有做错呀，那吴老师是对你有成见，你确实是没有作弊，我的考卷在我的眼皮底下，你怎么会偷看到？"

"真相必须大白，老夫子，"邹培远感叹严于信的迂腐和执拗，更坚信严于信的为人正直坦诚，"这个谜底该告诉你了。"邹培远夹起一支香烟，掏出郑昱嘉送给自己的镀金打火机替自己点燃烟，吸上一口缓缓道来："这家伙确实是偷看你的考卷了，你这么偏执，你的口碑在我们师生间极佳，都公认你从来不说谎话，一介正直士大夫，谁会不相信你？就连吴老师后来也怀疑自己是否看走眼了，你真的是救了徐辉老兄啊！否则他哪里有机会分配到京城做官，我这厢也代徐辉向你表示感谢。"邹培远起身学着徐辉在自己的酒杯注满黄酒，真诚地冲严于信说道："于信，谢谢你，我为有你这样的同学而骄傲。"

"你，徐辉你呀！"严于信窘迫得说话结巴，圆圆的脸涨成酱紫色，"那我不是错怪了吴老师？十五年前他调到外省的高校，我们就失去了联系。二十多年过去了，我还蒙在鼓里，徐辉，你让我犯了个不可饶恕的错误，我得向吴老师道歉，我怎么那么浑？竟然事先不问问你徐辉，太不应该了，我……"严于信双手抱头趴在餐桌久久未语。"不行，我得找到吴老师，我要向吴老师赔罪，徐辉，你必须和我一块去。"严于信抬起头命令徐辉。

"悔之晚矣，"邹培远掐灭烟蒂，"几十年后天堂相会，你再忏悔吧！我得到的消息是他去年走了。"邹培远分明看到严于信那镜片后面的圆圆眼睛注满了两汪泪水，脸上流露出近乎崩溃的表情，他陷入了深深的自责。邹培远了解严于信，他就是这么个人。坚定的信心让邹培远认定严于信是他合作的不二人选，有严于信为自己鞍前马后忙，他邹培远忧从何来？如何说服严于信加盟倒使邹培远犯难，邹培远皱眉搓手，他一时没辙，只是一个劲地抽烟喝茶。许久，邹培远才抬起眼睛用心地阅读严于信，他在寻找突破口。

"于信，其实这二十多年来，徐辉也生活在自责之中，纵然他没有在你面前有任何表露，我也全然明白。你的仗义改变了徐辉的一生，他很想报恩于你，可你太固执，固执得近乎不食人间烟火，知你严于信者谓你正直无私，不知你严于信者谓你傻帽迂腐,唯有我和徐辉最信赖你的正直坦荡。今天我不谈什么合纵联盟,也不谈什么共同致富提高我们仨的幸福指数,全都免谈,我是真心实意想请你帮我的忙,帮我这个和你有二十几年同窗好友的大忙,我思来想去唯有你严于信能仗义相助,于信,这是我的推心置腹。我也有个人的小算盘,当然这个小算盘是为你于信兄拨打。"徐辉张口急着想插话,邹培远制止住要接话茬的徐辉:"先听我把话说完,"邹培远说话一激动眉梢就会跳跃,"我觉得在当今市场经济的形势下,有一个很好的课题可以供严兄你探究,也就是中国的民营企业该如何深入发展。你还记得去年我们几个在东海市的校友聚会时你曾经说起,为什么到了二十一世纪我们中国的一些民营企业的发展都进入瓶颈口?很多在二十世纪八九十年代盛极一时的民企,那种烈火烹油、繁花似锦的气势突然消失,有的企业家寻花问柳、挥金如土最后成为阶下囚,有的民企则在外企的夹攻下自身难保苟延残喘,更有号称富二代的那些接班人在社会上就是奢靡挥霍的代名词,如何帮助这些曾经成功的企业走出困境提升竞争能力,最后也能成为像世界五百强这样的企业,于我们这些有识之士而言,该是关注的大事,舍我们其谁?我们是这个国家的栋梁之中坚力量,说得大一点,我们也该忧国忧民才是。对于中央的政策,民企如何有效利用?国外先进的管理模式,民企如何做到西学为用?我们为何不找只麻雀解剖解剖,从中寻找出合乎中国经济规律的途径,我们有责任和义务做这样的努力和尝试,我想于信你该接受我的观点吧?"邹培远见严于信似乎被说得动了些心,他感觉到严于信开始认真地倾听他的话语,自忖有了底气,便继续他的豪言壮语:"我想和于信兄还有徐辉一起,从一个民企入手,教教这个民营企业家学学庖丁解牛,为中国民企的发展尽一丝绵薄之力。于信你也知道,我在东海市的建筑管理机构工作,我所接触的就是建筑行业,当今建筑业的无序发展,让我深感重任在肩,我要从一个实体入手,帮助他发展壮大,用先进的管理理念一步步扶持他,使之成为一个标杆,引导其他企业的健康发展,这是功德无量的大好事。徐辉在北京和建筑行业的高层管理者也有不错的关系,我想我们仨自上而下搞一个组合共同研究一个课题:探讨当今建筑行业的可持续发展之路。"

"设想不错,我也有兴趣,可我不是学建筑出身,我能干些什么?"严于信喃喃,"我是心有余而力不足,勉为其难,实在是不行。"严于信拱手,摇头拒绝。

写在严于信脸上的迷茫神情,让邹培远信心倍增,严于信给人的表象是他的人体温度低于常人,其内心深处似乎更接近冰冻,整日不修边幅,远离常人的生活,钻营在书本中的经济学,追究其所以然却不改其乐。但邹培远也知晓严于信内心的悲苦,现实的高物质生活水准与严于信渐行渐远,生活的重荷让他每每茫然于毕生的追求到底有何果？邹培远底气十足地继续搅动他的三寸不烂之舌："你的文笔在我班公认一流，当年白帆社的那些妙手文章都出自于你的手笔，连中文系的莘莘学子都自叹不如，你学的又是经济学，将来这方面的理论文字组合非你莫属，有此兴趣的人是多了去，我岂能肥水外流？我们仨是铁杆哥儿，少一个也不行，假如你严于信退避三舍，我也就撒手不干。徐辉也表过态，除非你严于信加入，他才愿意在北京做积极的配合。"邹培远抬眼示意徐辉。

徐辉腆着肚子站到严于信面前，忙不迭地点头接茬："先天下之忧而忧，后天下之乐而乐，此乃我们的秉性。于信，我大话没有培远那么会说，我觉得这是一件利国利民利我们仨的大好事情，保不准哪一天你严于信的头上又带上一顶经济学家的桂冠，也说不定。"

"胡说八道，八字没有一撇，你就飘飘欲仙。"严于信没好气地回击徐辉，"我是会记恨你的，你不应该坑我，现在想找吴老师道歉也没有地方了。咳，愧疚啊！"严于信长长地叹气。

徐辉揉动饱胀的肚子，一个劲地向严于信道歉："得，得，我再次向您赔罪，往事如烟，你也别再朝花夕拾，我可真心实意想为你严于信做点事情，以弥补我当年的过错，我们还是听培远的，他还没有切入正题，听他说吧。"徐辉唯恐严于信再揪住他不放，赶紧将话题抛给邹培远。

邹培远不慌不忙，为三个人分别斟茶。邹培远举起茶杯："咱仨先碰杯，阳澄湖上三兄弟结义，国家发展匹夫有责，"邹培远脸上的眉毛又开始跳动，鹰钩鼻子两侧的鼻翼也随之翕动，眸子在熠熠闪光，"任重而道远却也在所不辞。"碰杯后邹培远口若悬河："我有一个老乡，论辈分我还能称得上是他的叔叔，应该说是一个准富二代，我想用他的企业做一块试验田，况且他有充足的资金可以保障我们的运转。"邹培远摩拳擦掌，仿佛已经看到美好的憧憬，他在心头吼叫：自信人生二百年，会当击水三千里，时不我待，我不出征谁出征？他口中吐露的语言却极其平缓，"目前他的企业处于成长的阶段，我们帮助他做大蛋糕的同时，研究企业发展的规律，从中给国家和社会有一个很好的提示和借鉴，这就是我们所做的工作。这家建筑企业注册在东海市，名称为嘉海建设集团有限公司，目前的资质是房屋建筑总承包、市政工程总承包、机电设备安装都是国家一级。"

"别，你可别说得这么详细，这个一级那个一级我搞不懂，"严于信打岔，"说的我头都晕乎乎的，既然你说我们是搞研究，帮助这个企业发展，你就直截了当说我们该做些什么。"

"好，严兄一旦认定要做什么，直率的性格马上就跟着体现，"邹培远冲徐辉诡谲地一笑，"我们现在首要的任务是帮助他壮大的同时，研究其中的发展规律，规避市场的风险,最后帮助嘉海集团成为建筑业的翘楚,到那时我们仨可是名利双丰收。"

"名和利我不在乎,我不习惯你说话藏着掖着,你就说说我该怎么做就成。譬如要下去蹲点搜集第一手的资料,或者给下面的员工讲讲课,反正是我能做的,你就直说呗。"严于信听得有些不耐烦。

徐辉也厌烦邹培远拐弯抹角没个停歇,他冲服务员叫嚷:"给我来瓶白酒。"徐辉汨汨地往酒杯灌酒:"我实在没有耐性听你邹培远磨叨,你俩是我今生最好的朋友,一句话,培远你这里的机会千载难逢,咱们不偷不抢,老夫子,咱们就一起干。好歹我北京混了二十多年,还有些关系。苍天在上,邹培远你要我怎么干都行,只要不违背法律的底线。"徐辉仰头一干而尽。

严于信吃惊得瞪圆眼睛,摁住徐辉的手不让他斟酒:"你疯了不成?快住手,你说得对,只要不违反法律和道德的底线,咱们就不妨一起干。培远你直截了当地说开不成?"严于信也憋不住了。

邹培远的眸子绽放出憧憬的光泽,两道眉毛在继续跳动,他要的就是这个反应,他能捕捉到这两位合作伙伴对自己忠诚度的界限。他不慌不忙地点燃一支香烟,信步走向船舷,面迎徐徐微风,极富磁性的低沉男中音信口道来:"而今我谓昆仑,不要这高,不要这多雪。安得倚天抽宝剑,把汝裁为三截。一截遗欧,一截赠美,一截还东国。太平世界,环球同此凉热。"邹培远叉腰,一个转身,随手将烟蒂扔向湖面,他右手食指和中指合并直指天际,放下豪言:"这就是我们的终极目标。"他将愣怔着双眼的严于信揽入自己的怀抱,又将左手搭在徐辉的肩胛,瞭望浩渺无涯的湖面,心旷神怡。视野很好,一叶扁舟划过眼帘,几只野鸭欢快地掠过水面溅起几许水花,"嘎嘎"的叫声中撒下一路欢快,让邹培远多了几分倾吐的心情,"嘉海集团在扩张过程中需要建立几十个分公司来充实自己的实力,同时也需要庞大的业绩支撑,我们趁此机会动用各自的人脉关系帮他把蛋糕做大。我向郑昱嘉承诺,一年内帮他引进三个分公司,承接五个亿的工程项目。严兄,你的学生很多,人员关系又相当不错,关键是你的形象出面绝对让人信赖。"邹培远不容严于信有反驳的机会,于情于理,于义于利,滔滔不绝,直到严于信低头不语,陷入沉思,才悄然打住。

邹培远费了很多的口舌,终于将严于信说动。严于信还是附加了前提:"我可以帮忙试试看,先不要和我谈论什么报酬,也许是一个很好的课题,我倒是真的想探究一下民营企业的发展规律,这嘉海集团可能是一个平台。"

邹培远暗自哂笑:傻瓜蛋,我就看中你的这一点,当然,我也不会亏待你。

三位好友复归原座,深入探讨如何为嘉海尽心尽力,不觉暮色四合,议论依然热烈。

　　夜幕降临,阳澄湖周边各色船舫的霓虹灯竞相闪烁,映照湖面的景致更加曼妙。邹培远、徐辉和严于信不约而同缓步走向船舷瞭望夜色,几十艘环湖修建的蟹舫霓虹灯闪烁,各色市招广告的光彩映照在湖面,满湖漫溢着片片姿色,纸醉金迷的世界。一束强光从一艘船舫射向湖中心,随着光束远望,映入眼帘的视像一片混沌,但他们仨仿佛都看到了自己眼前铺就的一条崭新的道路。

　　船舫隐隐传来的嘈杂声,破坏了他们三人的心情,邹培远提议:"这边人多嘈杂,老夫子不太习惯,那边有一个绝妙的清净之处,你俩随我来。"

　　邹培远结完账后,引徐辉和严于信走向湖边。湖泊的不远处有一汊港,一座石桥将汊港两岸连接。翻过石桥,走进一条桂花盛开的甬道,人迹杳然,秋风送爽,最后一茬的桂子花香飘浮在空气中令人心醉,恰与适才的浮华形成对比。

　　严于信信步拾级登上甬道旁的一座凉亭,徐辉随后跟上,邹培远则在石桥边尽情地欣赏中秋夜色中的水乡景致。夜色中,橘黄色的路灯闪烁着诡谲的光亮,严于信转过身,凝视着专注远眺景致的邹培远,信口朗声:"你站在桥上看风景,看风景的人在楼上看你。"

　　邹培远回首,朝严于信会心一笑,得意地捏捏自己耸直的鹰钩鼻子,右手的食指指向深蓝色夜空中的一弯明月回应:"明月装饰了你的窗子,你装饰了别人的梦。"随后,他三步并作两步走向凉亭,随手折一株桂花:"老夫子,赏你,看你难得有好心情。"

　　严于信贪婪地用鼻子嗅沁人心脾的馨香,抬头仰望高悬在天空的一弯明月,啧啧赞叹:"'人闲桂花落,夜静春山空'的绝妙境界。"

　　"好啊,咱们三人干脆席地而坐片刻,一起品味,谁让王摩诘留下这如此深邃的意境?"邹培远应声,"也合该洗却浮躁,让我的肺叶尽情享受,别老是眷顾自己的胃。"

　　"你们还有底子互相接招,我的那些早就付诸东流,"徐辉也跟着感慨,"一晃同学二十五年,年龄也过了天命。"

　　三位大学同窗好友就地入座,眼光追捕着湖面泛动的色彩陷入沉思,谁都不愿意离开。

4

不日,徐辉返回京城。邹培远与郑昱嘉电话相约与严于信见个面,春风得意的郑昱嘉一听严于信的背景,立马来了精神,尤其听邹培远介绍严于信的一个学生正是嘉海集团注册所在地的父母官,郑昱嘉更是迫不及待地盼望和严于信一见。他不加思索地让邹培远安排东海市最好的餐厅共进晚餐,并询问邹培远第一次和严于信见面该送多少红包。邹培远告诫郑昱嘉,千万别做出俗套的举动,送卡或其他礼品什么的,言谈举止也尽量放斯文些,严于信不吃这一套。电话里郑昱嘉哈哈大笑:"世上还有不食人间烟火之人,我倒要领教领教。"凭借商人敏锐的嗅觉,第六感官告诉郑昱嘉,这个严于信对他有用处。

邹培远是在办公室给郑昱嘉打电话的,他看不清郑昱嘉的面容,但能想象得出,假如此刻他俩面对面坐着的时候,郑昱嘉觍着笑脸贼忒兮兮地左一声"培远兄"右一声"好大哥"的猴急样,利益共趋使得邹培远也习以为常郑昱嘉的人模狗样,只要戒备之心深藏在心即可。他告诫郑昱嘉:"见到严教授的时候,尽量谈论你企业的发展规划,你发展分公司扩大业务是为了探索民营企业在市场经济条件下的发展规律,并承诺让严教授在你的企业蹲点作为课题研究的试验田,以提供课题经费的理由帮助他。看菜吃饭,看人说话,量体裁衣,就是这个道理。"

郑昱嘉一叠声的"OK",逗得邹培远在电话里忍俊不禁:"你这洋屁让我浑身起鸡皮疙瘩。严教授还是个诗人,他很喜欢达赖六世仓央嘉措的诗,你不是也很喜欢仓央嘉措的诗?把你中文专业的老底子亮出来,从文学的角度找个切入点,保不准严教授会和你成为知音。"

"善哉,善哉。"电话中郑昱嘉连连向邹培远称善,"培远兄放心,我会做好功课提交一份出色的答卷的。"搁下电话,郑昱嘉心情甚好,冥冥之中他感觉老天有眼,一个他人生中的活佛严于信在最恰当的时机即将出现。"仓央嘉措,达赖六世。"郑昱嘉自言自语,信手取过放在书桌一角的仓央嘉措诗集,随意翻阅。他的目光在一行诗歌停留,郑昱嘉在心里反复吟诵,默默背诵直至自认为能倒背如流才合上诗集,他双手交叉搁在后脑,仰视天花板陷入沉思:"莫不是又一个情种?"郑昱嘉情不自禁脱口而出。

翌日上午,邹培远又在办公室给严于信通话,他喜滋滋地告知严于信,郑昱嘉邀他共进晚餐。严于信死活不依,他回答邹培远:"八字还没一撇,无功受禄没必要。"邹培远好说歹说,告诉严于信只不过是一次普通的交流吃个便饭而已,况且严于信也有必要和嘉海的董事长见晤,进一步了解嘉海的现状,严于信才勉强首肯,可还是向邹培远提出条件:"给我半个月的时间,我有准备之后再和那个郑董事长见面。"

邹培远自然无话,顺着严于信:"没问题,一切听你的。"

挂完电话,邹培远心情甚好,严于信同意半个月后见面,一定是带着好消息过来的,他太了解严于信的为人。邹培远情不自禁地哼着京剧《武家坡》中薛平贵的唱词:"一马离了西凉界……"他自诩是薛平贵,蛰伏十八载做皇上的时机总算到来。掐指算来,他大学毕业后,蜗居在建筑管理部门整整二十多年。邹培远歪坐在靠背座椅跷起二郎腿来回晃动,悠然自得地点燃起香烟,眉梢开始得意地跳动,连杨科长推门而入,他也丝毫没有觉察。

半个月后,郑昱嘉如约与邹培远、严于信见面。云霄宾馆是东海市最高级的五星级酒店,其五十六层的旋转餐厅可以鸟瞰整个东海市的夜景。郑昱嘉提前半小时抵达,落座后环视整个餐厅,宾客寥寥,潇潇秋雨中,郑昱嘉伫立在落地玻璃的长窗前俯视东海市的迷人夜色,踌躇满志。

邹培远和严于信如约赴宴,初次相见,郑昱嘉倒有些局促不安,恭敬地伸手哈腰,很规矩地叫了声"严教授",便不再言语,眼角则射出一道犀利的目光窥视严于信,他在揣摩严于信。

严于信也礼貌地回应:"你好,郑董事长!"谦让中严于信落座,"郑董事长也太客气,实在是没必要如此铺张。"严于信正面注视郑昱嘉半晌,啧啧赞叹:"郑董事长年轻有为,一表人才。想当年,邹培远也是东海大学响当当的美男子,人称'邹忌者'正是其人,如今郑董事长硬是把培远给比下去了,咱东海大学乃是人才辈出啊!"

邹培远拍拍自己的肚子笑道:"我现在是大肚能容啊!"他伸出左手的食指朝严于信点了点:"你就拐着弯子嘲弄鄙人吧。"

郑昱嘉不失时机地接口:"严教授过奖,我郑昱嘉才疏学浅,空有皮囊一具,有幸能结识您严教授,我三生有幸。"郑昱嘉递过名片,甚为谦虚:"早就从邹处长这里听到您严教授的大名,我们民营企业的发展要靠你们来扶持,我说的是心里话。"郑昱嘉悄悄瞥一眼邹培远,见邹培远朝自己努努嘴便心领神会,继续陪着小心,"一直和邹处长在探讨民营企业到了二十一世纪后该如何冲出瓶颈持续发展,没有理论上的指引,光靠我们自己蛮干根本不是出路,很希望严教授您能指点迷津。"

邹培远和郑昱嘉正面对坐,跷着二郎腿来回晃荡,左手的食指有规律地叩击桌面:"你在严教授面前文绉绉地说话不怕我笑掉大牙,班门弄斧也不瞧瞧对象。"戏弄一番郑昱嘉之后,邹培远很真诚地对两人说道:"其实你俩还是很有缘分的,我和严教授是东海大学七八级的经济系学生,郑董事长是东海大学九二级的中文系学生,咱们仨是校友且不说,想当初我和严教授还有咱北京的同学徐辉,多么羡慕中文系的同学,还闹出过转系的念头呢。其次,你俩有缘还因为郑董事长信佛,严兄你对佛学也有研究,况且你俩都喜欢仓央嘉措的诗。"

严于信吃惊地略略张嘴,圆圆的眼睛透过厚厚的镜片直视郑昱嘉:"郑董事长也喜欢仓央嘉措?"

郑昱嘉欠身点头,谦虚地回答:"在严教授面前献丑了。"他随即张口吟诵:"那一世,转山转水转佛塔,不为修来世,只为途中与你相见。"

严于信张口就续:"那一世,我细翻遍十万大山,不为修来世,只为路中能与你相遇。"

郑昱嘉与严于信共同唱和:"只是在那一夜,我忘却了所有……"戛然而止,两人都意识到后面的诗已没必要吟诵。严于信兴奋地上前拍郑昱嘉的肩膀:"想不到建筑界也藏龙卧虎,郑董事长真乃商界儒商,幸会,幸会!"

郑昱嘉依旧保持谦恭的神态,缓缓回复严于信:"在严教授面前我是一个小学生,希望经常有机会得到严教授的赐教。"

严于信圆圆的眼睛泛动着异彩,言辞中多了几分遐想:"有月色的深夜,漫步在八廓街上,走进历史沧桑的玛吉阿米酒吧。那一天,不为祈福,只为守候你的到来。"沉醉在仓央嘉措精神世界里的严于信眼角泛溢点点泪花。

郑昱嘉微笑着掏出他在玛吉阿米酒吧拍摄的照片递给严于信:"我和严教授有同感,何时得空我请严教授再度一游玛吉阿米酒吧,咱们穿越时空吟诵仓央嘉措的诗歌,共喝一杯青稞酒?"

严于信使劲点头:"一定,一言为定。想不到我在商界也会有知音,相见恨晚。"严于信冲郑昱嘉表露极为真诚的心迹:"东海大学中文系毕业的高才生,下海经商搞建筑真不简单。"严于信由衷地敬佩。

一时插不上话的邹培远,越来越佩服郑昱嘉手腕的厉害。郑昱嘉事先向邹培远打听过严于信的种种爱好和追求,这小子是做好了功课赶来和严于信赴会的。邹培远再清楚不过,一般人很难是郑昱嘉的对手,忧虑中,邹培远告诫自己还真的要提防这个对手。邹培远见郑昱嘉的表现已获严于信的信任,便切入正题:"于信兄这么认可我的这位兄弟,郑董事长也就不用拐弯抹角,谈谈你的设想。放心,怎么想就怎么说。"邹培远搁下二郎腿,在餐桌底下,用左脚悄悄地踹郑昱嘉。

逮住这等机会,郑昱嘉岂用邹培远提醒?他殷勤地替严于信倒茶,随后很恭敬地让邹培远点菜,转头冲严于信礼貌地一笑:"严教授不笑话我,我就从命。"郑昱嘉开始滔滔不绝。

严于信呷一口茶,躲在镜片后面的圆圆的眼睛流露出来的满是信任,他用心地听着,并掏出笔记本不时地做些记录,关键的地方还提醒郑昱嘉重新补充。漂亮的服务员小姐将精致的冷盆逐一上桌,邹培远提醒两位动箸开宴,严于信还连连摆手示意再等会儿。

郑昱嘉年龄虽小严于信和邹培远十几岁,但从小跟着父亲闯荡阅人无数,各色人等如何投其所好自有一套。他的动情演说没有飞扬跋扈的市侩气,而是言辞恳切,确实让人感觉他是个想有一番作为的企业家,这无疑让严于信和他的距离又明显地缩小,文化上的认同感让严于信有接受郑昱嘉的想法。听得郑昱嘉对企业发展的激情陈述,有理有节,真实可信,具有很大的可操作性,严于信冥冥之中感觉到这个发展中的平台,可以作为一个解剖中国民营企业的麻雀,他梦寐以求想在有生之年完成的一个夙愿或许能在嘉海集团实现。郑昱嘉的清朗形象,他的彬彬有礼,他深厚的文化底蕴以及不沾烟酒的良好习性,都让严于信对郑昱嘉的好感油然而生,严于信的精气神豁然升腾。

严于信言行举止的细微表露,郑昱嘉尽收眼底,他自信满满地判断严于信这个人绝对可以为他所用,基本障碍已经扫除。

彼此举杯相碰,严于信不喝酒,郑昱嘉本来就烟酒不嗜,邹培远酒后也不能开车,就以茶代酒。严于信开口:"感谢郑董事长提供给我一个机遇,我在大学里读的是经济学,教的也是经济学,但几十年来都是纸上谈兵,主业没有什么进步,只是死啃书本照章宣读,副业文学倒确实是小有成绩,真的该改邪归正了。这二十多年来目睹中国经济的腾飞,我很想在这个领域做些探讨。"严于信言辞恳切:"半月前,培远邀请和郑董事长见面,我确实没有准备,不过这两周内也做了些工作,找了一些学生,向他们介绍了你的公司,也许可以帮得上忙。"

郑昱嘉大喜,不善饮酒的他突然吩咐服务员小姐取一瓶茅台酒。郑昱嘉举起满满一盅茅台酒指天对地:"严教授,您做课题研究的一切经费,我这里无偿提供,我让集团的企划部先拨给你五十万作为课题研究经费,希望您的研究能够为中国民营企业的有序性发展摸索出规律,让我们的民营企业健康地成长,为我们中国的经济腾飞也做些贡献。将来我们成功之后做些慈善工作,财富取之于民,必然要用之于民。严教授,您说是吗?"郑昱嘉言辞恳切,一仰头将一盅茅台一口干完。

严于信大为吃惊,圆圆的眼睛在镜片后面闪动,他被郑昱嘉的豪爽彻底感动,不由地按住郑昱嘉斟酒的双手:"郑董事长,千万别这样,我严于信无功不受禄,咱们先免谈经费的事情,先看看我是否能起到作用。"严于信婉言谢绝。

郑昱嘉倒有些着急,放着钱不肯接受,他还是难得遇到的怪事一桩,他所信奉的有钱能使鬼推磨的人生圭臬在严于信的面前恰恰失灵。郑昱嘉才不相信严于信的真诚,他认为自己甩出的钱弹还不够火力,严于信轻易不肯上钩。郑昱嘉皱眉生计:"严教授,我也受过高等教育,我是真心实意地希望这笔钱有助于您的课题研究,我们民营企业需要符合中国特色的理论来指导我们在市场经济中健康良性地发展。"郑昱嘉诚恳地注视着严于信:"我郑昱嘉不抽烟也不喝酒,今天在严教授面前我就破戒,因为我一直盼望能有先进正确的市场经济理论给嘉海集团指点迷津的愿望看来能实现了,我实在是太高兴太激动。"郑昱嘉往自己的酒杯斟酒:"严教授,我是一片真心可对天,我给你的研究经费是让你通过嘉海的平台,探索一条符合中国市场经济发展规律的道路,让你为我们民营企业指路引航,假如通过严教授的指引,嘉海能够更上一层楼,严教授,你功德无量,你将为中国的经济发展做出不可磨灭的贡献,你一定会载入史册。"郑昱嘉简直无所顾忌,使出浑身解数百般谄媚严于信,他见严于信依然低头不语,又豁了出去:"严教授,我再追加五十万元给你,并无偿提供几套办公用房给你使用。"郑昱嘉生怕严于信再次拒绝,他容不得严于信接他的话茬,端起酒杯又仰头一饮而尽:"严教授,中国民营企业的发展真的很需要你们来把脉,我们才能有长足的发展,我们太需要你们了,请不要再拒绝,可以吗?"

郑昱嘉的眼角里涌动着闪闪的泪花,连邹培远也被他的表演深深地折服,不得不暗自点头赞赏郑昱嘉的手腕厉害。邹培远的眉梢微微跳动,一缕忧愁涌上他的心头,他害怕自己坑害了老同学严于信,这个书呆子埋头书斋几十年,哪知世事的凶险。郑昱嘉的虎口吐出一百万,他不从严于信的身上掠走一个亿,太阳要从西边出呢,邹培远后悔不迭。抽身还来得及,但自己彩霞似锦的未来也就毁于一旦,他邹培远怎肯善罢甘休?进也难退也难呐,十字路口何去何从?邹培远进入两难境地。也罢,邹培远一拍大腿,只要能保住自己的利益,管他春夏与秋冬,走一步看一步吧!

邹培远的突兀举止让严于信好生吃惊:"培远,你这是……"严于信惊诧于邹培远怎么无端地一拍大腿,"你怎么一句话也不说,也不劝劝郑董事长别再这般喝酒?"严于信一时不知该说什么,只得搬出邹培远先劝阻郑昱嘉的颠顶举止再说。

郑昱嘉却从邹培远跳动的眉毛读出了他内心世界最终斗争的结果,他深信邹培远和他在一条船上,邹培远会辅佐自己夹攻严于信。"邹处长,看来严教授对我还是不太信任,您的工作没做到家哦。"郑昱嘉话中有话。

邹培远的脸上堆笑,却不言不语,他不得不佩服郑昱嘉的出色表演。这家伙,一代枭雄,嘉海集团保不准要在商海中搅得天翻地覆,我邹培远真的要提防他才是。一丝不祥蓦然间又在邹培远的心头涌动,他担心地回眸瞟严于信一眼。严于信镜片后面圆圆的眼睛注满真诚盯着自己,似乎在等待邹培远一锤定音。邹培远的眉毛跳动得更厉害,良心告诫自己千万别坑害老夫子,他哪里是郑昱嘉的对手。将来郑昱嘉赚得钵满盆满,可千万不能害得老夫子最终落得个白茫茫大地真干净。邹培远心头一声叹息,双手的食指又按住太阳穴来回揉动,他知道自己的话一旦出口,眼前这两个人的未来几近尘埃落定,于老夫子而言,福兮祸兮难以判断,于他邹培远和郑昱嘉而言,绝对是赢家。郑昱嘉是最大的胜利者,他邹培远则赚取一些蝇头小利,但也足矣,郑昱嘉源源不断提供的免费午餐,着实够他邹培远此生幸福并快乐着。管不了那么多,开弓没有回头箭,只能义无反顾。想到这里,邹培远摆手阻止郑昱嘉继续喝酒,又怂恿严于信:"郑董事长的真心实意你都看见了,再接下去他都要发毒誓了,刘备三顾茅庐也不过如此,严兄你别再矫情,这个平台值得你为之付出,我来代郑董事长喝一口。"邹培远也端过酒杯注上茅台抿上一口:"郑董事长,给咱严教授封个职务吧。"邹培远扬扬酒杯,又用眼色示意郑昱嘉。

郑昱嘉心头大悦,关键时候邹培远绝不会掉链子,多年的合作彼此间的默契用不着彩排。"邹处长今后会兼任嘉海集团的名誉副董事长,严教授也可以担当嘉海集团的名誉副董事长,严教授的主要工作方向以课题研究为主,课题研究的经费和办公室嘉海集团无偿提供。严教授同时还和邹处长一起拓展嘉海集团的市场,咱们一起将嘉海的蛋糕做大,争取一年之内嘉海集团的分公司扩展到五十个,业务量达到五十亿。"郑昱嘉掷地有声。

容不得严于信摆手提出任何异议,邹培远就抢过话头:"一言为定,谁都不许反悔,为了中国的民营企业良性健康地发展,为了嘉海集团将来在建筑市场独占鳌头,我建议一起干杯。"邹培远在三个人的酒杯里分别斟酒:"你严兄虽不善饮,这杯酒是一定要喝的。多少年了,我还不了解你,梦寐以求能有一展身手的机会,既做你的学问又有经济基础的保障,这才真正是市场经济的必然体现。严兄,时不我待,机不可失,你别再矜持,从大处着眼是为中国民企的可持续性发展做探讨研究,从小处权衡则是为了提高自己的生活质量。君子爱财,取之有道,何乐而不为?"邹培远将酒杯塞在严于信的手心,举杯高声:"酒后找代驾,干杯,为国为民为自己!"

在郑昱嘉和邹培远的唱和声中,严于信也抿上一口白酒:"我从命,一起试试看,回学校后我马上提出课题研究的申请。"严于信开始跃跃欲试。

逮住严于信的这句话,邹培远趁热打铁:"严兄,你如果保证将你的学生沈区长引荐给咱郑董事长,让他把一瓶茅台一口气喝完他也照干不误,现在一切都说白,大教授你也别藏着掖着,安排个时间让沈区长和郑董见个面吧。"

郑昱嘉瞪大眼睛注视严于信的表情说明他是绝对吃惊,堂堂的嘉海集团的父母官居然是严于信的门生,郑昱嘉捕捉到了绝对的商机,他看到了大把大把白花花的银子滚进了嘉海集团,这严于信的重要性远远超过邹培远。郑昱嘉的眼珠子骨碌碌地转动,他又绞尽脑汁寻找投其所好的语句想借此打动严于信:"市场经济应该靠市场的自发调节来达到供需平衡,因为市场是一只看不见的手。中国的经济近百年来没有很好的发展,改革开放才让我们赶上好机会。建筑市场自然是领头兵,要让建筑市场做到规范化还需要您严教授来把脉,我嘉海集团愿意为严教授提供平台,供严教授探索一条新的路子指导市场的规范化,同时也请严教授帮助我们嘉海集团在走向市场化的过程中不断发展壮大,我们必须同步进行才能立足于市场,严教授,您说是不是这个理?"

严于信也开始吃惊,眼前这个外表出色谈吐温文尔雅的民营企业家确实让人刮目,他还是很有些见地的,严于信的心和郑昱嘉真正走近。"市场经济本身就不是无序的,它有自身的客观规律存在,自发调节市场的需求乃是最基本的经济规律。当前建筑业确实有很大的市场,如何遵循规律有序发展是最重要的。"谈到经济学,严于信自然来了精神:"当然企业本身必须有极佳的资源配置,必须有占领市场的看家本领,这又牵涉到人力资源的最佳组合。"严于信侃侃而谈。

郑昱嘉正襟危坐在严于信的面前,就像个虔诚的小学生一叠声点头称"是",眼睛始终很认真地盯着严于信圆圆的脸庞,从事教育的严于信恰恰很在乎师道尊严,他极为欣赏郑昱嘉的毕恭毕敬:"我的老同学邹培远之前和我不止一次谈到嘉海集团,今天和郑董事长见面后,也觉得您很有雄心壮志,我有能力自然会帮忙,而且是义无反顾。"

"那你干脆请沈区长到嘉海来做调研,同时将你的课题也告诉沈区长。"邹培远不失时机地凑上一句。

"这个也可以考虑,"严于信略一思索后回答,"我得和沈区长先沟通,想必他也应该知道嘉海,这么大的企业应该是为政府做出很大的贡献的,至少税收这方面对地方上的贡献就不小。"严于信迎着郑昱嘉迫切的眼神很肯定地点头:"我争取让沈区长和郑董事长见面交流,政府本身就是服务性的平台,为企业提供方便,推动企业的发展是沈区长必须做的,何况是我们东海大学校友的企业,沈区长作为东海大学的校友自然也应该提携一把咱郑董事长。"

郑昱嘉大喜过望,情不自禁地起立朝严于信深深鞠躬,激动的语调略微上扬:"太感谢严教授,嘉海的发展绝对不会让您失望。我们现在所要做的就是政府部门的大力支持,我们自身的不断发展,还有就是不忘对社会的回报,形成良性的循环。有沈区长的支持,嘉海肯定会做大做强。"一个奢望在郑昱嘉的脑海中跳闪,假如是邹培远,郑昱嘉会毫不犹豫地脱口而出,会穷追猛逼,不达目的誓不罢休。面对的是严于信,郑昱嘉还是稍稍踌躇,话到嘴边硬是给咽了下去,他抬起眼睛怯怯地观察严于信的表情,又用求救的眼神暗示邹培远:"我有个想法,不知当说不当说?"

"别拐弯抹角的,何必在严教授面前故作扭捏?咱们已经在一个平台共同做事,你有什么想法就直说。"邹培远对郑昱嘉再了解不过,他很清楚郑昱嘉的花花肠子,保不准又生出什么财路有求于严于信,而且必定是让严于信向沈区长开口,一区之长大笔一挥自然财源滚滚。你郑昱嘉有钱赚,我邹培远肯定能沾光。邹培远岂肯放弃此等上门的好事:"只要是对企业的发展有利,你和于信尽管开口,没什么不好意思的。"邹培远怂恿郑昱嘉,同时又暗暗提醒郑昱嘉说话要有分寸,别吓倒严于信:"利国利民利企业不是你嘉海的发展宗旨吗?"

郑昱嘉很感谢邹培远的提醒,自然也明白邹培远的此地无银三百两,他在等着分一杯羹呢。"邹处长说得很对,那我就直说了,"郑昱嘉咽了口唾沫,尽量平缓自己的口吻,"目前嘉海集团的形象还需要更上一个楼层,我想重新建造嘉海的办公大楼,建造嘉海自己的建筑材料加工厂,还想搞一些其他的产业,使嘉海集团朝多元化的方向发展。我公司的注册所在地东海市海滨区海湾镇土地资源稀缺,假如我嘉海集团能够有一百亩土地的话,这些问题都迎刃而解,嘉海集团迫切需要区政府的支持才能发展壮大。严教授,不知能否和沈区长谈谈我们的嘉海集团目前的发展有这样一个瓶颈口?"郑昱嘉陪着小心字斟句酌,他心里没有底,这个大单子严于信是否能够帮助他拿到手。

严于信倒没有推诿,沉思半响,才缓缓开口:"现在国家的土地资源不都是通过国土资源局公开上网拍卖,你参与竞标不就可以?还需要和沈区长打这个招呼?"

郑昱嘉又好气又好笑,标准的书呆子一个,参与拍卖还需要和你这个书呆子饶舌？不过他又转念，越是认死理的书犊头越值得信赖，冲着他的认真和倔劲保不准能够打开沈区长的缺口，问题是如何游说严于信能心甘情愿为他鞍前马后最为重要。郑昱嘉耐着性子循循善诱："严教授，您说得没错，市场拍卖恶性竞争，对我们嘉海来说实在是没必要，我们嘉海集团是海湾镇的企业，每年的税收对区镇两级政府的贡献就非常大。如果嘉海一年有五十亿的业务量，地方政府的税收至少就过亿，这是个什么概念？再说我有自己的办公大楼，有自己的加工厂，加上其他的产业发展，又可以为地方上解决部分劳动力，我们要求政府合理的划拨一些土地支持嘉海集团的发展本身是双赢的大好事，我没有说错吧？"

"郑董事长言之有理，一个成长型的企业，政府该理所当然出面扶持，这对政府的政绩也是一种提升，严兄，这个忙你应该帮，资源的最佳配置也包括人际资源的有效利用，你应该和沈区长说说这件事。"邹培远迫不及待地抢过话头，他要在这件事情上让郑昱嘉明白邹培远功不可没，他才有资本和郑昱嘉讨价还价。

郑昱嘉和邹培远竞相游说严于信，一直说得严于信点头应允，二人才悄悄眨眼额手称庆。当严于信甩出一定在沈区长的面前力陈并且承诺让沈区长到嘉海做工作调研的话语时，郑昱嘉长长地吁了一口气，凭他的直觉，此事该大功告成。一百亩的土地，每亩就算赚二十万元人民币，转眼二千万就可以到手，更何况海湾区更是东海市经济开发区的龙头，这土地的价格未来几年肯定扶摇直上。郑昱嘉很是感激地冲邹培远抿嘴一笑，狡黠地眨巴眼睛，他用眼神告诉邹培远，你的利益我会保证的。邹培远心领神会，眉毛略略跳动表示回答。

几周之后，严于信给邹培远回复，沈区长答应到嘉海集团工作调研，土地的事情也有说法，会酌情考虑，让郑昱嘉做好接待的准备。原本严于信打算直接告诉郑昱嘉这个消息，邹培远背地里告知严于信，一俟沈区长这儿有好消息立马通知他邹培远，他会敦促郑昱嘉做好接待的准备。地方上和学校毕竟不同，万一接待不周，工作没有做到家，他在区长面前会好没面子。严于信很感谢邹培远的细致周到，也就由着邹培远和郑昱嘉做相关的准备，他只是在沈区长莅临嘉海的那一天陪同前往就是。

邹培远和郑昱嘉相约在东海市的香港城洗桑拿。宽衣解带后，邹培远一语双关："我的郑董事长，咱俩可是坦诚相见，毫无保留，我邹培远在你面前真正做到一览无遗。"

"培远兄你这么说还有什么意义？我和你不是一样？"郑昱嘉摇头晃脑，垂落的双手正好遮拦住下体，两手一摊故作无辜状，"我哪里藏着掖着？"凭着和邹培远多年的接触，他嗅觉出好事将临，沈区长这儿绝对有门。越是在这种时候郑昱嘉越是装傻，他偏偏不提严于信和沈区长沟通的事情，因为邹培远的脸上都写得明明白白。

郑昱嘉连发三个问句倒使邹培远感到自己也确实没有咄咄逼人的必要,郑昱嘉在未来的几年绝对不会卸磨杀驴,等到飞鸟尽良弓藏的那天,他邹培远早就溜之大吉,用不着郑昱嘉的必杀令亮出他才幡然觉醒。"你这小子确实是精到家,我承认玩不过你。"邹培远嘻嘻哈哈,"不过我警告你,我的老同学严于信是个厚道实在人,将来你可别赶尽杀绝。"邹培远突然一脸正色。

"培远兄,你还要我赌咒发誓?我是那种人吗?"郑昱嘉跳入水池,"假如你认为有的话,那就让这满池的水将我身上的污垢全都冲洗干净。"郑昱嘉一个劲地用清澈的池水抹自己的身子,"省得你邹处长老是疑神弄鬼,累不累呀?邹兄。"

邹培远抬起脚踢郑昱嘉的臀部,笑骂道:"我真的是无话可说,服了你了。"

郑昱嘉歪头:"无话可说?此话当真?"

邹培远直摇头,半晌不理郑昱嘉的提醒,他将整个身体浸泡在池水中,只剩下一个脑袋浮出水面,微闭着双目,半晌才蠕动嘴唇:"你小子,等着接待沈区长吧,区长大人下月初率一班人马到嘉海做工作调研,主题明确:如何扶持本区的民营企业进一步发展壮大,嘉海集团作为试点。至于那一百亩土地也有眉目,问题好像不是太大,合该你小子要发达了。"邹培远一字一顿,仰面朝天,不正眼看郑昱嘉。他厌烦郑昱嘉马上会送来诣媚的表情。

郑昱嘉也立马跳将起来,一把紧抱邹培远:"你真是我的好大哥。"瞬间,他又将自己抛入水池,忘乎所以地扑打水面,溅起一阵阵的水花。许久,依然沉浸在兴奋中的郑昱嘉整个人仰躺,四肢轻滑水面。他注视天花板,轻声地哼起了小曲:"军功章上有我的一半,也有你的一半……"

嘻闹过后,两个人让擦背的扬州师傅好好地犒劳一番后进入休憩的包厢,又让扦脚的工作人员盘弄两双脚丫,海阔天空的闲扯直到扦脚人员告退,郑昱嘉才进入主题:"培远兄,假如一百亩土地到手,我给你一百万,至于你给严教授多少我不管,可以吗?"

邹培远自然领教土地资源的行情,他嗤之以鼻:"我是很好打发的?我还不知道你的小九九,土地到手你会搞什么办公大楼?建筑材料加工厂?还有什么其他的多元发展产业?蒙严老夫子自然不在话下,我虽然没有火眼金睛,至少也明白土地资源的行情,囤积几年赚个五六千万小菜一碟的事情哦。"邹培远侧眼窥视郑昱嘉,掂量他的反应。

郑昱嘉果然脸一红,着急地开口,结结巴巴地掩饰:"培远兄,风险是我承担的,一百亩土地价格再便宜,这定金总归要支付的,就算每亩缴纳十万元的定金,这一千万的真金白银我还是要捧出去的。你也明白财务成本该是多少?要不你也拿十亩地,定金你自己支付,以后土地升值抛出后,这十亩地的差价全数归你?"

郑昱嘉的将军让邹培远无话可答,细细思索,郑昱嘉说得也有道理。邹培远点燃一支烟,猛力吸上几口才开腔:"你也明知我不会这么做。算啦!一口价,土地到手后你给我一百五十万,严于信这里我自有安排,和你无关。"邹培远转头盯视郑昱嘉。

郑昱嘉似乎在装作沉思,半晌,没有反馈的信息给邹培远,他的心里却在偷偷地乐。他早就有和邹培远讨价还价的心理准备,底线是至少给邹培远三百万,严于信这里他则另作打算,想不到邹培远的杀价也太容易。邹处长啊!你和我郑昱嘉玩这一手差远了哟,海湾镇的土地绝对是将来东海市的黄金地段,再过一段时间,将这工业用地的性质变为商业开发用地,我郑昱嘉至少能赚上一个亿。郑昱嘉独自乐了一番之后,拍拍沙发的扶手咬牙答应:"一言为定,只要一百亩土地到手,我立马给你培远兄一百五十万,严教授这里我就不管了。"

邹培远的眉毛又开始跳动,他一边用小手指抠耳朵一边满口应允,鹰钩鼻子的两边都荡漾着笑意,稍稍这么一坚持,立马就多出五十万,天下就有这等好买卖。严老夫子送的大礼包,也该分杯羹给他,正好他的女儿要出阁,送他五万元礼金,严老夫子保不准感激涕零。徐辉那里给他买块名牌的手表也算意思意思,加起来总共不超过十万元,好买卖呀!邹培远感慨万千后开了腔:"你郑董事长财大气粗,我们跟在后面获取点蝇头小利也该知足,就这么定了。我肚子咕咕地叫。"邹培远按一下茶几上的电铃,打算让服务员送些点心:"先犒劳犒劳肠胃吧。"

一碗海鲜面落肚,邹培远一边用餐巾纸抹嘴巴,一边微闭双目惬意地遐想到手的一百四十万该如何理财。郑昱嘉殷勤地往邹培远的嘴巴塞上一支烟,又讨好地划火柴替邹培远点燃:"培远兄,还有个发财的机会,近在眼前。"

邹培远正沉浸在黄粱美梦之中,幻想着依傍嘉海这条大船,自己的财富如何在短短的时间内呈几何级的增长,郑昱嘉恰到好处地又给他送来一个发财的机遇,他邹培远怎会放弃?他抬抬眼皮,不卑不亢地瞧一眼郑昱嘉:"说来听听。"邹培远再清楚不过,从郑昱嘉的虎口里掠食没那么容易,他的歪点子保不准又会使在严于信的身上。

"培远兄,嘉海集团注册所在地海湾镇是目前东海市建筑工地最密集的地方,每年至少有上百个亿的工程项目,我们何不向沈区长提出一个税收属地化的请求,凡是在海湾镇施工的企业,必须用嘉海集团的资质,道理很简单,嘉海为地方的税收做贡献。"见邹培远眨巴着眼睛有些不解,郑昱嘉继续开导,"培远兄,你想想看,许多在海湾镇施工的建筑企业都是外区外省市的,但税收必须跟着企业注册地落地,每年上亿的税收海湾镇白白流失,区镇两级政府岂不心疼？如果政府能下达一个文件：凡是在海湾镇的项目,必须和我们嘉海集团签订总包合同,用我们嘉海的资质才能名正言顺地施工,那么税收就可以在海湾镇落地,而我们通过总包合同少量收取管理费,百分之一的总包管理费,施工单位和开发商不会不同意,再加上有政府的红头文件,保证能够行得通。邹处长啊,一百亿就有一个亿的创收,我们税收无偿返还给政府,收取的管理费再拿出一部分支持海湾镇的公益事业,嘉海集团既有创收又增加业绩并且有形象,还为晋升特级资质打下基础,两全其美！将来海湾镇有一个特级资质的建筑企业,政府官员的面子多么风光？培远兄,眼皮底下的好买卖,利国利民利我们,为什么不干？"郑昱嘉说得来了劲,兴奋得唾沫四溅。

邹培远也为郑昱嘉的主意叫好,他对郑昱嘉的经商头脑佩服得五体投地："你呀,天生一块赚钱的料,我邹培远自叹不如。是个好点子,是不是又要我在严老夫子面前游说？"邹培远侧过头用眼梢瞟一眼郑昱嘉问道。

"当然得和严教授沟通,怎么说就看你邹兄了。"郑昱嘉翻转身趴在沙发上,右手握成拳头状捣鼓自己的腰部,"严教授不是要我们搞一套发展嘉海的方案给沈区长？咱们将这个设想和严教授通个气,让严教授为我们润色加工保险能成功,怎么说通严教授就看你培远兄了,我个人认为,这个设想比买一百亩土地更好办,只要和严教授说我们所做的一切都是为地方政府着想,严教授保险赞同,再把严教授搞的什么探索市场经济的课题啊结合进去,严教授一定会乐得……"郑昱嘉本来脱口而出严于信肯定会乐得屁颠屁颠的,转而觉得有点亵渎严于信,也害怕邹培远会表现出不满,转而改口道,"严教授一定会支持的"。

邹培远早就心动,他开始盘算如何对严于信开口,沉思片刻,邹培远说："我能够说动严于信,咱们在给沈区长的嘉海集团的发展规划书中加上一条,通过企业和政府之间资源的有效组合配置,企业得到发展后所产生的利益该如何为政府为老百姓服务,从而彰显出社会的更加和谐,对,就从这个角度和严老夫子说,他一定会赞成,他正在研究这个课题。"邹培远满面春风,他又看到了自己未来的利益,呷口茶,由衷地对郑昱嘉感叹,"你这家伙真的能长袖善舞。"

"耶！"郑昱嘉一个鲤鱼打挺,跳到邹培远的面前,击掌欢呼："培远兄,我们的合作一定会成功！"

整整两个星期,严于信往返于学校和嘉海集团,为沈区长到嘉海集团做工作调研起草书面报告。其间,邹培远和郑昱嘉也频频与严于信照面沟通,至于海湾镇的工程项目为了税收属地化,由嘉海集团做名义上的总承包,严于信不假思索地认为是好事一桩,税收属地化,嘉海能发展,还可以支持地方的公共事业,严于信感到这才是市场经济的真正体现,他恍然间有所感悟,学校几十年还不如在嘉海几十天,只有和企业零距离的接触,这经济学的理论才能真正得到运用并升华,严于信突然觉得自己浑身是劲,嘉海提供了一个绝好的平台,让他的经济学理论在实践中得以发挥,他重新燃起追求事业和理想的梦幻。

郑昱嘉也着实在严于信的身上下了大功夫,他为严于信专门安排了一个专职驾驶员,严于信到嘉海蹲点驾驶员随时侍奉,还单独挪出三间办公室给严于信和他的弟子使用。办公室里各种现代化的办公用品一应俱全,工于心计的郑昱嘉让手下在严于信的办公室安放了整整一排书橱,书店里所有的有关经济类的书籍几乎囊括,知道严于信文学功底深厚,所以郑昱嘉还嘱咐彤浩为严于信添置了许多文学书刊,同时将一本支票本递给严于信,诚恳地说道:"严教授,你使用的五十万可以随时取用,只要是用于你的课题研究,不够我继续支付。"

严于信急得连连摆手:"我用不着这么多钱,只要给我所带的两个研究生一点补贴就可以。"

郑昱嘉笑笑,不容分说,将支票本塞进为严于信配置好的保险箱,将保险柜的钥匙朝宽大的办公桌上一扔,随即离开,临跨出办公室时,郑昱嘉又回头环视办公室,自言自语道:"还缺少一些绿色植物,明天让彤浩送一些过来点缀点缀。"

郑昱嘉的所有表现极为自然,严于信大为感动:"郑董事长请留步。"严于信迎向郑昱嘉,他几乎在郑昱嘉面前立下誓言:"嘉海集团和我们学校将共同联手成立一个经济学院的校外科研基地,以后我们的校长还要专程拜访你郑董事长。沈区长那里我也做了很好的沟通,我们校长最近也会和沈区长见面,希望沈区长能够支持我们,郑董事长,谢谢你给我们提供这么好的一个平台。"严于信由衷地表示感谢。

郑昱嘉淡淡一笑,微微欠身:"只怕照顾不周,影响您的课题研究,我们嘉海集团还得仰仗您严教授指路。"郑昱嘉说的是心里话,严于信对他郑昱嘉而言是不折不扣的摇钱树,他岂肯拱手相让:"严教授,只要您有需要,凡是嘉海能办得到的,您尽管开口。"郑昱嘉悄悄滑动右手的食指和中指,示意严于信什么也别说就步步后退,退至门口,他将办公室的门轻轻扣上。站在门外,郑昱嘉的脸上浮动着说不清的笑容,他一步步走下楼梯,看见了一条光明的大道沿着办公室的楼梯通向远方,那里是一片灿烂的前景。

沈区长莅临嘉海集团几乎轰动整个海湾镇,于一个名不见经传的民营企业而言,简直是蓬荜生辉的盛事,海湾镇多少民营企业,区长如此郑重其事地莅临还是第一次,郑昱嘉好生激动。更让郑昱嘉吃惊的是,严于信还邀请东海大学的副校长一起光临,沈区长将和东海大学的副校长一起为东海大学经济学院的校外科研基地揭牌,郑昱嘉的面子要有多光彩就多光彩,郑昱嘉陶醉了。

　　沈区长到嘉海集团工作调研的这一天,对郑昱嘉来说是人生和事业的转折点,当他目睹东海大学的林校长和沈区长在嘉海集团的正门口挂上科研基地的牌子时;当他和林校长、沈区长握手合影并且听林校长说出由衷感谢嘉海集团支持的话语时;当他听到沈区长掷地有声支持民营企业发展的铿锵发言,表示一定要认真研读嘉海集团呈交的发展规划,尽全力支持民营企业的发展时;当他看到海湾镇的党委书记和镇长,附和沈区长的发言纷纷表态支持嘉海集团的发展时,郑昱嘉才真切地感觉到自己事业的春天来到了。这一切的一切,郑昱嘉都要感谢严于信和邹培远,郑昱嘉在会场里寻找严于信的身影,目光逡巡整个会议室后,才发现严于信坐在角落里默不作声,好像眼前所发生的一切都和他无关,而邹培远作为东海大学的校友则红光满面地和林校长、沈区长并坐,相谈甚欢,郑昱嘉有些为严于信愤愤不平。直到沈区长亲自走到严于信的面前,向老师鞠躬并邀请老师在自己的身旁落座时,郑昱嘉才觉得心情稍稍平静一些,自这一天起,郑昱嘉就暗暗发誓一定要好生善待严于信。

5

嘉海集团的事业在整个海湾镇如日中天,沈区长在嘉海集团调研结束后的几个月,郑昱嘉如愿以偿获得了海湾镇最好地块的一百亩工业用地,此外,海湾镇开发的基建工程很大一部分也通过嘉海集团出面总包收取百分之一的管理费,税收则全部落地海湾镇,嘉海集团的业务蒸蒸日上。郑昱嘉也兑现了自己的承诺,将一百五十万元人民币打入邹培远的账户,邹培远则在严于信女儿的婚礼席上送上一个五万元的红包。严于信大为感动,直言邹培远的礼金太重,受之有愧。

转眼春节临近,严于信和妻子携新婚的女儿女婿一起回老家省亲,恰恰是这次回故里,让严于信遭受了灭顶之灾。这个位于北方的小县城竟然与嘉海集团交织在一起,引出一段令整个社会都震惊的故事。

在郑昱嘉的嘉海集团的版图中,全国各地基本上都建立了分公司,有些富裕省份甚至同时在省会城市和其他地级市都有分公司建立,唯独严于信的老家所在的省份却没有分公司成立,这成了郑昱嘉的一块心病。

嘉海集团的年终总结会,郑昱嘉邀请严于信参加,他让严于信给全体员工举办一个未来经济发展趋势的讲座,其实郑昱嘉是找一个由头让严于信的自我价值在嘉海得到尊严上的体现,同时又有充分的理由,给严于信发一笔他无法推辞的奖金。严于信引经据典讲得声情并茂,郑昱嘉却眼皮低垂打起瞌睡,直至掌声将他的瞌睡驱赶,他才抬起眼睛向严于信表示祝贺。

晚上,郑昱嘉设宴为严于信回故里省亲饯行,邹培远一起作陪。郑昱嘉给严于信封了个大红包,说是讲课费。严于信再三推辞不受,还是邹培远出面打圆场,严于信才勉强收下。"严教授,嘉海的发展取得可圈可点的成绩,你和邹处长功不可没,"郑昱嘉此番话倒是发自内心,"有二十几个省份建立了分公司,今年的业务量也超过了五十亿,交纳给海湾镇的税收额超过三千万,嘉海支持海湾镇的公益事业也赞助了三百万,企业和政府取得了双赢。"郑昱嘉眉飞色舞,严于信频频点头。"但是没有料到,你家乡所在的省份经济还应该算富裕,恰恰没有分公司建立,咱嘉海的红旗还没有插遍全中国。"郑昱嘉有意无意地说着,严于信倒当真一字不漏全部灌入脑海。"严教授此番回故里省亲,还需留意一番哦。"郑昱嘉有意无意地叮咛。

也许是无心插柳柳成荫,严于信此番故乡之行,真的为嘉海集团在山宁省开拓了一片建筑业的新天地。

山宁省距东海市近千公里,也算得上是中国比较富裕的省份。严于信的家乡位于山宁省的西南一隅,乃是礼仪之乡,文脉深厚,传孔子七十二弟子之一就出自严于信的故乡山宁省周胜市。

周胜乃一县级小市,靠煤炭的税收周胜市的财政收入明显高于其周边的县市。有了钱,政府也能为老百姓多办些实事,上面提出的新农村建设,让周胜市的父母官也跃跃欲试,很想在这方面搞出一些政绩。要想让周胜市在山宁省崭露头角,总得有些惊人之举才行,偏居山宁省西南角落的周胜市,也实在是太名不见经传,官场上谁不想飞黄腾达?但必须要有领导赏识的机会。一个能足以让上级领导眼睛一亮的前提是出色的政绩,还必须和中央现阶段的精神以及时代的前进节拍完全吻合的政绩,这才是政治进步仕途升迁的阶梯,否则无论你如何任劳任怨埋头苦干一辈子都只能默默无闻,到终老一生盖棺论定时,也只是几句为党为人民做出很大贡献的悼词。周胜市下属的岗山镇党工委书记江永祥在基层工作十五年之久,虽不是出身于官宦之家,但从小就浸濡于孔孟之道的教化,政治上很有一番抱负,怎奈仕途的机遇始终未能垂青于他,江永祥颇有些怀才不遇的失意。他深谙官场的为人之道,即他的老父亲对他的谆谆告诫:得意之时莫做得意之人,失意之时莫做失意之事。他始终不卑不亢,很认真负责地把握住自己管辖的一亩三分地,宁可没有工作成绩,也绝不容许属下出任何纰漏。他的嗅觉却始终在打探能撩拨起内心兴奋点的目标,暗暗寻找蓄势待发的时机。

合该冥冥之中机会来临,中国改革开放带来的经济腾飞,在整个华夏大地掀起一股基建的热潮,从最基层的区县到各省会城市,豪华的政府办公大楼一幢幢拔地而起,星级宾馆、楼堂馆所、商务大楼更是星罗棋布,由此又衍生出诸多的服务行业。游遍中国大地,欣喜巨大变化的同时不免有些许悲凉涌动心头,中国大江南北的城市建设,千篇一律毫无个性而言,几千年的华夏文化遽尔消失,中原大地的黄河流域文化和长三角的吴越文化逐渐退出视野,各有千秋的城市性格不复存在,夺人眼球的都是一幢幢耸入云间的高楼,外墙面千篇一律用玻璃幕墙包裹,在阳光照射下熠熠闪光,中国的城市建设和中国的经济建设步伐保持高度统一。进入了工业化的时代,从政府办公大楼到现代化的酒店、商业建筑以及民居几乎是一个模板复制,中国的城市建设走上生产流水线的模式,这第一块手表和第一百块手表其外观不会有差异。

  为了掩饰扩张中对本土文化的吞噬,有些地方会弄出几个人造景点,配上解说词,呻吟着告诉后人,你所寻求的中华文化这儿给找了个归宿,当然这也会给自己的政绩添上浓重的一笔:为文化保护增添了一个将来可以搞创收的文化产业。能为地方政府增加财政收入谁能不乐?管它这文化渊源有无考证,只要在解说词上面添上据说即可。各色官员才不在乎本土文化在他们的手中毁于一旦,他们需要的是夺人眼球的政绩,盲目扩张的城市建设是最好的广告,等到在"两会"上发表施政演说或是述职报告时,这栋栋高楼绝对是政治升迁的最好业绩。于是,有多少的官吏是多么想有个千载难逢的机会,才不管财政来源在哪里,只要楼盖完,领导视察点头称赞,总结报告添上自己的功绩,随之一纸升迁令下达,往高枝攀登,剩下的类似拖欠工程款、材料款之类的事情,或者是楼宇的质量问题等乃是下一届当政者必须面对的,本人早就不在其位不谋其政喽,但巨大的社会隐患却深深埋下。

  当上级决定在周胜市试点新农村模式,江永祥和岗山镇镇长赵则林凭政治嗅觉意识到这是一个千载难逢的政治升迁机遇,他俩不谋而合,决计不惜一切代价,将这个伟大的划时代项目落实到其政治老巢岗山镇,尽管岗山镇的财政收入在整个周胜市排行垫底,他俩也决心孤注一掷,发动他们所有的政治关系,争取新农村的建设项目落户到岗山镇。岗山镇的基层干部们都意识到,假如打好新农村建设的这张牌,足以让社会瞩目并能让上级领导厚爱、眷顾这些基层的官员。岗山镇的党工委书记江永祥和镇长赵则林组织全镇大小干部召开多次会议,江永祥公开宣称,谁能够有本事说服上级领导将新农村的建设项目落实到岗山镇,他以党性担保,将来谁的仕途晋升由他负责。整整一个月,岗山镇的各路大小干部四处出击游说,上至省城寻找高层领导,下至地区直面地委书记,力陈在岗山镇试点新农村建设项目的种种优势。至于资金来源,江永祥等根本无暇顾及,江永祥的政治算盘打得非常清楚,只要工程上马,邀请上级领导先后视察,再通过媒体大力宣传,歌功颂德上级领导的伟大英明,然后在"两会"上郑重其事总结汇报,其政治资本早就绰绰有余,再加上有身居高位老领导的有意提携,江永祥在仕途上一定是一路飙升,项目建设的后遗症早就不是他这任领导班子的责任,击鼓传花到谁手中就该谁来承担责任。

  鸿运也确实合该笼罩到岗山镇,江永祥一行的反复游说终于起到作用,省地两级政府反复权衡,认为试点的新农村的建设项目确实该放在经济基础较为落后的地方,可以让贫困的农民得到政策的实实在在的惠顾。再加上岗山镇的领导信誓旦旦拍胸脯保证可以自行解决部分建设资金,上级的财政能够少拨付一部分,又能在最贫困的地区建成新农村的建设项目,何乐而不为?好消息最先是内部透露出来的,周胜市的刘市长约江永祥和赵则林到市政府见面,告知山宁省的第一个新农村的建设项目落在周胜市的岗山镇。

　　喜讯传来,岗山镇的大小领导都兴奋得几天没有睡好觉,他们决定在岗山镇的新农村建设项目上摩拳擦掌好好干一场。当江永祥和赵则林再次从市政府开会归来,回岗山镇的途中,分别打起小九九,盘算着如何从这块蛋糕中获取各自的利益。千年一遇的良机,赵则林由衷感叹,怎能不紧紧地抓住它大干一场?赵则林深知自己的老搭档江永祥在政治上长袖善舞,自己绝不是他的对手,他要想在新农村的建设项目上我行我素,恐怕此路不通,唯有明白老江同志内心世界的追求,才能及时调整自己的方向。

　　岗山镇试点建设新农村的批文正式下达,整个工程分三期完成,每一期的建造面积为二十万平方米。一边建造,一边拆迁,一边改造。第一期的项目建设完毕,一部分村民入住后,随机就拆迁已经入住的村民的旧宅,拆迁后所获得的土地资源由市政府统一挂牌拍卖,获得的土地拍卖资金,部分由岗山镇政府留存继续开发新农村的二期建设项目,部分作为市政府的财政收入,如此滚动开发的面积总共有三期,约六十多万平方米。

　　当工程第一期的市财政部分拨款落实到位之后,岗山镇的领导班子也正式酝酿工程的启动。最头疼的是岗山镇领导在上级面前所许的愿:自行解决部分资金,一个年财政收入仅仅几千万的贫困小镇,如何筹集到将近一个亿的资金来建设第一期二十万平方米的新农村家园?让江永祥和赵则林遇到了难题。江永祥和赵则林私下多次探讨研究,两个人取得共识:借鸡下蛋,上马再说,等到一期项目完成后,开工二期已经有土地拍卖获得的资金,到那时再将拖欠的部分工程款归还给建设方,只不过一年多一点的时间。江永祥和赵则林都认为,现在建筑的市场都有这么个约定俗成的潜规则:带资垫资建设项目,这没什么大不了的。

　　赵则林很想担纲项目筹建处总指挥一职,作为镇政府的一把手来说应该没有什么悬念,一镇之长出任本镇项目建设的总指挥再合适不过,但总得本镇的三套领导班子开会讨论,书面文件确认,并报到市里面之后,才算尘埃落定,恰恰江永祥书记迟迟不召开会议确定筹建处的人选,这让赵则林惴惴不安,他吃不准江书记葫芦里究竟卖的是什么药。表面上赵则林在耐心地等待江书记能够一锤定音,私下里却到处活动,寻找关系,希望有一匹黑马杀出来为自己的仕途鸣锣开道。几个星期前,赵则林曾找到周胜市负责城建的何副市长,他的岗山镇镇长的职务多年前也是何副市长力荐才得以坐上的,赵则林感恩之心铭记心头,对何副市长一直是唯命是从,在政界也唯有何副市长尚器重自己。赵则林自忖,这么多年来自己对何副市长也不薄,想必自己担纲项目的总指挥于何副市长有百利而无一弊。该做到位的赵则林全部都做到位了,何副市长那里没有丝毫的动静,赵则林有些忐忑不安。

赵则林平时有一个嗜好,喜欢到洗脚房泡脚,还喜欢让男士为他捏脚,感到有力带劲。他最喜欢的一个名叫焦保业的服务员,似乎对赵则林那双脚丫子的每一道经络都熟悉到位,浸泡得微微泛红,而且那双脚的皮肤都显得特松软的时候,赵则林的那双脚便任凭焦保业横竖摆弄,他自己则惬意地双目微闭,海阔天空地遐想。

生于周胜,长于周胜,大专毕业后,在周胜谋得一个中国政府官吏建制最底层职位的赵则林,也有自己仕途腾达的幻想,苦于自己出身卑微,家境贫寒,且长相猥琐,很难有机会鲤鱼再跳龙门,很多同学现在都官至处级,甚至厅级,显赫一时,赵则林却像一颗钉子永远地被钉在岗山镇整整十年,他的心态很是不平。他一声叹息,无计可施,"上天何时能垂顾我也?"赵则林每每喟然长叹。

茫茫中国大地,如赵则林般的人选好似过江之鲫,可谁又能像赵则林有如此好运,抓到一个千载难逢的机遇?上苍开眼,幸运之神没来由地瞬间降临到赵则林的身上,赵则林似乎看到了自己繁花似锦的前程。中国大地上诸多的像赵则林这个层面的官员,也确实赶上了一个好时机。进入二十一世纪后,中国经济的积累令世界瞠目,经济腾飞的同时,农村问题也让当政者感到迫在眉睫,需有效解决,除了保住中国农村十八亿亩耕地并减税减负减轻农民的负担让农民能尽快地富起来这条国策迅速地推行之外,新农村的建设也成为一项重要的国策落实到中国的乡村大地,于是中国大江南北哗啦啦地成片风格雷同的建筑又遍地开花,拔地而起。

赵则林和严于信不同,他不会关注中国城乡建设的文化内涵,不会对千篇一律的中国城市建筑怀有深深地忧虑,他目睹成片带有浓厚地方文化色彩的建筑在推土机的轰鸣声中片瓦不存,由衷地认为这是中国社会的进步。数千年来面朝黄土背朝天的中国农民能够脱离接地气的瓦屋,住进只有在城市才有的高楼,是中国农民的又一次翻身解放。转眼间,赵则林所在的岗山镇也将推倒成片的极具山宁风格的民居,将城市的高楼复制到淳朴的乡村,社会是在进步啊!赵则林感叹。他有些弄不明白,政府花钱做这么大的好事,偏偏有许多村民还不愿意搬离老屋,还需要组织专门的动迁组苦口婆心地游说。没有文化就是没有文化,赵则林愤愤地迁怒于村民的不配合。

赵则林想得迷迷糊糊，一阵倦意袭来，他想舒舒服服地眯上一会眼睛。朦胧中，他听到焦保业在呼唤自己："赵镇长，您的手机铃响了。"

赵则林"哦"了一声，有气无力地接过焦保业递过来的手机，懒懒的按一下接听键，很不情愿地唤了一声："喂，哪位？"猛然间，赵则林听到是江永祥的声音，顿时瞌睡跑走一大半，"江书记，你找我？"赵则林一个鲤鱼打挺，笔直地坐了起来。

电话那头江永祥的声音特别响亮，连抖脚的焦保业也听得一清二楚。"赵镇长，明天上午开个碰头会吧。我考虑岗山镇的新农村建设项目还是你领衔做筹建处的总指挥。你好好考虑一下，先拟一个方案，一个星期后，我们要向市领导汇报。赵镇长，这可是件天大的事情，仅第一期就有二十万平方米的建筑，又是全省新农村建设的试点，你的任务不轻啊！赵镇长，何副市长对你很器重啊！"江永祥书记话中有话，"听说他马上要调任到地区做领导了，我们也应该为何副市长做好饯行的准备。"

赵则林再明白不过江永祥的此地无银三百两，他不出声地冷笑一下，肚子里冒出的一句话躲在了喉咙口：你不是有市里面的史书记撑腰吗？怎么方向转得这么快？何副市长升迁了，地位超过了史书记，你就使出这么一招，你会玩我也会玩，多年受气的小媳妇也会有翻身之日。"谢谢江书记，谢谢！"赵则林嘴巴里却是一叠声的感恩不尽，"我一定不负重望，挑起这副重担。"

无比的舒坦和惬意，赵则林顿时精神焕发，情不自禁地哼起一首歌曲《真的好想你》，唱得情真意切，声调逐渐提高。扦脚师焦保业将赵则林的神态举止悉数收入眼帘，骨碌碌地飞快转动两只不大的眼珠子，他和赵则林一样抓住了一个极好的机会。

"赵镇长，我再按摩按摩您的肩，"焦保业大献殷勤，"看您这么劳累，身体可要保重啊！俗话说，身体是革命的本钱，您的伟大事业就要开始，咱周胜市的美好明天将要在您的指挥下实现。"

焦保业的恭维使得赵则林心头大悦，他那张苦瓜似的长脸禁不住绽开笑容，冲焦保业不住地点头："言之有理，说得不错。"赵则林正襟危坐敲打自己的腰部，"岁月不饶人，一晃就奔四的年龄，假如早个十年该多好。"赵则林感慨万千，微闭双眼梦幻着未来的梦想，缥缈的视像在他的眼前逐渐清晰，他看到了自己的未来。

焦保业连连谄媚："赵镇长，男人四十一朵花，您英俊潇洒，前途无量。您赶快趴下，我来替您按摩一下腰部。"

赵则林不以为然地瞟焦保业一眼，鼻缝里露出一丝轻蔑的"哼哼"，他自惭形秽,最反感别人当着自己的面评论他的容貌,焦保业的凑趣幸好是在他心情甚佳的时刻,要不他保不准立马一脚踹焦保业好远。焦保业也自知说漏嘴,触到赵则林的痛处,赶忙改口:"您赵镇长气质不俗,就是天降大任的人才。"

赵则林咧嘴露出满口大白牙,呵呵笑道:"想不到你这嘴皮子还挺会掰。"赵则林舒服地俯卧在沙发躺椅,任凭焦保业的一双大手在他的腰部折腾,他只感觉到焦保业指尖的来回使劲,带给他的是无尽的享受。

"赵镇长,我刚才有意无意听您和领导通话,我倒替您想到了一个问题,不知当说不当说?"焦保业一边哼哧哼哧地按摩,一边拿话试探赵则林。

赵则林正处在身心极度愉悦的状态中,不假思索地说:"有什么不好说的?你快说来听听。"

"有您这句话,我小焦就直说了。"焦保业尽量陪着小心,用试探的口吻掂量赵则林的底线,"赵镇长,您掌管这么大的工程,至少要好几个亿吧?咱周胜市该有多少人眼红?到时候,保不准哪个领导一个电话打个招呼,您就没辙了。您想想看,只周胜市就有好几个建筑公司,还不包括上面地区和省里的,到时候赵镇长您忙不过来不说,得罪了任何一个领导您都没办法交代,您说是不是?"

焦保业一语触动了赵则林的心思,他恍然大悟江永祥的老谋深算。表面上,自己是筹建处的总指挥,他仗着党工委书记的地位还可以在背后遥控指挥我,这恶人却永远是我赵则林出面。想到这个层面,赵则林躺不住了,他气鼓鼓地一跃而起,咬牙切齿:"没这么容易!岗山镇的项目本土施工队一个都不要,我要请外地的大地方的施工队来参与这个项目。"其实这个问题自省里正式确定周胜市岗山镇为新农村建设的试点伊始,赵则林原本冷清的办公室就门庭若市,各路诸侯都借着某个领导的牌子和他套近乎,碍于谁坐筹建处总指挥的交易还没有最后的定论,赵则林乐得一推了之,让各色人马去江永祥的办公室。江永祥又反过来将这批怀揣各种目的的人等推给赵则林,你推我搡,给人的印象是江书记和赵镇长都是廉政无私的人民公仆,而这种口碑于江永祥和赵则林都非常需要,潜伏于胸的真实意图,江永祥和赵则林都没有浮出水面。千年等一回的机遇,赵则林岂肯做一介布衣而后功成身退回家卖红薯?赵则林绝不会做这样的傻瓜。多少梦中出现的憧憬还需要靠这个项目的产出才能如愿了却,赵则林的苦瓜脸拉得好长。他将双手的十个指头插进有些花白的头发,这外地的知名企业能否和我赵则林同舟共济,彼此双赢?赵则林不得而知。

冷眼观察的焦保业在楼堂馆所混迹多年,类似赵则林般的小官吏几乎每天都打交道,他谙熟在官场周旋的基本套数,懂得如何迎合官吏们的喜怒哀乐来调整自己的喜怒哀乐,赵则林的表情反差让他捕捉到了赚钱的商机。他不失时机地继续用拍马奉承的口吻讨好赵则林:"赵镇长,我可以为您推荐一个人,也许他会帮您的忙。"

"谁?他能帮我什么忙?"赵则林侧目斜视焦保业,他打心眼里瞧不起这种下三烂的在楼堂馆所混饭吃的被他称之为人渣之流的人。

"我昨天在为一个客户扦脚时也是无意中听说,他的一个亲戚回周胜市探亲,据说他的这个亲戚在东海市的东海大学当教授,并且兼任东海市一家著名的建筑集团的名誉董事,听说这建筑集团的董事长非常器重他的亲戚,赵镇长有兴趣我可以代为引荐。"焦保业观察着赵则林的脸色小心翼翼地说话,他看到赵则林的那张绷紧的苦瓜脸逐渐松弛,心头略略兴奋,三寸不烂之舌一个劲地搅动,"您想想,赵镇长,东海市的有名建筑企业,又有大学教授牵头,任何一个领导都找不到您的麻烦,您说是不是?"

赵则林想起来确实有一个乡党是东海大学的教授,怎奈无缘高攀。再说,对方教授当得再有名声,也远水解不了近渴,于他赵则林无关。如果他是东海市一家著名建筑集团的名誉董事,那保不准对赵则林是一个需要,只要自己的利益得到保证而远山远水的恰恰能保证自己的安全。莫非焦保业是上天送给自己的一个鞍前马后的小卒?赵则林来了兴致,迫不及待地问焦保业:"你有办法引荐?"

焦保业很肯定地点头:"我能引荐,还保证能成功。至于具体的细节赵镇长自己去商谈,我就不过问了。"焦保业诡谲的脸上闪动不易觉察的神秘,他开始撒出一张看不见的渔网,多少人被套进这张渔网受尽痛苦和折磨,最终家破人亡。

赵则林的苦瓜脸又绷得紧紧的,迅速转动大脑机器,一个计划的雏形慢慢生成。他决定先拜见那位教授做一番深入的了解后再制定后续的方案。

不露声色的焦保业目送赵则林离开洗脚房后,也马上开溜消失在黑暗之中,半小时后,焦保业与严于信的一个远亲秘密见面,他叫范于波,混迹在外,多年后背负一身债务潜回周胜市躲债。两个社会最底层的无赖焦保业和范于波此刻心绪极为亢奋地酝酿一个惊天动地的密谋。

宦海中,因政绩的考评决定官吏仕途的升迁,驱使每个人铆足劲头吹鼓显赫业绩的气球,鼓胀的气球,其橡胶皮囊被吹得行将破裂却还是意犹未尽,他眼中所看到的是别人的气球比自己的更大。商海中也是如此,业绩的虚假提升,外壳的亮丽包装,导致的虚幻假象会给商家送来一个个丰厚的礼包,唯有他手中的那只气球最夺人眼球,其体积、其色彩能压倒其他的气球,机会才能眷顾于他。等到击鼓传花,最终气球在某个在位者的手中爆裂的时候,牺牲品也盖棺论定,但牺牲者绝不会是始作俑者,他们早就在另一层面寻找新的气球,等待旁人送气,以便再度鼓吹。东海市的嘉海集团建设有限公司和山宁省周胜市的岗山镇就是两只正在急剧膨胀的气球,焦保业和范于波的出场,最终将两只气球给吹破,酿成一场巨大的灾难性的风波。

赵则林很容易地就找到了严于信,匆匆交谈一番后心中有了底,他目下最需要的是和江永祥通气,取得共识后,才能打出严于信这张牌。其实江永祥也闻知严于信的大名,蕞尔之地出了个名人,家喻户晓,江永祥和严于信数年前还有过泛泛的交往。

几天后,在江永祥的办公室,两个岗山镇的父母官惺惺相惜,互相寒暄探底。还是赵则林点破话题:"江书记,我小赵太感谢你,我知道是您向市领导推荐我担任项目总指挥的,我觉得自己是盛名之下其实难副。"赵则林假意客套。

江永祥乃是政坛老手,面对赵则林的敷衍,他笑笑了之。他很耐心地等待赵则林亮出真实的底牌。江永祥为赵则林端上一杯茶水,很友好地贴赵则林而落座,关切地说:"现在全山宁省都在看着你,打好这一仗前途无量,赵镇长。"

"哪里,哪里,我全靠江书记提携。"赵则林也极尽虚与委蛇,尽挑对江永祥心思的话语。

江永祥一阵哈哈大笑,彼此又围绕岗山镇新农村的项目很有分寸地各抒己见,江永祥心头其实也很赞成寻找外埠的施工企业做这个工程,如果不是挤破了头的说客,他绝不会将总指挥这个实权拱手相让给这个他连眼皮都不会轻易抬一下的对手。上级领导一拨又一拨地向他引荐施工队伍,得罪哪一方都会影响自己的仕途,还是躲在幕后遥控,让赵则林坐在火山口最为上策。瞧这赵则林乐得屁颠屁颠的,保不准哪一天连哭都没地方。烫手的山芋啊!这项目部的总指挥。既然何副市长发话提议总指挥还是镇长挂帅较为合适,我江永祥乐得顺水推舟,卖个人情给何副市长。当然江永祥在镇三套领导班子上早已定下基调,重大决策必须由党委讨论作出决定,让赵则林套着紧箍咒冲锋陷阵,我江永祥坐镇中军帐调兵遣将,乃是上上之策。

江永祥很悠然地品茶,聆听赵则林的关于工程建设的方案设想,频频颔首,表示赞同。这赵则林倒也不能小觑,确实做了很多调研的工程,他倒有些刮目相看多年来一直小瞧的对手了。"赵镇长,您建议让外省市有实力的施工队伍参与岗山镇项目的建设,我很赞同,确实能避免许多麻烦的事情。但是有一点我必须提醒,这工程的所有的保暖材料必须是我们甲方提供,而且价格由供应方决定,想来赵镇长也明白是怎么回事。"江永祥善意地提醒。

赵则林当然清楚,保暖材料的供应商是何副市长的小舅子。"谢谢江书记,有些地方只要你江书记提出,我赵则林没有二话。"赵则林的这番话倒出自真心实意。

江永祥要的就是赵则林的这句话,他笑呵呵地为赵则林的茶杯里加水,拍拍赵则林的肩语重心长地说:"小赵,工程要干好,领导也要服务好,廉政建设更不能忘。我们只能在过程中具体情况具体分析,放心,我会支持你的。我上网查询过你介绍的嘉海建设集团,在东海市很有名气,让嘉海集团参与我们的项目可以避免许多矛盾,领导们的条子和电话吃不消啊!引进外地的企业我举双手赞成,咱们哪个领导都不得罪,落得一身干净和轻松。"江永祥话题一转引出嘉海集团乃醉翁之意不在酒,他对嘉海集团产生浓厚兴趣的根本目的,既出于资金方面的考虑,又为自己的仕途升迁埋下伏笔。省市财政拨款有部分到位,老百姓也有一些集资,但工程建造的资金缺口尚差许多,根据匡算岗山镇一期近二十万平方米的新农村建设项目全部建设完毕至少需要两个多亿的资金,市财政拨款给他们的只有一个亿的资金,还有一个多亿要等到一期项目建设完毕,村民们搬迁到新居,他们的老宅拆迁并挂牌拍卖之后才有资金到手,他们小小的岗山镇一年也就几千万的财政收入,吃喝拉撒全靠着这些钱。"小赵啊,咱们项目是争取过来了,可资金缺口还是很大啊。"

江永祥的一席话说得赵则林一愣一愣的,他一时不明白江永祥葫芦里卖的是什么药,试探着问道:"市里面的一个亿资金不是已经拨给了咱?要说缺口当然是有,咱们自己勒紧裤腰带,先省下个一两千万还是可以的,资金的状况还不至于那么紧张吧?"

江永祥笑笑回答道:"你说的确实没错,但我们有了这笔资金,为什么就不做深层次的考虑?"江永祥冒出一句意味深长的话让赵则林很是费解,他不敢轻易发问,只是默默地看着江永祥不再吱声。

江永祥很想将这笔资金暂时挪作他用,一个官居高位的老领导建议他,将这笔资金留存一年,到金融市场做金融理财产品,衍生出利息备用。当务之急,是要找一个垫资的施工队来干工程,等到工程基本完毕,这近一个亿的资金至少能生出近一千多万的利润,小金库有钱,还愁自己的仕途?江永祥也深知,本土的施工单位有各路诸侯保驾,断然不肯做全垫资的工程,他们对岗山镇的财政状况了解得比自己还清楚。请上这拨土地爷来干工程,十年也未必能竣工,这新农村的建设连带自己的仕途前景断断是付诸东流。来个一石三鸟的做法,不招本土施工队伍,博取廉政的名声,任何领导都不会得罪;外埠有实力的建设单位不熟悉本土的政治气候,可以很好地左右,且工程质量也有充分的保证;近一个亿的资金一年的资本运作,生生地产出近一千多万人民币,这是打着灯笼也难找的好事。各路领导那里的润滑剂有充分的保障,完成了项目还倒赚一千多万,江永祥当能不陶醉?等到新农村的项目落成,领导视察之后,自己在"两会"上大张旗鼓地宣讲,我的高升岂不尘埃落定?后面的许多债权债务就留给下一任的领导去擦屁股了,一切与我无关,让赵则林和赵则林的新搭档去善后吧!

　　江永祥相信,若论嘉海集团这样有实力的建设单位,垫资过亿的资金绝对没有问题,引进嘉海集团,等于活生生为他江永祥积累近一千多万的现金流,美哉快哉!本土的施工单位到付款节点是少一分都会逼得我江永祥俯首称臣。江永祥感叹,有了方向还必须有胆量,这个社会只有做四两拨千斤的活才能出人头地。真的是人有多大胆,地有多大产;没有办不成的事情,只有想不到的事情。这岗山镇的党工委书记又不是世袭制,我真该到挪动位置的时候了,这世袭送给我也断不能再干。只要完成岗山镇新农村的建设项目,我江永祥至少该有个副市长的宝座,这是最低目标。保不准省里的领导推广样板,我一步登天调到省里就职也不是没有可能。江永祥想得出神,他是亟盼赵则林能够一锤定音,确定嘉海集团作为岗山镇新农村建设项目的总承包,他将自己难得的殷切眼神停留在赵则林的苦瓜脸上:"小赵,我是最信任你的,所以才向上级推荐你出任项目筹建处的总指挥,有什么想法尽管说,我就是一个词:支持。"

　　赵则林的苦瓜脸被江永祥的信任感染,眉毛使劲往上扬,提吊出几许极为做作的笑意:"江书记,干好这个项目我在所不辞,你在幕后指挥,我在前边冲锋陷阵。"赵则林心知肚明江永祥对他的重要性,这个政客保不准使上一个歪点子,再冠上美其名曰的政策性帽子戴在赵则林的头上,成功是他江永祥的丰功伟绩,失败是他赵则林管理无方,上级领导一追究,他绝对会将自己推向断头台,我赵则林就会陷于四面楚歌。政治上我玩不过他江永祥,我还是学学越王勾践的卧薪尝胆,越王屈辱十年灭吴王,我用两年建工程、树政绩,异曲同工都是为了将来的王位,还比勾践提前八年!只要岗山镇的新农村项目上马,我就有资本晋升官职,后面的事情谁也无法预测,每届政府谁不留下后遗症?我要的是在任的政绩,没必要为我在任时所留下的隐患而导致的社会问题买单,中国政府的官员哪有这么做的?只要何副市长有充分理由提携我就大功告成,岗山镇的新农村建设项目就是我仕途的入场券,何副市长一定会在我赵则林新岗位的大门口迎接我,江永祥书记,咱就和您玩一把吧。

　　赵则林的思绪天马行空般想得走神,不露声色的江永祥将眼前这个对手的内心世界悉数阅读。"小赵,您说的那个严于信教授,我记得几年前还和他见过面的,想不到大学的教授还兼职嘉海集团的名誉董事,市场经济之花结的必然之果。不过,我印象中的严教授是一个不食人间烟火的知识分子,非常清高,他也会下海到民营企业兼职,"江永祥摇头,苦笑一声,"世事难料,知人知面不知心哦。"

赵则林无暇揣摩江永祥的话中有话，兴奋地张口就答："我拜访过严教授，他非常有兴趣，文绉绉地说什么为家乡的新农村建设出力理所当然，还说嘉海集团准备在咱山宁省建立分公司。应该到了吧？"赵则林抬腕看表，"和严教授约好这个时候到你办公室见面的。"

"好！"江永祥大手猛力一拍他那宽大的办公桌，"咱们有请严教授，也别在这破旧的办公室见面，咱在翡翠山庄迎候严教授，把岗山镇新农村建设项目的效果图也带上。"

江永祥、赵则林等岗山镇的父母官正颐指气使地吩咐翡翠山庄的服务员端茶倒水，并让自己的下属将好几张效果图一一靠墙排列，任何人只要一踏进包厢，那画板上打印出来的新农村的住宅楼就跳入眼帘，"这回咱农村人也真的可以住上高楼了，几辈子都梦想不到。"赵则林和江永祥自鸣得意地欣赏着效果图，赵则林恰到好处地站在江永祥半步之遥的身后说着讨好的话，江永祥伫立在效果图前，右手托腮，半是沉思，半是点头，对赵则林讨好的凑趣表示认可。

江永祥的驾驶员送严于信抵达翡翠山庄，严于信第一次在自己的家乡享受到此等殊荣。江永祥、赵则林等岗山镇的各位领导见到严于信表现出极大的热情，邀他在至尊的座位入席。

严于信竭力谦让不肯上座，他的目光停留在效果图上，再熟悉不过的建筑，就像兵营一排排方方正正地铺陈。在中国的高原、平地、水乡、山区，类似的建筑都有矗立，这浩浩荡荡的兵营式建筑简直比秦始皇的兵马俑还要壮观，整个中国的版图唱主角的建筑作品在严于信的家乡又被复制，严于信的心一阵揪紧，他无法忍受视觉的污染，无可奈何地摇头坐到被指定的上座。他明白，假如自己历陈保护本土文化的重要性，呼吁建造体现本土文化历史性的建筑，无疑是螳臂当车，不自量力，喜形于色的书记镇长们怎会察纳雅言？这一大片的新农村家园渗透着多少人的梦之追寻，严于信再明白不过。悲哀啊！严于信在心头哭泣，家乡的建筑承载着千年的历史文脉，那极具特色的砖瓦和门楣上镂刻的吉祥如意的砖雕，那庭院中堂必定会有一尊安放孔子肖像的地方，无时无刻不散发出浓郁的书卷气息……都没有了，取而代之的是工业化的兵营建筑，拜金拜权衍生的必然，后代该怎么骂我们这代人啊！严于信摘下眼镜，黯然闭上一双无神的眼睛，他捧住自己的脸不想多说一句话。

酒席上丰盛的馔肴、谄媚的恭维，累得严于信视觉和听觉陷于极度疲惫，纷繁的思绪中他只理出一条线索，即之前赵则林和他见面时所谈到的项目情况：周胜市岗山镇第一期一个二十万平方米的新农村建设项目，是政府财政拨款，资金到位，想让有知名度的嘉海集团来参与。严于信精神稍稍振作，于嘉海集团来说倒不啻是天上掉下来的馅饼，郑昱嘉数日前共进晚餐时还嘀咕嘉海的红旗没有插到山宁省，说来就来，而且是赶着趟找上门来，嘉海集团没有花一分钱就获得一张彩票，彩票的号码居然是一个前所未有的特等大奖！严于信唯有苦笑，东边日出西边雨，这厢惆怅那厢乐，嘉海集团居然会在周胜市的岗山镇捡到一个金娃娃，但是严于信再也没有兴趣继续这个话题，他觉得踩到了自己的道德文化底线，不想再揽这件事情。他只是让父母官们与他的一个外戚范于波联系，他了解到范于波是搞工程的，据范于波本人所言，干得相当不错。

　　觊觎岗山镇项目的范于波和焦保业酝酿的骇人密谋也开始实施。范于波在严于信的面前没完没了地纠缠，希望能干这个工程，赌咒发誓绝对干好，给嘉海集团增光。严于信倒也不觉得奇怪，范于波自我介绍这十几年来一直在搞工程管理，还是国家认可的项目经理，严于信端详半晌范于波出示的项目经理证书，深信不疑。他天真地认为，即使是关系再远的亲戚，毕竟还存在家族联系的纽带，总不会骗自家人，加上老家的直系亲属私下得到范于波承诺的好处后也在严于信面前力荐范于波，严于信想想嘉海在周胜干这项工程还真的少不了范于波，便答应向嘉海的董事长郑昱嘉推荐。范于波大喜，按照和焦保业商定的计划，如此这般诱导严于信该如何在嘉海集团的董事长郑昱嘉面前引荐。严于信好笑，何必搞得如此复杂，他认为范于波是周胜人，又是干建筑工程的，出面承包工程项目理所当然。

　　以酒浇愁愁更愁，严于信头一遭破例开戒，主动端起酒杯畅饮，直到趴在餐桌上语无伦次昏昏睡去。江永祥和赵则林等岗山镇的领导好生感动，从不善饮的严教授表现出喝酒的豪放，说明他们找对了人，严于信一定会促成此事。

　　一觉醒来，严于信发现自己躺在老父亲的房间，妻子嗔怪地为他端上一碗刚熬上的小米粥，严于信喝上几口，精神稍稍好些，头不似先前那般炸裂，他用手机接通邹培远的电话。

　　邹培远这几天感冒，他和郑昱嘉在洗桑拿，听着电话那头严于信一五一十地介绍，对金钱的敏感让邹培远觉得自己又有机会可以大赚一把。他借故上洗手间走出休息包房，避开郑昱嘉，躲在一个角落在电话里说话，低沉的音色显得更加沙哑：“于信，嘉海集团你先别声张，郑昱嘉是个急性子，巴不得你带着合同现在就出现在他面前，我明天赶到周胜和你见面。”

　　严于信非常高兴邹培远能来周胜："你老兄能过来最好，工程的事情我一窍不通，你来把关最好不过。"电话那头严于信很诚恳地说道，"我的一个远房亲戚很想承包这个项目，我口头答应，但不知是否合适，你来了正好帮我号号脉。我现在是懒得再管这件事情，你出面和范于波他们谈吧。"严于信正愁无法推却这档烦人的事情,邹培远出马正让他省了一桩心思。

邹培远连连称"是",他告诫严于信:"按兵不动,任何人面前都别提这件事,我过来商议后再做决定。"

封闭几十年的中国经济一旦打开改革开放的大门,建设的热潮如汹涌的海浪势不可挡,中国的建筑市场在相当的时间段内长盛不衰。鉴于运作的不规范并且缺少法律的公正性和制约性,在利益诱惑的面前建筑领域已然成为一个被金钱包围着的巨大磁场,但凡有一丁点的信息捕捉到,便会有人不惜以身试法,被这个金钱垒砌的磁场吸引进来,试图竭力接近这个磁场的核心地带,而掌握这个建筑项目的最大权力者,即是这个磁场的核心。岗山镇项目的磁场像个吸盘,使得邹培远无法抗拒的被吸引进这个磁场,他嗅到了其中的丰厚利润。翌日,他就赶到了周胜市,在机场迎接邹培远的除了严于信之外,还有焦保业和范于波,严于信介绍彼此后,对邹培远说:"我只能说个大概,具体情况你可以问他俩。"

一路上,邹培远很仔细地倾听焦保业和范于波介绍项目的情况,凭直觉邹培远得出一个结论,要想在这个项目上分得一杯羹,还真得借助于焦保业和范于波这两个人,严老夫子竹篮打水一场空乃无话可说,老夫子是心甘情愿,我邹培远岂肯拱手相让?两个亿的工程我即使有百分之一的中介费,转手之间也就有二百万,我只要将嘉海的主动权掌握在手,煮熟的鸭子就不会从我的手中飞走。

邹培远俨然以嘉海集团董事长郑昱嘉的全权代表身份在周胜足足待了两天,他和严于信只是几个小时的接触,其余时间都和范于波、焦保业待在宾馆里,一遍遍地商讨推演岗山镇项目的事情,他们三个人最后达成了共识:邹培远保证岗山镇的项目由嘉海集团出面总承包,范于波则在山宁省成立分公司后承包岗山镇的项目,除上交给嘉海集团相关的分公司管理费之外,邹培远必须获取合同总造价的百分之二利润,其余的全归范于波和焦保业自行分配。邹培远生怕有变卦,特地用书面文字的形式写了一份协议书,协议书上,邹培远和范于波以及焦保业共同签字并按手印后由邹培远收回,小心翼翼地放在随身携带的手提包里。一切手续完成,范于波慷慨地宴请邹培远共同把盏尽欢,用一醉方休来庆贺今后合作的成功,邹培远欣然应允并豪爽地表示由他来买单。

小说《廊桥遗梦》有一句让人深省的名言:荷尔蒙是一切罪恶的根源。男性与生俱来的雄性激素加之对金钱欲望的无可抑制,两者相加,使之男性旺盛的荷尔蒙会想方设法地寻找欲望满足的突破口尽情地发泄。三个人积郁在体内的雄性荷尔蒙被贪婪的欲望激发得喷薄而出,但他们万万没有料到,他们仨所达成的共识而产生的蝴蝶效应,最终却将严于信推向了火坑,严于信至死都不明白是谁夺去了他的生命。

6

春节长假结束,郑昱嘉从浙江老家省亲回到东海。上班的第一天,郑昱嘉照例要焚香拜佛,求佛祖保佑嘉海在新的一年事业昌盛。仪式刚刚结束,邹培远的电话就打了过来。"郑董事长,开门大吉,我送大礼包给你了,一个两个亿的合同。"邹培远的声音在电话那头显得特别响亮。

佛祖显灵实在是快,祈佛祷神才完毕,喜讯即撞上门来,郑昱嘉喜不自禁,他抬腕看表,江诗丹顿手表的时针和分针正指向八点十八分,大吉大利。"天行有常,不为尧存,不为桀亡。"郑昱嘉感慨万千,"嘉海蛰伏期悄然过去,展翅腾飞的时日正在降临,春天到了。"郑昱嘉眺望一眼办公室窗外爆出嫩绿柳芽的垂柳,心情甚好,他真想在电话里对鹰钩鼻子千恩万谢地大吼,但还是忍住了,尽量用很平静的口吻漫不经心地回敬一句:"咱培远兄今年的奖金,我开门第一天就给你锁定了。"郑昱嘉背地里经常用鹰钩鼻子指代邹培远。

邹培远在电话那端哈哈大笑:"最大的赢家还不是你郑董事长,怎么安排?"

"嘉海不是有你的办公室?你不妨抽空先过来,晚上我们再去老地方,美眉也想你了。"郑昱嘉再明白不过邹培远接下来要他安排的节目。

挂完电话,郑昱嘉歪坐在老板椅等待邹培远。时间还早,又是上班的第一天,许多外地的员工还没有到岗,郑昱嘉一时竟有些无所事事,信手取过仓央嘉措的诗集,胡乱翻阅。几行诗句触动了他的心思:

> 好多年了,
> 你一直在我的伤口中幽居,
> 我放下过天地,
> 却从未放下过你……

郑昱嘉合上诗集若有所思,他的脑海中跳出一个绝妙女子的容貌,郑昱嘉自从惊鸿一瞥之后,那女子的倩影就深深刻入他的心房再也不能放下。

自两年前妻儿定居澳洲后,郑昱嘉在女色方面是绝对不亏待自己,地下情人茜茜每周必幽会一次,仅限于肉体的交易,完事付钱。很多次郑昱嘉也想斩断对茜茜的情丝,可茜茜偏偏就有这等本事,能让他享受到性爱的绝妙乐趣,茜茜也就成为他性伴侣名册中迟迟未删除的一个。办公室漂亮的女秘书小吴他也早就在另一处行宫安排停当,每周必定尽一次鸾凤之欢。郑昱嘉刚届四十,生理需求正是如狼似虎之年,且长相英俊,颇得女人缘,床笫功夫又极为了得,很多美女都心甘情愿任他摆弄。郑昱嘉虽好这一口,却从不滥交,经过筛选也就是五个绝色的应召美女排队尽欢。郑昱嘉有钱有貌有地位有好年龄,他不需要拜在女人的石榴裙下,偏偏这个女子却让郑昱嘉着魔般地思恋,多少次在和茜茜等做爱时,郑昱嘉的脑海中却挥不去那女子的容貌。如此清纯的美人,郑昱嘉竟为之多次失眠,但是他不敢下手,良知和理性警告他绝对不能轻举妄动。

郑昱嘉一声叹息,掩卷仓央嘉措的诗集,随手从办公桌抽屉的深处取出一个U盘,连接上电脑后,他的目光停留在U盘提供的画面。瞧着显示屏上邹培远不堪入目的举动,郑昱嘉"哧哧"冷笑。郑昱嘉自言自语,该放下鹰钩鼻子了,不能让他在我事业的伤口幽居,这么多年来,我放下过天地,从未放下过鹰钩鼻子,因为他曾经对我的帮助,感恩那是自然,可他不能老想着骑到我的头上,他不能成为左右我事业的无冕之王。

一丝不挂的邹培远放浪形骸一览无遗,郑昱嘉敛神闭息静静欣赏,兀自冷笑的同时,竟也啧啧赞叹鹰钩鼻子床上功夫还算是了得,他又想起了那个清纯的小美人,郑昱嘉情不自禁地脱口而出:"严冰。"

严冰是严于信的女儿。严冰大婚那天,郑昱嘉出席婚礼得以一睹芳容之后,就再也没有放下她。严冰那清纯玉女的形象牢固地嵌入郑昱嘉大脑的记忆年轮,再也挥之不去,令人惊艳脱俗的严冰就像一粒晶莹而又尖锐的玻璃屑,时时折磨着郑昱嘉的神经,严冰那清纯的眼神满含无瑕的童真,让郑昱嘉每每有邪念在脑海中一闪而过都会严厉地自责几分,觉得亵渎美好的天使会遭天谴。自诩阅读美女无数的郑昱嘉,竟然会被这颗小玻璃屑硌得大脑神经生疼,多少次与茜茜或女秘书小吴拥衾而卧,满脑子出现的却是严冰的身影。郑昱嘉似乎患上了毒瘾,他无时无刻不在思念着严冰,并多次自慰以解相思之苦,他也只配每每在睡梦中,任凭梦境中的他柔情万丈般地抚摸严冰,只因为那天在人群中多看了一眼,他郑昱嘉从此就不能把她给忘却。想入非非之中,郑昱嘉陷入意淫,他张开双臂拥抱严冰,拜倒在严冰的石榴裙下。

"笃笃"的敲门声惊醒郑昱嘉的好梦,秘书小吴推门,在门背后露出半张脸:"董事长,邹处长来了。"

郑昱嘉迅速关上电脑,取下U盘塞进抽屉,起身正正衣襟放开了嗓音:"培远兄,我正等着你。"

人还未见,邹培远的"呵呵"笑声先送了进来,"笃笃"的皮鞋声中邹培远大摇大摆推门而入,一屁股落座在沙发上,朝门外打个响指:"小吴,泡茶。"

郑昱嘉的小情人兼小秘书应声送上一杯香茗,小吴深知邹培远与自己情人老板的关系非同一般,特地将最好的龙井茶给泡上,殷勤地说道:"邹处长,请用茶。"

邹培远也不和郑昱嘉搭话,用嘴吹吹浮在水面的茶叶,抿了一口茶水,赞道:"也只有在嘉海郑董事长这里能喝到正宗的龙井。小吴有权保管千金难得的龙井,可见郑董事长对你的信任绝非一般。"

说者无心,听者有意,小吴的双颊涌出两团酡红,讪讪道:"邹处长就会开玩笑。"赶紧合上门低头离开。

轮到郑昱嘉调侃邹培远:"茶也喝了,玩笑也开过了,咱培远兄也该言归正传了。"郑昱嘉走到邹培远的身边入座,顺手递给他一支烟。

邹培远似笑非笑,端着茶杯起身,颇为潇洒地斜倚在沙发后背,两条腿交叉,右脚的皮鞋尖有规律地敲打地面,嘴里说着不着边际的好听话儿:"郑董事长让鄙人言归正传,我掂量着该先说些什么才好。"邹培远稍稍挺起身子,鹰钩鼻子跟着脸部开心的表情张弛有度地翕动。几秒钟后,他又调整了一下自己的站立姿势,右腿刻意地抖动,身体的重心全部倾斜在另一条腿上。邹培远拿腔拿调的动作让郑昱嘉很不受用,他鄙夷地用眼角瞟一眼对方,静静地等待着他所谓的一鸣惊人之喜讯。邹培远尽量让自己的语速显得平缓,他想在告知郑昱嘉天大的好消息之前,先好好戏谑一番:"你和小吴做事真的是配合默契,那边端茶,这边递烟。"

郑昱嘉才不像小吴这样稚嫩,会被邹培远的话闹个脸颊绯红,他那双很能勾人的眼睛笑得眯成一条缝,装在脸面上的无辜表情显得极为真实:"培远兄老是在我的身上总结个人情感,其实我知道培远兄难忘今宵,你与那红粉知己的心灵感应,兄弟我今天帮你实现,让培远兄在实践中再次获得真知。"郑昱嘉嘻嘻地笑着,不卑不亢回击邹培远:"你的床上功夫特别了得,不过你也省着点用,一天之内吕布战三英,小弟我怕你吃不消哦。"

邹培远不慌不忙地喝着茶,似笑非笑的眼睛正等着看郑昱嘉不自在的表情,想找准火候抛出喜讯,再与郑昱嘉讨价还价。谁料到郑昱嘉绵里藏针地予以反击,他的攻击性的调侃,让邹培远憋不住将满口的茶水喷出:"你这小子,我真服了你,"邹培远赶紧抖动衣襟,挥挥溅在风衣上的茶水,憋不住笑骂,"我甘拜下风,无心恋战。"

"没关系,"郑昱嘉依然平静地报之以一笑,"待会儿就要上战场,区区五尺之宽的战场,咱培远兄的浑身解数等着使用呢。"

邹培远搁下茶杯朝郑昱嘉拱手:"别、别再继续,我还是赶紧言归正传为好。"邹培远重新一屁股歪坐在郑昱嘉对面的沙发,抬起眼睛咧嘴笑道,"哥儿们,好机会来了,请听为兄一五一十向你道来。"邹培远用右手的拇指和食指捏捏自己鹰钩鼻子的鼻尖,又很夸张地耸动肩膀,二郎腿自在地晃动,脱口而出"踏破铁鞋无觅处",刚要说出下联,想想又不恰当,这不是告诉郑昱嘉这个项目来得太容易了,岂不是减去自己讨价还价的筹码?邹培远马上改口道:"得来真是费功夫。我刚从老夫子的家乡周胜回来,鄙人我亲自出马,自然马到成功。我的郑董事长,我给你嘉海送大礼包来了——两个亿的工程项目,外带你朝思暮想的嘉海集团山宁省分公司。快哉乐哉。"邹培远得意扬扬地摇头晃脑,不由自主地哼起了京剧《空城计》中诸葛亮的唱词:"官封到武乡侯执掌帅印,东西战南北剿博古通今。"

郑昱嘉懂得些京剧,邹培远口中吐出的唱词他也其意自明。从邹培远得意忘形的模样,郑昱嘉做出肯定的判断,这家伙果真会给他嘉海集团带来一个特大的礼包。瞧着他在自己面前放肆的做派,换作是别人,郑昱嘉保不准会揍扁了他。郑昱嘉越来越有些讨厌邹培远,表面上他还是非常尊重这家伙,嘉海在现阶段还无法离开邹培远,他还得好生款待这头酣睡在自己身边的恶狼。

郑昱嘉换作一副舒服的笑容挤到邹培远的身边耳语:"晚上的精神大餐小弟给你安排好了,换个口味吧!保证培远兄过瘾,异国情调,风情万种。"郑昱嘉狡黠地对邹培远眨眨眼睛,暗中用膝盖骨顶一下邹培远。

"去你的,"邹培远笑骂道,"保不准吃剩的拿过来糊弄我一下,我还不明白你?"邹培远一拍大腿,眼睛里放出异样的光彩。

"周胜的工程项目情况怎样?"郑昱嘉话题一转,开始关心地询问,"两个亿的项目,培远兄要放卫星喽!"心里面郑昱嘉却在嘀咕:这项目成功后,鹰钩鼻子不知道又要从我这里挖走多少真金白银,我真是越来越便宜他了。郑昱嘉投向邹培远的眼神明显地露出睥睨。

郑昱嘉一串串阿谀奉承的话语,听得邹培远心花怒放,他一连对着郑昱嘉吐了好几个烟圈,眯缝着眼睛似乎看到这一个个烟圈在他的眼里逐渐漫漶成灿烂的金币,他陷入了陶醉。好几分钟后,他才抬起眼睛将本就很低沉的声音故弄玄虚地压得更低:"周胜我也很熟悉,原先就想在那里帮助你开拓新的市场,可那里是严教授的地盘,我把手伸到那里去对老同学也太不公平。"

鹰钩鼻子黄鼠狼,对你的老同学也不择手段。郑昱嘉心里头恨恨地骂道,满脸却依旧笑容可掬:"咱培远兄出师自然马到成功,两个亿的项目培远兄至少稳赚四百万哦。"郑昱嘉不冷不热揶揄一句,"嘉海的经营理念就是双赢,严教授也是功不可没。"郑昱嘉提醒邹培远别过河拆桥。

"这个自然,"邹培远连连点头,"复杂的问题简单化,长话短说。"邹培远总算切入正题,"我有一个搞工程的朋友叫焦保业,焦保业跟踪周胜市岗山镇新农村的建设项目好长时间,前期也投入很高的成本,眉目总算有了,我让他用嘉海集团的资质挂靠。考虑到嘉海在周胜市的地盘发展,我这次亲自到周胜市和严于信碰头商量,决定让严于信的一个叫范于波的远亲和焦保业联手。焦保业和范于波下个星期会陪同业主到嘉海考察,并办理山宁省分公司的手续。"

郑昱嘉很用心地倾听,根据邹培远所叙述的情况,脑子里反复地盘算衡量,他对项目的事实性没有怀疑,最关心的乃是资金状况,假如业主的建设资金能够保证,无疑是个非常好的项目。邹培远仍然在滔滔不绝地表述他此行周胜的种种功绩,才使得该项目达到囊中取物的结果,郑昱嘉没有吭声,他对邹培远的沾沾自喜有些怀疑,凭着他对邹培远和严于信的了解,假如这个项目真如邹培远所述如此诱人,如此肯定,严教授绝对功不可没。郑昱嘉也无意点穿邹培远,反正你们是同学,我只要项目成功按照游戏规则支付该付的中介费,你和严教授之间的利益再怎么分配与我无关。正这么想着,严冰的形象又无法抗拒的在他的眼前浮现,郑昱嘉多么想能借此机会让严教授和严冰与自己的关系越走越近,多么想让严教授能够有朝一日认可他这个乘龙快婿。为了严冰他愿意做出很大的付出,即使和远在澳洲定居的妻儿分道扬镳,他也在所不惜,事业和得一知己的美女是郑昱嘉人生不可或缺的两大追求,舍其一,郑昱嘉就会认为生活对他的意义不大。要获取严于信和严冰的绝对信任,还真的绕不开邹培远的圈子,我唯有借助邹培远的关系,才能有机会和严冰有真正意义上的零距离接触,只能先便宜这个鹰钩鼻子了。郑昱嘉轻声哀叹,抬起眼睛打量兴奋得有些忘乎所以的邹培远,冷不防发问:"听培远兄这么一介绍,倒确实是个好项目,业主的资金状况怎么样?"

邹培远拍着胸脯信誓旦旦:"这个你完全放心,政府财政拨款,没有问题。即使前期需要一些资金投入,焦保业和范于波也有现金流的准备。"邹培远按照事先和焦保业、范于波商定的计划,在郑昱嘉面前立下军令状。

"好。"郑昱嘉满口应允,"培远兄,你按照目前分公司运作的形式从公司的层面来管理这个项目。焦保业和范于波的人事关系转到嘉海,'三金'由他们自行缴纳,扣除税收之外,每年向总公司上缴五十万分公司的管理费,另外再收取合同总价百分之一的费用给公司。分公司自负盈亏,赚多赚少和集团公司无关,你的个人提成只要与焦保业和范于波谈妥就可以。怎么样,培远兄?"郑昱嘉设计得也很完美,他将会把这百分之一的费用转到严于信的账户,或者找个理由直接给严冰。倘若严冰能够接受,那他和严冰之间就有戏可唱。

"一言为定。"邹培远兴奋地与郑昱嘉击掌,他的心里有谱,在这个项目上他至少可以有百分之二的中介费。"过几天焦保业和范于波要来东海,你是否要和他们见个面?"

郑昱嘉摆摆手摇头拒绝:"有你培远兄把关,我不见面也可以。我倒很想和严教授见个面,春节过后,也应该请请严教授了,不过你放心,周胜项目我决不再多问。"郑昱嘉见邹培远面露难色,赶紧打消他的疑虑,"我想请严教授和他的千金严冰一起吃个饭,无论如何他女儿结婚仅几个月,我俩作为严教授的好朋友和合作伙伴,请她的女儿吃顿饭总是应该的,咱们这也是给严教授面子嘛。"

邹培远也是个情场老手,严冰婚礼那天,他和郑昱嘉坐在一桌,郑昱嘉见到严冰魂不守舍的模样,邹培远看得很清楚,他疑惑地瞟一眼郑昱嘉。郑昱嘉的脸色淡淡的,没有什么异样。邹培远还是不太放心,他向郑昱嘉提出忠告:"兄弟,咱们在一起做点事赚点钱可以,其他的歪主意可不能有,严冰是于信的掌上明珠,再说已经为他人妇,非分之想万万不可有。"

"扯淡。"郑昱嘉英俊的脸庞"唰"地通红,"你老兄最擅长的就是差强人意。"郑昱嘉故意当胸捶邹培远一拳,哂笑道:"敢情你老兄垂涎三尺,借我的幌子表露心声。不过爱美之心人皆有之,漂亮的女人本身就是一道风景,男人欣赏的权利总不能被剥夺吧?"

"巧笑倩兮,美目盼兮。严冰的动人笑靥,流转美目,将咱东海大少的魂给勾走了吧?"邹培远玩笑过后正色道,"哥们,当作一道风景远远地欣赏未尝不可,当作一道大餐细细地品尝,那可就不当喽。"

"走吧,大餐正等着你呢。"郑昱嘉英俊的脸庞被邹培远调侃得两颊难得地涌起酡红,"那边的异国美女等着你培远兄呢。"郑昱嘉不由分说拽着邹培远跨出他办公室的大门。

邹培远有郑昱嘉所赐的尚方宝剑,几天后就让焦保业和范于波到嘉海集团办理山宁分公司的相关手续,一切都有条不紊地进行。一周后,周胜市岗山镇的一些领导干部到东海市嘉海集团考察,邹培远除了嘱咐嘉海集团的常务副总和事业部的彤浩经理出面接待外,他自己也忙里偷闲抽空陪同半天。岗山镇的党工委书记江永祥和镇长赵则林对嘉海的规模非常满意,他俩都认为找到了一个很好的平台来为岗山镇的项目唱戏。江永祥书记在嘉海集团的招待宴会上一再强调,他们寻找嘉海集团做合作伙伴就是看中嘉海的实力。

回周胜市不久,焦保业、范于波和业主互相配合参与岗山镇工程的投标工作,为保证对外的公平竞争,赵则林让焦保业和范于波另外找了几家施工单位参与陪标,陪标的几家建筑单位制作的标书,其标的都远远高于嘉海集团的报价,嘉海在所谓的公平竞争形式下顺利中标。焦保业和范于波兴冲冲地将合同文本送到嘉海的合约部盖章时,彤浩按照规定,将合同的主要条款用红线画出送郑昱嘉过目。

彤浩跨进郑昱嘉的办公室时,郑昱嘉刚和邹培远通完电话。邹培远告诉郑昱嘉,严于信答应他夫妇俩和女儿女婿与郑昱嘉一起吃饭。郑昱嘉心花怒放,他正盘算着该送什么贵重的礼物给严冰。他幻想着没过多久,严冰将再度披上婚纱,身边站着的新郎官正是他。好风凭借力,借力就是邹培远,郑昱嘉想得出神,他微闭双眼不由自主地伸出双手,仿佛在拥抱袅袅婷婷款款向他走来的严冰,他竟然有这样的想法,宁可不爱江山也要爱上严美人。

彤浩将周胜市岗山镇工程项目的合同递给郑昱嘉,郑昱嘉示意彤浩先放在桌上,他待会再看,他还要回味和严冰亲密的感觉。足足半小时过去,心情甚好的郑昱嘉才将心思放回岗山镇工程项目的合同文本上。两个亿的合同造价,嘉海集团成立到现在还是第一笔大单子;山宁省的分公司也正式成立,嘉海的红旗总算如愿以偿地插到了山宁;鹰钩鼻子又有一笔巨大的收获,可惜了严教授。严老夫子啊,你偏偏遇上邹培远这么个狡猾的狐狸,他尽挑些牙缝里的残渣赏赐给老同学,你还在感恩戴德于他,郑昱嘉很是愤愤不平,他为严于信叫屈。商场的潜规则让郑昱嘉又不便向严于信点明,迂腐的严老夫子哪里会知晓这商海的水有多深。其实邹培远在我这里不也是捡了几粒芝麻,最大的赢家还不是我郑昱嘉?想到这里郑昱嘉也就摇头微笑,脸上流露出来的是几分商场老手对自己谋略的自信,他瘦削的脸颊仅有的几丝肌肉微微抽动,挺招女人喜欢的那双眼睛射出两道犀利的目光。在这个世界上,谅谁都玩不过我郑昱嘉,郑昱嘉拨动书桌上的地球仪,转动的地球仪将整个世界呈现在郑昱嘉的眼帘。

郑昱嘉挑合同里最主要的条款略略浏览,频频颔首,确实是个好项目。然而郑昱嘉的好心情仅仅维持了几分钟,当他看到该工程项目的付款条件注明必须垫资到结构封顶业主才支付百分之三十五的工程款,郑昱嘉的头皮立马炸开,如此的霸王条款他还是第一次遇到。郑昱嘉迅速做出反应,决不能签署这份合同。

郑昱嘉毫不犹豫地抓起电话拨通邹培远的手机号码:"邹处长,岗山镇的合同我看过了,风险太大,我不能签。"郑昱嘉说话的口吻没有丝毫协商的余地。

电话那头邹培远开始着急:"你别忙着主观下结论,这么大的合同嘉海是第一个,两个亿的工程量你嘉海集团打着灯笼也难找到,有政府财政拨款,我看没有风险,无非是前期需要垫资一段时间。"

"我担心的就是这个,你那个焦保业和范于波难道有几千万的启动资金?这个项目前期至少需要筹措三千万的资金才能够开工。"郑昱嘉仍然一口回绝。

电话那头邹培远一时没有了声音。"假如他俩有这笔资金呢?"邹培远思索半晌小心翼翼地问郑昱嘉。

"那你让他们把存款证明送给公司财务部过目,"郑昱嘉稍稍松动口风,"我还是要考虑考虑再说。"

邹培远岂肯让煮熟的鸭子飞走,他明白将严于信抬出来说不定可以镇住郑昱嘉。按照事先与焦保业、范于波商定的方案,邹培远在电话里搅动三寸不烂之舌游说郑昱嘉:"郑大董事长,做大做强是你指定的方案,山宁成立分公司也是你的追求,你稳坐钓鱼台,人家送上这么条大鱼,又开始顾虑这个那个,算什么名堂?我实话告诉你,严于信为了这个项目也出了大力,周胜市的刘市长是他的哥们,刘市长答应做工作,再增加一份补充合同,工程出地面二层就付百分之十五的工程款,焦保业和范于波的存款证明也没有问题。"

郑昱嘉在电话里对邹培远冷笑:"邹处长总算将严教授请出来了,看来这个项目严教授功不可没,如果像你所说的这般我没有意见。和严教授一家见面,我还真的要好好准备礼物表示感谢呢。"郑昱嘉眼睛一亮,他找到了感谢严于信和严冰的绝好理由,"当然这个面子先要给你培远兄,你事先做个铺垫告诉严教授,他可不像你,到时候会觉得烫手,不过这笔开支和你培远兄无关。"郑昱嘉的语速快得如同连珠炮,他尽情调侃邹培远直至觉得过瘾之后才挂了电话。

郑昱嘉精心地安排着和严于信一家子的会面,此次共进晚餐主要目的是和严冰套近乎,以便能和他梦中的情人走得更近。除此之外,他也需要进一步了解周胜市岗山镇工程项目的具体背景,他相信严于信所说的每一句话,假如能从严于信这里证实的情况如邹培远所说,他也就很放心了。毕竟这么大的一个项目,对嘉海集团的形象和业绩都有帮助,他也难以割舍这么个到手的机会。两个亿的工程外加一个分公司,常规的税收外加企业的代征税以及分公司的管理费等名目,嘉海至少也有近八百万的利润,更重要的是,嘉海成立至今,还未曾有过一个单体合同超过两个亿的总承包合同,这是嘉海集团里程碑的飞跃。他难得地穿上范思哲品牌的西装,又在美容院精心打理自己的发型,包装完自己的外形,郑昱嘉对着镜子很好地自我欣赏一番。镜中的郑昱嘉神采飞扬,一双漂亮的大眼睛此时颇有柔情滋生,他想象着镜中的美男子郑昱嘉的身后突然有一个倩影闪现,娇嗔地搂住他的脖子撒欢,是严冰。郑昱嘉回眸,用温情的眼神迎合严冰的顾盼多姿,送给她一个甜蜜的吻,纵然是南柯,郑昱嘉也觉得非常甜美。建设集团中,像郑昱嘉这样受过高等教育又有俊美形象且年纪刚届不惑的也确实罕见,踌躇满志的郑昱嘉最喜欢圈内人呼唤他为少帅而不是老板。

  镜子中的少帅发现自己额角的发梢有些翘起,他又用摩丝喷上定型,再在衬衣的领角撒上些许古驰经典男用淡香水,一双法国的古奇皮鞋更点缀出郑昱嘉在穿着上的刻意追求,活脱脱一位商场的精英在镜中器宇轩昂地朝郑昱嘉微笑。郑昱嘉有些陶醉,他毫不掩饰对自己外表俊美的认可,唯一遗憾的是纵然有香车宝马,却没有最思恋的美人挽着他的臂膀。想到这里,郑昱嘉颇有些失落,真可谓商场得意情场失意。解铃还须系铃人,严美人,你可知我郑昱嘉为你消得人憔悴哦?你是我郑昱嘉抬头遥望星空所看到的最美的一颗星星,难道你真的就距离我那么的遥远,只能相隔几万里凝视着你发出璀璨的光芒?也许今天鹊桥铺就一条能走进你心门的道路,让我郑昱嘉抛却相思的苦恼,能够有朝一日执子之手,直到天荒地老。

  郑昱嘉让驾驶员开上他的保时捷从别墅出发,径直开往他预先订座的东海市最高档的会所,他得提前恭候严冰一行的到来。轿车驶离喧嚣的东海市区,奔向市郊结合部,在一处葱茏树木掩映下的法式建筑物面前停下。早就有侍应生谦恭地打开深掩的铁门,垂手目送保时捷驶向会所的深处。

  金碧辉煌的大厅门口又有几位亮丽的女服务生恭候,郑昱嘉是会所的常客,女服务生弯腰声音划一:"欢迎郑董事长再次光临。"其中的一位将郑昱嘉引入面向大草坪的包房,郑昱嘉环顾四周很是满意,完全按照他的要求精心地布置,原汁原味的法式建筑,内核却是完全的中式陈设,好一个中西合璧。一幅出自国画大师张大千笔下的巨幅山水画直接扑入眼帘,几架书柜内整齐地码着颇有年代的线装古籍,一张红木大书桌上名贵的文房四宝静静地安卧,郑昱嘉书法有些功底,他等着待会儿在严冰面前展露一手。让他感慨于服务周到的是宣纸已然铺开,硕大的歙砚已经有人用徽墨磨好一坨墨汁,就等待着郑昱嘉手笔的展露。清一色的出自明朝的整套红木家具很有气派地排开,八仙桌、太师椅,包括茶几和花架都显示出别样的气派。他挥手让女服务生送上香茗后退出,踱步走向花架,欣赏早春时节盛开的兰花,蕙兰馨香满室,恍如严冰为人脱俗的清丽。更让郑昱嘉满意的是,会所内一架出自德国的斯坦伯格钢琴也被移到室内,这是郑昱嘉事先特地关照的,他知道严冰弹得一手好钢琴,当严冰的指尖流泻出妙曼的琴音时,他就会挽袖挥毫,琴瑟和谐莫不过如此。郑昱嘉完全陷入人生最惬意的陶醉之中。

郑昱嘉信步站在落地长窗前,凝望室外的大草坪,他的心跳动得厉害,严冰马上就要到来,他不知道自己该矜持还是热情。草坪中躲藏着的射灯散发出柔和的嫩黄色光芒,能依稀辨别点缀其间的景致,朦朦胧胧中凸显出的一切尽入眼帘,又需要仔细回味方能知晓,会所内精雕细琢的夜景,似乎将郑昱嘉隐藏腹内的心事也映衬得恰到好处。郑昱嘉抬腕看江诗丹顿,他让驾驶员开着保时捷迎接严冰一行该有半个时辰才能到来,邹培远则自己驾车过来。在郑昱嘉的驾驶员去接严冰一行的空隙,郑昱嘉一个人走到户外的大草坪,他站在草坪中央,深深呼吸带着青涩草籽气息的空气,静静地发呆。

手机铃声让郑昱嘉从梦幻中醒来,驾驶员告知郑昱嘉,严于信他们十分钟后抵达,郑昱嘉顿时精神抖擞,他正正衣冠,不疾不徐地迈步折回室内。背景音乐正悠缓地播放着法国钢琴手理查德·克莱德曼弹奏的美国故事片《爱情的故事》中的主题音乐,正合郑昱嘉的心意。他舒心地微笑,安详地呷一口香茗,随后双手交叉搁在后脑,双目泛泛地顾盼室内的奢华陈设,郑昱嘉似乎有些陶醉,他惬意地跷起二郎腿,和着背景音乐的节奏,抬起右脚,很有规律地一下又一下打着节拍。

邹培远的皇冠牌轿车紧随保时捷同时驶入会所,也不用打招呼,邹培远熟稔地跨步走进包厢。郑昱嘉让驾驶员迎接严于信他们时,邹培远早早就提前两个小时来到严于信的家,他是为周胜市岗山镇的项目再次在严于信这儿游说。他按照预先设计的方案,拐弯抹角地在严于信这儿说上一遍又一遍,让严于信顺着自己的思路在郑昱嘉面前尽量说话不走调门,以便让郑昱嘉彻底地放心。邹培远如是这般不厌其烦地要求严于信必须在郑昱嘉面前该怎么说和怎么做,直到严于信不胜其烦提着嗓门嚷嚷:"谢谢你,别再啰嗦了,我就按照你所说的去做,成不?"

有严于信的信誓旦旦保证,邹培远这才把提着的心给放下。严于信哪里知道邹培远怀揣个人的小九九,他只是天真地认为嘉海集团在周胜市拓展业务也是对其家乡的贡献,更何况民营企业跨地域发展是当前市场经济条件下的一种必然趋势。对于邹培远反复告诫自己在郑昱嘉面前一定要强调是政府的项目,是地方政府落实政策建设新农村,资金不愁等的提醒,严于信颇觉得邹培远有点滑稽可笑,干工程按合同支付资金是天经地义的事情,严于信不假思索地回答邹培远:"当然得有钱才能干事情,我们周胜市在山宁省的财政收入排行位于前十,怎会缺钱？刘市长你不是也碰到？建设资金早就落实停当。可惜，"严于信摇头，"咱周胜市的乡土文化被这一排排兵营建筑吞灭了,将来我们的后代指不定要痛骂我们毁掉了周胜的文化。"严于信惋惜地对邹培远说道。

邹培远窃喜,心中的石头落地。他只要项目成功后所分得的一块蛋糕,才不会忧虑周胜的民居文化毁于一旦,那是另外一批先天下之忧而忧的人士承担的道义和责任,他邹培远没必要做一个无谓的道德的捍卫者,只要老夫子不要在郑昱嘉面前说漏嘴坏了他的事,哪怕天崩地裂也与他毫不相干。邹培远的目的达到,便挑一些无关紧要的话和严于信不着边际地闲扯,直到严冰和她丈夫莅临才止住话头,邹培远略略欠身,向严冰夫妇招呼。

严冰和邹培远很熟,她玩笑地歪头笑着对邹培远说:"邹叔叔让咱老爸傍上大款,我们也跟着借光,你瞧瞧咱爸,变了个人似的,敢情这郑董事长还真的让我爸找到用武之地了。"严冰咯咯的笑声如同一串风铃悦耳动听。

"冰冰不但貌如天仙,说话也妙趣横生,于信你有这闺女此生无憾,"邹培远也和严冰开着玩笑,"今晚郑董事长邀请的主角也许不是你老爸哦。"邹培远心思一动,很想说些提醒的话语,话到喉咙口又硬生生地咽了回去。他突然有个灵感萌生,也许严冰会令今晚所有的一切都变得异常美妙,也许严冰以后会成为左右郑昱嘉的关键人物,看来自己还得好好地打严冰这张牌。"他邀请的是你们一家四口,我是来打秋风的。"

严冰脸颊左右的两个酒窝在盈盈的笑意中显得更加生动,她挽起自己丈夫的胳膊,脸转向严于信:"咱一家四口是跟着邹叔叔去打秋风的,你看咱爸也会有这一天,走出书斋,迈向社会,世界潮流都跟着市场经济的风向标在走,连咱老爸都没有落伍。"严冰笑得直喘气,"爸,我没说错吧？邹叔叔啥时候也给我打造个舞台？我也会弹奏世界最美最动听的音乐。"

邹培远被严冰逗得也咧嘴笑开了:"冰冰真正是绝色奇女子,才貌兼备,锦心绣口,有朝一日你下海做个女老板,那公司可就门庭若市喽,只是你的先生怎能放心得下？"

"他才不呢。"严冰歪在丈夫的怀里撒娇,用纤纤手指点丈夫的脑门,"只有我老爸欣赏他,咱严家两个书呆子。"

说笑之间,郑昱嘉的驾驶员按响门铃,一行人随即出门进入电梯。半小时后,郑昱嘉在会所见到心仪的严冰。相聚一堂稍稍寒暄几句后,各自很有规矩地落座,手捧服务员献上的茶水,每个人都低头啜上几口,没有人起个话头调节气氛。平素长袖善舞的郑昱嘉、左右逢源的邹培远也一时不知该说些什么,严于信本就讷言,严夫人更懒得开腔。严冰夫妇则更加觉得不能喧宾夺主,他俩悄然坐在角落窃窃咬上几句耳朵。郑昱嘉眼瞧着严冰夫妇恩爱的模样，心头骤然涌起一阵莫名的失落。他环顾四周，觉得包厢内的一切精心陈设都是徒劳，没有人能领悟他的独具匠心，眼前的一切人和物似乎都已经定格，谁也没有魔力更改既成的事实，就像一张胶卷冲洗出来的黑白照片，在这张照片中，他和严冰的垂直距离相隔得最远，他俩之间横亘着不可逾越的家具摆设和阻挡他跨越雷池一步的几个关键人物，郑昱嘉很是失望。

郑昱嘉岂是一个甘心接受失败的人。他告诫自己，为什么不能将定格的照片变成流动的影片胶卷？我郑昱嘉应该多拍几张，拍成一个故事片，让故事的发展朝着自己设计的情节有条不紊地展开。我不该是简单的黑白照片的摄影者，只能让后人永远记住我这个摄影师在这一瞬间捕捉到的影像是个无法更改的永恒，我应该是这部故事片的导演兼男主角。

郑昱嘉给自己打足气后跃跃欲试，他朝邹培远暗暗使个眼色。邹培远会意，冲郑昱嘉诡谲地眨眨眼睛，得意地捏一下自己的鹰钩鼻子，他早就在等待郑昱嘉向他求援。邹培远呷上几口茶清清嗓音，又干咳几声后，那富有磁性的嗓音开始活跃冷场的气氛。"今天我是蹭饭来的，郑董事长精心挑选东海市最豪华的会所举行一个家庭式的晚宴。郑董事长的家眷远在澳洲定居，在郑董事长的心目中，我们就像郑董事长的家人一样欢聚在一起，度过一个愉快的周末。"邹培远说完朝郑昱嘉得意地努努嘴，做个只有郑昱嘉才能理解的表情。

郑昱嘉自然明白邹培远古怪表情的含义，鹰钩鼻子是在让自己感谢他用了家庭式晚宴这个词语。郑昱嘉老到地微笑，接邹培远的话尾补白："邹处长说得对，我和严教授一家以及邹处长本来就相处得像一家人一样，感谢严教授对我嘉海集团作出的贡献，感谢严冰小姐能赏光出席今晚的聚会。嘉海集团能走到今天，严冰小姐，令尊大人功不可没啊。"郑昱嘉故意将话题引向严冰，他随即掀开钢琴的琴盖，修长的手指在象牙白的琴键上划出一串音符："高山流水遇知音，真想弹奏一曲献给严教授，可惜在专家面前岂敢班门弄斧？"郑昱嘉还真的揪住严冰不放，仿佛只是自言自语，"舒伯特的太典雅，我喜欢德彪西的印象主义，他的作品有一种独特的清澈、雅致、简朴的音乐风格。比如他的钢琴曲《雾》、《枯萎的树叶》，理查德·克莱德曼的作品与德彪西的相比简直是雕虫小技。"背景音乐此时正在播放理查德·克莱德曼的《秋日私语》，郑昱嘉信手拈来，在严冰面前将两者不露痕迹地做一个比较。郑昱嘉知道严冰喜欢德彪西，他是一次和严于信私人聊天时旁敲侧击打听其令爱的喜好而得知的，郑昱嘉在这方面很用心地花了些功夫，以便一朝有用武之地。在他今天设计的饭局中，郑昱嘉按照自己预先制定的方案很自然而然地表现出来。郑昱嘉表现得再山水不露也瞒不过邹培远，他越来越感觉到郑昱嘉手腕的厉害。邹培远开始担心郑昱嘉的一双手会伸向严冰,他太了解郑昱嘉的秉性,只要郑昱嘉想得到的东西,他是不会计较工本的,等到成功之后,他就会加倍地索取先前的所有投入,还要计算利息,任何交往,他都是在做一把斧头交换两只羊是否合算的商业经济题目。

生活在象牙塔的严冰哪里想到郑昱嘉演的这一出有过N次的彩排,她曾多次从父亲那里听到对郑昱嘉的一片赞扬声,从来不曾放在心坎,郑昱嘉的世界距离严冰的生活圈子实在是太遥远,就像两条不相交的铁轨,各自并行朝着人生的远方稳步向前,谁都干涉不到谁,谁都不会影响谁。谁又会料到郑昱嘉的影子竟然会占据严冰的心坎?而且郑昱嘉的光芒所投向地面的黑影,今后会将严冰完全地罩住并改变严冰的一生。盈盈含笑的严冰被郑昱嘉对德彪西的评价折服,她喜欢德彪西,郑昱嘉对德彪西作品的理解和自己的完全一致,她朝郑昱嘉送去一瞥,看到郑昱嘉也正脉脉注视着自己,漂亮的眼睛里分明有一种热辣辣的光泽在跳跃,严冰顿时心跳不已,她羞赧地掉转头,拨弄佩戴在外套上的胸针。郑昱嘉是情场的好猎手,严冰的微妙举动令他大喜过望,他更加坚定自己的满满信心,待会儿,严冰一定会坐在琴凳前弹奏德彪西的《雾》,雾里看花才能享受朦胧的美,假如严冰弹奏的是《枯萎的树叶》,那郑昱嘉就会认为很不吉利,也许他和严冰之间就像两个星系的两颗星,只能在各自的星空孤独地发光,彼此毫不相干。

严冰和自己的丈夫温情地耳语几句后,带着笑靥,款款迎向郑昱嘉,银铃般悦耳的声音第一次送给了郑昱嘉。"郑董事长果真是商界的俊才,我的先生,"严冰回眸将尽显妩媚的盈盈秋波递送给了自己的丈夫,"他一定要我弹奏一曲代表我俩献给郑董事长。"严冰在自己丈夫的陪伴下坐上琴凳,夫妇俩会心地用眼神对视,严冰的丈夫替严冰打开琴盖。

严冰送给郑昱嘉满怀的希望的同时,也带给了郑昱嘉满怀的怅惘,他无法在众目睽睽之下无所顾忌地越雷池半步,只能是尴尬地笑着回答:"感谢不尽,我真的要好好地洗耳恭听严冰小姐送来的天籁之音。"郑昱嘉朝严冰的丈夫送去妒忌的一瞥,知趣地远离他们夫妇几尺之遥,他充其量就是一个听客,郑昱嘉不免悲从中来,心仪的人儿近在咫尺,却无法走进她的心门。

犹似梦幻般的《雾》在严冰的指尖流泻,严冰用自己的心将黑白琴键编织成一曲绝妙的天籁,郑昱嘉听得如痴如醉,他真想将严冰一把揽入自己的怀抱送上一个热烈的吻。可是他没有这个权利,只能和众人一起鼓掌喝彩,这是他最贴切的表现。郑昱嘉又岂肯善罢甘休?他绝不会失去这个让严冰将自己的印象牢不可破地嵌入她的心坎的机会。就在曲终喝彩的刹那间,郑昱嘉提笔挥毫,在宣纸上浓重泼墨酣畅淋漓地题字：天籁阅尽。很有书法功底的楷书字体。一行跋所题的是：为严冰小姐一曲德彪西的《雾》所题。郑昱嘉最后很潇洒地写上自己的名字。

严于信凑上前，仔细端详后击节啧啧称赞："郑董事长一手好字，难得，今日有幸领教。中国民营企业有如此领军人物，走向世界该指日可待，嘉海集团的未来一定是辉煌无比。"严于信由衷地盛赞，郑昱嘉每次都带给他惊喜，尤其是郑昱嘉在文化上所体现出的深刻内涵，让严于信对郑昱嘉从心底里完全认可并刮目相看。

邹培远也不得不迎合严于信凑趣，对郑昱嘉赞赏有加，煞有介事地对郑昱嘉的字评头论足一番，随后又恰到好处地将严冰推搡到郑昱嘉的面前："冰冰今天是最夺人眼球的，郑董事长难得有此雅兴为冰冰挥毫题字，我和你爸爸都快妒忌得眼红。"

最高兴的时刻终于盼来，严冰的纤纤玉手被郑昱嘉紧握在手心，犹如一股电流从严冰的手指直击郑昱嘉的心窝。郑昱嘉与严冰直面相视，他将无言的热情通过他那双勾人魂魄的漂亮眼睛直白无误地传送给了严冰，严冰脸颊再度涌上两团嫣红，她羞怯地低头，不敢正视郑昱嘉的热辣辣眼神。

郑昱嘉又出手不凡，将原本在晚宴高潮后才准备的节目提前演出，一对瑞士的浪琴对表如同变魔术一般出现在严冰夫妇的面前，郑昱嘉发自肺腑的由衷话语让严冰夫妇和严于信夫妇都觉得没有推辞的理由："嘉海集团一步步走到今天成为全国性的企业，首先要感谢的是严教授的理论指导。当初邹处长引荐您严教授到我寒庙，蒙严教授不弃，引导嘉海按照市场经济发展的规律一步步向前，嘉海才有长足的进步，这是我郑昱嘉对严教授的第一谢。滨海区的沈区长到嘉海调研，海湾镇由此对嘉海集团有政策性的倾斜，加速嘉海的发展和经济的积累，严教授您也功不可没，这是第二谢。山宁省建立分公司，周胜市新农村的建设项目正式启动，嘉海有幸中标有史以来最大的一个单体合同，严教授功在其中，我自然明白，这是第三谢。今天严教授能和令爱一起给我面子出席我邀请的晚宴，有幸聆听严冰小姐一曲德彪西的钢琴代表作《雾》，这是我的福报，这是第四谢。感谢您严教授，也感谢严冰小姐，所以这区区薄礼万望严冰小姐和您的先生笑纳，滴水之恩当涌泉相报，严教授您说是吗？"

郑昱嘉的话说到这个份上，敦厚的严于信哪里还会有受之有愧的借口予以拒绝，唯有真心实意地感谢郑昱嘉："太破费，小女小婿他们也喜欢，却之不恭，只是下不为例。说到周胜市的项目我想郑董事长应该有所了解，听培远兄说合同马上就要签了，项目应该是不错的。"

郑昱嘉设宴的目的,一是为了博红颜能成为知己,二是要从严于信这里证实周胜市岗山镇新农村建设项目的风险性是否存在。严于信刚才顺势带过的一句话让他的心稍稍安定,他相信严于信说的每一句话。郑昱嘉马上接过严于信的话茬:"时间不早,咱们入座边吃边聊,我相信严教授所说的。"

在一旁恭候已久的服务员小姐得到郑昱嘉的指令后迅速将冷菜端上桌旁。把酒开宴,常规性的客套寒暄,严冰的丈夫小林特地与郑昱嘉碰杯,感谢郑昱嘉的馈赠。郑昱嘉脸颊的肌肉有几丝跳动,努力地咧开嘴拉出几分笑意送给小林,他不想和这个心目中的情敌多说什么,他相信自己的直觉,如果不是严教授喜欢这个弟子,严冰绝不会嫁给这个蠢虫。

宴席延续到主菜陆续上桌,酒酣耳热,彼此都打开心门畅所欲言。不太饮酒的郑昱嘉和严冰频频碰杯,并得到严冰肯定的回答下次一定再见,才将谈话的重心转回到周胜市岗山镇的工程项目。郑昱嘉紧挨严于信而坐,边为严于信夹菜边不停打探:"听邹处长说,周胜市的刘市长是您的好朋友,他在主抓周胜市新农村的项目。"

严于信报以郑昱嘉温厚的笑容,点头道:"我俩是发小,在一个村子里长大。培远说得没错,他主抓新农村的建设项目,春节期间,培远到周胜,我们俩还和刘市长一起见过面。培远也是为嘉海着想,特地赶到周胜想详细了解情况。长江后浪推前浪,一晃,他也到了快退的年龄喽。"严于信说的句句都是实话,邹培远和郑昱嘉听得都很放心。

郑昱嘉端出他心头最大的疑虑:"资金应该不成问题吧?据我了解,怎么岗山镇要求建设单位垫资到结构封顶才付工程款的百分之三十五,谁吃得消做这个项目呢?"

严于信在周胜省亲所听到的是政府的财政拨款全部到位,老百姓的部分集资也全部凑齐,加之邹培远事先对自己的反复叮嘱,他张口就答:"资金状况应该很好,这个项目是山宁省的试点,是全省第一个新农村建设项目,刘市长说政府财政拨款比例占百分之七十,还有一部分则是老百姓集资。没有资金怎么能干工程?不可能的事情。"严于信很肯定地摇头,想了想又补充,"也许一开始资金不能马上就给,但在建设过程中就会支付了,业主也答应建筑主体出地面二层先支付一部分资金,我认为这资金不成问题。"后面的一段话是邹培远要求严于信说给郑昱嘉听的,邹培远告诉严于信,这是范于波他们与业主沟通后的结果。细心的严于信也打电话向范于波核实,范于波信誓旦旦地承认确实如此。严于信认为既然事实是这样,他也就如是般照直说。

郑昱嘉悬在喉咙口的心,经严于信这么一说总算放心,他端酒朝邹培远举杯:"有严教授这么一说,我就放心了。邹处长,干杯,按照我们之前的约定。"

郑昱嘉心头的桩桩疑虑——破解,心情甚好,假如最后的一个问题能从严于信的身上得到满意的答复,郑昱嘉对周胜市岗山镇的项目也就没有什么顾虑了,他担心的是项目承包人的能力和实力。郑昱嘉又向严于信询问:"严教授,听说项目的承包人范于波和您还有亲戚关系?他是干工程这行的?"

严于信毫不回避:"也算是我在周胜的一房远亲吧,听说他干基建工程也有小二十年了,在我们老家也算是有钱的人,房子车子都有,算是先致富起来的吧。"

郑昱嘉频频点头:"是您的亲戚那就好,我可以放心,以后还得需要严教授多关心这个项目,毕竟周胜市的地盘您比较熟悉。"郑昱嘉在得到严于信肯定地点头之后,才朝邹培远微微叩首,一语双关:"有严教授为咱保驾护航,邹处长,咱俩得敬敬严教授。"

被冷落好久的邹培远总算逮住机会说活:"咱还得仰仗于信兄的鼻息得以生存,于信兄,你的话是一言九鼎,落槌定音,你看咱郑董事长一顿晚宴该得到的全部都尽收囊中。"邹培远趁机好好地反击郑昱嘉一番。

郑昱嘉毫不介意,耸耸肩,在心里骂道:懒得和你鹰钩鼻子计较。嘴巴上却拿邹培远开涮:"严冰小姐,你不知道你的邹叔叔有绝妙的男中音,咱们何不请邹处长亮亮歌喉,来一曲《老人河》?邹处长,你该有请严冰小姐伴奏。"郑昱嘉说完立马就带头鼓掌,严于信夫妇和严冰的丈夫小林也鼓掌怂恿,邹培远也愿意跃跃欲试,被冷落好长的时间,他也需要成为中心人物。

邹培远清清嗓子做演唱的准备,突然间他似乎想起什么,悄悄地朝郑昱嘉招手,郑昱嘉的耳朵贴近邹培远,听见鹰钩鼻子对他轻轻地说了一句使他丈二和尚摸不着头脑的话:"小子,海涅有一句名言:男人不可能娶米洛的维纳斯雕像为妻。"说完,邹培远又不怀好意地冲着郑昱嘉狡黠地一笑,若无其事地走到严冰身边:"冰冰,你起个调吧,我也趁机献丑一把。"一曲令人回味的《老人河》将晚宴的气氛推向高峰。

不觉已到夜阑时分,严于信露出一丝倦息,严夫人依偎在严于信的身边也打着哈欠。邹培远心知肚明,郑昱嘉今天的宴请完全是醉翁之意不在酒,他不失时机地插话:"良辰美景苦短,差不多了,天下没有不散的宴席。"

严于信附和:"十一点都过去了,该结束了。"

郑昱嘉虽然意犹未尽,他瞥见严冰也流露出慵懒的神情,觉得是该收场了,便建议共同合唱一曲《难忘今宵》,给今天的相聚画上一个圆满的句号,众人齐声响应。严冰弹琴,她的丈夫小林陪伴在一侧,俨然是一对亲密无间的神仙眷侣。一股无名妒火在郑昱嘉的心头燃烧,他发誓要剪除严冰身边的小林,才能步步为营地完成自己的计划,最终如愿以偿将严冰揽入怀抱厮守终身。不经意间,郑昱嘉瞥见鹰钩鼻子冷峻的眼神直直地紧盯着自己,邹培远刚才送给自己的那句海涅的格言又回响在郑昱嘉的耳畔,郑昱嘉咀嚼再三,试图明白鹰钩鼻子的含义。

7

郑昱嘉从严于信处对周胜市岗山镇的新农村建设项目作了详尽的了解后，才对这个工程所存在的风险担忧完全释放，他自忖用严于信这张王牌对付周胜市和岗山镇的地方官员绰绰有余。郑昱嘉原来想不明白怎么会是严于信的亲戚来承包这个项目，经过严于信的说明郑昱嘉才恍然大悟，原来是邹培远赶到周胜后，就将严于信撇开，自己主动与范于波搅和在一起。鹰钩鼻子用心良苦，他自己无法驾驭周胜市的人脉，就用紧箍咒将严老夫子给套住，严于信的亲戚承包这个项目，一有风吹草动，严于信不可能不出面协调斡旋。鹰钩鼻子狡猾得很呀！郑昱嘉感慨，严老夫子哪里是他的对手？不过鹰钩鼻子这样做对嘉海集团倒是有利，整个项目的进展严老夫子是断断逃脱不了干系的，哪怕到时候叫冤叫屈都没用，谁教你引荐这个项目的？谁又教你引荐自己的亲戚来承包这个项目的？严老夫子就这样被莫名其妙地推上这条布满风险的路，却还蒙在鼓里。郑昱嘉想想有些对严于信不公，也没有办法，商场就是这样，有个替罪羊存在增加一份自己的保险系数当然是好事情。

郑昱嘉从各种原因考虑，还是打心眼里不希望严于信会有什么风险。他还是指望焦保业和范于波能提供三千万的银行存款证明，再加上一份到建筑地面二层业主就支付百分之十五的工程款补充合同，这个项目的风险就可以得到有效的控制。无论如何，于嘉海集团来说这是第一笔大单子，对公司的业绩和今后的形象都至关重要，而且嘉海集团在这个项目上至少可以有六百万以上的进账，外加一个山宁省的分公司，绝对是划得来的买卖。想到这里，郑昱嘉竟有些迫切想签署这个合同的愿望。他抄起电话询问邹培远，焦保业和范于波两个人的存款证明什么时候送到公司的财务部？工程建设出地面二层后支付百分之十五工程款的补充合同什么时候送给彤浩？邹培远给他的答复是一周之内。郑昱嘉安心地挂上电话，他对岗山镇项目的后顾之忧全部抹去。

焦保业和范于波最近几天忙得焦头烂额,三大难题横亘在他俩的面前无法逾越:三千万的存款证明,出地面二层的补充合同,还有施工队伍的有效组织。他俩蜷缩在周胜市的小茶馆大眼瞪小眼一筹莫展,邹培远一个个电话让他俩苦着脸绞尽脑汁想策略,结果仍是没辙。

满室烟雾袅袅,呛得人睁不开眼睛。就这么放弃?焦保业和范于波都不甘心。做下人几十年的焦保业无论如何都不愿意失去这个让他翻身为人上人的机会,矮矮胖胖的焦保业圆睁着两颗绿豆般大小的眼睛冥思苦想,嘴巴里反复嘟囔:"三千万的存款证明,出地面二层的补充合同,怎么办?怎么才能办得成?"焦保业在小屋里搓着手,急得团团转:"活人真的要被尿憋死,到嘴的肥肉就要没有。你倒是想想办法,项目的信息是我提供的,前期我做的努力你也全部看到,你三枪不出一个闷屁,保不准还要我去抢三千万?"焦保业来了气,有意拿话噎范于波。

说者无心听者有意,光脚的有时候就是不怕穿鞋的。范于波听焦保业抱怨着要去抢三千万,眼睛突然一亮,脑子顿时开窍。"绿豆,"范于波私下里一直称呼焦保业为绿豆,讥讽他长着一对小眼睛,"咱们抢三千万没有这个本事,可咱们可以造三千万。嘉海不是要看存款证明,我们给他一张存款证明不就得了?"

焦保业眨巴着绿豆小眼睛,还不明白范于波的意思:"你哪里去造?你开印钞厂不成?"

人是地球上的最高生灵,可以创造一切,也可以毁灭一切。每个单一的个体无论最终的盖棺定论如何,其身上都曾有过善因子和恶因子,辩证地统一在其身上,伴随其一步步走向人生的终点。在一定的条件下,不同的因子孵化出不同的胚胎,呱呱坠地后,对这个世界造成不同的后果,当外界的温度足以使其邪恶倍增,存在其体内的恶因子自然会孵化出罪恶的胚胎,最终的结果是带给社会一份灾难。范于波体内的罪恶因子在金钱的引诱下迅速膨胀,他哈哈大笑,甩一支烟给焦保业,得意地摇头晃脑:"对,我就去印一张三千万的银行存款证明给嘉海的郑昱嘉,难道他还会到周胜的银行来验证?"范于波拍着脑袋越想越兴奋,"对,把这张银行存款证明交给邹培远,让他给郑昱嘉过目,这郑董事长总放心了吧?"范于波越想越得意,肥硕的身躯将一张小藤椅挤得满满的,晃荡的脑门闪亮着油光,为他的灵机一动想出绝妙的主意得意非凡。范于波叼在嘴上的烟没有点燃,他满脸的兴奋希望能传递给自己的搭档焦保业,让他也能受到感染并由此触及他的兴奋点。

焦保业的脑瓜就像晚开的木榫一点都不开窍,他呆呆地看着范于波,还在盼望着对方能为他指点迷津。范于波嗤之以鼻:"还想着一夜暴富?就你那熊样只配在洗脚房为我抖脚。我银行有个哥们,花点钱,让他给咱弄一张存款证明交给邹培远,让邹培远去糊弄嘉海的郑昱嘉不就成了?"

焦保业摸着脑瓜跟着呵呵傻笑,讨好地为范于波点上烟:"范哥,真有你的,我还一时反应不过来呢。那补充合同呢?你的那个亲戚严教授只是说有这样的可能,现在嘉海的董事长还盯着咱们要补充合同,你是不是还要和你的亲戚严教授吹吹风,让他和周胜的刘市长说说情,争取岗山镇能给咱一个补充合同。"

"滚!"范于波真后悔和这么个混球做搭档,简直是擀面杖吹火一窍不通,"如果有这个可能,咱俩还会在这里大眼瞪小眼?索性一不做二不休,咱们就豁出去了。岗山镇没有补充合同,咱们也来造一个给嘉海的郑昱嘉。"范于波连人带藤椅一块移向焦保业,对着焦保业悄悄耳语。

焦保业睁圆绿豆般的眼珠子,半张着嘴讷言:"范哥,这样做行吗?私刻公章是要犯法的呀!"焦保业的额头沁出点点汗珠,整个人不由自主地抖动,"我有点害怕,范哥,你让我去找人私刻岗山镇的公章,我是不行。"焦保业举手告饶,"咱们还是想想别的法子吧。"

范于波对着焦保业的臀部狠狠地踹上一脚:"不中用的家伙,还想整个百万千万的,你听说过一句老话没有?'不入虎穴,焉得虎子',说的就是这个道理。"范于波转而又拍拍焦保业的肩膀友好地抚慰,"咱们只要把工程干起来了,一切事情都好办,到那时候政府也好,嘉海也罢,谁都无法脱身,我们光脚的还怕他们穿鞋的?哈哈!"范于波仰天放声大笑,"到那时候就等着他们掏钱给咱们吧!"范于波大笑完毕,美美地吸了一口烟,他眯缝着眼睛看着团团烟雾在眼前升腾,整个人似乎也随之飘到云里雾里。

邹培远按照约定,将焦保业和范于波送给他的三千万银行存款证和岗山镇办事处的另一份补充合同送给郑昱嘉过目,嘉海建设集团与周胜市岗山镇的合同最终签署,范于波和焦保业随即与嘉海集团签署了承包合同。拿到这份承包合同走出嘉海集团大门的刹那间,范于波郑重其事地对焦保业宣布:"兄弟,我们的事业正式开始了,从今天起,我们要干一番四两拨千斤的大事,我们一定会成功!"

焦保业点头哈腰,连连称是:"我一切都听范哥的,范哥让我怎么做我就怎么做。"焦保业在范于波身上下了赌注,他正式向洗脚房的老板提出辞职。他现在的身份是嘉海集团岗山镇新农村建设项目部的项目副经理,现在必须马不停蹄地跟随范于波赶到周胜市,那里还有许多事情等着他们去做。

范于波和焦保业抵达周胜市的第一件事情就是召见各分包的小老板逐一见面。范于波事前针对合同仔细地算了一笔账,岗山镇的这个项目每平方米的基本造价是一千元,根据当地的人工价格和目前市场上的材料价格估算,应该有百分之十六的毛利率。所有的建筑材料让供应商们都垫资,等到业主有钱到账后再按同比例支付;下面各幢楼号的分包班组,则和他们签订垫资的分包协议。总计二十万平方米的建筑量,一共有二十栋五层高的多层建筑单体,分为四个作业班组,每个作业班组分包五栋楼约五万平方米的建筑量。按照这样的设想开工,前期只需要五百万的启动资金就可以撬动这个项目。扣除税收和上缴嘉海集团的管理费总计是百分之五,再支付给邹培远百分之二的中介费,该有百分之九的毛利剩余,再扣除其他的一些交际费用等,至少还有百分之七的利润,也就是一千四百万。焦保业享有四百万,自己的绝对利润不会少于一千万,一年的施工周期结束,自己就可以成为一个千万富翁,简直是天上掉下来的一个大馅饼,范于波陷入美梦不能自拔。

实际上的运作并非如此简单,各材料供应商和分包作业的小老板一听要垫资到结构封顶才支付百分之三十五的款项,都感觉资金压力太大存在风险,纷纷摇头予以拒绝,弄得范于波和焦保业焦头烂额,陷入窘境,他们真正碰到了棘手的问题,该项目恐怕要流产,煮熟的鸭子真的要飞走了。

按照施工周期,半个月之内现场的大部分设施必须搭建,下月中旬的一个黄道吉日必须举行开工典礼,届时周胜市的相关领导和电视台报刊都将报道周胜市岗山镇在山宁省的第一个新农村正式开工的盛事,地市两级的相关领导以及江永祥和赵则林都将出席项目的奠基仪式,范于波和焦保业犹如困兽躲在小茶馆,大眼瞪小眼一个劲地凶猛抽烟,无计可施。

焦保业那双绿豆小眼珠不安地转动,时不时地瞟上范于波一眼,他希冀范于波能够甩出绝处逢生的锦囊妙计。"天无绝人之路,一定会有办法的。"焦保业一个劲地嘟嘟囔囔,搓着一双粗糙的大手在斗室一遍一遍地转着圈子,惹得情绪坏透了的范于波跺脚棒喝:"你给我老实点,坐下!"

焦保业唯唯诺诺,乖乖地坐在范于波的对面,很小心地从放在范于波面前的烟盒里抽出一支烟给自己点燃。他不敢再多言,他明白范于波在寻找绝处逢生的机会,凭他对范于波秉性的了解,这个合作伙伴断断不会拱手放弃这个机会,只要范于波连续抽上三支烟,那么他一定会有豁出去的办法。

范于波肥硕的身躯像一座山横亘在焦保业的面前,很重的体味拌和着呛人的烟雾搅得狭小的斗室空气污浊。范于波连续抽完三支烟后,一拍大腿,冲焦保业嚷道:"胆大的撑死胆小的,只能是假戏真做,就这么办!"范于波胸有成竹地朝焦保业面授机宜,"你不是有一份糊弄嘉海的补充协议,工程到地面两层后业主即支付百分之十五的工程款,咱们就拿这份假合同当作真合同跟材料商和小包工头谈。"

焦保业吃惊:"范哥,使不得,这可要吃官司的,万一业主知道这件事情,咱们岂不是全部都完蛋?"

"哼,你还想赚大钱,连这点胆量都没有?"范于波轻蔑地朝焦保业冷笑几声,肥胖的身子稍稍扭动几下,眼睛里射出两道凶猛的光,"没有退路,那只有义无反顾朝前走,要想赚钱就得冒风险,不怕想不到,就怕做不到。"想到这件事情还有赖于焦保业出马,范于波缓转口吻放慢语速诱导他的合作伙伴,"将我的亲戚严教授牌子打出去!"范于波大有一番即将在硝烟弥漫的战场决一死拼的悲壮,声调又像在敲打一个空缸"嗡嗡"地发出巨响,"你出面与材料供应商和分包各标段的包工头去说,嘉海集团的名誉董事、东海大学的教授、咱周胜刘市长的哥儿们亲自出马与周胜的刘市长协商,岗山镇的赵镇长同意私下和嘉海签订一个补充协议。你就将这份伪造的补充合同给他们分别过目,千万不要让他们有复印件到手,然后让他们来找我,我自有办法。"范于波灵机一动,想到这个绝妙的好主意,兴奋得摩拳擦掌,整个人都沉浸在亢奋之中:"严教授,我的严叔,对不起你了,老古话说'舍不得孩子打不着狼',侄儿只有把你抬出来才能救活一盘棋,我这里先给您赔不是。"范于波遥向东海市的方向鞠躬。

物欲熏心的焦保业也完全丧失理智,为范于波的这招险棋扯开嗓门叫好。他瞪大绿豆眼珠急忙忙将一支烟塞进范于波的嘴里:"范哥,平时都听人说范哥是智多星,我今天才算真正领教,我跟着你一定好好干。"焦保业的绿豆眼珠里也跟着跳跃着似乎看到胜利光芒的火花,围着范于波屁颠屁颠地恭维,"今生今世我焦保业跟定范哥,我这就去找那群王八蛋们,看他们能玩得过咱范哥?"焦保业急忙就要走出小茶馆。

范于波赶紧喝住焦保业,他让焦保业的耳朵凑着自己的嘴巴,如是这般地叮嘱焦保业该如何蛊惑住材料供应商和包工头们,焦保业的头点得就像拨浪鼓,连连称"是",范于波这才放心地让焦保业按照自己设计的意图去忽悠那些等着上钩的鱼儿们。

范于波整个肥胖的身躯挤进狭窄的藤椅,扳起他那条左腿按在自己右腿上,极为得意地晃荡着二郎腿,摇头晃脑哼起家乡的小调,做着姜太公的美梦,并自信绝对成功。

焦保业足足花了约两天的时间和材料供应商以及分包各标段的工程的包工头们一一见面,按照范于波面授的机宜。他神秘兮兮地将那份伪造的补充合同给对方过目,随后信誓旦旦地说出下面一段话:"严教授是个名人,是嘉海集团的名誉董事,他和周胜市的刘市长又是绝对的铁杆哥儿们,他出面找刘市长,市长当然要给面子,岗山镇的赵镇长自然是绝对听刘市长的,所以赵镇长同意再补签一份合同。你们看看,这份补充合同写得明明白白,项目出地面二层就付百分之十五的工程款,再来看看下面的公章:周胜市岗山镇人民政府办事处,还有这里是赵则林的私章,这怎么能假得了?你们不妨算一算,垫资也就是两个月的时间,大家挺一挺就熬过来了,这么好的买卖你们如果不想干,后面要干的人排队等着呢。范哥的话也撂得很明白,想合作的话,保证你们能赚百分之四的净利润,一个标段五千万,一年就赚二百万,打着灯笼也找不到这锤子好买卖。不过咱们为了保护好刘市长还有赵镇长,这份补充合同千万不能泄露,谁泄露谁到时候甭想在工程出地面二层后拿到百分之十五的工程款。另外,刘市长还答应严教授,到时候可以追加工程款,你们的利润还可以增加至少百分之二,干不干由你们,我和范哥绝不强求,不过,过了这村可没有那店,到时候别人进场施工,你们再来求爷爷告奶奶的,那是没戏可唱了。"

每一个与焦保业面谈的材料供应商和各标段分包的包工头目睹盖有岗山镇人民政府办事处鲜红公章的补充合同,又听得焦保业如此蛊惑人心的游说,都不由得不动心,唯恐这么好的机会瞬间付诸东流,纷纷表示愿意参与这个项目。焦保业随之让他们与范于波进行下一轮洽谈,进入签订分包合作的实质性洽谈。范于波笃悠悠地在小茶馆坐定,等着鱼儿上钩。

在参与这个项目的材料供应商和分包各标段工程建设的包工头面前,范于波摇身一变,俨然以救世主的角色居高临下。他甩出一个早就烂熟于心的条件:凡是参与这个工程项目建设的标段分包者,必须事先打入项目部二百万人民币作为信誉金,否则一概免谈;凡是提供此工程项目建设的材料供应商必须另外再给他相应比例的回扣,回扣的比例按照供应材料的不同在签订合同的时候另行商议,否则也一概免谈。没有人敢拒绝范于波的这些苛刻条件,所有的参与者都自认为垫资两个月问题不大,反正也是拖欠材料加工单位和民工的工资,不需要自掏腰包,对于二百万元的信誉金个别包工头有些犹豫,于他们而言,立马捧出二百万的现金还是捉襟见肘,在利益的诱惑下很难每个人都做到头脑清醒。包工头们自己算了算小算盘,如果去借高利贷,二百万的高利贷两个月的利息就算是年息三分利,两个月的时间最多也就是不到二十万的利息,这样一算还是划得来,于是都纷纷与范于波签下分包合同并且马上到周胜市的地下钱庄去借高利贷。仅仅不到两周的时间,范于波的账户上就有八百万的现金进账,周胜市岗山镇一个两亿的新农村的建设项目在没有一分资金的情况下正式鸣锣开张,一连串的悲剧也由此而产生。

项目开工的前半个月,无论是范于波和焦保业挂牌的项目部还是岗山镇亦或是嘉海集团,都觉得自己是一个大赢家,谁都不费吹灰之力撬动了一个两个亿的项目。岗山镇的党工委书记江永祥和镇长赵则林还分别上了电视台宣传新农村项目即将给本土的农民带来的实惠,盛赞党的政策的无比英明。同时,江永祥将一个亿的建设资金转为短期的投资理财,他明白地告诉赵则林,这件事情是根据上级领导的旨意操办,将来对赵则林的仕途升迁会有帮助。赵则林乐得睁一只眼闭一只眼,只要工程上马,他也就没有后顾之忧,只盼望着竣工典礼的那一天。老百姓搬进新房的同时,他的办公室也搬迁到周胜市的市政府大院。

最为风光的是范于波和焦保业,两个人分别购置价值三十多万的丰田皇冠牌轿车,秉性难改的范于波在宾馆长租一套包房,将远在他省的一个情妇接到周胜供她吃喝开销,范于波和焦保业成了周胜市的红人,天天有数不清的应酬出席。焦保业跟着范于波天天过着声色犬马的生活,他曾从事的扦脚行业似乎成为他个人历史上的耻辱。

嘉海集团的郑昱嘉也心情甚好,有史以来,集团最大的一个单体工程合同如此轻而易举地签订,他心里非常感谢严于信,对邹培远也存有感谢之情。郑昱嘉很清楚,没有邹培远的出马,这个项目的成功概率也就渺茫得很,因此邹培远获得其间的利润,他也就显得很坦然。只是委屈了严教授。郑昱嘉很想有些弥补给严于信,他想通过严冰实现这份馈赠达到一箭双雕的目的,他对严冰的奢望越来越强烈。然而严冰似乎就是水中的月,镜中的花,始终可望而不可及。郑昱嘉尝试着给严冰打过几个电话,严冰总是以各种理由婉拒郑昱嘉的暧昧邀请,郑昱嘉陷入相思的梦境渐渐不能自拔。他个人独处的时候,手捧仓央嘉措的诗集默默朗读,憧憬着能够和严冰一同飞向雪域高原,在八廓街的玛吉阿米酒吧与严冰温习达赖六世的美丽梦境。

范于波和焦保业快活的日子过了两个多月,入秋后,项目的进展已经到了地面一层,只要主体建筑到了地面二层,按照和各分包商签订的合同就该支付工程款了,范于波的好梦渐渐苏醒,他考虑该如何应付即将支付的三千万工程款。一连几天,范于波寝食不安,他绞尽脑汁思考有什么灵丹妙药能够应付即将爆发的风波。他列出了几种方案:丢卒保车,将焦保业推出去,声称这个补充假合同系焦保业一手伪造,与自己无关;索性和严于信摊牌,让这个远房表叔出面拯救自己;找一个替罪羊来替代自己的位置,击鼓传花地将花朵扔给下家。此外,范于波再也想不出更好的法子,最理想的是第二套方案,恰恰也是最难实行的方案,要说动严于信简直比登天还要难。但还是要试一试,范于波决计先独自到东海市找严于信试探一下此路是否可通。

范于波携带大量的周胜市的土特产来到东海市严于信府上,严于信很惊讶,他与范于波虽然有一层拐弯抹角的亲戚关系,却从来没有任何往来,嘉海集团和周胜市岗山镇的项目硬生生将他俩不可分割地牵扯在一起。出于礼节以及对嘉海集团在周胜市岗山镇的工程建设的关心,严于信还是很客气地接待了范于波。

范于波尊称严于信为表叔,很规矩地讲述岗山镇的工程项目正有条不紊地推进,即将建造到地面二层。听得严于信频频点头,范于波又将常规的类似要干好工程要保质保量等话语泛泛地说了一通。

客套话彼此应付完毕,范于波嘴巴蠕动好几次,想在严于信面前和盘托出此行的意图,期期艾艾的东拉一句西扯一句,有意识地将谈话的思路往工程款拮据方面引导:"工程的质量表叔尽管放心,业主和监理都很认可,前期我们投入的资金也全部都用在工程上,前后加起来已经投入了三千万,但是实际的工程量达到了八千多万,原本业主同意主体建筑到地面二层可以支付一部分工程款,现在又变卦,说按照签订的总合同办事,那我至少还得投入五千万才能支撑到结构封顶业主付款的节点,真有点力不从心。"

范于波的诉苦引起严于信的警觉,他很不满岗山镇业主的说变就变,沉下脸道:"他们怎么能这样不守信誉?太不应该。"他望着愁眉苦脸的远房侄儿关切地询问:"你打算怎么办?"

范于波心头一亮,正题总算给引出来了,必须趁此机会紧逼严于信,让他想办法从业主或者嘉海集团获得一笔资金熬过难关,唯有严于信是他的一根救命稻草。"表叔,我整整一个星期就像是热锅上的蚂蚁,为了这个新农村的建设项目,为了嘉海集团的荣誉,外面借了高利贷在填补这个项目资金的空缺,我现在是山穷水尽站在了悬崖边上无路可走,只有请求表叔您帮我忙救我一把,表叔,侄儿只有恳请您了。"范于波使劲挤眼泪,弄得整个眼眶都泪汪汪的,肥胖的大手不住地抹眼角,令人心酸同情。

严于信受到范于波表演的影响,同情地抽出餐巾纸递给范于波,宽慰道:"总得想办法解决这个问题,为什么不找业主说说你的实际情况?他们不是说好提前支付一点工程款给你,你该找他们要!"

范于波信口胡诌:"天天在找他们,赵镇长也很同情我们,他给我们指点迷津,说是假如刘市长出面关照,可以拨部分工程款给我们项目部。表叔,你和刘市长是好朋友,帮帮侄儿吧!让刘市长出面关照一声,毕竟是为了这个新农村的项目,也是为了嘉海集团的形象,表叔您无论如何要帮侄儿一把,否则我是死路一条。"范于波挤到严于信的身边几乎是半跪着哀求严于信。

严于信愤愤不平:"明明是他们违约在先,为什么要刘市长出面打招呼?我起不了这个作用,你们完全有理由找岗山镇要钱。"

"表叔,我们是怕和业主搞僵关系以后麻烦的事情不断,假如能给赵镇长一个面子,让刘市长出面说个情,赵镇长心里高兴,我们的工程款也能得到,以后保不准赵镇长会加大力度支持我们项目部。表叔,你想想看,一个小镇长,他也需要领导对他的重视,你应该理解他们。表叔,就算侄儿恳求你了,帮帮忙吧,我的好表叔。"范于波磨破了嘴皮央求严于信。

　　"我可以试着给刘市长说明这个情况,结果没有办法保证,"严于信摇头,"我真不明白是他们业主还是你们在搞什么鬼?你之前不是拍着胸脯保证完全有资金实力做这项工程,到地面二层业主会支持部分资金,咋还没到地面二层这资金链就断掉了?即使到了地面二层怎么业主又不肯支付部分工程款,我实在是弄不明白这是怎么回事?"严于信用怀疑的目光看着范于波,他边说边叹气。

　　"表叔,别提了,"范于波摇摆着一双胖手,"现在的材料供应商和包工头简直就不是人,之前都说得好好的,主体建筑到地面二层之后支付小比例的工程款,到结构封顶之后按照大合同将工程款支付到工程量的百分之三十五,都和他们签订了承包合同,可现在他们都联合起来要求出地面一层就得给钱,否则就罢工,就上访,都是一批刁民。"范于波一脸的愤愤不平,他抬起脸委屈地朝严于信继续诉苦:"我是不怕他们闹事的,考虑到表叔您的影响,因为周胜市都知道我是您的侄儿,您又是嘉海集团的名誉董事;再加上这个项目的政治意义也很大,是我们山宁省的第一个新农村的建设项目,我也就忍气吞声,想办法再自筹部分资金把工程给搞上去,说到底为来为去还是为了政府的形象,为了嘉海的名声,为了表叔您在嘉海的声誉,我就一忍到底算了,可现在我实在是山穷水尽无路可走,表叔,您无论如何要帮侄儿度过这个坎啊!侄儿来生做牛做马也会报答您表叔的大恩。"范于波一边掉泪一边抽噎着泣诉。

　　"男儿有泪不轻弹啊,"严于信被范于波的真情感化,他拍拍范于波的肩膀,"你也别着急,快坐下,咱们再商议商议。"他给范于波倒了一杯水,思忖片刻说道,"刘市长这里我可以试着说说,有没有效果我没有把握。你也赶快回周胜,同材料商和民工们好好地坐下来互相商量,真诚地沟通了说不定他们也会理解你的难处。再说他们也必须负法律的责任,既然签订了合同怎么能中途就索要工程款?你也用不着怕他们,我们还是法治社会,你只要严格按照合同办就用不着担心。"

　　"表叔,我其实也很同情他们,有付出总想能尽快地得到,他们的难处我也应该体谅,我是干工程这一行的,自然明白他们的不容易。"范于波回答严于信,"能够想办法给他们一些是最好的办法,表叔,下层打工的都不容易啊!"范于波抬起眼睛看着严于信,一副无辜的样子令严于信特别感动。

"你是心太软，"严于信被范于波的表现彻底感染，"我尽力试试吧，也许刘市长也应该帮这个忙，周胜市和岗山镇本身就有钱，再说本身就有约定到地面二层支付一些工程款，让业主早一点支付也是应该的。你赶快回去，我会和刘市长通话的。"

　　范于波大喜，恨不得朝严于信连磕三个响头，他自认为危机马上可以过去："表叔，侄儿一定不辜负您的期望，我会好好干的。等到项目竣工的时候表叔您来剪彩。"范于波拍着胸脯在严于信面前立下誓言后又紧跟着提醒道："表叔，您和刘市长打招呼的时候说话尽量婉转些，就说岗山镇的领导能否考虑提前支付项目部一些工程款，硬要掰合同上怎么说，我怕赵镇长一生气事情又要搞砸。表叔，您该明白县官不如现管，赵镇长是我们项目部的现管，只能说是求求他帮忙，他也许会很高兴，他一高兴对我们项目部今后工程的顺利推进有利。"

　　严于信长长地叹了一口气："我也明白你们的苦衷，这县官真的不如现管，他赵镇长还得管你们工程到完成为止，的确得罪不起，这些当官的服务意识真不知道在哪里。"严于信朝范于波挥挥手："你赶快回去吧，工地看紧些，我明白该怎么说，你放心吧。"

　　范于波大功告成，兴冲冲地离开严于信的家，回周胜市的路上，他真是春风得意马蹄轻，他给焦保业的电话中极为得意地宣告："绿豆，搞定了！"

　　范于波刚马不停蹄地回到周胜，焦保业早就在周胜最豪华的翡翠山庄设下宴席为范于波接风。甫一落座，还没有开启酒瓶的瓶盖，严于信的电话就打了过来，他嘱咐范于波明天上午到岗山镇政府办事处去找江永祥和赵则林，严于信在电话里说得很明确，刘市长已经关照并和岗山镇的江书记、赵镇长打了招呼，范于波直接去找两位岗山镇的父母官即可。范于波挂了电话大笑道："老天不负我。"他端起酒杯将满满一盅白酒洒下半空："这杯酒我是敬天敬地敬我的表叔。"

　　第二天午后，范于波和焦保业按照约定赶往岗山镇办事处，江永祥和赵则林正在等候他俩。范于波和焦保业一夜之间挥金如土沉溺于酒色之中，严于信的电话不啻是给他俩注射了一剂强心针，两个人整整一个通宵卡拉OK，喝洋酒，找小姐，足足花销1万多元，直至黎明时分，还分别搂着出台的小姐在宾馆继续纵乐。

　　自以为喜从天降的范于波和焦保业神气活现地在江永祥的办公室坐定，范于波口中叼着香烟也不朝赵则林搭话，他等着这两个岗山镇的父母官诚惶诚恐地告诉他天大的喜讯：马上拨款给项目部。状态恢复得极好的范于波估算着自己的工程进度，掂量着业主至少可以支付三千万的工程款，这辈子打着灯笼也找不到的好事竟然就如此轻易地降临在他身上。范于波想得很明白,一俟工程款到手,除了支付一部分给材料供应商和各标段的包工头之外,他还必须还掉一些昔日欠下的债务,紧接着要做的是到邻近的寺院好好地拜谢佛祖,感谢佛祖让他起死回生送给他一个无量的前程。老天开眼,佛恩照在我范于波的身上,怎能不感谢无边的佛恩?至少要给寺院的主持捐赠1万元,方能显示我范于波对佛祖的感恩。

赵则林很客气地吩咐手下的工作人员给范于波和焦保业倒茶,范于波有些急不可待,撇撇嘴,挪动肥胖的身子,想张口直奔主题,江永祥摆手阻止。笑容可掬的江永祥扯扯衣襟,又弹去粘在衣袖的一抹尘埃,沉吟半晌,才对赵则林说:"还是赵镇长和他俩说吧。"

赵则林点点头,取出合同,似乎在寻找其中相关的内容,仅仅几秒钟的功夫,赵则林用红笔在下面画上一道杠,随手递给范于波:"请范经理再仔细看看。"

范于波用眼睛一瞟,是关于付款条件的合同条款,他的心不由得一阵悸动,一种不祥之感让他有些坐立不安,莫非这工程款泡汤?范于波绝不会接受这个从江永祥和赵则林脸上看到的事实,他命悬一线所有的希望全部都指望着这笔工程款,他不能让赵则林的口中吐出令他绝望的话语。范于波决定先声夺人占住上风:"江书记,赵镇长,如果我要看合同也就不会让刘市长和您二位打招呼,刘市长让我代表项目部来找你们,很简单是为了工程款的事情。"范于波见赵则林蠕动着两片嘴唇想要阻挡自己的说话,越发加快语速:"工程进行到这个程度,我们至少有将近八千万的投入,无论如何总得支付一点工程款吧?据刘市长所说,市财政拨款有一个亿已经划到你们镇政府,我们项目部只要求先支付三千万并不算过分吧?"范于波的语气咄咄逼人,大有得不到工程款绝不罢休之势。

焦保业紧跟着哼哼:"我们也是为了新农村建设,前期投入这么多,你们领导全都看在眼里,现在资金遇到困难为什么就不支持呢?"

"我们是按照合同办事。"赵则林被范于波和焦保业的强硬态度激怒,苦瓜脸顿时拉得老长,张着大嘴一副大白牙暴露无遗,"我们不管是哪位市长来打招呼,合同怎么规定我们就怎么办。你们要钱就到嘉海集团去要,和我们无关。"

范于波被赵则林的语气激怒,"蹭"的从椅子上跳起来:"赵镇长,工程停下来怎么办?"

赵则林寸步不让:"合同怎么规定就怎么办。"

范于波一时语噎,为了保持内心的镇定,他掏出烟往嘴里塞,打火机点了好几次都没有点燃烟,焦保业赶忙点燃一支烟,抽上一口后再递给范于波:"范哥,别着急,和领导们好好商量。"焦保业一边劝范于波,一边向江永祥和赵则林大谈苦衷。

江永祥一直坐观不语,刘市长确实也打过电话询问工程情况,委婉地表示在合同的基础上看看是否能灵活运作,江永祥自然回答刘市长一定妥善解决,但他心里头却在暗暗叫苦。市财政拨款一个亿确实早就到位,不过又转划给金融投资部门作投资理财之用,得半年之后才重新到账,现在让岗山镇办事处拿钱,简直比登天还难。面对刘市长的人情招呼,江永祥尽量将合同的条款不厌其烦地在刘市长面前陈述,力陈找嘉海集团承建这个项目就是看重嘉海的经济实力,合同上明明白白签署得再清楚不过,嘉海垫资到结构封顶业主才支付百分之三十五的工程款,况且嘉海在东海市百强民营企业排行前三十名之内,这样的大企业何愁没有资金?江永祥还暗示这个方案是地委的领导要求这么做的,并不是岗山镇政府强行所为。

刘市长在官场沉浮多年,年龄早过天命,行届花甲,到了下一届政府换届的时候,只能转到人大或者是政协再干一届,他也很想再提升半级坐上人大主任的座椅。江永祥年龄刚过不惑,政治上正属于上升通道,很有可能会出任周胜市副市长一职,刘市长自然也不愿意用强势的姿态要求下属非得按自己的建议去执行,况且刘市长也知道江永祥的政治背景,能直接和省里的领导连上线,也许到了明年,自己反过来要看他江永祥的脸色行事。老乡兼好友严于信打招呼过来少不得要关心一下,行或者不行与他刘市长来说其实都是无所谓的事情,甚至他还极不情愿看到这新农村的建设项目能够轰轰烈烈地进行,因为这个项目与他的政绩没有丝毫干系,他自然不愿意看到同一个级别的领导在政治资本上领先于自己,他非常希望工程陷于停顿的状态,这对于他明年坐上人大主任的宝座是非常有利的,因为他的竞争对手是周胜市主管新农村的建设项目的副市长,明年和他一样在政府部门任职期满,他俩当中的一个或许会转到人大或政协再干一届,另一个很可能打道回府告老还乡。

江永祥再清楚不过刘市长目前的政治处境,在上级面前江永祥自然还是要做到很有礼节并给予刘市长充分的尊重,骨子里却根本不把刘市长的招呼当一回事。他的政治背景与刘市长是两条不同的线,何况刘市长即将是明日黄花不会再有春天怒放的季节,他唤范于波和焦保业到镇政府办公室来面谈,充其量也是给刘市长一点面子当交差。在政界宿敌不能树立太多,一般性的情况下面子上总要过得去,更何况范于波的背后还有周胜市的名人严于信,保不了他江永祥有朝一日还会和严于信有什么往来也说不定。江永祥也苦恼自己的口袋里确实掏不出钱,要不给他们项目部一两千万工程款也还是可以考虑的。岂料这范于波居然拿起鸡毛当令箭,咄咄逼人当真来要工程款,这让江永祥气不打一处来,碍于现在是甲方和乙方的合作关系,业主方的合同条款也实在是抠得过分,何况刘市长的面子总要给一些,江永祥尽量耐着性子,想委婉地将这两个人好生安慰一番打发走人了事。江永祥明白,范于波和焦保业这架势赵则林很难挡驾,还必须自己出马才行,先来软的,再来硬的,对付这两个家伙。

　　江永祥"呵呵"地笑得很和蔼可亲,他拍拍怒气冲冲的范于波,又朝一边狐假虎威的焦保业友好地递上一杯茶,侃侃而谈:"两位的心情我们办事处也很理解,工程上马进展得也不错,希望业主能够给一些工程款推动工程的进度,没有错。"江永祥的一番话让范于波的怒气渐渐消除,他满心希望地抬起头,迫切地指望着江永祥的下文是送给他一个天大的好消息。"小范啊,办事处的每一分工程款都是老百姓的,几个村的老百姓都紧盯着我们这笔钱的使用,他们都知道合同上面约定的付款条件,假如我们现在给了你们项目部部分的工程款,老百姓到政府部门去造反,我们真的要吃不了兜着走呢。"江永祥双手一摊,一副无可奈何的表情,"你们也应该体谅我们这些基层当官的,我们难呐,上面有市政府部门监督,下有各村的老百姓看管,你们可以找我们诉说困难,我们找谁去说?"江永祥尽量动之以情,晓之以理,一直说得范于波和焦保业之前的那股霸气慢慢消失,才又一转话题,提高了嗓门:"刘市长是给我和赵镇长打过招呼,他的原话是按照合同办事情,不能搞特殊。"见范于波吃惊地睁大眼睛,肥嘟嘟的身躯不由自主地抖动几下,江永祥趁势用话语镇住对方:"现在的领导都知道自己该怎么做,我们这一行不要以为总是高高在上,我们是人民的公仆,是为老百姓服务的,假如老百姓上访到上级部门,说刘市长打招呼为项目部求情索要工程款,刘市长还不走远了?况且我们签订的合同就因为你们垫资的原因,利润空间也充分地给予考虑,每平方米至少有百分之十六的毛利,很不错的条件啊!现在你们碰到资金的困难,首先应该是找嘉海集团,让集团公司支持你们才是最正确的方法。小范和小焦,你们说是不是这个理?"

　　江永祥的一番话犹如寒冬腊月兜头泼来一瓢冷水,彻底打破范于波和焦保业的希望,两个人面面相觑,说不出一句话。焦保业转动着绿豆眼珠子,两片嘴唇不安地翕动:"范哥,江书记都说的这样了,我们咋办?"

　　范于波狠狠地瞪焦保业一眼,混账东西,哪壶不开提哪壶,他真想劈头盖脸抽焦保业几个耳光子,碍着在镇办公室,面对着江永祥和赵则林两只老狐狸,他还是硬生生地忍气吞声赔笑说道:"领导们说的是有道理,但是我也听我表叔严于信说起,刘市长告诉他的,有一个亿的资金拨到了办事处,难道江书记和赵镇长就不能支持一点？我们都是为了新农村的建设项目,江书记和赵镇长是不是考虑考虑？"

江永祥和赵则林彼此一愣,互相用眼神对视几秒钟,赵则林刚要开口被江永祥摆手打断:"小范这么说就没有道理,钱确实在办事处这里,合同上规定什么时候支付,赵镇长一分都不会少。"江永祥的脸登时撂了下来:"我们不能做违背人民利益的事情。当然我们可以退后一步从工程的实际情况考虑,假如嘉海集团支持三千万,我们等到嘉海的三千万实实在在是用在工程上并经过审核确属后,岗山镇政府也会支持三千万,这是我们最大的支持,刘市长也同意我们的方案。"江永祥等于是发出最后通牒,他不可能让范于波和焦保业跟自己来讨价还价。江永祥的算术题做得很精确,岗山镇一个亿的资金交给金融机构融资,按照约定再过一个月即有部分利息划到岗山镇,再过两个月,也就是投资期满半年所有的款项包括剩余的利息全部都划到镇政府的财务账户,嘉海集团先期注入三千万的资金差不多可以满足现场两个月时间的施工,等到他的资金回笼,按照合同付款也就没有什么大问题了。

赵则林拉着苦瓜脸在一旁帮腔:"我们镇政府算得上是仁至义尽,按照合同,到结构封顶你们才有百分之三十五的工程款,这样算来,到了年底你们最多是建造到地面五层,还是没有工程款。江书记也算网开一面,答应到年底支持你们三千万,当然前提是嘉海必须先投入三千万。"

范于波真正陷入山穷水尽的绝境,岗山镇这里是绝不可能榨出一点油水了,嘉海集团三千万的工程款支持可能性也为零,范于波为此事曾私下和邹培远探讨过,邹培远赶紧劝他打消这个痴心妄想。范于波摇摇晃晃尽量地保持身体的平稳,胖得近乎肿胀的脸庞堆出几分笑容,勉强地回应:"两位领导把话说到这个份上,我们也没有必要再坐在这里死乞白赖的了,反正我们尽力做这个工程,万一半拉子停顿下来,民工和材料供应商造反我们也没有办法。"

赵则林从沙发上跳起来,一张苦瓜脸像是被糨糊刷了一层,他手指着范于波:"你不要威胁我们,我们有合同在这里,怎么都不怕。"

范于波张嘴,还想要反击赵则林几句,焦保业慌忙架着范于波就往外走:"范哥,我们回去再想办法,天无绝人之路。"焦保业一边和江永祥、赵则林摆手招呼,一边拽着范于波夺门而走。

范于波一路上骂骂咧咧,就像一头发怒的狮子狂吼乱叫,他的人生规划被江永祥彻底打乱并毁灭,他不知道何去何从。阵阵寒风吹来,发烧的脑门似乎清醒一些,他想到了"三十六计走为上计",万一挨不下去,也只有一走了之,彻底从周胜蒸发,让焦保业这个混蛋去当替罪羊。

焦保业将范于波架到他们挪窝的小旅馆,他的内心也慌乱得很,如果范于波没辙,他焦保业也跟着一起完蛋。他必须紧紧看管住范于波,等着他拿出法子解救眼前的危机。焦保业一个劲地在心中祷告:大慈大悲的菩萨救救我们吧!来生让我俩做牛做马都愿意。菩萨保佑我们,菩萨快救救我和范哥吧!

范于波歪坐在小酒馆大堂的靠背椅上,满嘴还在骂个不停,他骂江永祥和赵则林,他骂刘市长和严于信:"都他妈的一个个不是人,都是骗子!骗子!老子被你们骗得好苦,老子真的要落难了,你们一个个都见死不救!"

范于波的骂声惊动了小旅馆的老板程子根。"原来是咱范经理,"程子根也打算找范于波,范于波和焦保业拖欠他的房租已经整整半个月,听说范于波和焦保业今天到业主那里催要工程款,程子根正等待着他的房租能早早到手。"焦经理,你们的工程款到手了没有?"

焦保业苦笑着朝程子根拱手:"程老板,这不正和岗山镇商量着呢,想让他们尽早支付工程款。"

程子根本来就是个大嗓门,一听焦保业的回答,登时火冒三丈,怒骂道:"他娘的,干活容易要钱难,你们得好好地孝敬那些当官的才能早点拿到钱,这年头都这样。"

"是,是,程老板说的有道理。"焦保业赶紧应付几句想开溜,他害怕程子根追问拖欠的房租,"等钱到账了,马上就和你结账。"

"结你娘的混账去吧!"范于波劈手甩开焦保业,眼睛发红,"反正大家都没有活路,都死去吧!我死找一个垫背的还不够,都他妈的跟我一起去死。"范于波简直歇斯底里,抓过死死捏在手心的酒瓶子,对着嘴一股脑儿将大半瓶白酒一喝而净,趴在小旅馆的柜台上不停地骂街,骂着骂着竟呼呼大睡,瞧着范于波的熊样和束手无策的焦保业,程子根转动着眼珠子一时不知该如何办才好。

土生土长的程子根虽说其貌不扬,不到一米六五的身高,扁扁的脸上滚动着一对骨碌碌的小眼睛,再配上扁扁的塌鼻子,形象实在丑陋,但在周胜市也算得上是个人物。他早年在部队当个坦克兵,复员回家乡后,在一个乡镇的税务所当个小小的办事员,整天无甚大事,守着老婆和两个孩子过着衣食无忧的平淡日子。进入二十一世纪,年届五旬的程子根开始不安分,看着身边的一些小混混都开始发迹,他也不甘心过着淡如白开水一般的清闲日子,物价飞涨,仅这么点工资,两个儿子都到了谈婚论嫁的年龄,他的内心开始涌动着下海经商的念头。程子根的老婆是个地道的农村妇女,却还有点见识,跟随几个乡邻倒卖一些周胜的农副产品也赚了点小钱,开始奚落丈夫的无能。程子根是个火暴性子,老婆天天在枕头边聒噪个不停,他竟一气之下办理了提前退休手续,下海经商。

　　程子根与他的连襟租借一栋空弃多年的楼房,简单地装修后,经营了一家小旅馆,苦于经营无方,再加上小旅馆的设施实在是简陋得很,住客寥寥,每天总有一半的客房闲置。大半年下来,扣除诸多费用,账面上反而出现亏损,程子根急得像热锅上的蚂蚁团团转,他的连襟见势不妙,抽回投资款拔脚走人,程子根陷入窘境。还真的是天无绝人之路,就在程子根万念俱灰的当口,范于波和焦保业风光一时,陷入资金链断裂的窘境,没奈何,只得屈尊到程子根的小旅馆包下几间客房。也许在程子根的眼里,瘦死的骆驼比马大,范于波虽蜷缩于破旧的小旅馆,往昔摆阔当大爷的做派却丝毫不改,吆五喝六的好几个人天天围着他转,每顿晚餐总是酒不离口烟不离手,程子根凭自己的人生阅历,感觉到这范于波做的不是一般的买卖,便有意识地和范于波焦保业套近乎。

　　焦保业本来就是个下人,仗着和范于波揽下岗山镇的项目才变得趾高气扬,俨然以项目部的副经理身份出现在大庭广众。程子根陪着小心探寻他的来龙去脉,焦保业潇洒地递上的名片,让程子根的眼睛即刻冒出无比羡慕的亮光,岗山镇的新农村建设项目媒体的报道屡见不鲜,想不到这么大的项目的承包人居然就下榻在他的旅馆,程子根万万没有料想到。程子根感到惊讶,这两个老板怎么会远离工地到周胜的市中心租借他的如此寒酸的小旅馆?其中必有隐情,拐弯抹角几经询问,程子根才得知这两个项目承包人在资金链上遇到了困难,冥冥之中,程子根的心头跳跃着一个大胆的设想,假如他能够接过范于波和焦保业的盘子,也许他程子根的飞黄腾达也就此开始,自从这个念头冒出之后,程子根竟不由自主地朝这个愿望反复盘算。最后,他竟然有了强烈的无法挽回的念头,盼望着有个契机从天而降,自己来接盘岗山镇的这个项目。

　　程子根的商业嗅觉还是相当灵敏的,他那扁扁的鼻子嗅到了岗山镇的项目或许对他是一个起死回生的转机,假如乘虚而入接过这个盘子保不准就是抱住一个金娃娃。凭借他的个人之力,程子根绝对没有豹子胆蹚这条尚不知深浅的河水,必须拉人入伙才能心安。程子根脑子也不用转弯就想到了一个人,他叫黎一鸣。只要说动黎一鸣和他一起接盘岗山镇的项目,程子根就如同吃了豹子胆,干啥都不怕。

　　黎一鸣在周胜是个一呼百应的人物,经营着两个楼堂馆所,每年也有不菲的收入,日子过得相当舒坦。去年初发生的一场变故却让黎一鸣大伤元气,他的手下为了拓展周胜新区的地盘,与另一个团伙火拼,结果对方死伤各二。黎一鸣与对方的老大谈私了的条件,对方开口就让黎一鸣拱手相让他经营红火的两个楼堂馆所,否则就依法办事。黎一鸣深知对方的背景,在整个周胜市也唯有对方能和黎一鸣决一雌雄。无奈之下,黎一鸣与对方签订了城下之盟,对方甩出一百万盘下了黎一鸣控制的两个楼堂馆所。心犹不甘的黎一鸣无论如何也咽不下这口气,整天琢磨着如何在周胜东山再起,只不过楼堂馆所这块领域,他再也没有机会涉足,他开始瞄准周胜的建材市场,准备在这块领地重打江山再建自己的天下。

也是经济发展带来的机遇,蕞尔之地的周胜与全国各地一样大兴土木改变城镇的模样,市政府率先建设办公大楼,黎一鸣的铁杆哥儿们负责此项工程的建设,频繁地沟通后,黎一鸣马上注册登记了一个建筑材料贸易公司,又通过其他的上层关系与他的铁杆哥儿里应外合将周胜市政府办公大楼的主材:钢筋和水泥包括模板全给垄断,大楼建设完毕,黎一鸣刨去各种开销还着实好好地赚了一笔。黎子鸣突然醒悟,做材料供应商要比开楼堂馆所容易赚钱,完全是四两拨千斤的营生,直接的材料生产商他可以赊账进货,业主那里可以按合同获得材料款,获得材料款之后并不急于支付给材料生产商,拖欠个一年半载根本不是问题,但是他却可以将这笔钱拿出去放高炮,高息出借给那些小包工头或者其他急需短期融资的经营者,仅这一进一出,他至少可以获取百分之三十的年利润,一千万的资金一年就稳赚三百万,比经营楼堂馆所实在要容易赚钱。黎一鸣重新出山两年又东山再起,他在周胜市的建材市场也逐渐建立了垄断的地位,只要提到鸣哥无人不晓。

程子根其人黎一鸣也有耳闻,都在周胜市谋生,彼此见面也都能点头寒暄几句,只是业务方面的合作两个人却从来没有。黎一鸣于程子根来说是个如雷贯耳的名字,程子根想要在周胜的建筑行业谋稻粱食无法离开黎一鸣,唯有仰仗黎一鸣的鼻息,他程子根才有可能分得一杯羹。程子根知道干这一行必须有黑道的支持,才能通吃整个周胜市的建筑市场,他一直在寻找机会游说黎一鸣一起入伙,哪怕做黎一鸣的下手冲杀在前,他都心甘情愿。

黎一鸣和范于波、焦保业有接触比程子根要早,岗山镇的项目启动,黎一鸣率手下的兄弟到项目部指名道姓要见范于波和焦保业,见面后,二话不说,就吩咐手下将诸多建筑材料的清单甩给范于波,明确告知这些建筑材料由黎一鸣的建筑材料公司提供。焦保业深知黎一鸣在周胜市的名声,他在周胜的楼堂馆所做下人混迹多年,对黎一鸣在社会上的威望可以说是如雷贯耳,他这样的人是万万不敢得罪黎一鸣半分的。范于波虽然在江湖也混出些名堂,手下也有一拨地痞无赖保驾他干建筑这一行,对黎一鸣的出现,范于波也不敢多吭声,他俩赔着笑脸告诉黎一鸣一切都好说,有钱大家一起赚。

一个计划在程子根的心里迅速酝酿,他无暇顾及向范于波和焦保业催讨房租,而想马上就和黎一鸣见面,他要和黎一鸣联袂从范于波和焦保业的手中接过岗山镇的项目,在周胜市干得风生水起,让自己的婆娘刮目相看,让他的连襟再回转身来磕头告饶。

岗山镇的项目山雨欲来风满楼,乱哄哄你方唱罢我登场,最后彼此都落得个白茫茫大地真干净。

8

程子根用手机拨通黎一鸣的电话,黎一鸣正在麻将馆和几个哥儿们厮杀,他今儿的手气实在是好,一连胡了四副牌。黎一鸣一边数钱一边自嘲:"老子今儿莫不是钻进钱袋子里了?敢情还有好事等着。"话音刚落,他的手机铃声就响了,是程子根的电话。黎一鸣漫不经心地在电话里敷衍,他和程子根本身就没有深交。道不同不足为谋,是黎一鸣的交友底线,出于江湖上的礼数,黎一鸣还是很耐心地听着程子根的喋喋不休。听着听着黎一鸣的眼睛开始发亮,他看到一条绝妙的商机在等待着自己。黎一鸣一把推开砌好的长城,将所赢的钱掏出口袋:"奖赏你们仨,大宗的买卖等着,我得赶紧去。"

黎一鸣带着手下的亲信张永杰赶到程子根的小旅馆,程子根大饼脸上那对骨碌碌的小眼睛快活地转动,他堆着满脸的笑容在大门口亲自恭迎黎一鸣的到来。程子根将黎一鸣迎进自己的密室,一番窃谈之后,程子根紧盯着黎一鸣深思的脸庞等待回复。黎一鸣手指不停地叩击自己的额头,他在权衡个人的利弊得失。好久没有等到黎一鸣开腔的程子根有些忐忑不安,他鼓起勇气瓮声瓮气地追击:"老弟,这可是宗绝好的买卖,过了这村咱就没那店,舍不得孩子打不着狼,可别坐失良机啊!我是看中老弟的为人才下决心和老弟联手的,再说在周胜有谁能比得上老弟你的能量?"

黎一鸣依然不语,他知道,在程子根的面前表现出迫不及待,也就能意味着将来在合作的过程中受到程子根的掣肘,按兵不动,表现出似可似否的状态,才能牢牢控制住主动权,不能马上给程子根肯定的允诺。

"老弟,到底上还是不上?你发个话就不成?"程子根显然坐不住了,索性一不做二不休,"咱们合作你做老大,我长你几岁也心甘情愿做老弟的下手,只要你愿意条件你开,怎么样?"

黎一鸣细长的眼睛眯成一条线,瘦削的颧骨仅有的几丝肌肉不易觉察地微微跳动,他觉得将程子根逼到了最后的底线,是该出手的时候了,但他还是没有立即答复程子根是与否。他挥手让程子根将焦保业唤来,他还需要从焦保业那里再详细了解情况。

焦保业面对黎一鸣不动声色的盘诘,自然吓得连个嗝都不敢打,一股脑儿兜底翻地将适才去岗山镇办事处索要工程款的事情和盘托出,焦保业万万不敢将伪造虚假补充合同的事情给倒出,他知道这是坐监牢的事情。

对于焦保业战战兢兢的叙述,黎一鸣还是比较相信的,这样的小混混弄死他就像捏死个蚂蚁般容易,在周胜市的地盘上,此等下人绝不敢在他太岁头上动土,黎一鸣很有自信。当下他最需要了解详情的是这个项目焦保业和范于波到底凭借何等本事才能揽到手。之前做这个项目的材料生意投入也有很多,虽然是赊欠材料生产商的款,早晚总得支付,否则他黎一鸣在这个圈子内就无法立足,并牢牢占据垄断地位,生意场上的基本诚信,黎一鸣还是非常讲究的,黑吃黑可以,总得有摆得上台面的理由才能师出有名。

黎一鸣非常清楚建筑行业存在的潜规则,岗山镇这么大的一个项目,凭借范于波和焦保业的能量休想染指,充其量只配分一个标段做个小包工头。能够用东海市嘉海集团的资质进驻周胜,背后没有高人支撑或者没有某种契约达成,这两个家伙岂能在周胜分得如此大的一块蛋糕、人人皆知的标志性项目:山宁省在周胜的试点新农村的建设项目,政府出资大部分,老百姓集资一部分,绝对不是空手道的代垫资工程,好多干工程的哥儿们垂涎三尺挤破脑袋想分得一杯羹,最终也无功而返,偏偏这等好事给这两个不是块好料的东西拔了头筹,黎一鸣自然也嗅出其间的某些猫腻味。黎一鸣自诩他是一贯秉承敲锣卖糖各干各的营生的商业道德,只要他自己的那一块有保证绝不愿意过多干预他人的经营。何况范于波和焦保业将几宗大的建筑材料交给他来做,工程到了地面二层就可以收回首批材料款,至少有上千万的资金,他做个短平快的放债又能好好地赚上一笔,有坐收的渔利,黎一鸣也就懒得过多追究范于波和焦保业究竟凭何等本事承揽到这个项目。黎一鸣耳闻的也有,范于波的一个亲戚是东海市一所名牌大学的教授,还出任嘉海集团的名誉董事,这个严教授与周胜市的许多领导关系非同一般,如此顺藤摸瓜地细细思索,黎一鸣也就释然,按照他的思维逻辑,范于波的亲戚严于信教授与周胜市的领导有着某种经济上的默契,为避嫌所以用嘉海集团的资质承包岗山镇的项目,然后顺理成章地将他的亲戚范于波推到项目经理的位置。"利益之交,"黎一鸣感慨万千,"商品社会的必然现象。"他的好多哥儿们迁怒于范于波和焦保业抢走了自己的香饽饽,一再怂恿黎一鸣好好教训范于波和焦保业,黎一鸣反而倒过来劝慰他的兄弟们还是罢手为好,他黎一鸣的买卖干得好好的，没必要蹚这个浑水，他甚至还想和范于波能结成兄弟，利用范于波的关系攀上严于信这条线，再得以结识更多的周胜市的高层领导，他认为这是他的最佳选择。

黎一鸣有了这层想法，在和范于波、焦保业合作的过程中也就显示出大度的姿态，钢筋和水泥还有模板陆续进场，黎一鸣只字不提材料款的事情，反正第一批材料款要等到补充合同上约定的建筑物出地面二层业主才能付款。施工现场许多分包商的资金实力本身有限，工程建造到地面一层的时候就嚷嚷着要项目部付款，黎一鸣也会挺身而出帮着范于波说话：既然补充合同规定要到地面二层才能付款，谁无理取闹我黎一鸣这一关首先通不过。黎一鸣出来放话，包工头们自然买账，也就老老实实地将工程继续干下去。为此，范于波和焦保业很感激黎一鸣，他们彼此之间也走得越来越近，范于波也好几次邀请黎一鸣到酒馆喝酒，黎一鸣也很给面子，每次埋单都是黎一鸣结账，从来不让范于波和焦保业掏腰包，范于波和焦保业甚至改口称呼黎一鸣为鸣哥。

黎一鸣压根没有想到程子根会拉他入伙共同接盘承包岗山镇的项目，对于送上门的赚钱机会，黎一鸣自然不会轻易放过。他反复盘算自己介入这个项目的利与弊，两个亿的合同，百分之十六的毛利，无论如何打到天边一千万的利润如同囊中取物，且业主的工程款又能保证，送上门的赚钱机会岂肯白白错过？可这还是程子根的一厢情愿，范于波和焦保业难道是傻瓜，愿意拱手相让近千万的利润？黎一鸣百思不得其解。他的从商经验让他很容易做出判断，范于波和焦保业一定有难言之隐没有吐露。只有先仔细琢磨合同，再设法从范于波和焦保业的口中掏出真情，才能决定是否和程子根联手接盘。

黎一鸣的内心打定主意后，不慌不忙地按住焦保业的肩膀，很客气地叫了一声："焦经理，业主按照合同付款天经地义，你和范经理不用担忧，工程还有半个月就可以建造到地面二层，我负责替你们找业主讨要工程款，你把这个工程的总合同和补充合同拿来给我看看，我们分析一下合同，看看是否有不当的地方让业主找到拒付的理由。"

"鸣哥，这个……"焦保业的脸色霎时变得难堪，他无法满足黎一鸣的最简单的要求，他预感自己和范于波的作假，很有可能在黎一鸣面前露馅，无奈之下的焦保业词不达意期期艾艾地说道："反正鸣哥你也知道合同就这么回事，如果鸣哥真的肯帮我和范经理的忙，是否可以出面和各位兄弟们打个招呼，再勒紧一下裤腰带，工程推进到地面四层就不怕业主不给钱了。"

"为什么？咱们不能让赵则林给耍弄，他不按合同办事情，咱们可以到市政府上访，看他敢不给钱！我就不信这天底下有不讲道理的地方，你甭管，我出面帮你们去要。"黎一鸣的眼睛死死地盯着焦保业,说话一字一顿,他必须用狠话再次刺激焦保业,唯有这样才能让焦保业心甘情愿地吐露真情。

焦保业慌了神,赶紧拉扯拔脚欲走的黎一鸣,张嘴叫嚷:"鸣哥,您千万别去,没有用的。"

程子根在一旁跳起来,扁扁的脸气得涨成酱紫色,鼻子里擤出两条鼻涕用大手一抹甩在水泥地面,扬起板刷头朝焦保业"呸"的一声,愤愤地发怒:"不识好歹的东西!咱一鸣老弟诚心诚意地帮你们的忙,你还不领情?什么东西!你不去打听打听,周胜的地盘谁见到一鸣老弟不买三分账?"

"程老板,我知道鸣哥在周胜的威望,只是这件事情请鸣哥出马实在是不妥当,"焦保业简直是用哀求的口吻在说话,"我怕事情闹大我和范哥吃不了兜着走啊!鸣哥,程老板,我焦保业恳求你俩了,别再管这件事情,让我和范哥自己解决吧!两位大哥倘若真的能帮助我和范哥渡过难关,就让各标段的工班组将工程垫资到地面四层或者是到结构封顶,我和范哥拿出一半的利润也心甘情愿。"焦保业差点要跪下乞求黎一鸣和程子根开恩。

焦保业的反常让黎一鸣看出端倪,他得出绝对肯定的结论,岗山镇项目的背后有不可告人的阴谋,主谋必定是范于波和焦保业。竟然心甘情愿拱手相让项目的一半利润只要求摆平工地上的工班组,让各工班组再继续垫资将工程干到出地面四层甚至是结构封顶,难道合同有诈?黎一鸣的眉梢跳动,他的心也跟着跳动得厉害,莫非这补充合同有假?难道这两个家伙吃了豹子胆,伪造补充合同蒙骗所有的材料商和工班组?黎一鸣的思路朝着这个方向展开,蓦然间他恍然大悟,怪不得范于波和焦保业从来不将补充合同的原件拿出来给大家过目,只是晃出一份补充合同的复印件在众人面前匆匆亮相就赶紧收起来,谎称这是市领导和岗山镇的负责人私下沟通签署的补充合同,为保护好领导,要求众人只能意会,千万不要言传到岗山镇的领导那里,否则领导会很被动,还要影响到领导的声誉。我们都上了这两个小人的当了!黎一鸣怒从中来,他期待着的首批材料款瞬间泡汤,黎一鸣真想揍扁这两个不是人的东西,但他还是强迫自己忍忍再说。他竭力平静自己内心的愤怒,掏出卷烟,借抽烟的空隙调整自己的思路,想着如何将这不利的局面转化为于他有利的机会。他很相信老子的名言:福兮祸兮,祸兮福兮!越是关键的当口越要冷静地处事,现在就是把这两个狗东西抓起来法办,自己也没有机会获得材料款,弄得不好自己还要倒贴本钱。他外欠的材料款上千万呢,就等着首批工程款业主拨下,先支付一部分材料款给各生产商,自己再截留部分放高炮给急需钱用的小老板,如意算盘一旦破灭,他保不准也跟着鸡飞蛋打,损失相当惨重。

黎一鸣大口大口地吞云吐雾,袅袅烟雾中,他恍惚看到了一条反败为胜的通途。如果和程子根联手,既可以保证材料款到时候能够全额支付,还可以在工程的建设上大大地捞上一笔,冥冥之中,这也许是上苍送给自己一个机会。如何吞下这块蛋糕?黎一鸣很犯难。工地上所有的工班组和材料供应商一个个都是嗷嗷待哺,急等着米下锅,自己手头的余钱全部都放了高利贷在外,仅有上百万的余钱周转,论程子根的经济实力能拿出一百万属于极限,偌大的项目目前没有几千万资金的周转休想顺利进展。敢问路在何方?黎一鸣想起了电视连续剧《西游记》的主题歌词,歌手蒋大为的自问自答提醒了黎一鸣:路在脚下,看你怎么走?蓦然间,一条理想的大道在黎一鸣的眼前铺展开来,黎一鸣细长的眼睛睁开,他看到通途的尽头出现"嘉海集团"四个字,他顿时豁然开朗。嘉海集团,指路的明灯,财源的保障,这工程是嘉海集团和岗山镇办事处签订的,嘉海集团有法律上的义务对项目予以支持。眼下首先要做的事情是先将项目部的管理大权掌握在手,利用自己在周胜黑道上的威望,对工地上的各工班组以及其他材料供应商能卡就卡,能拖就拖,让项目先波澜不惊地继续进行,随后再逼迫嘉海集团注入资金延续工程。黎一鸣一拍大腿,他找到了解决问题的出路,决计和程子根合作接受岗山镇的项目。对于程子根其人黎一鸣原本是不屑一顾,意识到此等人物敢为一斗米都无所顾忌,可一旦向嘉海索要资金支持工程建设继续进行,遇到障碍冲冲杀杀的他还真离不开程子根。

　　黎一鸣目下最重要的任务是和范于波、焦保业达成共识,迅速介入项目部成为占主导地位的管理者。达到这个目的,就得震慑住焦保业和范于波,让他俩从今往后在工程上乖乖地围着他转,倘若有半点不从,一定要打得他俩满地找牙。黎一鸣决计来个敲山震虎,他不动声色地从烟盒里抽出一支烟递给焦保业。焦保业愣了半晌,不敢上前,焦保业嗫嚅着说:"鸣哥,我……"

　　黎一鸣细长的眼睛闪亮和顺的光泽,他将卷烟扔给焦保业,平缓的口吻让焦保业负疚的罪恶感稍稍放松:"抽支烟就会吃了你?"

　　焦保业感激涕零,他那双绿豆眼珠子还在不安地转动,双手捧住卷烟后一个劲地致谢:"谢谢鸣哥,谢谢鸣哥。"焦保业小心翼翼地点燃卷烟后,胆怯地抽上一口,怀着的鬼胎始终不敢放下。他知道只要黎一鸣一张口,他的生死存亡随之就尘埃落定。

　　黎一鸣"呵呵"地笑个不停,打趣焦保业:"你焦经理还是我的衣食父母,这么多的材料让我来做,我得好好地感谢你才是,怎么现在见到我就像见到一头狼似的?难道你怕我不成?"

　　"没,没有。"焦保业矢口否认,低下头闷闷地抽烟,不再开口。

黎一鸣的笑声开始响亮,程子根的小小密室充斥着黎一鸣的笑声,程子根不解地打量着黎一鸣,丈二和尚摸不着头脑。

"好啦,还是我来捅破这层纸吧!焦经理也别怪我说话太直白,咱们该打开天窗说亮话了,"黎一鸣笃悠悠地绕着焦保业踱步转圈,细长的眼睛来回打量焦保业,看得焦保业如同芒刺在身,坐立不安,"焦经理,你和范于波的那份补充合同,瞒得过别人可瞒不过我,你们伪造补充合同!"黎一鸣提高话音的分贝,一声断喝。

焦保业吓得将手中的半截香烟掉落在地,坐在椅子上的半个屁股一歪,整个人都摔倒在地。他战战兢兢地用膝盖当步移向黎一鸣:"鸣哥,这不怪我,是范经理让这么做的。鸣哥,既然您都已经知道,您救救兄弟我,拉我一把,您让我做牛做马我都没有怨言。"焦保业朝黎一鸣痛哭流涕,不住地磕头谢罪,"我们也没有办法,我和范哥都以为他的亲戚严教授到时候会帮上忙的,谁知道严教授也没有能力帮忙。鸣哥,我们走投无路了,您说怎么办就怎么办,一切都听您大哥的。"焦保业一把鼻涕一把眼泪的,头如同捣蒜般地着地。

程子根跳将起来,小眼睛射出两道凶恶的光芒。他抓住焦保业的衣领,咬牙切齿地说:"你们两个混账的东西,老子和你们没完,你们马上把欠我的房租给吐出来,要不就送你们上局子!"程子根越想越气愤,对着焦保业撅起的臀部连踹几脚,"真正气死我了,这两个狗日的还整整欠我好几千的房租哪!"程子根捶胸顿足,"我拼上老命也要这两个不是人的东西把这几千元给我吐出来。"程子根大口喘气,又狠狠地撸一把鼻涕朝焦保业的脸上甩去,嘴巴骂骂咧咧个不停。

黎一鸣摆手让程子根打住:"程大哥的房租小弟我负责替他俩偿还。"黎一鸣从口袋里掏出一沓百元的人民币递给程子根,足足有五千元:"你们和程老板的账今天就两清了。下面的事情你们自己想清楚该怎么办?焦经理去把范经理也叫进来,他的酒想必也该醒了,你们商量商量,我和程子根大哥不会逼你们的。"黎一鸣对着程子根悄悄耳语几句,又转身对焦保业说道:"我和子根大哥外出一会,等到回来后就听听你们的想法。我再补充一句,我绝对不强迫你们做任何事情,周瑜打黄盖,一切自觉自愿。"黎一鸣拉上程子根出门:"大哥,咱俩去泡个脚,回来后再听听这范经理和焦经理的想法。"

昔日焦保业做下人的洗脚房的一个包间,黎一鸣和程子根的两双脚丫分别浸泡在两个注满中药材的大木桶里,适中的热水将他俩的大脚侍候得相当惬意。怨恨在心的程子根瓮声瓮气地唠叨:"老弟,拿你的钱我过意不去,就是你嫂子那里一个铜板看得比锅盖还大,这婆娘厉害着呢!我也实在是没辙,这小旅馆的经营她都看着呢,我也只好先领老弟你这份情。总有一天我非扒了这范和焦的皮才解恨,不能让老弟你破财。"程子根越想越气愤:"待会我就上局子报案,把这两个狗东西给抓起来。"

黎一鸣轻轻笑道:"抓他们容易,他们进了局子,咱们有什么好处?"黎一鸣侧过半个脸庞对着程子根:"大哥就不想做这个工程?这两个已经山穷水尽,两个亿的工程上千万的利润大哥就不动心?"

程子根还是有些懵懵懂懂,大饼脸满是疑惑:"老弟,不是我不动心,咱上哪弄几千万资金?我就是砸锅卖铁也难凑几百万。"程子根吃不准黎一鸣葫芦里卖的什么药,他一头雾水地望着黎一鸣:"莫非老弟你有辙?"程子根见黎一鸣不置可否地点头,顿时来了精神,拱起肥胖的身子凑向黎一鸣讨好地说:"咱周胜没有你老弟办不成的事情,老弟你也别再卖啥关子,赶紧说出来让我听听,只要能和你老弟合作,我什么都可以听老弟的。"

"大哥说话可当真?"黎一鸣故意反问,见程子根的板刷头点得如同捣蒜,便说出天机,"咱可以先接盘,然后再向嘉海要钱呐。嘉海的董事长郑昱嘉是合同的签订者,亿万富翁放在东海市,不问他要问谁去要?"

"能行?"程子根将信将疑,"范和焦是项目的承包者,嘉海没理由垫资这个项目。"

"那嘉海的郑董事长宁愿看着业主和他打官司,再拿出钱来垫这个坑子?"黎一鸣轻松地耸耸肩膀,"几百个民工到东海市的嘉海集团闹一闹,嘉海的后果怎样?他郑董事长愿意看到自己的大院着火后让政府部门出面干预?这么大的集团公司脸面比钱更重要,嘉海拿个几千万可比你老哥拿个几百万容易。"

程子根恍然大悟,使劲地拍打着自己的脑壳叫出声来:"我怎么没有想到?老弟真有本事,不愧是咱周胜的老大。"程子根朝黎一鸣翘起大拇指:"你放心,我的好兄弟,我程子根这把老骨头就跟着你老弟了,咱好好地大干一场,活出个人样来。到时候,让我家里的臭婆娘还有我的那个死抠钱不要命的连襟都看看我程子根的本事。"程子根放声大笑,扁扁的脸洋溢着幸福的红光,他似乎看到自己赚得盆满钵满的那天就在眼前。"老弟,我的心都快急死了,赶快和老哥说说该怎么办?俗话说先下手为强,这等好事保不准被别人知道后也跟着眼红。"

黎一鸣信心满满,他才不会担心有人觊觎岗山镇的项目,在周胜还轮不到他人和他争这杯羹,何况他已经捏住范于波和焦保业的命脉,量他俩插翅也难逃脱他的掌控。下好这盘棋的关键点在于严于信,打好严于信这张牌,既能在周胜市玩得风生水起,也能让嘉海的郑昱嘉到时候不得不围着他黎一鸣团团转,乖乖地捧出真金白银充入岗山镇的项目,有了钱怎么玩那是他黎一鸣的本事了。四两拨千斤的伟大事业即将开始,他大显身手的时机摆在眼前。黎一鸣侧眼小觑肥头大耳的程子根,老家伙正满怀信心地注视着他。黎一鸣心里很是蔑视地一声"哼哼",这程子根倒可以做他鞍前马后的急先锋,一切事宜由程子根出面,本人只要在幕后遥控即可,一旦有不可测的风险,程子根做个垫背的,自己可以逃之夭夭。老家伙有奶便是娘,捞到点好处,让他把老婆让出来给别人睡觉都心甘情愿。还得用好范于波,范于波的背后严于信这条大鱼才是最重要的。岗山镇项目严于信系千斤在一身,首要任务是让范于波乖乖就范,逼着范于波和自己一起到东海市跟严于信取得联系,并且按照自己的设计让严于信跟着我黎一鸣一路走下去,事情就会大功告成。

黎一鸣一切盘算妥当,伸了个懒腰对程子根说道:"大哥,该去找范于波和焦保业了,不用我和大哥多说,这两个熊包会说出咱俩需要的一切的。"

程子根将信将疑,将自己的那张大饼脸凑向黎一鸣:"老弟这么有把握?"

黎一鸣放声大笑,他弯腰穿袜,身体半侧仰脸面对程子根:"不信就等着吧,假如我的判断失灵,我黎一鸣就此在周胜消失。"

程子根一介草莽,与黎一鸣才过招几次,就对自己未来的合作伙伴敬仰之极,他双手猛拍大腿咧着嘴放开嗓门大声地笑:"我的好老弟,老哥今生有机会和老弟你干一番大事情,也算是三生有幸,往后老哥我都听你老弟的。动脑筋的事情哥我转不过弯,咱当兵的冲冲杀杀还行。"

"大哥,能不能不用这招?咱何必去招人惹人的?真的把咱给惹急了,大哥你倒还是要派大用场的呢。咱别在这儿磨嘴皮子了,你去请范于波和焦保业这两尊财神爷,我在翡翠山庄等着,咱也设一道鸿门宴,好好宴请他们。"

程子根大悦,那双小眼睛不住地跳动着火花,板刷头上一根根短短的毛发就像猪鬃一样根根竖起,他兴奋地打个响指,高声嚷叫:"老哥得令,马上去请两尊财神爷。"程子根屁颠屁颠地扭动肥硕的臀部一溜小跑而去。

黎一鸣在周胜市最好的翡翠山庄设宴招待范于波和焦保业,他吩咐服务员上最好的酒菜。过目完菜单,黎一鸣心情甚好地推开包房的窗户远眺扑入眼帘的群山,郁郁葱葱的山岭让黎一鸣的视觉得到暂时的享受。他捧着茶杯,吹拂掉浮在水面的茶叶,不紧不慢地呷一口茶水,又悠然自得地抽一口卷烟,耳根里有时断时续的背景音乐送入,他沉浸在遐想之中。

约莫半个时辰,程子根带领范于波、焦保业两位闪入包房。范于波早已酒醒,见到黎一鸣就拱手致歉:"鸣哥在上,小弟失礼,还望鸣哥见谅。"范于波朝黎一鸣微微欠身,大面上很注重道上的礼数。

黎一鸣微笑点头算是回礼,他抬手示意范于波落座在自己的右侧,按周胜市的地方礼数,这是主人宴请的宾客中所给予的最高待遇,范于波自然不敢入座:

"还是程哥坐在鸣哥的旁边。"范于波谦逊地让座。

程子根哪管这番客套,不管三七二十一撅起屁股就要落座,黎一鸣发话:"今天我和程哥真心实意请你范经理和焦经理一醉方休,你是我最尊贵的客人,这个座位非你莫属。"黎一鸣说得极为真诚。

范于波不敢推辞,怯怯地挨着黎一鸣的右侧坐下。黎一鸣示意程子根和焦保业也按他指定的座位落座,他的贴身跟班张永杰最后在末座坐下。互相寒暄几句后,黎一鸣吩咐张永杰开启酒瓶,然后放话道:"今儿咱是不醉不休,有话放开讲,凡是我黎一鸣做得到的事情尽管敞开说明白。"

程子根搔搔头皮接茬:"老弟,在路上我跟他们就说清楚了,在你面前这两人不会再藏着掖着。"程子根朝范于波和焦保业挥挥手,"你俩是明白人,在鸣哥面前有话就说,有屁就放,要不立马走人,咱也不稀罕。"黎一鸣捂嘴窃笑,程子根大刺刺地发话的同时,果真放了一个很响的臭屁。程子根丝毫没有脸红,还大大咧咧地为自己辩解:"就像我这样,说话就说话,放屁就放屁,干干脆脆的。"他望着黎一鸣讨好地凑上一句:"老弟,老哥我说的是不是这个理?"

黎一鸣赶紧点头回答:"没错,是这么个理,咱子根大哥在用实际行动告诉两位,做人就该这样放开才是。"黎一鸣边说边亲自为范于波和焦保业斟酒,他端起酒杯与在座的各位一一碰过:"三杯酒下肚再说正事,一杯是为有缘而相识,二杯是为有情而同道,三杯是为有钱而共赚。"话音落地,黎一鸣一气连饮三杯,在座的也跟着黎一鸣三杯酒下肚。

黎一鸣环视各位,还是不转入正题,只是殷勤地劝各位赶紧吃菜:"白酒暖肚,菜肴也要跟着在胃里起调和作用才行,否则真的要伤身体,和咱经商道理一个样,搭配齐全才能获胜。范经理,愚兄说的这个理应该认可吧?"

简单的开场白似乎波澜不惊,和悦的氛围中也没见刀光剑影的杀机,范于波却着实领教到黎一鸣的厉害,不愧为周胜市黑道上的老大,是个杀人不见血的主儿。范于波的内心此刻瘆得慌,好歹他也在江湖混过好多年,各色人物也有所过招,像黎一鸣这样声色不露却处处暗藏杀机的对手还真是第一次领教。范于波明白今天的城下之盟是铁定的事实,不管他用什么招数都无济于事。不过范于波还暗自庆幸,在山穷水尽无路可走的绝境中,黎一鸣的出手相救还是让他看到了一线生机,他心甘情愿地等待着拱手相让他的项目经理位置,只要黎一鸣能保证他本人的一块利益就行。范于波想争取主动,让自己未来的东家对他产生好感。他端起酒杯给自己满斟一杯白酒,转过肥嘟嘟的身体朝黎一鸣鞠躬:"鸣哥在上,兄弟我只说一句话,我和保业兄弟今后就跟着鸣哥一起干,上刀山下火海也不后退,岗山镇的项目兄弟我心甘情愿让给鸣哥你来掌舵,我和保业无条件听鸣哥的安排。"

焦保业赶紧凑上前,瞪着一对绿豆小眼睛,学着范于波拍胸脯立下誓言:"鸣哥让我做什么,我和范哥就做什么,岗山镇的项目我俩一分钱不赚也无怨无悔。"

范于波在桌底下狠狠地踩焦保业一脚,气愤焦保业一点后路都不给自己留下,无论如何于情于理他们都应该分得一块,焦保业这么表态岂不是让他俩竹篮打水白忙活一场?说出去的话泼出去的水,他再当着黎一鸣的面强硬地掰过来,岂不是还没有合作就同黎一鸣结下梁子?果真如此他可就真的是鸡飞蛋打了。范于波越想越气愤,却又无处发泄,绷紧的胖脸勉强挤出几丝笑容附和着焦保业说道:"保业兄弟的想法就是我的想法,我俩知道鸣哥您是重情重义之人,在周胜只要提到鸣哥您的大名,谁不翘起大拇指啧啧称赞?"

焦保业还是哪壶不开提哪壶,他从随身携带的提包里取出合同讨好地递给黎一鸣:"鸣哥,所有的合同还有山宁省分公司的公章都在这里,您派人给收好,我们今后就跟着您了。"

范于波和焦保业的忠心表到这个程度,黎一鸣觉得自己是该发话收场了。他避而不看焦保业奉上的合同和公章,努努嘴朝张永杰使个眼色,张永杰一个箭步冲上来,就将合同、公章连带焦保业夹在腋下的提包一股脑儿拿走。黎一鸣装模作样地呵斥张永杰无礼:"退下,哪有这么对待自己兄弟的?"

张永杰唱个喏退回原座,合同和公章还有提包却牢牢地揣在怀中。黎一鸣笑容可掬,双手分别搭在范于波和焦保业的左右肩,轻轻摇晃显得亲密无间:"我很感谢两位兄弟对我的信任,子根大哥在上,今儿个我把话撂在这儿,我绝不会亏待你俩。都在一条船上,唯有同舟共济才是正道。"黎一鸣用眼神示意张永杰退出包厢,他亲自将包厢的房门反扣,故作神秘地压低嗓音,"这里就咱四个人,你们伪造补充合同的事情也就此打住,要不,两位兄弟是吃不了兜着走呢。"黎一鸣故造声势唬住范于波和焦保业后,开始正色,"咱们必须让嘉海先掏钱稳住工地上的工班组,工程不能停下,这件事情范经理要出面找嘉海。"

范于波面露难色,吞吞吐吐地回答:"鸣哥,让嘉海掏钱给项目部恐怕难办,我们的分包协议上没有这个约定,再说这嘉海的董事长我也不熟,我和他说不上话。鸣哥是不是再想想其他法子,您在周胜神通广大,是否有其他途径先弄些钱,多多少少发一些给下面的工班组?咱们争取早日将工程完成到结构封顶,到那时岗山镇也就有款拨下来了。"

程子根憋不住跳起来,拍着大腿凶狠地叫骂:"你小子当咱们是开银行的?几千万的资金哪里去弄?借高炮这高利息你还得起?一个工程干下来你小子连还利息都不够。"程子根气呼呼地拍桌子:"我们这里没门,要把工程干下去只有

115

找嘉海。这工程是嘉海和岗山镇办事处签的合同,嘉海不掏钱咱就上东海市去闹,看他们给不给钱!"

黎一鸣表面上劝慰程子根别把话说得这么难听,心里头挺高兴程子根能点破寻思弄钱的途径,只有将范于波顶上,让他逼着严于信出面与嘉海的董事长斡旋,事情才会有根本的转机。见范于波低着头不吭一声,黎一鸣的脑子又转开,他很清楚把范于波逼到死角,这桩买卖倒真的要搞砸,煮熟的鸭子也会飞走。黎一鸣需要的不是范于波和焦保业伪造补充合同吃官司,他要的是让范于波作为自己的一枚棋子和嘉海连上线,迫使嘉海乖乖地掏钱支援工程建设,他吃定了嘉海这个大户。如何让姓范的老老实实就范,黎一鸣一时犯难。他绕着餐桌踱步,右手的食指不停地叩击额头,他要想出一个让范于波和焦保业心甘情愿接受的方案,才能指望这两个东西到嘉海和郑董事长摊牌要钱。黎一鸣苦苦思索。看来还是得让这两块坏料先得到点甜头,才会有动力上嘉海冲杀,不如先将项目的利润分配彼此说透,他们没有顾虑才能对我黎一鸣俯首帖耳。黎一鸣细长的眼睛朝范于波射出两道犀利的光泽,他在琢磨眼前的对手,往后是手下的兵卒,此时此刻到底在打何种小九九。

范于波的眼神与黎一鸣投来的目光形成一条视平线,相交之中黎一鸣阅读出对方对金钱的贪婪和渴望,黎一鸣想出了对付眼前这两个家伙的主意。他从容地在原座位落座,很淡定地用筷子夹上一片鱼肉往自己的嘴巴里送,慢慢地咀嚼,细细地品咂,恍然间他悟出一个道理,嘴巴里尝不到好滋味,哪会有好心情品尝菜肴?饕餮之徒追求的是美味佳肴,在商者言商,讲究的是金钱的追逐,没有对这两个东西许诺工程完成后能分得多少羹,他们怎么能心甘情愿为我黎一鸣效力?黎一鸣再次拍着自己的额头,哂笑自己聪明反被聪明误,他情不自禁地笑出声来。瞧着在座的三位投向他的诧异的眼神,黎一鸣更是放声大笑,他用餐巾纸擦着笑出来的眼泪,摆着手对程子根说:"大哥,我们两个也实在是糊涂,咱既然和范经理、焦经理共同合作,怎能不把利润的分配给说清楚呢?这是其一。其二,既然两位让咱来掌舵,无论如何这工程上我们也该出点力,先投部分资金进去,这也是我们必须要做的。其三,让范经理告诉嘉海的郑董事长,为了保证岗山镇的项目顺利进展,为了不给嘉海在资金上增添麻烦,为了和地方上更有效地协调好方方面面的关系,范于波和焦保业两位项目负责人正式邀请我们加入项目的管理,只有这样做才能让嘉海认可我和子根大哥,我们名正言顺了,范经理和焦经理才能放心地办后面的事情。现在最重要的是,咱们应该将早就准备好的部分资金投入到项目上先保证工程的推进。"

焦保业激动得双手颤抖,他哆嗦着给黎一鸣敬烟:"鸣哥,您说到我的心里去了,我和范哥心里头正是这么想的。"

范于波也被黎一鸣的推心置腹打动,他双手抱拳朝黎一鸣深深鞠躬:"鸣哥,您如此通情达理,范于波我心甘情愿做您的下手,我和保业一切听从鸣哥,我不计较这个项目能赚多少钱,只要能跟着鸣哥打天下就成。"范于波为了显示自己也是个血性男儿,他咬破自己的食指,殷红的鲜血滴落在酒杯里,随后他往酒杯倒满白酒:"鸣哥在上,从今往后您鸣哥只要一声令下,我范于波跟你上刀山下火海,也无怨无悔。"

"好!"黎一鸣一声喝彩,也学着范于波歃血盟誓,"苍天在上,只要两位跟着我和子根大哥,我黎一鸣绝不负人。"

程子根和焦保业被激情点燃,纷纷效仿。"咱一鸣老弟好男儿一个,"程子根的板刷头根根毛发倒竖,大嗓门吼得连天花板都震动,"谁负咱一鸣兄弟,老子就和他没完!"

酒毕,黎一鸣用餐巾纸优雅地抹抹嘴角,又慢悠悠地说开:"咱们也算是有缘分聚在一起,赶上不如撞上,今儿个就把利润分配的事情给定下。永杰,你进来。"黎一鸣盼咐进门的贴心跟班张永杰,"咱们做事情得讲究法律,你把焦经理给你的合同文本放下,我得研究一下合同的具体条款。"黎一鸣接过张永杰递上的项目合同,又扭头关照张永杰,"你这就去把李律师给我请来。"黎一鸣打开合同文本,翻阅到付款条件的一页仔细地阅读,稍后,他抬头朝范于波认真说开:"既然是一起合作,你俩有隐情务必要如实告知于我和子根大哥,到时你们吃哑巴亏,可别怪哥我没有提醒。"黎一鸣在道上混迹多年,他知道干这一行的潜规则,他必须了解在这个项目上会产生哪些幕后的花销。

范于波此刻对黎一鸣除了感激就是感恩,黎一鸣不愧是道上混的人,他知晓自己获得岗山镇的项目必然会有其他的支出,毫不犹豫地张口就说:"这个项目挂靠的是嘉海的资质,集团公司收取的各种管理费分包条约上都明明白白地写着,此外我和保业还必须另外感谢一个人百分之二的中介费,是他帮助牵线用嘉海的资质的。"

黎一鸣不假思索:"是你的表叔严于信教授?当然答应了他就必须承诺,没问题,这百分之二的中介费到时候按照业主付款的形象进度同比例由你支付给他就成。"黎一鸣是最希望严于信能卷入这个项目,只要严于信染指岗山镇的项目并从中获得好处,他就有本事逼迫严于信到时为他奔走向嘉海的董事长要钱。

谁料范于波的头摇得像个拨浪鼓,连连否认:"不,不是我表叔,他压根没问我要一分钱。"

"谁?"黎一鸣不得其解,除了严于信还有谁在幕后虎视眈眈,"是岗山镇的江

117

永祥还是赵则林？他们敢拿钱，我们就敢问他们要钱。"黎一鸣的心顿时被吊得老高，他太盼望这个结果。"太好了！"黎一鸣抚掌叫好。

"也不是。"范于波仍然大摇其头，"他叫邹培远，是我表叔的大学同学。"范于波将邹培远的其人，就他的了解一五一十作了一番介绍。

程子根的大饼脸顿时像被刷了一层糨糊，他大为不满，板着扁脸骂骂咧咧地嚷开："凭什么给他百分之二的中介费？屌毛样的熊人凭什么来插一杠子？给他钱，没门！"程子根越想越气，愤然大怒，"我冲到东海市他的单位，问问他是要做官还是要进局子？"

"大哥，你先别急。"黎一鸣婉转劝住火药桶程子根。内心深处，黎一鸣对于邹培远索要百分之二的中介费也不是滋味，他的潜意识在提醒他，只要这个项目有人公然索要回扣，在最关键的时候必然要拿他当枪使，怕就怕每个人都一身清廉，找不到突破口，后面的事情就比较难办。用邹培远牵住严于信和郑昱嘉也是个办法，看来自己很有必要赶到东海市与这个邹培远正面交锋，同时抓住邹培远的软肋，利用他来掣肘严于信和郑昱嘉，这个姓邹的敢拿钱，我就有底气让他按照我的思路转。主意停当，黎一鸣说出刀切豆腐两面光的话："大哥也应该想想于波和保业两位兄弟的难处，都答应了人家，总得给两位兄弟面子，这百分之二就按于波和保业兄弟定下的方案去做，一分不少给东海市的邹处长。"黎一鸣看到了范于波送给他的感激的表情，他微笑点头，表示心领范于波的感恩，"剩余的大概还有百分之十一的利润空间，现场的往来花费该去掉百分之一，这百分之十的利润我前期先要投入一部分钱，是高炮借贷，至少要划去百分之二，还剩下百分之八的利润，各位看看该如何分配？"黎一鸣有意识地将皮球抛给范于波和焦保业，他自己则利用前期资金注入的借口，截留了百分之二的利润。

范于波和焦保业一致表态听从黎一鸣和程子根的分配，程子根也显得很大度，对黎一鸣说道："你一鸣老弟咋说咱就咋办。"程子根心里的小算盘是至少有百分之二的利润，一年半下来赚个四百多万他也心满意足，还不包括以后在现场的管理中捞点其他的好处。

"各位如此信任我，我也就实话实说，"黎一鸣朝诸位拱手开口道，"我和子根大哥各获得百分之二点五的利润，你俩各获百分之一点五的利润，假如不满意，我再让出百分之一给你们俩。"

范于波和焦保业的头点得如同捣蒜，异口同声："一切听鸣哥的，没有意见。"程子根自然也无话可说，这些利润已经超过他的心理价位。

共识达成，再度举杯相庆，彼此间商讨后续的工程进展事宜，热烈的讨论中张永杰带领李律师赶到。在李律师的见证下，四个人签署了合作协议书，周胜市岗山镇新农村建设的项目管理班子重新洗牌，程子根成为项目经理，范于波是项目副经理，黎一鸣掌控整个项目的财务以及材料的供货大权，焦保业则负责工地的后勤事务。

黎一鸣手握合作协议书，反复看上半晌，意味深长地说道："我和子根大哥带着李律师和你俩明后天就要到东海市走一遭，告诉嘉海集团我们的新项目管理团队正式成立，让嘉海盖章确认后再递交给岗山镇的业主，这样我和子根大哥才名正言顺。在东海市我还要见一见那个邹处长，还有你的表叔严于信教授，自然这郑董事长的面也一定要见的，就让邹处长安排我们在东海市的所有活动吧。"

黎一鸣自信凭自己的本事绝对能将方方面面的人物玩得团团转，这个社会就怕想不到的事情，想到了就考虑怎么去做。"我黎一鸣光脚的不怕你们这些当官的，更不怕你有钱的，我要你们这些当官的，有钱的，用岗山镇这个平台乖乖地为我黎一鸣服务。"

9

邹培远的心也一直牵挂着岗山镇的项目。今天早上,他一脚刚跨进办公室,还没来得及给自己泡上一壶郑昱嘉新近送来的春茶,就接到范于波的电话,说今天有新合作伙伴来东海市拜访。邹培远脑子中的第一个念头就是自己的百分之二中介费是否会打水漂。他也巴望着能和范于波所介绍的黎一鸣、程子根见上一面,正面交锋后,他可以判断范于波的新合作伙伴是骡子还是马。邹培远除却担忧自己认定的铁板钉钉的百分之二中介费是否会摇摆之外,还隐隐存在另外的忧虑,范于波一直报称工程干得好好的,还有小半个月的时间,主体建筑就能到地面二层,届时业主就能支付百分之十五的工程款,至少有三千万的资金到位,他邹培远也就坐享其成六十万;不消半年主体建筑即可全线结构封顶,业主至少还有四千万的工程款予以支付,自己又能进账八十万。打着灯笼也难找的买卖,为何会半路上杀出个程咬金来参与合作,莫非范于波那里有不测?电话中邹培远一再询问范于波邀请新的合作伙伴加盟的目的,范于波支支吾吾说见面详谈,并称一切都是从工程的实际情况出发,范于波再三强调对他的承诺不变,只是必要的时候,邹培远要出面做些与嘉海集团方面的协调工作。邹培远一阵紧张,他尚不清楚自己该做哪些协调工作,如果让郑昱嘉前期投入资金支援工程的话那可能性为零,邹培远太了解郑昱嘉的性格。

邹培远大清早接到范于波的电话后,一个上午枯坐在办公室里闷头抽烟,时不时地用双手的食指按摩鼻子的两侧,两眼呆呆地凝视办公室的天花板,冥思苦想即将要见面的黎一鸣为何方人士。来者不善,善者不来,邹培远的眉心打结,他担心周胜市岗山镇的建设项目保不准会有什么令人头疼的麻烦。

黎一鸣、程子根和范于波以及焦保业一行四人驾车从山宁省周胜市出发直驱东海市,颇有心计的黎一鸣特意没带上李律师,他怕李律师在场会引起郑昱嘉的警惕。一路行来上千公里,早上天蒙蒙亮出发,抵达东海市已是落日西垂。黎一鸣和程子根想的也很周到,周胜市的土特产大枣、花生、香油和大米、猪肉等将后备厢装得满满的,准备进贡给东海市的几尊菩萨,聊表他俩的诚信之意。出于礼节,邹培远邀请范于波、黎一鸣一行晚上在一家五星级的酒店用餐,顺带通知了严于信也一同参加。邹培远的内心也有小九九,假如勉为其难,就将严于信推到风口浪尖,这范于波是严于信的远房侄儿,岗山镇项目启动的最初动因来之于严于信,他邹培远何苦遇到不测去做个垫背的?合该是严于信做他的挡箭牌。有严于信在前,邹培远感觉上也就稍稍释然,不过他还是做了些手脚,他让严于信晚一个小时抵达宾馆,他要和周胜市的几位来者先过过招。

邹培远在东海大酒店的大堂恭候四位来者,程子根一脚迈进酒店的大堂,无所顾忌地环视着金碧辉煌的大堂,啧啧赞叹:"到底是大都市,这宾馆多么气派啊!"

黎一鸣用臂肘弯捅捅程子根,让他别再被旁人见笑,程子根毫不理会,抬起大饼脸扯开嗓门大剌剌地拿话摆谱:"咱哪一天带那婆娘来东海市溜一圈,让她也开开眼界。"

黎一鸣无奈地朝邹培远讪讪一笑,欠身告打扰:"邹处长,久仰大名,匆匆赶来,就盼着和邹处长一见,岗山镇的项目还得有劳邹处长多多费心才能顺利开展。"他伸出双手给邹培远。

邹培远礼节性地与黎一鸣握手,鹰钩鼻子不停地翕动。邹培远在和黎一鸣握手的刹那间,两人视线迅速地短兵相接,双方的印象都是此人非等闲之辈。凭直觉邹培远肯定岗山镇的项目已经牢牢地被黎一鸣掌控,范于波早就被眼前这个脸无四两肉的家伙给全权控制。邹培远用心地端详黎一鸣的长相,瘦削的脸庞颧骨高耸,细长的眼睛闪烁着一种捉摸不透的眼神,修长挺拔的身材略显单薄,似笑非笑的嘴角微微上扬,一副处事不惊又时时准备冲锋陷阵的架势。邹培远的心不由得一沉,他信奉相由心生的说法,眼前陌生人绝非善良之辈,他得好好留神对付眼前这个家伙,同时要做好及早抽身的准备,羊肉没吃着也就作罢,千万别再惹一身羊骚味。邹培远又横眼斜扫半个身子大大咧咧斜靠在大理石立柱的程子根,男人长成这番模样也实在是个悲剧,扁扁的脸上满是横肉,不安分的小眼睛始终用怀疑的眼光扫视着自己,虽是五短身材却看得出是行伍出身,无所顾忌的做派似乎显示出此人的狂妄不羁,实在是一介草莽武夫,不值得过招,作为黎一鸣的打手倒也名副其实。这个丑八怪该是最难缠也最好打发的对象,无须在他的身上过多费神。

邹培远根据自己的人生经验对黎一鸣和程子根作出最初的人性分析,接下来要弄明白的是,黎一鸣他们为何指名道姓地来东海直接见他的面?按常理来说,范于波和焦保业根据项目的需要增加管理人员直接与嘉海集团说明也就了事,偏偏打头阵的是找我邹培远,他们必定有隐情瞒着我,他们必定要我邹培远到嘉海集团做说客——为了他们不可告知的目的,且又必定要和我邹培远协商达成共识后,才让我到嘉海集团找郑昱嘉来完成他们的心愿,这个心愿必定与岗山镇项目的顺利推进息息相关,甚至是牵一发而动千钧。想到这里,邹培远不由得阵阵心惊肉跳,他告诫自己:以不变应万变,掌握他们葫芦里究竟卖的是什么药,再及时调整自己的战略部署。想停当之后,邹培远客套地将几位引到大堂吧小憩,点上茶水和点心,他彬彬有礼地为黎一鸣等倒茶让烟。喝茶抽烟,务虚的话语泛泛闲聊一阵,邹培远瞅见程子根有些坐不住了,几次张口都让黎一鸣用眼色制止住了。又是漫无边际的闲扯,程子根的大饼脸渐渐地涨得通红,板刷头上半寸长的像猪鬃一样硬的头发根根倒竖,脸颊两侧的横肉也开始抽搐,他的声音如同一头发情的野猪一般在低吼:"老弟,你还不说?我可憋不住了,咱千里迢迢来东海干啥来了?"

黎一鸣恍然大悟,望望程子根、范于波和焦保业三位,又用抱歉的口吻朝邹培远解释:"邹处长也别见笑,子根大哥和我第一次赶来东海与邹处长您见面,实在也是拿不出啥好东西,趁开车来东海拉了一些农副产品给邹处长,上不了台面的东西,邹处长别见怪就行。"

范于波讨好地接上话茬:"都在车里,待会我亲自给邹处长送去。鸣哥亲自吩咐的,关照我和保业一定要挑最好最新鲜的。"

"对,对,"焦保业总算捞着插话的机会,"鸣哥仔细得很,装车的时候还一样样都亲自检查,咱们给邹处长带来的都是周胜最好的农副产品,有大枣、花生、香油……"

"别在邹处长面前笑话了,赶紧打住。"黎一鸣摆手打断焦保业的献媚,"区区小事何足挂齿,邹处长,您说是吗?"黎一鸣细长的眼睛合成一条线,就像两道弯弯的月牙,他发出的微笑极为友善,让邹培远内心不由得赞叹,这黎一鸣在周胜绝对是个排得上号的人物,举止儒雅,谈吐不俗,一抬手一举足都显示出有教养的做派。邹培远不由得有些喜欢上对面这个还没有摸清底牌的人物,倘若由他来掌舵岗山镇的项目保不准是个绝妙的选择,邹培远一直担心,范于波和焦保业两个有勇无谋的家伙在工程上万一出格,将他牵连进去岂不肠子都悔青?

"黎先生虽初次见面,我的感觉像是认识多年的朋友。"邹培远的戒心有所放松,主动地将自己的中华牌香烟递给黎一鸣一支,又用自己那只精致的镀金打火机点燃火苗,送到黎一鸣的唇边。

黎一鸣起身用手势表示感谢,他懒懒地打了个哈欠,仿佛卸去了舟车劳顿的疲惫。吸上一口烟后黎一鸣侃侃而谈:"我的感觉邹处长在慢慢地试图能够接受我,邹处长对我和子根大哥有戒心能够理解,邹处长担心我们来东海是醉翁之意不在酒,是给您邹处长设套来了。"黎一鸣和官场上的形形色色官员打过不少交道,深谙与官吏们周旋的基本套路,对于邹培远这样受过高等教育又自命不凡且在官场上多少有些失意的人物来说,需要的是打破他对自己的防备之心,假如他清高廉政,也不会和嘉海集团走得如此近乎,也不会借用严于信的牌子,打着嘉海的旗号亲自到周胜与范于波进行金钱的交易和谈判,这种人黎一鸣看得多了,道貌岸然的背后是一张贪得无厌的嘴脸,从正面欣赏对方,就像是一只展翅开屏的孔雀漂亮得很,从背后观察正视,却是丑陋不堪,连红红的屁股都展露无遗。邹培远就是这样的的人,而黎一鸣在商场搏击恰恰就不能缺少邹培远之流的鼎力帮助,才能玩得风生水起。

　　黎一鸣文化程度仅仅高中毕业,却一直记得入道后开蒙师傅对他的谆谆教导:一切有权力的人都容易滥用权力,这是万古不变的一条经验。有权力的人使用权力,一直遇到有界限的地方才休止。黎一鸣深信不疑,将此作为自己的人生座右铭且屡试不爽。黎一鸣与邹培远还有一个惊人的相似之处,他也信奉相由心生的说法,他认为价值观决定着男人的气质特征,邹培远的鹰钩鼻子显示出他的阴险狡诈,他的富有磁性的男中音恰好能掩盖他内心的狠毒,他腆起的肚腩说明这是个饕餮之徒,他明显的下垂的眼袋证明他对色的贪婪,绝对是个爱财贪色的家伙。在岗山镇这个项目上,假如邹培远能配合自己,那绝对能让嘉海的郑昱嘉和东海大学的严于信以及其他各色人物围着自己团团转,黎一鸣太需要邹培远这样的人做自己的朋友或者是商场的合作伙伴,他甚至觉得自己和邹培远有相见恨晚的感觉。

　　邹培远对于黎一鸣还挺有警惕,他不能再和这几位仁兄不着边际地耗下去,严于信待会就要赶过来,倘若这个老夫子知道点工程上出什么纰漏的消息,保不准他邹培远会满盘皆输,对同窗好友的秉性,知根知底莫过于他邹培远。时间不等人,邹培远再也没有心思绕弯子的客套闲扯,对方越不急于打开天窗说亮话,就越能说明岗山镇的项目遇到迈不过去的坎,需要他邹培远鼎力相助,这黎一鸣也肯定清楚他在这个工程上有利益的瓜葛牵扯,否则他不会如此费劲地在自己面前虚与委蛇。关键的问题是,明白对方的真实意图之后,自己是否值得出手相助,毕竟这个项目对自己有着四百万的利益诱惑,还是探听清楚对方的真实底线再作权衡。邹培远想停当之后,故作轻松地耸耸肩膀,优雅地晃荡二郎腿,右手的食指有节奏地叩击茶几,低沉的极富魅力的男中音在大堂吧回旋:"你们千里迢迢来到东海,不用猜测我也很清楚,想必是为岗山镇的项目找我商议,找我的目的无非是该工程使用嘉海集团的资质总承包,我在嘉海能说得上话,你们想让我帮什么忙就打开天窗说亮话,不必再饶舌、再拐弯抹角的。"

程子根响亮地拍着大腿,快活地扯开嗓门大叫道:"邹处长说话痛快,我就喜欢听邹处长这么说。邹处长,老哥敬你。"程子根在邹培远面前自称老哥,还拿起茶杯要和邹培远碰杯,满脸的横肉挤作一团,堆起很难得的笑容。

邹培远笑笑摆手,示意免去俗套,其貌不扬的程子根他多看一眼也觉得恶心,他连忙将脸转向范于波,这个始作俑者该向他作何解释:"范经理身为项目经理,怎不见你说话?"

范于波挠挠头皮,胖胖的身体不自然地转向黎一鸣:"还是听咱鸣哥说吧。"

"也行,"邹培远点头,"初次见面,黎先生的口才不凡,寥寥数语听着却舒服,既然范经理有劳黎先生,我也就认真地洗耳恭听。"

黎一鸣早有准备,随即接口:"从命,邹处长。咱们此行确实是为岗山镇的项目而来,邹处长可知道这个项目资金运作的情况?"

"资金运作情况? 我不明白黎先生这话的意思,"邹培远思忖半晌,摇头回答,"不妨说得透明一些。"

"邹处长当初牵线搭桥,介绍了范于波和焦保业用嘉海集团的资质总承包咱周胜市岗山镇的新农村建设项目,近二十万平方米总计两个亿的工程合同,总该明白业主资金支付的情况吧。"黎一鸣单刀直入向邹培远点明项目的资金情况。

"印象中好像是总合同之外还有一份补充合同,工程垫资到地面二层后业主支付百分之十五的工程款,之前范于波和焦保业也有资金准备,他们先期投入约三千万吧。我所了解的就是这些,难道有问题?"邹培远见黎一鸣微微蹙眉,心头的感觉有些不妙。

"邹处长不妨先问问范于波和焦保业,"黎一鸣不慌不忙地从随身携带的公文包总取出一份复印件,他右手的中指和食指夹着复印件递送到邹培远的面前,"我和子根大哥看了邹处长和他们二位签订的书面协议书后,感到岗山镇的项目还真的要和您详细商讨,这才千里迢迢赶到东海。岗山镇的项目现今头疼着呢,整个项目的资金链断裂,毫不夸张地说,邹处长,我和子根大哥是受任于危难之际,这回还真得有劳邹处长您帮我们来出谋划策了。"黎一鸣说话的口吻平静从容,却夹带着<u>丝丝</u>寒意,令邹培远不寒而栗。

邹培远接过黎一鸣递上的复印件,仅仅用眼角瞟上一眼,整个脸霎时变得惨白,这是一份邹培远与范于波、焦保业两个人签订的关于周胜市岗山镇项目的合作协议书,明文规定他在此项目中获得百分之二的中介费,打死邹培远他也不会相信,黎一鸣手中怎么会捏着这份协议书的复印件? 邹培远努力地回忆当初他在周胜市签订协议书的每一个细节,他明明白白地是在东海写就并打印一份后赶到周胜,让对方在协议书上签名,并没有一式两份。签完名后,他马上就收藏起来塞进自己的皮包再也没有拿出来过,怎么会有复印件流失?邹培远自忖自己做得绝对稳妥,没有任何蛛丝马迹留给对方,他实在是想不明白。邹培远竭力平静内心的不安,鹰钩鼻子则在努力地嗅觉对方找上门来的真实意图,他将全部视线集中在黎一鸣送上的那份复印件才恍然明白,这是一份复印的影印件,是范于波和焦保业偷偷地从自己的包里取出协议书后再用相机拍摄下来的。阴险狡猾的家伙,邹培远鹰钩鼻子的两侧急促地翕动,大鼻孔加速的呼吸声也听得很清楚,他愤然怒视范于波和焦保业,恨不得一口吞吃掉这两个狗日的。聪明反被聪明误,我邹培远机关算尽太聪明,现在弄不好倒反丢了自家的卿卿性命,身为国家公职人员,索要百分之二的中介费共四百万人民币,弄不好够吃一辈子的官司,难道我邹培远这次要在阴沟里翻船?邹培远无法回忆起自己的皮包有离身的时候,他努力地回忆究竟是哪个环节出了纰漏?绞尽脑汁的思索之后想起一丝朦胧的印象:签署完协议彼此干杯庆贺合作成功,范于波突然狂吐不止,焦保业此时正忙着在打电话,无暇顾及照料范于波,他不得不将皮包搁在椅子上,搀扶着范于波到厕所去了一遭。对,就是这么个空隙!原来自己被这两个狗东西好好地玩了一把。邹培远的眼睛里射出两道愤怒的目光刺向范于波和焦保业,素日平静而又极富磁性的男中音此刻拉得如同高音:"你们……"他怒视着对方一时语噎。

范于波和焦保业吓得不敢作声,邹培远哪顾得斯文,他劈手将半杯茶水泼向焦保业:"无耻的小人,你竟然敢算计我?"邹培远扑上前要揪住焦保业痛打,被黎一鸣伸出双手给挡住。"邹处长,"黎一鸣不紧不慢地吐出话语,"息怒。"

范于波顺着黎一鸣的话音抬起头,发出蚊子般的叫声:"邹处长,您再发火也没用,我们也是没有办法。"

"你,"邹培远转而将矛头指向范于波,"你们干下如此龌龊下流的事情还振振有词,难道让我理解你们?同情你们?支持你们?下三流的东西,一丘之貉。"邹培远斯文扫地,极尽辱骂之能事。

"邹处长,其实您也应该理解他们需要这道护身符,谁都有自我保护的本能。"黎一鸣见火候已到,该自己出来圆场了,他费了许多口舌宽慰邹培远,又不失时机地为范于波和焦保业开解:"他俩也实在是不得已而为之,他们的本意还是想顺利地完成工程,很好地兑现自己的承诺。也许在过程中少不了需要您邹处长出面帮忙,只能出此下策达到自我保护的目的。邹处长,大人不计小人过,原谅他们吧!干我们这行,其中的苦衷您邹处长很难理解。"黎一鸣觉得自己所说的这番话有点打动邹培远,必须趁势追击逼迫邹培远加入自己的阵营。唯有邹培远乖乖就范,岗山镇的项目才有希望顺利进行。在邹培远的身上赌一把,是黎一鸣接手岗山镇项目的前提条件,在他无把握捏住邹培远并为此发愁的时候,范于波雪中送炭将这份合作协议书给抛出来,黎一鸣完全解决了心中的困扰。当初在翡翠山庄时,他拿着这份影印件的协议书曾仰天长啸:"苍天有眼,我黎一鸣绝不负苍天的厚爱!"他发誓要在岗山镇的项目上一展身手,要通过这个项目将自己的事业推向人生的一个新高峰,他要就此从周胜这个中国大地不起眼的小地方迈向中国改革开放的桥头堡东海市。"邹处长,我们俩能否私下交心沟通?"黎一鸣试探邹培远。见邹培远不置可否,他迅即要求程子根和范于波、焦保业先回邹培远替他们订下的宾馆客房内休息等候。

待程子根等三人在邹培远的眼皮底下消失,黎一鸣起身挨着邹培远贴身落座,向邹培远介绍自己的个人情况,言辞极为恳切:"邹处长,初次见面,您对我会存有很多戒心,完全能够理解。像您身居东海市的领导岗位,位高权重,我也明白您和您的同行们都有高处不胜寒的感觉,您总想认真地走完人生中这段钢丝,然后能如释重负安度今后的晚年。"黎一鸣的阿谀奉承让邹培远听得很舒服,其动情演说确实打动了邹培远。别看是从中国最底层走出来的一介平民,却有他邹培远认可的文化底蕴。"其实我也出身在书香之家,家父和祖父一介寒士却保持清廉。祖父在'文革'中饱受折磨含冤而死,父亲受到牵连,仕途无法一展宏图,我没有在高等学府谋得一张形式上的文凭,家风的教育让我自认为还有文人的气质。原本也想走仕途,怎奈上两代的可悲结果让我看透尘世,我下海经商,和道上也有来往,但我凭借的是我的骨气搏击商场,我从来不仗势欺人,我也怜贫惜穷,此生能有缘结识邹处长,说实话这是我的造化。"

黎一鸣的口才确实很好,自命不凡的邹培远也被其情真意切的演说折服,不可小觑此人,邹培远暗暗告诫自己。岗山镇的项目让他管理看来是件好事情,他提心吊胆为范于波和焦保业捏一把汗的日子可以挥手而去。邹培远抬腕看看手表,还有半个多小时严于信该如约而来,必须在老夫子抵达宾馆之前听黎一鸣把一切都挑明。"到外面走走吧,"邹培远建议,"宾馆外面的花园不错,我们随意溜达一会。"

黎一鸣跟随邹培远来到花园,两人在花园的草坪慢慢踱步,来回走了两个圈子,邹培远止步,面对黎一鸣眼光咄咄逼人,"我叫你一鸣没问题吧?"邹培远见黎一鸣认可地点头,接着说道,"用不着再藏着掖着,岗山镇的项目需要我做些什么?"

"痛快,邹处长。"黎一鸣赞赏道,"我喜欢邹处长做事雷厉风行的性格,我直言相告,"黎一鸣迎着邹培远鹰一般深邃的眼神丝毫没有胆怯,张口就问,"邹处长是否知道那份补充合同是范于波和焦保业伪造的?"

"什么?他俩伪造补充合同?"邹培远的头皮一下子炸裂,抓住黎一鸣的手不肯相信此事当真。他板着脸严厉追问,"你再说一遍,这个玩笑开不得,你说他俩伪造合同?"

"邹处长,瞧瞧我是否像在开玩笑?"黎一鸣也沉下脸色,字字如千斤的石块压在邹培远的心头使他喘不过气来,"连银行的存款证明也是伪造的,他俩身无分文,居然敢承接两个亿垫资到结构封顶的项目,胆子实在太大,想想都要捏一把汗。"

邹培远的脸色霎时惨白,整个人顿时觉得天旋地转,他摇摇晃晃好不容易才站稳身子,两个大鼻孔局促地出气,额角渗出点点汗珠。他后悔自己的贪婪,不考虑任何后果就索要百分之二的中介费,后悔都来不及,协议书上自己签署的大名赫然在上,证据确凿休想逃脱。邹培远一时六神无主,他拍打自己的额头低沉地吼叫:"悔之晚矣,悔之晚矣。"

"不,邹处长,天无绝人之路。"黎一鸣镇定自若的声音。

黎一鸣的答复让邹培远嗡嗡作响的大脑有些清醒,黯然的眼神闪动着希望的光泽,他觉得此时唯一可以依靠的就是黎一鸣。他急不可待地抓住黎一鸣的肩膀连珠炮似的发问:"依你之见该怎么办?"邹培远此时最为担忧的是,倘若他受到岗山镇项目的牵连,他的人生随即就毁于一旦,纵然他晚年生活的构图设计得尽善尽美,囹圄之灾也在所难免。几近绝望的邹培远唯一能抓住的救命稻草唯有黎一鸣。邹培远高耸的颧骨一抖一动,眼神掩盖不住惊慌,他迫切地需要黎一鸣送给他一颗定心丸。

"邹处长,世间的任何事物都是一把双刃剑,有坏的因素存在同时必然也有好的因素相伴相存,我们可以变坏事为好事。"黎一鸣胸有成竹,"此行东海就是和邹处长商议咱们后面该怎么办。"

"你有好主意?"邹培远不敢正面对视黎一鸣,他那灰色的脸庞看看暮色四起的天空,将信将疑地发问:"事情到这个地步能咋办?嘉海早晚得知道,郑昱嘉听到这个消息岂不要晕过去?他正踌躇满志地打算冲特级资质呢。"

"邹处长说得对,我们就是要让嘉海知道这件事情,只有用嘉海的经济实力来挽救这盘棋,我和邹处长的利益才能毫发无损。"黎一鸣一边努力捕捉着邹培远内心世界的活动,一边一五一十地道出内心的盘算。

邹培远沉思不语,事情发展到这个地步,他不得不认可黎一鸣的方案是唯一可行的。当前主要的任务就如黎一鸣所言,必须让嘉海认可并出书面承诺给业主：同意黎一鸣和程子根加入项目管理班子，名义上是范于波和焦保业负责，实质上是他和程子根全权掌控；紧接着要求嘉海集团注入资金，一旦嘉海予以拒绝，就将范于波和焦保业给抛出去，将他们伪造的补充合同以及银行的存款假证明一并抛给郑昱嘉，此时黎一鸣已经是嘉海任命的项目负责人，他将出面逼迫嘉海注入资金由并他黎一鸣来接手管理。

倾听着黎一鸣对项目的后续运作设想，邹培远也没有其他好方法可以替代，他担忧的是一旦矛盾激化到嘉海，郑昱嘉又该怎么办？凭他对郑昱嘉的了解，要想从郑昱嘉的身上拔毛救助项目简直比登天还难，郑昱嘉是个宁可做加法哪怕是小数点的加法，只要不牵涉到他投资，他才会完全同意，一旦要他做所谓冒险的投资，其利润即使是几何级的增长，他也宁可放弃。唯一的希望寄托在严于信的身上，让严于信出面与郑昱嘉摊牌兴许有这个可能，同时也能够有效地减去郑昱嘉对自己的怀疑。邹培远手托腮帮陷入沉思，他在思索如何将黎一鸣的设想进一步完善。邹培远想得脑子发胀，还是觉得严于信这张牌必须打出去，这范于波是严于信的亲戚，工程项目又在严于信的老家，是业主看中严于信在嘉海兼任名誉董事的头衔才愿意和嘉海合作，我邹培远充其量是起了一个催化剂的作用，是帮助郑昱嘉如愿以偿在山宁省建立一个分公司，同时又有嘉海集团历史上的第一个两亿合同的大单子，我是在帮嘉海的忙，帮严于信的忙。最可恨的是自己与范于波和焦保业签署的那份协议书，自以为做得天衣无缝，想不到还是被两个小人略施小计给耍了一通，邹培远又悔又恨。他怨自己当初为何不夹着皮包扶范于波上厕所？他懊恼自己怎么会如此大意失荆州？事到如今，也怨不得我邹培远无情了，老夫子该你出面补这个漏洞，是你的侄儿在你的家乡捅了个大娄子，老夫子你不挺身而出又该谁上？邹培远将一切都想得心安理得，他觉得自己没有对不起严于信的地方，心中也就觉得释然，当然项目成功自己获取中介费乃天经地义，这是双方心甘情愿的结果，周瑜打黄盖，彼此自觉自愿。

如何迫使严于信在郑昱嘉面前实行黎一鸣的心中意愿，邹培远倒还真拿不准主意。严于信的耿直正气，郑昱嘉的狡诈圆滑，他都领教过，能套住郑昱嘉的枷锁还真的难以寻觅。犯难的邹培远左思右想中猛然想到了一个人：严冰。他从郑昱嘉对严冰的贪婪眼神中，蓦然找出一个将来可以逼迫郑昱嘉就范的最佳人选。邹培远顿时神清气爽，他的担忧、他的愤怒随着严冰绝美的容颜在他的眼前闪现而化为乌有。邹培远感慨万千，他在心头默默地对严于信说话：严老夫子啊严老夫子，也许我邹培远有朝一日会报答你，只是时日未到，现在需要你做出奉献。不过我和你所做的一切都是为了咱俩有个很好的桑榆晚景。老夫子，往后的一段时间，千万别怪罪老同学的不是，也许再过个三五年，最多十年，你觉得咱所做的一切太值得。老夫子,别怪我,只不过你是目前形势下最佳的忍辱负重人选。邹培远在内心跟严于信交流完毕,如释重负,他扔给黎一鸣的话语掷地有声:"一鸣,我是什么都无所谓的,一张复印的影印件说明不了任何问题。为了嘉海集团,为了岗山镇的项目,为了一鸣你今后的大好前程,我愿意帮助你,我看中你的为人和你的超乎寻常的能力,要让嘉海能够出手相助,光我一个人还不行,我们还得借助另外一个人的能力……"

"严于信,严教授。"邹培远话未说完,黎一鸣张口就接上,"邹处长您说是吗?"

邹培远点头:"我对老弟你是刮目相看,你来东海之前是做足了功课有备而来。"邹培远感叹之后又对黎一鸣赞赏道,"也许你的出现让岗山镇的项目再也不会多灾多难。严教授马上就要来了,我和你该抓紧时间好好合计如何向他陈述这令人头疼的岗山镇项目。他是个不食人间烟火的典型的知识分子,将他卷入这个漩涡也实在是迫不得已。"邹培远隐隐觉得良心上受到谴责,同时也为了在黎一鸣面前显示自己是个有良知的人。

黎一鸣轻松地笑笑,细长的眼睛快活地眨动,他无所顾忌地当着邹培远的面,伸了一个非常舒坦的懒腰,不慌不忙地接口:"邹处长过奖,孙子兵法云:知彼知己,百战不殆。咱只需要将范于波的所作所为,让范于波如实告知他的表叔就可,严教授听了这些情况晕过去之后再清醒地想一想,他就必定会找你邹处长,那么咱俩可以从容地将刚才所商议的步骤如实告诉严教授,我想严教授除了按照咱们所说的去办之外再没有其他的辙。放心,邹处长,即使严教授有委屈也只是一时半刻,只要您邹处长工程结束后别亏待严教授。"

邹培远刚要张口反驳黎一鸣,严于信的电话就打来了,他告诉邹培远已经到达宾馆,却不见邹培远的身影。邹培远连连表示歉意,他让严于信稍候几分钟,自己马上就到。"怎么样,先一起见见严于信?"邹培远询问黎一鸣,"这个故事如何讲,我想你完全胸有成竹,我就不参与了吧?"

黎一鸣连连点头,他带着些许崇敬的心情回答邹培远:"在周胜都知道严教授,他的名声用如雷贯耳来形容一点都不为过,让他蹚浑水也实在是无奈。嘉海不注入资金援救岗山镇的项目将前功尽弃,范于波和焦保业保不准还要进班房坐牢。为人师表者崇尚的是奉献精神,咱也只好让严教授牺牲一把,做出奉献。"黎一鸣似在宽慰邹培远又似在为自己找台阶下,细长的眼睛泛动灼灼光泽,嘴里滚动着邹培远爱听的话语:"邹处长,您放心,不仅仅是您,我也不会忘记严教授,投桃报李乃是为人处事的最基本之道,咱们现在就去见严教授。"黎一鸣跟在邹培远的身后,折回宾馆的大堂。

严于信晌午接到邹培远的电话,告知他远在周胜的外甥今天到东海汇报岗山镇项目的事情,约着晚上一起见个面。严于信好生奇怪,他问邹培远为什么不到嘉海集团去汇报工作,偏偏找上他和邹培远?还明确表示自己不愿再掺和岗山镇建设项目的事情。邹培远在电话里跟严于信急,脱口而出:"他们遇到些麻烦先和你商量商量,再到嘉海汇报也是人之常情,你的远房侄儿承包这么大的项目,你是嘉海的名誉董事,又是从周胜的乡土走出来的,见个面有什么大不了的?和侄儿见个面还会吃了你?"严于信经邹培远这么一说,想想也有道理,便不再拒绝。

严于信在宾馆大堂见到了邹培远,他的身后还跟着一个年龄约莫四十岁的陌生男子。身材瘦削的对方一见到严于信就热情地三步并作两步走到严于信的面前握手问好:"严教授,您好,久仰您的大名。"黎一鸣用地道的家乡话与严于信攀扯:"在我们周胜都知道您严教授,您是咱周胜的骄傲。"

原来是老乡,严于信也客气地用乡音回答对方:"太过奖了,别这么客套。"严于信谦虚几句后转向邹培远,他不明白眼前的陌生老乡怎么会和邹培远并肩站立,却不见他的远房侄儿范于波。"你们都认识?"严于信有些疑惑,"于波在哪?"

邹培远笑笑,抢在黎一鸣的前头回答:"你难道还不知道他?"邹培远指着黎一鸣故作惊讶:"难道你的大侄子没和你说起过这位周胜老乡?"邹培远故作玄虚,有意逗弄严于信,"那待会可得好好教训你的侄儿,他叫黎一鸣,和范于波是岗山镇项目的合作伙伴。"严于信被邹培远数落得一头雾水,他不明白邹培远在唱哪出戏,刚要张口询问,邹培远又不容分说向严于信介绍起黎一鸣的大致情况。

黎一鸣何等聪明的人物,在邹培远向严于信介绍他黎一鸣的当儿,早就用电话通知范于波等从客房赶到大堂,云里雾里的严于信耳膜里被灌输的全都是邹培远对他这个陌生老乡的盛赞,仿佛他俩的交情远甚于他严于信和邹培远。严于信好生奇怪,无法弄明白黎一鸣和邹培远以及范于波之间是怎样的一种关系。

范于波从电梯口奔过来,老远就张口大叫:"表叔,表叔。"站在严于信的面前,范于波亲热地尊称黎一鸣为鸣哥:"没来得及告诉表叔,鸣哥是我项目上的合作伙伴,我和鸣哥一起来东海,也就是让表叔能见见鸣哥,明天我们还要到嘉海集团和郑董事长见面,项目管理班子调整,集团公司总要备个案才行。"

严于信一头雾水,圆圆的眼睛透过深度近视的镜片使劲地瞅着范于波。他百思不得其解:"管理班子调整你们明天去嘉海备案就是,和我还有邹处长有什么关系?把我俩扯到这宾馆见面吃饭有什么必要?"严于信摇头:"还没赚钱,就要摆谱,这东海的五星级宾馆住一晚得多少钱,还要在这儿摆晚宴,至于嘛?"

范于波挠着头皮，一时无语，只能"嘿嘿"地干笑几声，瘪了瘪嘴唇挤出来一句话："来了东海想让表叔高兴高兴。"

邹培远不失时机地出面打圆场："所有的费用都不用担心，我个人承包。"邹培远想得很清楚，第二天范于波他们到嘉海集团他也会陪着一起去，所有的花销让郑昱嘉给报销就是，对于这些小钱郑昱嘉在他面前还是很大度的，况且他每次报销都师出有名，郑昱嘉在他面前不会为这些小钱抠得要命。"你们先聊一会儿，"邹培远似乎是发号施令，"我先到餐厅去看看，预定的包厢是海棠厅，我先赶紧着点菜，你们随后过来。"

邹培远坐在海棠厅，他在想象待会儿严于信进包厢时该是何种情景，老夫子呀，怨不得我为你设下这道鸿门宴。岗山镇的项目陷入窘境，责任在于你的侄儿胆大妄为，要挽救整个局面让工程重新起死回生，你老夫子不下油锅谁下油锅？纵然委屈了你却也实在是别无其他的选择，老夫子，我邹培远记你一辈子的情。邹培远找出好多宽慰的话来排解自己对严于信的愧疚，他精心挑选的冷菜热炒都是平日里严于信喜欢的。

邹培远没有预料到跨进包厢门的是惊慌失措的黎一鸣，他竟然结结巴巴词不达意："邹处长，严教授他走了。他非常愤怒，说此事与他毫不相干。"黎一鸣补充道："他说要将事情的所有真相告诉周胜市的领导和嘉海的董事长。"

情理之外亦是意料之中的事情，假如严于信不拂袖而走，那就不是邹培远所认识的严于信了，越是如此越能证明老夫子的价值，此时此刻就需要脑子一根筋的人出手相救。邹培远冷眼观看黎一鸣，坏坏地拉开嘴角送给黎一鸣一个深不可测的笑意，低沉的声音却蕴含着满满的自信："走了？走了才好，再把他叫回来不就可以？"邹培远感慨："这才是真实的严于信。"

邹培远的男中音又在包厢延续："放心吧，我自有办法。"见黎一鸣满脸困惑，邹培远合上菜谱，将半支烟掐灭在烟灰缸后一跃而起，他穿上外套："我这就去请严教授，你们等着我就成。"

约莫半个时辰，黎一鸣看到邹培远和严于信一前一后重新回到海棠厅，两人的神态表情大相径庭，春风满面的邹培远拽着垂头丧气的严于信在绿丝绒包裹的靠背座椅落座，邹培远用调侃的口吻对严于信循循善诱："老同学啊，危难之际出手相救乃士大夫真实秉性，此时此刻咱不上刀山谁上刀山？咱不下油锅谁下油锅？事情也未必如此恐怖，为了嘉海的顺利发展，为了岗山镇的新农村的项目顺利进行，为了你的科研项目早日完成，必定要劳你筋骨，苦你心志。范于波邀上黎一鸣共同管理这个项目有百利而无一害，何乐而不为？我知道于信你的那个科研项目正在密切关注岗山镇的新农村项目的进程，这个项目也是你的科研试点,你怎能甘心仅仅因为资金的暂时短缺而使这个项目毁于一旦?其间有许多的可探讨的内涵在整个项目建设过程中需要你和你的团队总结呢。于信,你在探索研究当今经济发展的一个新的规律,中国的经济建设延续到农村后可持续性地发展,其间的必然性和可行性真的需要你来指点迷津,所以说拯救这个项目意义重大啊!退后一步来说,表面上看是在帮助你的侄儿,实质上是在帮助嘉海,帮助政府,帮助您的事业啊!难道你还不明白?再退后一万步来说,谁都知道这个项目是你引荐自己的侄儿范于波用嘉海的资质总承包的,你如何证明自己是两袖清风?我理解旁人难道都理解?即使你挺身而出证明自己一尘不染,在这个商业社会谁又能相信你呢?保不准越描越黑,等到事情的真相水落石出,你也将自己的半条命给搭进去了,是否值得?于信兄,三思而后行啊!"

邹培远的一番真情告白,句句击中严于信的命脉,严于信双手抱着头痛苦地陷入沉思,进也难退也难啊!黎一鸣跃跃欲试,想借邹培远的煽动性话语再乘胜追击,将严于信逼迫得乖乖就范。邹培远摇手阻止,悄悄地对黎一鸣咬耳朵:"火候到了,等着吧。"邹培远与黎一鸣一左一右围坐在严于信的身边,默不作声地抽烟喝茶,他们很有耐性地在等待着陷入矛盾深渊的严于信,开口说出令他俩满意的答复。

身心疲惫的严于信好似一只被邹培远玩得团团转的陀螺,任凭邹培远用鞭子抽得这只陀螺按照他的意愿转动。他抬起圆圆的眼睛,深度近视的镜片后面那双没有光泽的眼睛无望地凝视着邹培远,喃喃自语:"我不知道该怎么办?培远,我的脑子一片空白,悔不该让范于波去接这个项目。我应该知道他是没有经济实力做这个工程的,到如今赔了夫人又折兵,还让你们来收拾残局,我实在是对不住你们。"

"也难怪范于波他们,在市场经济条件下,谁逮住这个机会肯轻易放手? 只不过当今的市场经济不规范造成现今难以收拾的局面。正如你所担忧的那样,当官的为了所谓的政绩,根本不顾自己的财政实力拼命搞基本建设,楼房造好,政绩体现,紧接着就是职务的升迁。这些当官的哪里会在乎有钱没钱,只要有一纸文件,就巴不得马上付诸行动,越快越好,体现自己政绩需要的就是这样的机会。企业为了自己的形象盲目扩张,业绩提升的同时带来资金链短缺的真空,最后导致企业的倒垮。中国的市场经济痼疾丛生,天降大任于你,在拯救这个项目的同时,好好地为中国的经济建设把把脉,开个药方出来,这是你责无旁贷的重任。于信,我会支持你陪着你,一路走过去。"邹培远口若悬河地谆谆开导。

不仅仅是严于信被邹培远三寸不烂之舌的游说完全说动了心,就连坐在一旁的黎一鸣也折服于邹培远的口才,他对自己在邹培远面前施弄的雕虫小技自惭形秽,他觉得能够攀附邹培远这棵大树实乃三生有幸。黎一鸣自此开始萌生与邹培远同舟共济的愿望,他立下誓言,此生必定将邹培远与他黎一鸣捆绑在一起,搅个天翻地覆,混出个人样,让世人知道他黎一鸣何许人也。黎一鸣觉得自己也该不失时机地表现一把,他殷勤地为严于信倒茶,言辞恳切:"严教授,只要我黎一鸣在,岗山镇的项目绝不会中断,我会在每个阶段都按时向您和邹处长汇报进展情况。好在我是本乡本土的周胜人,相关的协调关系我完全可以做到。"

邹培远频频点头,赞赏黎一鸣恰到好处的补白,他侧眼瞧瞧瘦骨嶙峋的黎一鸣,貌似风一吹几乎就能歪倒的瘦高个子其能量确实不能小觑,也许今后自己还少不了这样的人做帮手。邹培远送给黎一鸣一个友善的笑容,话中有话:"一鸣呀,严教授该出力的地方绝不会袖手旁观,工程的有序进展以及严教授研究课题所需要提供的信息资料你都不能含糊,一定要记得。"

黎一鸣连连点头:"这个自然,请严教授和邹处长一百个放心。其实我这里也不需要马上就让嘉海注入资金支援工程,我和子根大哥尚有一笔流动资金可以先运转,估计可以运作至整个建筑到地面二层,到那时我们和业主试着沟通,看看能否预拨一批工程款?假如有这个可能的话,也就不需要嘉海集团的资金注入。现在我们只是让嘉海的郑董事长明白我和子根大哥也是嘉海的管理人员,我们和范于波、焦保业在共同管理岗山镇的项目,其他的和嘉海签订的分包协议全部不变。"黎一鸣想出一个先退一步再进三步的主意,只要严于信以后乖乖地围着他和邹培远转,那事情就好办,此时在严于信面前做出高调的姿态势必为后面的得寸进尺带来莫大的好处,正所谓将欲取之必先予之。

邹培远大悦,连说"好!好!",他也深深佩服黎一鸣使出的这一招,这小子,果然是块做生意的好料!

严于信也顿觉浑身轻松,原来他所需要做的只不过是在郑昱嘉那里引荐两个有资金实力的项目管理者,郑昱嘉岂会不愿意?严于信有点怨怼不争气的远房侄儿范于波,又庆幸亏有黎一鸣的及时出现,他将原先肚子里的不满全都冲范于波发泄:"这个范于波,我是哀其不幸,怒其不争,亏得有你小黎的介入,否则我真不知道在郑董事长面前如何交代。"

黎一鸣轻松地报以一个笑意,细长的眼睛里流露出也只有邹培远能领会的意味深长,山雨欲来风满楼的那一天全部都蕴含在黎一鸣细长眼睛的眸子里面。邹培远也回报黎一鸣一个心领神会的笑意,他才不在乎,老夫子就是他的避风港湾。他已经卸掉一身重负,浑身轻松,百分之二的中介费黎一鸣绝不会少他一分钱。

海棠厅一扫沉闷的气氛,轻松的笑声洋溢在整个包厢。严于信如释重负,他竟然破例地向邹培远索要一支香烟深深地吸上一口,呛声不止中,严于信感慨万千:"市场经济最基本的核心是由市场自发调节需求从而进行资源的最佳配置,现在市场经济又增加一条政府的宏观调控,在具体落实的过程中往往又会出现计划经济模式的行政干预,不对称啊!这新农村的建设固然是好事,能给老百姓带来安居乐业的福祉,但怎能用行政的手段一刀切?怎能靠一道道政令来完成市场经济的刚性需求?我本人是不赞成全国各地都复制千篇一律的新农村的建设项目,也许若干年之后,我们这些游子回到自己的故乡,会看到大江南北如出一辙的兵营式高楼,存在记忆中的故乡的风情都不复存在,当我带着儿时的记忆重温故乡旧梦的时候,会为故乡的现状大吃一惊:崭新的街道,一栋栋楼房,划一的社区规划,确实改变了农民的生存方式,但故乡原先的乡土文化也随之消失。马克思有一句极为精彩的至理名言:五官感觉的形成是以往全部世界历史的产物。我不敢想象当我的记忆中没有原先玩耍过的大院和浓荫匝地的老树,没有泥泞道路上留下的车辙,没有屋檐下垒巢的燕子,他们都伴随着我的这些旧时记忆灰飞烟灭,我严于信除了百感交集、万般惆怅,还会有什么感触,记忆中的岗山镇只能在图书馆里翻阅古人留下的资料填补我心头的缺憾了,这新农村的建设项目必须有效结合地方文化,两者有机统一才能得到真正的发展而不留遗憾啊!"

黎一鸣唯唯诺诺地点头称是:"严教授言之有理,你的课题研究要和我们的工程同步进行,用先进的理论指导行动。"

严于信依然侃侃而谈,他话语的锋芒又转向岗山镇的项目:"你们承包项目从经济角度来说是为了赚钱,你们会是经济上的赢家,嘉海集团既有业绩又有利润也是赢家,各级政府领导捧出一个新农村建设的项目也是最好的政绩说明,你们都是胜利者。"严于信郁积心中的诸多不满,想借着袅袅烟雾一股脑儿和盘倾吐,他见邹培远和黎一鸣都顾左右而言他,不愿意过多倾听他的诉说,只得无奈地转移话题:"罢,罢,不说也罢。"严于信自我解嘲地挥挥手:"这岗山镇的项目真可谓山不转水转,现在有小黎加盟,我的心也安定许多,明天我们一起到嘉海集团和郑董事长见面,我会向郑董事长正式引荐小黎和程子根先生。范于波呢?"严于信环顾四望,恨恨地说道,"我得好好地教训他一顿,有多少能力就做多少事情,四两拨千斤这么容易?蚂蚁真的能够撼倒大树?天方夜谭的怪事。"

黎一鸣笑道:"说曹操,曹操就到。严教授,你看,他们不都来了?"随着黎一鸣手指的方向,严于信看到范于波和焦保业还有程子根都在包房的门口齐刷刷地站立,"他们都在聆听您严教授的讲课,在门口足足站了半个多小时了。"黎一鸣笑着缓和气氛。

"你啊!"严于信手指着范于波苦笑着摇头,"不知道该怎么说你。"

邹培远出面打圆场:"好啦,一切都天遂人愿,咱们就来个一醉方休,公事免谈。小姐,上菜。"邹培远大声嚷嚷。

觥筹交错中,邹培远又陷入沉思,他对严于信在郑昱嘉这里能使出多少力道心中没谱。他再明白不过严于信岂是郑昱嘉的对手,假如仅仅是项目部增添两个管理人员,且用不着郑昱嘉掏腰包为项目注入资金,郑昱嘉会送个顺水人情给严于信,一旦工程陷入资金短缺的窘迫境地,严于信哪里有本事能游说得郑昱嘉心甘情愿地掏口袋?后怕的事情肯定不可避免,他邹培远又绝无可能做这个项目的炮灰,让郑昱嘉成为心甘情愿的剜肉者还需另外物色一个人出场,邹培远想到了严冰。邹培远咬着嘴唇暗暗琢磨,如何将严冰推到郑昱嘉的身边。他的眼前晃动着一幅图案,心里反复修正,慢慢地形成一个比较完美的画面,他自认为有了充足的底气,嘴角拉开了舒心的微笑,觉得自己真正可以卸下一身重负了。邹培远认为凭借手中的几张王牌,足以让自己游刃有余地在幕后从容地指挥这一员员干将为自己的利益冲锋陷阵,他似乎看到自己腰缠万贯的美好明天就在眼前。

10

郑昱嘉最近眼皮老是跳个不停,他不明白自己为什么会寝食不安,梦里总是有严冰的身影进入他的生活。尝试着给严冰打过好几个电话,得到的却是非常有礼貌的婉拒,无奈之下,郑昱嘉只得到会所找茜茜小姐或者自己的女秘书小吴颠鸾倒凤一场,聊解相思之渴,锦衾之下相拥的美女纵然秀色可餐却无法替代严冰,郑昱嘉在忘我纵情之时,幻想着是和严冰进行着天人合一的交织,郑昱嘉完全陷入自己的单相思不能自拔。

每天早上驾驶员到他的府邸迎接,郑昱嘉还慵懒地卧床不起。他抱着枕头幻想着和严冰再相拥一会儿之后,才极不情愿的趿拉着拖鞋到盥洗室洗漱,镜子中的郑昱嘉明显地消瘦,他摸摸自己的下颏自嘲道:为伊消得人憔悴,美人哪知相思苦?郑昱嘉暗自发下毒誓:无论花何种代价,也一定要和严冰厮守一生。

年届不惑的郑昱嘉事业开始步入辉煌的快车道,嘉海集团的经营业绩渐入佳境,几乎每个星期都有一个合同签订,近几个月因为岗山镇项目签订的合同,引得各方的业主对嘉海的实力刮目。两个亿的单体项目落定在嘉海,甲方在考察嘉海的时候,借用嘉海资质的小老板们便有一个绝好的样板说明,业主方看到白纸黑字鲜红公章盖定的两个亿合同,自然对嘉海的实力也深信不疑,一个个项目也随之落户到嘉海,郑昱嘉着实赚了好大的一笔。几个月来,郑昱嘉的嘉海集团总共有近三十个亿的项目签约,到年底不出意外,至少还有二十个亿的项目等待着签订。每年五十个亿的项目,嘉海集团收取的项目管理费包括其他方面的诸如代征税、所得税、分公司的年费等等,至少不少于百分之三,一年就能稳赚近两亿,郑昱嘉大发的时代来到了。

赚钱对郑昱嘉来说实在是太容易,唯一美中不足的是垂涎已久的严美人对他是冷冰一块,郑昱嘉无论是柔情万丈还是一掷千金,都无法融化严冰成为一泓缠绵的碧水泽被他。纵然多次有零距离的接触,却总让郑昱嘉感觉严美人和他是咫尺天涯,她的身边一双双虎视眈眈的眼神,让郑昱嘉不敢逾越雷池半步,好几次有机会在集体的场合与严冰有过言语上的简短交谈,郑昱嘉总难以按捺感情的冲动。好在郑昱嘉的自控能力还不错,他明白严冰绝对不是等闲女子,他显示出的绝对是绅士的做派。夜深人静,郑昱嘉孤独一人入寝,难耐的饥渴搅得他无法进入梦乡,他每每会拍打着枕头和严冰说着缱绻的话语进入他意想的境界来获得生理上的快慰,他甚至萌生如此的念头,假如严冰愿意与他比翼双飞,他宁愿效仿温莎公爵。郑昱嘉私下里常常自言自语,闭月羞花、沉鱼落雁的四大美人只是一种描绘,生活中的绝色美人他却实实在在有幸一睹,那就是严冰。

越是渴望的东西越是像水中的月,镜中的花,也越发激起郑昱嘉奋起直追的勇猛。他发誓,哪怕一掷万金也要将严冰揽入自己的怀抱,他要寻找突破口。郑昱嘉在镜子中欣赏自己的俊朗形象,他抚摸自己的脸庞,看到严冰靓丽的身影躲在自己的背后,令他情不自禁地喃喃自语:"美人,你就大变活人出来吧,我郑昱嘉一辈子对你忠贞不二。"郑昱嘉将自己的手伸向后背,却是在拍打自己的肩胛,他无奈地摇头苦笑,重新欣赏着镜中的自我。

迷恋仓央嘉措的郑昱嘉对着镜中的自己轻声地吟诵:

> 我那心爱的人儿,
> 如做我的终身伴侣,
> 就像在大海底下,
> 捞上来一件珍宝相似。

郑昱嘉朝思暮想的珍宝躲藏在深不可测的大海,他看到的是一片无边无际的汪洋大海,纵有再大的本事他也无法潜入几千米深的海底打捞心中渴望的珍宝。郑昱嘉心有不甘,他在询问严冰:问问心爱的人儿,愿否作亲密的伴侣?郑昱嘉听到了严冰的回答:除非死别,活着永不分离!郑昱嘉激动得眼角涌出泪花,他张开臂膀相拥严冰,却发现是自己的双臂相抱。郑昱嘉无奈地对着镜子苦笑,不经意间,他发现自己的鬓角有一根白发,他用小手指轻轻地挑到外边,又用拇指和中指拈住白发用力一拔,躺在手心的白发又激起郑昱嘉的万千愁绪。他认为这白发完全是严冰给予自己的馈赠,他恍然明白相思愁白头确实有道理,他郑昱嘉不正是真实的写照?

郑昱嘉在盥洗室好半天还未梳洗完毕,他的眼皮又开始跳动。郑昱嘉拍拍眼睛希望能够阻止眼皮的跳动,谁料到越拍眼皮跳动得越发厉害。跳吧!跳吧!管你是祸是福?郑昱嘉悻悻地骂道,索性对着镜子欣赏眼皮的跳动。蓦然间郑昱嘉仿佛发现了新大陆,这次眼皮的跳动和往常竟然不同,是左眼皮在跳动。俗话说男人右眼皮跳动是祸左眼皮跳动是福,敢情有好事轮上我郑昱嘉。喜滋滋的郑昱嘉一阵兴奋,莫非今天有机会和严冰见面?对于工程上签订的合同,他早已不在乎,他的嘉海建设集团在东海市的建筑界早已是傲视群雄,谁能与他匹敌?在郑昱嘉的心目中,东海市的建筑业唯嘉海集团为翘楚,舍嘉海集团又有谁?事业的膨胀让郑昱嘉利令智昏,他无所顾忌地按照自己的模式经营着嘉海集团,利用嘉海集团的资质不断地成立分公司,不断地允许诸多项目挂靠嘉海从而轻而易举地收取管理费,眼看着不尽财源滚滚而来,郑昱嘉陶醉在日进斗金的亢奋之中,市场经济就是好啊!这是他唯一的有感而发。当下他最迫切的愿望就是何时抱得严美人归,为了严冰能躺在自己的怀抱,他宁可舍弃上亿的项目而不顾,人生赚钱的基本目的就是为了如愿以偿的享受。想入非非的当儿,手机铃声急促地响起,郑昱嘉一看来电显示是严于信的电话号码,不由得一阵激动,严教授好些时日没有给他来电,严教授是打通他和严冰零距离接触的唯一途径。郑昱嘉赶忙接听严于信的电话,前些日子他听得严于信说起女儿严冰要开一个钢琴独奏音乐会,郑昱嘉名列邀请名单,郑昱嘉就盼着这一天的到来,为严冰订购的花篮、赠送的匾牌,早早就准备妥当,他还花重金让东海最著名的书法家挥就墨宝一幅,精心装裱后挂在自己的卧室先欣赏为快。题词是郑昱嘉拟就的:艺无涯,乐无界。郑昱嘉就等待着在严冰的个人音乐会谢幕的时候跨步上台将墨宝赠送给严冰,然后很自然地与严冰合影留念,往后他可以借此机会取得和严冰进一步深入接触的机会,郑昱嘉不信东风唤不回。

严于信小心谨慎的话语在电话的那头清晰地送入郑昱嘉的耳膜,他告诉郑昱嘉,下午到嘉海建设集团想和郑昱嘉当面说些有关岗山镇工程的事情。郑昱嘉一听,张大嘴巴说不出话来,他的心顿时凉了半截,莫非严于信告诉他的是关于岗山镇项目的事?郑昱嘉猎豹一般的商业嗅觉得出的第一个反应是莫非岗山镇的项目前景不妙,工地上出事?人员伤亡或者是资金链断裂?还是其他?纵横商海,郑昱嘉现在最怕与小地方的行政官员打交道,口气比力气还要大,酒席上胸脯拍得"砰砰"作响,什么承诺都能答应,实际办事的时候啥都抛到九霄云外,而且敢拿敢要,胆大妄为得很。甲乙双方发生矛盾互相交涉,远隔千里地往来劳命伤财,数不清的宴请送礼才能挤出一些钱款打到嘉海的账户,还得留下进贡的一块,可恨可恶可恼。郑昱嘉是过来之人,明白各分公司小老板们的无尽苦恼,如今这些打点无需嘉海和郑昱嘉出血,是各分公司自己的事情,他的这种经历早就成为过去式。嘉海的大旗在东海市迎风飘扬,春风得意的郑昱嘉只对主动送工程大订单的财神爷敞开大门,仰人鼻息的时代于他郑昱嘉而言一去不复返。郑昱嘉非常欣赏自己的经营理念，他认为自己的经营之道是将所有的风险都转嫁到下面的各分公司，你们使用嘉海的平台，嘉海收取比其他企业相对较低的管理费，但是嘉海绝不承担任何的风险。

郑昱嘉的经营模式在圈内一传十，十传百，分公司一下子扩张到近一百个，他旗下的各分公司忙着转战南北钻营项目，只要有项目自然送货到嘉海。郑昱嘉计算得相当精明，每个分公司在项目承包的过程中，为了获取利润的最大化，势必要倾心管理，用不着他郑昱嘉的嘉海集团投入财力和劳力成本。外界印象中的嘉海集团如日中天，唯郑昱嘉心知肚明，偌大的集团公司他郑昱嘉只需要为数不多的管理人员审核合同，敲敲公章，配合各分公司办理相关的招投标手续足矣。他郑昱嘉则稳坐钓鱼台收取各项管理费，银库的钱财日日飘红，郑昱嘉俨然成为东海市建筑业的精英，嘉海集团在东海市民营企业一百强中排行第三十强，他也成为东海市的十大杰出青年企业家。公众场合郑昱嘉还是比较低调，虚心地谦称嘉海的业绩是积小流而成大江。郑昱嘉说的这句话倒也是大实话，嘉海的分公司假如不插遍全中国，仅仅凭借嘉海在东海市的竞争，哪里会有如此丰盛的大餐等着他大快朵颐？

工程项目源源不断流入嘉海，合同标的总数几何级的增长。不可否认，是岗山镇两个亿的工程合同将嘉海集团提升到一个崭新的平台。岗山镇项目的合同签署半年有余，工程的进展也有几个月，反馈的消息是整个项目一直波澜不惊地进行着常态的施工，郑昱嘉隐隐约约总觉得有些不太踏实。他基于最常规的逻辑思维的考虑：二十万平方米的建筑体量，承包人范于波和焦保业仅仅出资三千万前期尚能撬动这个项目的正常进行到地面二层有百分之十五的工程款进账，但这点钱又怎能维持到结构封顶？没有七八千万的资金投入无法让这个项目平稳完成，况且现在的农民工维权意识特别强烈，少一分钱都会到政府部门上访控告，还有大笔的材料款也需要真金白银及时地支付，郑昱嘉在享受胜利喜悦的同时，总不免忧心忡忡，他总觉得这个项目保不准会给嘉海带来意想不到的烦恼。

令郑昱嘉最不放心的是两个项目承包人范于波和焦保业，郑昱嘉横看竖看都没法放心；其次，郑昱嘉对岗山镇的筹建处负责人赵则林也颇为不放心，一张苦瓜脸怎么看都是八败之相，他率队到东海市嘉海建设集团考察，郑昱嘉出于礼节和他有过一次照面，赵则林的闪烁其词让郑昱嘉担忧这个项目会不会真的资金充足？赵则林含含糊糊地回话郑昱嘉还记忆犹新，什么我们不缺钱，我们需要有实力和有能力的建设单位来建设我们的项目，我们需要这样的合作伙伴对我们新农村建设项目的支持等等，绕个大圈子就是没有正面说明他们的资金状况究竟如何。既然不缺钱,为什么签订合同后还要等到主体建筑出地面二层才支付百分之十五的工程款?还是经过争取才签订的补充合同,这份合同的这个条款至今仍是郑昱嘉的一块心病。

促使郑昱嘉最终拍板签订这个项目的原因是看重单体合同两个亿,这是嘉海建设集团历史上第一个最大合同,有了这个合同,嘉海筑巢引凤能获得更多的项目,这确实打动郑昱嘉的心坎,郑昱嘉对这一点心知肚明。几个月来嘉海签订的十笔标的过亿的工程合同,都因为业主过目嘉海集团有一份两个亿的单体工程合同。此外,还有好几笔上亿的合同也即将签约,岗山镇的项目确实开启嘉海发展的先河,嘉海前所未有地站立到一个新的制高点。一个岗山镇项目的合同就目前而言至少让嘉海赢得总量超过十五亿的工程项目,后面还有滚雪球似的诸多上亿的工程合同也即将签约,郑昱嘉由此开始大发,郑昱嘉承认这是个不争的事实。还有,对严于信的绝对信任,也是让郑昱嘉最终盖上嘉海公章的主要原因,凭借严教授在周胜的广泛人脉资源,一旦有何不测,这严教授还是能发挥至关重要的作用,况且又是严于信的远方外侄承包这个项目,其风险也自然可控。几个月来,岗山镇的工程建设没有任何负面的消息传到嘉海,郑昱嘉也就渐渐消弭先前藏在心中的忧虑,掐指算来,按补充合同的约定最多还有一个月业主的第一笔工程款应该到位了,有了这笔工程款,郑昱嘉的心至少可以放下一大半。谁料到在业主即将支付首笔工程款的前夕,严于信来了个电话,说要和他汇报岗山镇项目的事情,郑昱嘉顿时没了方向,他的第一个反应是岗山镇的项目会不会资金上出了问题。

郑昱嘉约定下午在办公室和严于信见面,等待严于信到来的一段时间里,郑昱嘉对岗山镇的项目做出种种假设,好多种推演得出的结论都显得很是不妙,他失望地双手枕着后脑勺,凝视天花板发呆好半晌。郑昱嘉又虔诚拈香三炷在观音菩萨的坐像前点燃,双手合十,默默祷告。他祈求菩萨保佑,他要观音菩萨显灵带走他即将面临的灾难。观音菩萨是郑昱嘉的避难所,不管遇到何种危难挫折,郑昱嘉就燃清香三炷匍匐在大慈大悲的观世音菩萨面前念念有词地祷告一番,恳求大慈大悲的观世音菩萨庇佑。慈为奉献,悲为觉悟,奉献即菩萨须保佑自己逢凶化吉一生平安,所有的灾难都得由菩萨给带走;觉悟是菩萨让自己心明眼亮在事业上不断进取获得更大的成功,碰到困惑坎坷,郑昱嘉就将观世音菩萨请出,让菩萨带走他的所有麻烦。一番祷告之后,郑昱嘉的心情得到放松,他让秘书小吴为自己泡上一壶香茗,浅尝低品,静静地等待着严于信的到来。

严于信从来就很守时,约定的时间一到,他就出现在郑昱嘉的办公室。郑昱嘉侧眼瞟了严于信一眼,严教授圆圆的脸庞铺满愁眉苦脸,就像霜打过蔫了的茄子一样无精打采。郑昱嘉的心头"咯噔"一下,他还是很有礼貌地和严于信打过招呼,起身邀严于信落座,随后又很尊敬地坐在严于信的对面:"严教授,喝茶。"郑昱嘉一如既往的真诚,绝口不提岗山镇项目的事情。

严于信呷口茶抬眼望着郑昱嘉:"郑董事长,岗山镇项目的事情有必要向你汇报一下,你心里头也能够有个准备。"

郑昱嘉一愣,他用眼角的余光悄悄地扫视严于信的脸部表情,老夫子的脸色满是沉重,他情知大事不好,岗山镇的项目一定是坏事了。先听了再说,郑昱嘉告诫自己切忌激动,他平静地用微笑迎向严于信:"严教授,您太客气,怎么能说汇报呢?有什么事照直说,不就是一个工程而已,没啥大不了的,您有什么就说什么。无论如何,我还得感谢您为嘉海集团引进这么大的一个工程,我郑昱嘉遇上您这样的贵人三生有幸。尽管说,没问题。"

严于信好生感动:"郑董事长真正是个大气之人,你的豁达淡定、宠辱不惊,绝对能助你成就大事,培远介绍我和郑董事长相识,是我严于信三生有幸。"严于信说的是真心话,他从来都没有学会恭维,"岗山镇的项目进行得还算顺利,我的远房侄儿范于波承包这个项目也算得上尽心尽力,只是项目太大,他的经济实力也有限,工程进展到现在,范于波也到了捉襟见肘的地步。"严于信压根没有想到范于波和焦保业在岗山镇这个项目上的斑斑劣迹,他俩合伙出具银行存款的假证明,私下伪造补充合同,在各工班组那里收取保证金等等,这一切他都被瞒住。邹培远知道严于信的耿直秉性,一旦老夫子了解这些内情,他唯一的做法就是上公安局报案,并立刻将所有真情如实禀告郑昱嘉,那邹培远也就走远了。

郑昱嘉的心倏地提到喉咙口,原来老夫子还是替自己的亲戚向他求援来了,两个亿的工程,这资金的垫入不会是一笔小数字,郑昱嘉的心禁不住怦怦直跳。他不知道接下来严于信张口要求他出血到什么程度,他竭力按捺住自己的不安心情,不急不缓地拿起茶杯,吹掉浮在茶水上面的几片茶叶,慢慢地呷上一口茶水,微笑依旧:"严教授,您说,我听着。"

严于信更为感激,他将全部的信任都投给了郑昱嘉,认定郑昱嘉是个可以信赖之人:"我现在才真正明白干工程这行也确实不容易,范于波他们为了不增添嘉海集团的麻烦,同时也为了保证工程能顺利进行,在周胜又邀请两位有经济实力的合作伙伴加盟他们的项目管理班子。据我所知,这两个人在周胜也有自己的实业,一个叫黎一鸣,有自己的建材贸易公司,周胜的建筑工地大部分的建筑材料都是他在供应;一个叫程子根,自己有一家旅馆在经营,经营状况听他说还不错。"

郑昱嘉吊在喉咙口的心忽地又回到原来的位置,严于信和他开了一个不大不小的玩笑，搅得他的心忽上忽下。老夫子，你有一出没一出的神神叨叨，搞得我头都炸了开来，你为何不先点明主题再进行补充说明？非要按照事情的来龙去脉做出长长的铺垫才切入正题，让我郑昱嘉虚惊一场。幸亏我郑昱嘉沉得住气，没有过激的言语冲撞你严教授，换作他人，我早就不客气地将茶杯摔到他的脸上。你也是借了你女儿的光哦，因为严冰，我才能够忍受你的吞吞吐吐，并有充分的心理准备接受不可测的事件的发生。郑昱嘉脑子里紧绷着的弦慢慢地松弛下来，很有绅士风度地耸耸肩膀，报严于信一个非常友善的微笑，他悄悄地为自己刚才的镇定自若打了个满分的评价。郑昱嘉很自信地猜测：老夫子为自己今天的大度表现，一定会在自己的女儿面前大加赞扬，郑昱嘉需要严于信这座桥梁的连接让他能逾越和严冰之间存在的鸿沟。"严教授，您别急，慢慢地说，即使有天大的事情发生，也有过得去的坎，您说是吗？岗山镇的项目范于波他们不就是再增加两个管理人员，没关系呀，嘉海集团认可就可以，我这就让公司的合约部拟定一个任命书发给业主，您看可以吗？"郑昱嘉只要不掏口袋就行，发份任命书小菜一碟的事，他还真的要感谢严于信，他相信是严于信在起作用，与其说是帮助范于波还不如说是帮助他郑昱嘉。

严于信自然感激不尽，他连连盛赞郑昱嘉的大将风度："郑董事长，范于波和黎一鸣他们都到了东海，他们正在公司的楼下，可不可以叫他们过来见你一面？"

"当然，当然，"郑昱嘉连连点头，"晚上我作东请他们吃饭，他们都是我公司的员工，而且还是我嘉海集团的高级管理人员，换个角度来说，他们都是我的衣食父母，严教授，有请他们。"郑昱嘉说话的声音有些拔高，"晚上如果令千金严冰小姐有空，也可以让她一起参加，他和范于波该是平辈吧？"

严于信连称没有问题，他会通知严冰一起参加。"忘记告诉郑董事长一件事了，"严于信从口袋里掏出一张入场券，"小女的专场钢琴独奏音乐会，她让我邀请郑董事长前去捧场。"

尽管郑昱嘉是喜出望外，但在严于信的面前却表现得极为淡定，他不会让严于信了解自己对严冰的相思之情，也不会让严于信对自己有纨绔轻浮的评价。郑昱嘉收拾起自己的好心情，眼睛里闪动着一片真诚："真该谢谢严冰，其实我也是她的拥趸，她的粉丝。她的一曲德彪西的《雾》，说来让严教授见笑，我听后余音绕梁三天，高山流水知音难觅呵！"郑昱嘉无端地涌起一阵怅惘后，突然觉得自己说漏了嘴，赶忙改口："严教授务须转告令爱，我一定如约前往。"郑昱嘉回眸望一眼观世音菩萨坐像，他又在感谢观世音菩萨的再次显灵。

严于信谦逊地感谢郑昱嘉对严冰的过分褒奖，同时对郑昱嘉显露的极好教养更是欣赏有加:"郑董事长真是当今商界不可多得的儒商,小女以后能有幸得到郑董事长的赐教,实在是件让我欣慰的事,我也应该尝试着让她走出象牙塔,体验丰富的社会生活,请郑董事长有机会能够帮助小女。"严于信说的是真心话。

郑昱嘉大喜,他真想搂着严于信就地转圈三呼感谢,他不愧为情场高手,懂得如何调整自己的感情恰到好处地愉悦对方。面对严于信的一片真情,他需要反馈给对方的是一种从容之中的淡定表情,从而让严于信更增对自己的敬佩。和严于信的交往必定是润物细无声的渗透,这种渗透慢慢深入到严于信的骨髓,严于信就能完全为自己所用。郑昱嘉矜持地给诚恳的严于信一个浅浅的微笑:"此话在下担当不起,我郑昱嘉何德何能敢班门弄斧指教令爱?今后在严教授的引荐下,我和严冰小姐倒是想有些接触交流,倘若令千金不介意的话。哦,晚上还要和您的几位周胜老乡共进晚餐,严教授,我们晚上再见。"郑昱嘉告诫自己得意之时莫做得意之举,失意之时莫想失意之事,应该见好就收。他婉转的逐客令下得恰到好处,让严于信带着感激暂时地和他分别,从而留给严于信一个遗憾的空间,这恰恰是郑昱嘉设计的需要,唯有此,严于信对他的尊崇才能达到一个新的高度,这是郑昱嘉运筹帷幄的需要。

目送严于信恋恋不舍地离他而去,郑昱嘉这才紧闭办公室的大门,扯开衣襟,发狂似的大笑不止,他的手中还捏着严冰个人音乐会的入场券。郑昱嘉将入场券举到离自己的视觉距离一臂远的地方,呈水平状,歪头眯眼仔细端详,好吉利的座位:八排八座。郑昱嘉稍稍激动,禁不住双唇亲吻那张入场券,这上面一定存有严冰的气息甚至是体香。原来严冰小姐将她对自己的一缕情丝深深地掩盖,她在与我郑昱嘉打哑谜,郑昱嘉忘乎所以,浅吟低唱:"遥想美人兮日夜思虑,抱得娇娃兮天遂吾愿。"

郑昱嘉想得出神又情不自禁地抿嘴浅笑,幻想着那天的舞台上严冰的纤纤玉指一定会在黑白琴键上流泻出德彪西的钢琴作品《雾》,他要亲自将严冰演奏的作品给录下,让这绝妙的旋律在他郑昱嘉和严冰的两人世界绵绵流传,永久地滋润他俩的心灵。一想到在那一天,他将登上舞台送上花篮和条幅并与严冰相拥祝贺的场面,郑昱嘉浑身舒畅,无法自控地用口哨吹奏德彪西的《雾》,完全沉浸在自我的陶醉之中。

春风得意的郑昱嘉晚上在豪华的东海大酒店宴请周胜市岗山镇项目部的一行四人,加上严于信父女,邹培远自然赶来叨陪。严于信一见郑昱嘉,边赶紧道歉:"小女今晚抽不出空,她让我向郑董事长告假。"郑昱嘉明知这种场合严冰绝无可能出席,但心里多少还存在着侥幸,他期盼严冰能飘然降临。一缕失望的表情在郑昱嘉的脸上迅速闪过,尽管心里头怏怏的,他还是启动招牌式的微笑迎向严于信:"没关系,严教授,咱们来日方长,来日方长。"一席人在邹培远的招呼下依次落座,郑昱嘉的眼角扫视了项目部的四个人。这项目部的四个人唯有黎一鸣稍稍赢得郑昱嘉的青睐,其余三人郑昱嘉连眼角都懒得扫,出于礼节郑昱嘉客套之词不可避免,应酬一番后,郑昱嘉借口还有其他事情先行告退,他让邹培远代替自己奉陪项目部的四个人。邹培远巴不得有这么个机会,他极力在黎一鸣等人面前表现出和郑昱嘉的交情弥笃情如兄弟,对郑昱嘉又是拍肩膀,又是用笑话调侃,整个气场唯有他邹培远的定力才能震慑众人,郑昱嘉内心虽有愠怒,却也不便发作,只是用淡定的笑容做出豁达的表示。

邹培远亲自将郑昱嘉送出海棠厅,他迫不及待地关上包厢的房门,郑昱嘉在门外驻足好几分钟,他清晰地听到邹培远不可一世的声音在谆谆教诲项目部的四位仁兄,令他极为厌恶的程子根正用破锣般的大嗓门对邹培远表示露骨的谄媚,听得郑昱嘉简直要呕吐,他悻悻地扭转身体大步奔向电梯。及至跨入电梯的轿厢,郑昱嘉的思绪跟随迅速下滑的电梯心情也在往下沉:"鹰钩鼻子,你拉虎皮做大旗实在太过,是可忍孰不可忍。"郑昱嘉恨恨地在心头发出声音。

郑昱嘉大步流星走出宾馆的大堂,他抬起手腕,江诗丹顿显示的时间恰是一天中最佳的黄金时段。中秋的夜晚,习习凉风吹拂在身,郑昱嘉迎风清醒自己有些发烫的面庞,郁积在心的余怒未消,他对邹培远的警惕心理越发强烈,琢磨着该如何教训一番邹培远,让他有所收敛,别在自己面前有恃无恐。宾馆外的景观绿化一簇簇灯影诡谲地闪烁多姿的光彩,将郑昱嘉英俊的脸庞照射得如同深夜中闪现的魑魅魍魉,郑昱嘉却一无所知自己此时过分夸张和吓人的形象,他还在恼怒邹培远在自己的面前越发无所顾忌的言谈举止,他甚至冲动地认为,即使自己变成一个可怕的厉鬼,这辈子也要好好地教训恐吓邹培远,让他收敛自己的张狂秉性。

此时该向何处?一时找不到北。裹在秋风中的郑昱嘉发胀的头脑开始清醒,雄性的欲望渐渐强烈,去会所和茜茜小姐厮混没有兴趣,打个电话让秘书小吴应召也无精打采,郑昱嘉和这两个应召女郎做爱纯粹是例行公事而已。郑昱嘉就像一个失恋的小伙子处在失魂落魄的境地,一时倒不知道该如何打发这剩余的良宵。脚步不知迈向何方之时,口袋中的手机铃声响起,他不假思索接听电话。"郑董事长,我也离开了海棠厅,我在大堂等你。"是严于信的声音。

郑昱嘉欣喜地回复:"严教授,我马上过来。"郑昱嘉折回宾馆直冲盥洗室,对着洗手盆前的一面大镜子整理一下衣冠,有些凌乱的发梢也稍作修理,欣赏着镜中倏而显得神采飞扬的自我,郑昱嘉的心无端地"别别"跳动得很厉害,有个娓娓动听的声音似乎在向他召唤,有个人影似乎站在云端向他招手。他清清楚楚地听到了严冰的甜言蜜语,明明白白地看到了严冰的笑靥,郑昱嘉跨出盥洗室之门的时候神情恍惚,有些醉态,他伫立几十秒钟后,才不紧不慢踱步走向大堂。

严于信和郑昱嘉在距离一尺之遥的时候都止住脚步,他俩默默地注视着对方,都张嘴欲开言却又将涌到喉咙口的话语给缩回到肚中。还是郑昱嘉先挑起话题:"严教授怎么不和邹处长再多陪一会周胜的客人?"

严于信摇摇头:"我不习惯,培远在就行。郑董事长,"严于信小心翼翼地叫了一声,他试探地询问,"有个小小的请求是否会给您带来麻烦?"

郑昱嘉奇怪:"严教授何必客气?有什么需要但说无妨。"话虽出口,郑昱嘉还是担心严于信是否会替范于波他们在工程的资金方面提出帮忙的要求,倘若严于信代替范于波他们为此事而在他郑昱嘉面前请命他想得很干脆,他的回答就是四个字:"绝无可能!"

严于信紧张的心情一放松,躲在镜片后面的圆圆眼睛就开始闪亮,他整个人稍稍朝郑昱嘉前倾,说话的声音也略微提高:"小女想请郑董事长到她家小坐片刻,不知郑董事长是否肯赏光?"

得来全不费工夫。朝思暮想的渴望,瞬间变成活生生的现实摆放在郑昱嘉的面前,八竿子也打不着的幸运,就这么轻而易举地降临到身上?郑昱嘉真不敢相信此等好事说来就来,他的胸口似乎有几百只蚂蚁在游走,搅得心头痒痒的,又好似严冰的纤纤玉手在抚摸他的脊背,激起他郁积在心的一股热流,行将喷薄欲出。郑昱嘉屏神敛息镇定自己的心绪,他揉揉眼睛,用心地端详严于信的圆圆的脸庞,他怀疑自己是否听错。他看到了严于信满脸的诚恳,老夫子前额的发际线开始倒退到额顶,亮晶晶的前额闪耀着红光,大堂闪亮的灯光笼罩在严于信的身上,宛如一尊慈祥的弥勒端庄地伫立在郑昱嘉的面前,不争的事实明明白白地书写在严于信的脸上。郑昱嘉精神瞬间焕发,他真不明白前辈子祖上积了何德,将所有的幸运都降临到他的身上,想什么有什么,要什么来什么,上苍怎如此眷顾我郑昱嘉?伟大的菩萨,您的恩泽该普渡众生,怎对我郑昱嘉如此厚爱有加?再如此,其他善男信女该抱怨您的偏心太重了,郑昱嘉自我调侃一番后,用平静的微笑很矜持地回应严于信:"严教授,我很感谢严冰小姐的盛邀,这么晚会不会不太方便?我怕打搅令爱他们的两人世界。"

严于信以为郑昱嘉婉拒,他着急得摇手:"没什么不方便的,他俩一直要找机会对郑董事长表示感谢,怕您太忙不敢贸然邀请。知道今天我们有晚餐,所以想请您餐后去他们家小坐。可惜我的女婿在美国做访问学者,没有机会和您见面。"严于信生怕郑昱嘉再摇头拒绝,赶紧拨通严冰的手机:"我这就给严冰打电话,让她来邀请您郑董事长。"

郑昱嘉摆摆手,轻声说道:"严教授,不必,我跟您去。"随之一缕惊讶滑过他的俊美脸庞:"严冰小姐的先生去美国,您应该告诉我一声,至少给我个机会为他饯行,您说是吗?严教授。"郑昱嘉的表情真可谓丰富,听到严于信告知他的女婿小林前往美国做访问学者,脸上露出的是稍稍一愣的神情,掩饰不住的欣喜在不经意间悄然晃过,他的这一招成功了。郑昱嘉曾亲自拜访过东海大学的校长,他表示严于信对民营企业可持续性发展的课题研究给嘉海集团的发展提供了一个全新的空间。作为感谢,他私下出资一百万人民币,用于资助东海大学经济系的教师,到美国做为期一年的访问学者,前提是名额得给严于信的爱婿兼得意弟子小林,并一定要保密。东海大学的校长感谢郑昱嘉对学校的支持,他同意了郑昱嘉的提议。选派严冰的丈夫到美国做为期一年的访问学者,是他郑昱嘉和东海大学的校长联袂完成的杰作,郑昱嘉有整整一年的时间来追求严冰。心有灵犀啊!正在思念严冰的时候,严冰向自己伸出橄榄枝了,在自己丈夫出国仅仅半月有余的一个秋风飒飒的夜晚,邀我郑昱嘉做客,绵绵深情尽在不言中。老道的郑昱嘉抑制内心的激动,微笑着对严于信说:"严教授,我恭敬不如从命。"话音一落,郑昱嘉大步流星奔向宾馆的鲜花销售部买了一大束鲜红的玫瑰,在见严冰的第一时间,他要将传递他郑昱嘉爱的箴言的红玫瑰亲手送给严冰。

花店的女老板为晚上一笔意想不到的收获乐不可支,她殷勤地为这束玫瑰花精心包扎,嘴巴不闲地赞美郑昱嘉的俊朗形象。郑昱嘉不予回答,他在等候的空隙遥想即将与严冰零距离接触时的感觉:冰清玉洁的严美人,我举着丘比特之箭追呀追,你却穿着防弹背心飞呀飞。今晚蒙菩萨恩典,让相思的我能走进你的心扉。我送上这束娇艳欲滴的玫瑰,只为能触摸你那梦中出现多少回的指尖,你那在黑白琴键流泻音乐的手指,即将抚摸我发烫的脸颊,假如你摸摸我的胸膛,就该明白我那激烈跳动的心脏会爆发出怎样的激情。郑昱嘉自诩为仓央嘉措在世,他即将到八廓街的玛吉阿米酒吧与梦中无数次出现的心上人幽会。

东海市音乐学院坐落在本市的西南一隅,掩映于茂盛梧桐树下的音乐圣殿在习习秋风中显得格外神圣,琴房里传出阵阵琴音,穿过夜幕时断时续地飘入行人的耳膜,一曲郑昱嘉耳熟能详的钢琴曲德彪西的《雾》,穿过其他的乐声,径直送入郑昱嘉的耳膜,郑昱嘉流连驻足,屏息倾听,那是严冰在演奏,郑昱嘉肯定地作出判断。乐曲间隔中的几个停顿,唯有郑昱嘉能心领神会。郑昱嘉感慨:此曲只应天上有,人间哪得几回闻?不,此人只应天上有,人间哪得几回有?严冰小姐,你用如此特殊的方式迎接我郑昱嘉,我该如何向你一表衷肠,诉说我的思念之情?此生若能娶得严冰小姐,我郑昱嘉也不枉为男人。郑昱嘉凝望深蓝色的天际暗暗发誓,一定要将严冰揽入自己的怀抱。

严于信掏出手机和严冰通话,告知他们已到,郑昱嘉手捧玫瑰,背靠一抱粗的梧桐低声吟唱:"我愿抛弃那财产,跟她去放羊……我愿她用那细细的皮鞭,不断轻轻打在我身上。"

音乐学院的边门"吱呀"一声开启,严冰犹如九天仙女下凡,翩然飘至郑昱嘉的面前,她未启丹唇,凝眸含笑,动人的酒靥在淡黄路灯的映照下格外灵动。郑昱嘉简直看呆了,他从未有如此心旌荡漾的冲动,捧在双手的玫瑰仿佛成为负担,让他无法送上热吻。他痴痴地欣赏严冰的绝色姿容:细条匀称的身材亭亭玉立,一袭象牙白的中式外套将她身材的轮廓衬得更显婀娜多姿,弯弯的柳眉下一双蕴含秋波的眼睛闪亮着无瑕的纯真,精致的鼻梁高低适中,瀑布般的黑发披在双肩,自称阅美女无数的郑昱嘉无法挑剔严冰容貌的瑕疵。唐明皇啊!假如你还在世,一定会感叹你的六宫粉黛无颜色啊!郑昱嘉的心头在呼喊。

严冰微微欠身,她那银铃般的声音将郑昱嘉从幻想拉回到现实:"谢谢郑董事长,爸爸一直念叨着要我有机会向郑董事长当面致谢。"

郑昱嘉使劲地摇摇头,回过神来,一贯居高临下的他说话张口结舌:"哪里,哪里,严小姐你太客气。"

"爸爸说今晚也许你们会有空,"严冰用真诚的目光迎向郑昱嘉,"他让我做好准备迎接你。"严冰歪着头哂笑自己的父亲:"爸,你不是说让我请郑董事长的,怎么你倒不说话了?"

严于信憨厚地笑了笑,赶紧回答:"是,是,冰冰你准备得怎样了?"

"一直在等着你们呢,"严冰动听的声音敲击着郑昱嘉的耳膜,"没等到你的电话,就到琴房再练一会儿琴,马上就要举办个人音乐会的专场,还得抓紧时间多熟悉曲子。"

"可惜小林远在美国做访问学者,你的个人音乐专场他没办法亲临。"严于信惋惜地说了一句。

严冰莞尔,她羞涩地抿嘴回答父亲:"他来了也不懂,没有他还可以有别人,懂音乐的才是真正的嘉宾。"

严冰的话仿佛就是说给郑昱嘉听的,郑昱嘉心花怒放,他似乎明白严冰的话中蕴含惺惺相惜的情愫,他张嘴"啊"了一声之后再也吐不出一个字,巧舌如簧的郑昱嘉一时间竟不知该如何承接严冰抛向他的橄榄枝。

严于信插话:"到时候郑昱嘉一定会光临,他可是懂音乐的。"说完此话,严于信很信任地送给郑昱嘉一个笑容,又回头问严冰,"该请客人了吧?"

严冰连连点头,并朝郑昱嘉嫣然一笑:"早就准备好了。"严冰对郑昱嘉做了个"请"的姿势,挽起父亲的胳膊,先行消失在音乐学院的大门口。

郑昱嘉呆呆地看着严于信父女的背影,在自己的视线中越来越远,落下的两条长长黑影在路灯的映照下透迤而去,他不由产生无端的失落,甚至有悲从中来的感觉。我一定会让你严冰成为我郑昱嘉的人,郑昱嘉跺脚发誓,捧着大束玫瑰花紧紧跟上。

走到音乐学院主干道的尽头,拐进一条小巷,便是音乐学院的家属楼,静谧安详的夜色氛围中有几扇窗户飘出琴声。郑昱嘉感慨这里是东海市的另一个世界,没有风云诡谲的商场硝烟,没有喧嚣闹市的市侩气息,唯有这片圣洁的土地,才能孕育出严冰一般冰清玉洁的美女。

在一栋住宅的门口严冰驻足回首,迎面而上的郑昱嘉看到严冰送上的莞尔:"郑董事长,我家住在三楼,请。"严冰略微弯腰,轻轻提一下裤管,拾级抬腿先上楼梯,走到楼梯的拐弯口,回首报之于郑昱嘉一个甜甜的微笑,那笑容让郑昱嘉迈不动脚步,他觉得浑身的骨头都酥软,严冰的笑意深入他的骨髓。严于信站在楼梯口等候僵立不动的郑昱嘉,失态的郑昱嘉紧跨几步和严于信并肩上楼。

这是寻常人家的两室一厅。让郑昱嘉眼睛一亮的是,客厅的正面墙上悬挂着郑昱嘉的书法作品:天籁阅尽。郑昱嘉大有受宠若惊的感觉,他未及严冰邀请落座便迫不及待地将玫瑰花献上。他触摸到了严冰的手指,觉得一股电流热辣辣地灼击自己的指尖并迅速地遍布全身,他脱口而出:"愿严冰小姐永远像玫瑰花一般鲜艳美丽。"

严冰咯咯的笑声在客厅荡漾:"哪里有永远?郑董事长敢情有长生不老药送给我?"

严冰的回答闹得郑昱嘉一个大红脸,他居然手足无措,站也不是,立也不是。严于信赶紧暖场:"郑董事长,您坐,冰冰她爱开玩笑。"

严冰为客人沏茶,郑昱嘉得空端详客厅的摆设。靠阳台的一侧是一张三人沙发和两张双人沙发对称安放,一架黑颜色的"聂耳"牌钢琴紧贴正门口的一堵墙壁,郑昱嘉的书法作品高挂在钢琴的上方,严冰坐在琴凳上,举头就能望见他郑昱嘉的手迹。书房的门半掩,略略张望,是两排顶天立地的书架和一张宽大的写字桌,不敢想象严冰的住宅竟然如此普通。

都说女人的化妆是她的另外一件华丽的外套,略施粉黛的严冰在郑昱嘉的眼里如同天人下凡,她款款走到郑昱嘉的面前奉上一盅香茗,给父亲也端上一杯,随后取出一个花瓶将郑昱嘉赠送的玫瑰插上。郑昱嘉用心留意严冰的一颦一笑,一举一动,不失时机地凑趣道:"室雅何须大,花香不在多。"

严冰笑容灿烂:"郑董事长见笑了,怎么能和您的豪宅相比?我家小林自得其乐,我也就跟着无所欲求。"

郑昱嘉连忙回答:"人到无求品自高嘛。严冰小姐你客气,我说的是真心话,书卷气没法用奢华弥补。"郑昱嘉借喝茶的举止,滴溜溜的眼神还在四处逡巡屋内的细节,想捕捉到严冰生活私处的蛛丝马迹给他的欲望解渴。他渐渐有一种冲动,迫切地期盼能冲进严冰的卧室一扫端倪。渴望越来越强烈,无奈自律只能让他有一搭没一搭地和严于信掰扯。

严冰端上水果,坐在父亲的身边,她用牙签挑起一块苹果递给郑昱嘉,同时歪头问父亲:"爸,你不是说培远叔叔也一起过来的?"

严于信放下茶杯,边用牙签挑水果边回答:"他还在陪周胜的客人,一时半刻结束不了。"

"咱们那个亲戚范于波也在?"严冰见父亲点点头后又说道,"爸,我劝你别瞎掺和,你又不懂工程,咱那个亲戚我看着总不顺眼。"

严于信在女儿面前像个老小孩,他很听话地回答严冰:"是,冰冰说得没错,不过于波还可以,有了新的合作伙伴介入,工程可以顺利进行。"

"郑董事长,我爸爸是个老学究,老夫子,做做学问还过得去,谢谢你给了他嘉海的平台搞课题,"严冰递给郑昱嘉一张餐巾纸,"我和我妈妈还有我家小林都谢谢你郑董事长。"

"哪里,哪里,严冰小姐客气了,"郑昱嘉用餐巾纸抹抹嘴,"嘉海发展到今天,严教授功不可没,今后严教授和严冰小姐有任何需要,我郑昱嘉只要能办得到,在所不辞。借此机会,我郑昱嘉以茶代酒,谢谢严教授。"

严于信圆圆的脸微红,他非常感激郑昱嘉的以诚相待:"我严于信此生能结识郑董事长,三生有幸,谢谢,谢谢。"

话题慢慢转向严冰的专场音乐会,做足功课的郑昱嘉敞开话题与严冰谈德彪西,谈肖邦,谈李斯特,高山流水遇知音,严冰听得连连赞叹:"想不到郑董事长对音乐如此懂行,我家的小林简直就是个乐盲。"

郑昱嘉终于有机会将严冰的丈夫小林给PK下去,心头痛快的郑昱嘉越发来了兴致,他侃侃而谈,谈论中国古代的伯牙和子期,谈论贝多芬失聪后创作的交响曲,足足有半个小时,满室都是郑昱嘉的气场,连严于信都听得入神。

好时光的流逝总是飞快,不觉已是午夜降临,郑昱嘉意犹未尽,畅谈到日光熹微他都心甘情愿。严冰将事先准备好的夜宵端上,郑昱嘉抬腕看表,尽管恋恋

149

不舍,也只能见好就收:"驾驶员还在楼下等着,择日我定请严冰小姐来我寒舍小坐。"

严冰抿着嘴浅浅一笑:"郑董事长有请,我和爸爸一定前来。"话语热情,防卫的底线丝毫不见松动。

郑昱嘉谦恭地报之以微笑:"等到严冰小姐个人的音乐会专场成功地谢幕,我再有请。"

严冰亲自将郑昱嘉送到大楼门口,挥手之间,郑昱嘉与严冰的视线交织成一条线,严冰的脉脉含笑包裹着丝丝柔情,郑昱嘉准确无误地照单全收,他暗自窃笑:严美人,今天纵然泛泛而谈,你的心扉已为我开启了一条缝隙,我等着你乖乖地投入我郑昱嘉怀抱的那天。郑昱嘉信心满满。

郑昱嘉的保时捷消失在黑夜,郑昱嘉从后视镜中看得真切,严于信和严冰都在目送他的离去。从这一刻起,郑昱嘉的心便留在了严冰的小屋,他在编织着日后与严冰同床共寝的美梦。

11

  岗山镇的项目黎一鸣和程子根正式介入,黎一鸣召开项目部管理人员的会议,宣布即日起程子根为项目部的经理,范于波为副经理,整个项目的财务则由黎一鸣总抓,焦保业负责后勤管理。随后,黎一鸣又一一确认本项目的生产经理、技术负责人、成本核算人员、资料员、安全员和各标段的工区长等等人员。黎一鸣话不多,却句句让项目部的所有管理人员听得胆战心惊:"我做这个项目就是为了赚钱,谁要存心和我过不去,我就当场打得他满地找牙爬出这个会议室。老老实实跟着我和子根大哥,我也不会亏待各位,项目结束后,大家都有好日子过。"黎一鸣潇洒地朝会议桌扔上两条好烟,朝焦保业努努嘴:"保业,你来负责,每位兄弟一包。"

  焦保业乐得屁颠屁颠地跳跃到黎一鸣的身边,抓起卷烟边拆封边说:"鸣哥,我们项目部的所有管理人员对您绝对忠心耿耿。来,鸣哥发给大家的,拿着。"焦保业将卷烟发给各位。

  黎一鸣随后吩咐原先的财务负责人:"你马上将财务章上缴给我,所有的账目两天之内给我整理完毕送到我的办公室。后天起新的财务负责人到位,你移交完工作后,愿意留下就去资料室做个资料员,不愿意干现在就可以走人,工资分文没有。"

  财务科的负责人唯唯诺诺:"一切听从鸣哥安排,我这就去整理账目。"他慌不迭地起身,朝黎一鸣鞠躬后退着离开会议室。

  看着财务科的负责人在眼皮底下离开,黎一鸣又不客气地命令范于波:"范经理,项目部的公章现在就交给子根大哥。"

  尽管不怎么乐意,范于波还是从包里掏出项目部的公章乖乖地交给黎一鸣:"鸣哥,给您。"

  黎一鸣连眼皮都懒得抬,脸朝天花板命令道:"我让你交给子根大哥,他是项目部的经理,今后项目上的一切各位都必须听从子根大哥的。"

参差不齐的声音在会议室响起,各管理人员纷纷表态听从黎一鸣的安排。焦保业更是表现得忠心不二:"今后鸣哥和程经理叫咱干什么咱就干什么,绝不含糊。"他讨好地掏出黎一鸣赠予各位的卷烟给程子根和黎一鸣各递上一支,并殷勤地将打火机凑到黎一鸣的面前。黎一鸣厌恶地推开他的手,自己点燃了卷烟。焦保业讨了个没趣也不以为然,又将打火机的火苗送到程子根的面前。程子根扁扁的鼻子两个朝天鼻孔发出"哼哼"声,由着焦保业给自己点烟。

项目管理人员的任免事项宣布完毕,黎一鸣让程子根说上几句。程子根抓耳挠腮,憋了好几次都不知道该说什么才好。他挠着自己的板刷头嚷嚷道:"还是你老弟来吧,咱这工程你是老大,你说咋干咱咋干不就得了?"程子根突然想到该补充几句,他一拍桌子,满脸横肉也跟着抖动:"我警告各位,要是和咱一鸣兄弟还有我程子根过不去,你们就等着喂王八吧!"

程子根的教训太过火,会议室的气氛顿时僵化。黎一鸣也觉得程子根出言不逊未必镇得住众人,一旦激怒项目部的主要管理人员并不是件好事情,工程管理还是要靠在座的各位,他不得不出来装白脸:"程经理的话是有些重,却也是为了工程着想,咱们都是一条船上的,只要记住同舟共济就能够稳操胜券,就能在工程结束后有福同享,今天晚上我在翡翠山庄请各位一醉方休。"

当天下午,黎一鸣又让程子根召开各工班组的会议,小包工头们聚集在项目部的施工现场会议室,各标段的工班长和各工种的包工头挤挤挨挨坐满一屋子,劣质的烟草味呛得人睁不开眼睛。程子根大刺刺地在会议桌中央一坐,范于波和焦保业就像哼哈二将坐在程子根的左右,黎一鸣悄然无声地坐在会议室的角落,他的跟班张永杰紧随在他的身边不离不弃。

程子根的面相太难看,俨然以岗山项目部的老大自居,言语粗鲁举止放肆:"岗山镇的项目我程子根和咱一鸣老弟统吃,你们只有乖乖地干活,谁敢在我程子根的头上拍苍蝇就等着让人来收你的尸。"程子根说得唾沫星子四溅:"这个项目干好大家都有口饭吃,干不好谁也别想走出周胜的地盘。"

程子根拍桌子跺脚,又骂骂咧咧一大通,黎一鸣坐在角落一声不吭,他需要程子根放大炮,捅一捅马蜂窝看看反应如何。千头万绪的工程还需要这些人帮着干下去,找个不听话的人杀一儆百,方能确保自己的绝对权威。黎一鸣瘦削的脸绷得紧紧的,细长的眼睛里射出两道犀利的目光,扫视在座的所有包工头和工班长,他在捕捉在座每个人的脸部表情,尽管程子根的话说得太过分,黎一鸣还是觉得痛快。

程子根的三大炮很快放完,接下去该怎么收场一时没辙,整个会议室一片沉闷,十几支同时点燃的香烟搅得会议室浓烟四起,连黎一鸣也受不了,他起身开启半扇窗户,霎然飞滚的烟雾朝半掩的窗户争相涌出。黎一鸣干咳几声,呷口茶润润嗓子开了腔:"各位兄弟,咱们都是干实事的,缘分让咱们聚在一起,同舟共济是唯一的出路。子根大哥的话冲了点,可也是大实话。我听个别的兄弟在私下议论说,这个工程做不下去了想走人了事,还在嚷嚷着要和咱范经理结账。"黎一鸣的眼角朝斜对面的包工头韩长龙瞟上一眼,看得韩长龙极不自然地扭过头才继续发话,"项目的困难很多,总要人去解决,只要咱齐心合力,我就不信过不了这个坎,有我黎一鸣在,我就会把岗山镇这个项目给完成,我保证各位兄弟都有钱赚。"

程子根和焦保业带头鼓掌,四下里稀稀拉拉也跟着响起掌声,黎一鸣很绅士地拱手致谢,他站直身体声音洪亮:"我黎一鸣吃干的,决不让兄弟们喝稀的。我还得和筹建处的赵则林总指挥见面,工程进度的安排,各位和程子根经理、范于波副经理商量。"黎一鸣见好就收,抬腿走人。

"鸣哥,我还有个问题请教,"斜对面的韩长龙跳出来,"第一笔工程款我们什么时候能拿到?"

"第一笔工程款?"黎一鸣故作不解,"谁和你说的第一笔工程款?"

"我们各工班组和范经理签订的分包合同,主体建筑到地面二层就支付整个工程量的百分之十五,还有一个星期我们的工程量就能完成,所有班组都等着这笔钱,可范经理说没有钱,难道让我们喝西北风干活?"韩长龙也豁出去了,他一口气将憋在心头的怨气统统倒出,又从口袋里掏出分包合同掷向会议桌,"分包合同上写得明明白白,分公司和项目部的盖章都在。我分包的标段总计五千万的工程量,就等着这七百多万的工程款到账。当初接手这活的时候,范经理还有焦经理都拍着胸脯保证只要干到地面二层就有百分之十五的工程款发放,焦经理还特地给我们看了和业主签订的补充合同。鸣哥,当初若没有看到这补充合同,打死我也不会接这个活,谁有能力垫资到结构封顶才拿百分之三十五的工程款?冲着这份补充合同,我才有胆子借高炮,凑足前期的启动资金来分包这五千万的标段。现在手下的兄弟们都等着要钱,放高炮的债主逼着要还钱,我们的日子怎么过?"韩长龙说得过于激动,眼泪忍不住"唰唰"往下掉。

不啻是一枚定时炸弹,会议室顿时炸开锅,嗡嗡的声音此起彼伏,各工班组组长和包工头们都齐声叫嚷,一份份分包合同都扔在了黎一鸣的面前。张永杰一份份收拾码齐后交给黎一鸣,黎一鸣随手掷给了范于波:"让他自个儿想办法擦屁股。"黎一鸣恨恨地瞪了范于波一眼,范于波低着头不吭一声。

整个会议室叫嚷声越来越大,程子根的头都大了,他铁青着扁脸,气得满脸的横肉跟随哼哧哼哧的呼吸一动一动,板刷头上猪鬃般的硬发一根根竖起,压不住的怒火随时喷发。

韩长龙煽动性的叫嚷声又在会议室响起:"我们都上当受骗了,业主说根本没有签订过什么补充合同,反正我们是和嘉海集团山宁分公司签的约,下个星期项目部不给钱我们就到东海市找嘉海集团的老板要钱。"

众包工头和工班组组长都齐声附和:"对,项目部不给钱,就到嘉海集团去要钱。"

忍无可忍的程子根爬到会议桌,一把黄龙鼻涕甩向韩长龙:"你小子我让你要钱!"这一招还真管用,韩长龙瞬时不再吱声,程子根用力跺脚:"谁再敢耍赖,老子就和他拼命,要钱没有,统统给我干活去!"

老谋深算的黎一鸣决不会让事态发展到令自己趋于不利的处境,当前最重要的是维持稳定,程子根的镇压短期效应还可以,绕不过去的坎总要理性地面对,有效地解决,该自己放话稳定人心才能掌控今后的局面。这个工程三教九流的都有,该一一号脉后再对准下药,操之过急,适得其反。黎一鸣的手指叩击会议桌,咳嗽声也只是轻轻的几下,霎时间会议室便鸦雀无声。规劝程子根坐到原座位后,黎一鸣不高的嗓音产生定力:"兄弟们,我黎一鸣没有金刚钻不会揽这个瓷器活,在周胜的地盘还没有人敢和我黎一鸣叫板,为什么?我做人有原则:绝对不会昧着良心做愧对于人的事情。范经理和大家签订的分包合同,我是现在才明白其中的猫腻,假如韩长龙兄弟不把这层纸捅破,我和子根大哥还会蒙在鼓里,我要谢谢长龙兄弟。"黎一鸣扔一支烟给韩长龙并起身朝对方深鞠一躬。这一招真灵验,所有人的眼神都流露出惊讶和敬佩。黎一鸣话锋一转:"只要人活在这个世界,就没有过不去的坎。有首歌唱得很有道理:阳光总在风雨后。怕什么呢?就这么点钱,就拖点时间,到头来该你的钱一分都不会少。我不管这个工程前面发生了多少事情,我接手就必须为兄弟们负责,老话说条条大道通罗马,办法总比困难多,这个项目是政府的形象工程,嘉海集团是东海市的大型企业,两座靠山都是我们的坚强后盾,我们有什么可怕的?问题是咱们得抱团才行。当务之急工程要上马,一天都不能停,钱也必须有,巧妇难为无米之炊嘛。今天我黎一鸣也豁出去了,咱们先把活干上去,再去找业主找嘉海要钱,咱们有理和他们说话呀。我黎一鸣把话撂在这里,下个星期所有建筑都干到地面二层后,我先掏腰包拿出一千万解救燃眉之急,后面的办法我来想。"

黎一鸣的表态让会议室响起如雷的掌声,黎一鸣趁势发令:"我这就去凑钱,各位和咱程经理还有范经理核计着后面的工程进度,半个月后,我黎一鸣第一笔钱保证到位。"

黎一鸣走出现场会议室，站在门口深深呼吸新鲜的空气，脑袋还在嗡嗡作响，张永杰不失时机地给他递上一条湿毛巾："哥，您擦擦。"

湿润毛巾的凉意让黎一鸣的头脑清醒，施工现场的严峻性超出他的预计，黎一鸣后悔卷入这个深不可测的漩涡，结构封顶才获得整个项目两个亿的百分之三十五的工程款，黎一鸣暗暗叫苦，这是个无底洞。范于波这小子吃饱了撑的竟敢蛇吞大象，伪造补充合同也不怕东窗事发，这岗山镇的官员胆子也忒大，空手套白狼出手够狠。如今项目上一大摊子的事情都在等米下锅，抽身而出已无可能，自己的名字赫然出现在嘉海和业主的花名册，进也难退也难，黎一鸣陷入两难境地。

黎一鸣的个性不会轻易认输，他深谙经商之道：越是绝境越预示着有机会。反正自己是光脚的不怕穿鞋的，嘉海集团的郑昱嘉和岗山镇的父母官是他的两座靠山，是他获胜的筹码，嘉海追求的是企业的名声，岗山镇的官员渴求的是自己的政绩，谁都不会让山宁省试点的新农村建设项目流产，这是两座靠山生存的命脉。岗山镇的项目成功，嘉海的郑昱嘉和岗山镇的官员也就成功，岗山镇的项目失败，他们也就身败名裂，黎一鸣冥冥之中看到一线胜利曙光，这钢丝走得好走得巧，最大的赢家非我黎一鸣莫属，就看自己如何运筹帷幄四两拨千斤。

眼下最重要的问题是解燃眉之急的银两从何而来？率大队人马到嘉海吵闹还不到火候，嘉海出血就要他倾囊，自己先要有个姿态，让嘉海先看到黎一鸣在项目上捧出真金白银先行解救嘉海脱离水深火热，嘉海才无言可说乖乖地掏钱扶持工程。先到赵则林的办公室走一遭，来他个敲山震虎摸摸业主的底牌，究竟是何种原因才胆敢抛出如此苛刻的招标条件陷施工单位于窘境。

黎一鸣一路步行，慢慢走向岗山镇政府的办公大楼，揪动他心的是半个月后的上千万如何到位，岗山镇不可能没有钱，为什么他们一点钱都不给？黎一鸣苦苦思索，解开这个扣子就能和赵则林谈条件。黎一鸣让张永杰给程子根发条短消息，通知他和范于波、焦保业三个小时后到翡翠山庄见面，他和赵则林交锋后再汇总情况从长计议。

赵则林在自己的办公室等候黎一鸣，苦瓜脸很友好地拉出笑容迎接黎一鸣。黎一鸣在周胜的大名赵则林耳熟能详，黑道上的鸣哥冷不防成为嘉海集团正式任命的项目部负责人让赵则林心有余悸。来者不善，善者不来，赵则林心里嘀咕着，他不停地自我安慰：我们有合同在手就不怕他胡搅蛮缠，他架起二郎腿很是镇定地等候黎一鸣发起攻击。

黎一鸣闭口不谈工程款的事情，而是很认真地向赵则林汇报接管项目后自己的跟进计划，有条有理，非常熟悉工程的运转，俨然是一个搞工程的行家。黎一鸣岂是等闲之辈？数年来垄断周胜市建筑市场的半壁江山，对工程运作的大概知晓得八九不离十，侃侃而谈糊弄赵则林绰绰有余。

谈完工程的后面部署，黎一鸣接着畅谈自己在周胜市的人脉资源，有意无意地点到他和几个领导的关系。赵则林相信黎一鸣有这等本事，在道上混的没有几个在背后鼎力相助的高人，只怕黎一鸣要喝西北风。该言归正传了，黎一鸣开始诉说资金的困难："赵镇长，我也打听过，岗山镇的项目市财政有一个亿的资金先期到位，后面的资金也不会短缺，咱们这个合同签署得也太离谱，等到工程结构封顶才支付合同总造价的百分之三十五，谁有能力垫资一个多亿，你们多少总该先支付一点吧？"

敏感的话题让赵则林的警惕性提高："我们是根据合同办事情，这个原则谁都没有办法违背，合同就是法律，法律是办事的依据。"赵则林说话滴水不漏："没钱可以找嘉海集团，他们这么大的企业垫资个把亿还会有问题？当初我们挑选嘉海集团看中的就是他们的资金实力。"

黎一鸣早就预料到赵则林的太极拳会打到自己这边，官场上官员们办实事的人黎一鸣认识的不多，哼哼哈哈做推手的倒领教过很多。黎一鸣紧接着摊出第二张王牌："依据合同没错，赵镇长是否知道嘉海集团和岗山镇签订的这个合同其实都上当受骗了？"黎一鸣在赵则林愣怔的当口紧紧逼上："嘉海是在看到你们业主有一份补充合同才同意签订这份大合同的。"黎一鸣掏出焦保业伪造的补充合同在手中扬了扬。

赵则林真正吃了一惊，苦瓜脸拉得老长，他圆睁着一双不大的眼睛："补充合同，我怎么不知道？"他劈手从黎一鸣的手中抢过补充合同迅速浏览一遍，不容置疑地大声回答："假的，伪造的！焦保业和范于波竟敢干违法乱纪的事情，太可恶可恨！"赵则林义愤填膺："抓他们交给公安局法办。"

黎一鸣笑笑："赵镇长，抓他们容易，下面的工班组怎么办？材料供应商怎么办？他们都是看到补充合同后才签订分包协议的，都是无辜受冤枉被蒙骗进来的，他们找谁说理？"

气咻咻的赵则林唾沫星子四溅："关我们岗山镇屁事？要找就去找嘉海集团的郑昱嘉董事长，我们是和嘉海建设集团签订的合同。"

"赵镇长，您别着急，我还没有把话说完呢，"赵则林一着急，黎一鸣反而心中有谱，他就是要撩拨得赵则林气急败坏才能择机行事，"焦保业为什么斗胆伪造补充合同？他们又不是傻瓜蛋，事出有因嘛。"

"还有什么原因？"满腔愤怒显示在赵则林的那张苦瓜脸上，他握着茶杯的手也不由自主地颤抖，"两个人渣，我马上报案送他们进公安局。"

"好啊，"黎一鸣轻轻地鼓掌喝彩，"我也愿意赵镇长您这么做，把他们抓起来了，真相就能水落石出，他们会老老实实地交代，当初投标岗山镇的项目是因为知道政府已经拨款一个亿才来投标，正式签订合同的时候却让他们垫资到结构封顶才付工程款的百分之三十五，他们走投无路才出此下策，他们会说自己是被逼无奈。公安局和检察机关接下来就会调查业主，为什么工程款到位还要求施工方垫资到结构封顶？为什么一个亿的工程款卡在业主那里不使用？赵镇长您做何解释？您应该明白，按照中华人民共和国建设部颁发的建设工程条例，政府工程项目是不允许如此带资垫资的。新农村的建设项目众目睽睽，看好戏的大有人在。有多少人看到您赵镇长出任咱山宁省第一个新农村建设项目的筹建处总指挥都心头不满，巴不得搅和些事情出来。赵镇长，您的心中最清楚，项目成功您就不再是岗山镇的镇长，更高的职位在等着您。赵镇长，权衡一下利弊吧！"黎一鸣的话触动了赵则林的心弦，他的苦瓜脸埋进他那一双细皮嫩肉的双手许久不语。黎一鸣乘胜追击："再说了，就是将范于波和焦保业这两个无赖抓进公安局，赵镇长也只是暂解心头之恨，这工程还是要干下去，老百姓都等着早点搬迁呢。周胜老百姓的难缠赵镇长最能领教，工程拖延他们找谁，就找您赵镇长，你怎么解释？他们的集资款早就交给政府了。"

赵则林被黎一鸣击中了要害，他抬起苦瓜脸，铁青的脸色极其难看。可他还是不愿意在黎一鸣面前服输，词不达意地回驳黎一鸣："结构封顶付款百分之三十五不是我赵则林个人的决定，江书记拍的板，集体都通过，要承担责任也不是我赵则林一个人，我不怕。"

"筹建处负责人是谁？是江书记还是其他领导？"黎一鸣反问，"枪打出头鸟这个道理赵镇长您难道不明白？好吧，我们远的不说，就说近的，半个月后省市两级政府要在现场召开观摩会，要大力推广新农村建设项目，您还要在观摩会上发言，介绍项目如何顺利地进行，电视台报社等新闻媒体都要来采访，假如工地上民工拉横幅上访，您该怎么办？"

"这……"赵则林一时语噎，黎一鸣这一军彻底把他给将住，他的十根手指插进发根，低下头长久无语。

黎一鸣见时机已到，亮出此行的目的："我会尽力配合赵镇长管理好这个项目。"黎一鸣见赵则林抬起的苦瓜脸流露出希望的神情，拍着胸脯信誓旦旦："咱们暂时先忍一忍，最重要的是保证工程的顺利进行。远水解不了近渴，找嘉海集团注入资金一时半刻不存在可能，嘉海的郑董事长我见过面，不是个省油的灯，要他掏钱，还要好好地动点脑子才行。倘若筹建处先支付一千万资金用于项目，各工班组和包工头都能拿到一些钱，保证将工程建设到地面二层，这是政治任务,要保证省市两级政府出席的现场观摩会顺利进行,赵镇长才能在政治上不出差错。现场观摩会结束之后,项目部和筹建处再分别和嘉海集团交涉,要求嘉海集团按照合同注入资金保证合同的顺利履行,这样做至少保证您赵镇长大面上能过得去,我想筹建处不会连一千万都拿不出来吧?"黎一鸣又放出试探的气球。

赵则林不得不佩服黎一鸣的老谋深算,别看精瘦的脸无四两肉,甩出的每句话都是重磅炸弹,难怪这家伙在周胜市兜得转,事到如今,赵则林不得不被黎一鸣先牵着鼻子走一段路了。赵则林嘴上虽然一百个不同意,心里却无奈地接纳黎一鸣提出的方案。他盘算了一下资金状况,到本周末,被江书记用于资本运作的一个多亿第一笔利息可以到账,再加上现有的财务状况,支付一千万绰绰有余。赵则林主意打定,却不甘心在黎一鸣面前俯首称臣,他打起官腔拉长了声调:"我是啥都不怕,合同在手,合同就是法律,大不了我这个官不做也罢。不过想想你说的也不无道理,岗山镇的老百姓是无辜的,政府的形象工程也不能拖后腿,我和江书记商量商量再答复你。"赵则林起身做出送客的手势,眼看着黎一鸣告辞走出他办公室,他又赶忙补充一句,"假如我们筹建处支持一千万,那么嘉海集团也必须支持一千万,这是对等的,否则就没有商量的余地。"

黎一鸣驻足回首,细长的眼睛被笑容拉成一条线,高耸颧骨两侧的几丝肌肉也跟着不经意地抖动:"没问题,赵镇长,就这么定了。"黎一鸣扬扬手跨出岗山镇镇政府办公大楼,大步流星朝翡翠山庄走去。

黎一鸣晚上在翡翠山庄宴请所有的项目部管理人员,程子根和范于波、焦保业早早等候,张永杰探头包厢通报:"鸣哥来了。"

浑身轻松的黎一鸣哼着口哨步入预定的包厢,焦保业殷勤地朝黎一鸣弓腰:"鸣哥,这边请。"

黎一鸣眼皮都不抬,整个人重重地摔进沙发,仰面朝天,好几分钟都不说话,和赵则林斗智斗勇大获全胜后,他需要好好地整理自己后续工作的思路,身边的几个都是窝囊废,他懒得和他们搭腔。

范于波惴惴不安地拉了一张椅子坐在黎一鸣的对面,陪着小心压低嗓门:"鸣哥,我和子根大哥一直在等着您。"

黎一鸣半睁开眼睛,"嗯"了一声又重新阖上眼皮,他太累了,需要静心养一会儿。程子根不知趣地推搡黎一鸣一把,无所顾忌地扯开大嗓门:"老弟,进门咋不说话? 都等着你做决定,你说这工程咱到底该怎么办?"

黎一鸣半个身子斜靠沙发,右手的手掌心托腮,他半睁着细长的眼睛斜睨程子根:"咋办? 我也在问自己该咋办,干呗,既然老哥让我蹚浑水,我索性就将这池水搅得更浑。"

程子根摸摸后脑勺,吃不准黎一鸣话语的含义:"老弟,你咋不说得明白些?文的我不行,武的我跟着你干。"

范于波小心翼翼:"鸣哥,赵镇长那里是不是可以松动,我也一筹莫展。鸣哥您说怎么办,我就跟着你怎么办,今后我范于波有半点违背鸣哥的意愿,我就遭天打雷轰。"范于波指天对地地发誓。

焦保业像条狗摇摆着尾巴也跟着发毒誓:"鸣哥,您让我焦保业上刀山下火海,我也无怨无悔。"焦保业学着范于波的样举着手对黎一鸣表示忠心。

黎一鸣细长的眼睛睁得好大,他一一指着眼前的三个合作伙伴对张永杰说道:"永杰,看看他们,咱好像死路一条明天就要奔赴刑场,多悲壮啊!"黎一鸣说完放声哈哈大笑,他抹着眼角笑出来的泪花,慢条斯理,"老天垂顾我黎一鸣,让我绝处逢生,十天之内我保证一千万到账,这笔钱就算我借给每个工班组,我是要收取利息的。"黎一鸣容不得他人有发表不同见解的空隙,一锤定音,"你们一个个都说了,一切都听我的,就这么定了。"黎一鸣一拍大腿,朝张永杰嘴巴一努,张永杰心领神会地替黎一鸣点上烟。黎一鸣深深地吸上一口,欣赏着吐出来的烟圈意味深长地说:"地球是圆的,转一圈又回归到原点,生活也是圆的,一切的一切,最终都回到原来的出发点,从头开始吧。"黎一鸣又朝张永杰抛出一个眼神,张永杰会心地从夹在腋下的皮包里取出一沓分包合同。"这几天我反复看了范经理和焦保业和各分包商签订的分包协议书,你们的心实在太黑,竟敢收取每个分包商百分之十六的管理费。范于波,你倒说说看,这百分之十六的管理费你能够捞到多少好处?"一丝凶狠的目光从黎一鸣细长的眼睛里射出。

范于波低着头嗫嚅道:"鸣哥面前我不敢说假话,税收是百分之三点四一,东海的邹处长收取百分之二,嘉海集团收取企业所得税以及分公司的管理费加起来有百分之二,百分之一用于项目部的交际费用,总共是百分之八点四一,剩余的部分我占百分之六,其他的都属于保业。"

黎一鸣冷笑道:"一笔好买卖呀!不掏半分银子,两个亿的项目空手套白狼就打算获取一千五百万的赚头,打着灯笼也找不到。屙下的臭屎堆留在那里臭气冲天,还要让我来替你擦屁股,你真有能耐!"黎一鸣狠狠地怒斥:"你好歹毒!你好心狠!每个分包商进场都预先缴纳二百万的保证金,这笔保证金你一部分作为开办费,另一部分用来吃喝玩乐嫖女人,你活得多逍遥自在?"黎一鸣将茶几上的半杯茶水劈脸浇向范于波,又虎着脸训斥焦保业:"你一个底下的扦脚工自以为跟着范于波捡了个皮夹子,乐得屁颠屁颠连爹娘姓什么都不知道了,伪造补充合同和范于波忽悠各分包商签署分包协议,两个人再联手和银行的败类勾结起来开假存款证明,让嘉海的董事长相信你们有资金实力,骗得嘉海与岗山镇签订合同。只要合同到手你们又可以坑蒙拐骗,东窗事发反正有嘉海和岗山镇垫背,你们比我还要黑!我在道上混最起码还讲究人情人性。"黎一鸣气得大口喘气。

焦保业吓得裤裆都湿透,赶紧跪在黎一鸣的膝下捣蒜般磕头:"鸣哥,我有罪,我也知罪,只求您救救我。我家里还有老父老母老婆和两个孩子,鸣哥,救救我!这辈子就是跟着您做牛做马我都心甘情愿。"焦保业涕泪直流,哀求黎一鸣放他一马。

范于波看着不对劲,也跟着跪在黎一鸣的脚跟:"鸣哥,我和保业都犯下大错,鸣哥开恩救救我俩。"

傻站在一边的程子根捶胸顿足,嚎叫着用脚踹范于波和焦保业:"两个死畜生,我瞎了眼,害得咱一鸣老弟也跳入火坑,我怎么鬼迷心窍自投两个死畜生设下的罗网?"程子根悲愤地掴自己的嘴巴子:"老天,这可怎么办?老弟,老哥我害惨你了,我砸锅卖铁也赔不起你老弟的损失。"程子根悲天抢地哭号:"看来我是死路一条。不行,我死也要让你们这两个狗东西陪着我!"程子根操起身边的椅子欲砸范于波和焦保业。

黎一鸣用手挡住程子根高举的椅子:"大哥,我又没有怪你,放心吧,天无绝人之路。"黎一鸣用脚踢踢范于波和焦保业:"你俩也别再丢人现眼的了,起来吧,一边坐着。"环视程子根、范于波和焦保业乖乖地围着自己坐定后,黎一鸣心头暗自窃喜,略施雕虫小技就将身边的三个草包修理得俯首帖耳,接下来倒是要他们打头阵去制服项目部的各工班组的人员和包工头们了,我黎一鸣只需在幕后摇摇鹅毛扇听听汇报即可稳赚大钱。心情大悦的黎一鸣俨然是眼前这三人的救世主,他架起二郎腿笃悠悠地晃动,欣赏着口中吐出的一个又一个烟圈开始发话:"当务之急是要有现钱进账,我自有办法通过岗山镇办事处先打一千万现金到嘉海的账户,这笔款子进账有三个好处。第一,嘉海集团认为业主按照补充协议的约定开始支付工程款,这为以后咱们找嘉海的资金支持埋下伏笔,理由很简单,业主给钱,嘉海也理所当然要掏钱支持工程,伪造的补充合同嘉海迟早会知道,业主知道嘉海的管理人员伪造补充合同尚不追究刑事责任,还主动付款一千万,嘉海难道见死不救?当然这是场硬仗,嘉海的郑董事长没这么好对付,保不准要请范于波的表叔出马。第二,可以稳住现场各施工班组,每个班组先预付一笔钱,让他们将活先干下去,工程必须如期完成到地面二层,要保证山宁省的省市两级政府出席的现场观摩会如期召开,给业主一个良好的印象,我们再争取更多的工程款也有理由;第三点是最重要的,各工班组和包工头有钱到手,咱就不怕他们会罢工闹事,谁跟咱们顶牛,咱就立马清除出场,一分钱都不给。还有一点,"黎一鸣示意张永杰关上门后压低嗓门,"到嘉海要钱还得靠他们,人多才顶事。"

黎一鸣的一席话让程子根茅塞顿开,他拍着大腿咧嘴"嘿嘿"地笑个不停:"老弟,我真服了你,您不愧是咱周胜的老大,当初我选择你入伙没错。老弟,你说得这么多,口一定很干,喝口水润润嗓子。"程子根大献殷勤,亲自替黎一鸣把盏倒水。

黎一鸣喝口水清了清嗓子,正眼逼视范于波和焦保业:"你们两个人的利益分配我也得重新确定。"黎一鸣咬着嘴唇,细长的眼睛里两颗眼珠子一动不动紧紧地盯着范于波和焦保业,"我现在把你们两个送进牢里关个十年八年还算是客气的。"黎一鸣长叹一口气,"咳,都是出来混的,我也不忍心送你们进局子,这样吧,等工程结束,我给你范于波八十万,给焦保业五十万,过去的事情我也不再追究。"黎一鸣将原先的分配模式重新定调,眨眼就吞并掉范于波和焦保业两个人在这个工程上的一大块利润。

范于波和焦保业面面相觑,不敢吱声。黎一鸣穷追猛打:"怎么,有不同想法?说出来听听。"

范于波肥胖的身体费劲地挪动了一下,他将自己的大脸盘转向黎一鸣,吞吞吐吐地回答:"一切都听鸣哥的,我没有想法。"

焦保业也紧跟着表态:"鸣哥,我焦保业谢谢您的大恩,就是您一分钱都不给我,我焦保业都没有一点点的想法。"

"那就这么定了,每个月的基本生活费还是有的,这个你俩放心。"黎一鸣话锋一转,"我最关心的是工程的进度,听永杰反应,有几个标段这几天处于停工状态,怎么回事?"

范于波再也不敢说假话,肥胖的身躯又费力地扭动几下,两片厚厚的嘴唇颤抖地翕动:"都没有钱了,半年来民工工资一分钱都没有发,都是工班长和包工头垫下去的,现在他们也没有钱了,高利贷主也不肯在这个项目上再放高炮。底下好多人也听说补充协议是伪造的,都等着讨个说法。"

黎一鸣若有所思,细长的眼睛闪闪发亮:"你俩替死鬼干脆做到底,明天就到工地上向各工班组和包工头告罪讨饶,就说鸣哥我在想办法借钱,这几天一定会发到他们的手中,但所有的标段都一定要保证工程一周内完成到主体建筑出地面二层。钱发下后,向他们收取二分利息,按照放高炮的利息算是少的。你俩还可以放出风声,鸣哥还会筹钱用于工程。"

范于波和焦保业连连点头一个劲地说:"是,是,一切都听鸣哥的盼咐。"

黎一鸣频频点头,继续布置三位的工作:"子根大哥在现场坐镇,谁敢不服,当场打得他满地找牙,让他从此在周胜消失,一定要杀个鸡给猴看看。"

程子根摩拳擦掌:"我正想找个对手让他尝尝我这铁拳的厉害,老弟,真有你的,你是这个!"程子根伸出大拇指表示对黎一鸣的敬佩。

黎一鸣淡淡地一笑:"不到万不得已,最好不要动手。"他规劝程子根一句后又对三位说道:"范于波和焦保业之前同各工班组以及包工头签订的所有分包协议还是有效,谁敢不从,让他来找我。"黎一鸣掏出手机看了下时间,朝众人挥挥手:"项目部的人差不多都该到了,今天晚上我做东,请所有的兄弟们乐一乐,干活还得靠大家啊。"

晚上的聚餐黎一鸣宴请得很丰盛,他和诸位谈笑风生,把酒尽欢,一副胸有成竹的样子,内心却忐忑不安,他在等待赵则林的电话。离开岗山镇办事处的时候赵则林说过,他和江永祥书记商量后会尽快地给他回复。好几个小时过去,该有赵则林的电话了,可始终是音讯杳然。黎一鸣暗暗着急,假如岗山镇一毛不拔,他黎一鸣的如意算盘就彻底粉碎。黎一鸣不敢想象一旦赵则林给他的答复是"不行"两个字,他该如何应对。黎一鸣深知自己是在走一招险棋,一招赢则满盘赢,一招输便满盘输。黎一鸣太了解江永祥的为人,赵则林能够恩威并重软硬兼施吓唬吓唬起得了作用,江永祥乃是周胜市官场中的老狐狸,轻易不会上钩。想到这里,黎一鸣禁不住出了身冷汗,他关照张永杰代表他奉陪各位并负责埋单,自己借口还有其他应酬匆匆离开了翡翠山庄。

黎一鸣扬手招一辆出租车直奔家门,下车后便一头栽进卧室反锁上房门。黎一鸣四仰八叉躺在床上,眼睛直瞪瞪地凝视着天花板,他需要在清静的环境下好好地整理一下自己的思路。

三个搭档被制服得对我黎一鸣马首是瞻,一千万的资金到手就能轻而易举地获得二百万的利息,不怕下面的人不同意,理由很简单:是我设法融资的款项用以解燃眉之急,你们都吵嚷着要钱,我送钱上门当然要收取利息,后面的工程款等到主体建筑出地面二层后再按分包协议办,有嘉海集团山宁省分公司的章盖着,不怕郑董事长不认账。工程的材料我无论大小都全部垄断,自己出面打招呼,赊欠生产厂家的银子缓上个半年不会有问题,即使材料生产厂家因材料款拖欠太久讨要钱款我也不怕,每单材料采购的合同都有嘉海的公章赫然在上,嘉海是替罪羊。施工现场的各工班组和包工头有了钱将工程建设到主体建筑出地面二层,等到现场的观摩活动顺利结束,再让岗山镇的官员和嘉海交涉,业主否认签约过补充协议,自己有理由揪住郑昱嘉让他掏钱。郑昱嘉如果一口拒绝,大批的民工只要听到去要钱,鼓动他们成群结队地打上嘉海的大门,没有人会不愿意。好个如意算盘,黎一鸣为自己的足智多谋狠狠地自我表扬一番,只要赵则林不掉链子，他黎一鸣长袖善舞绝对成功。

　　设想得美满无缺，计算得天衣无缝，赵则林迟迟没有电话打过来，黎一鸣还是心神不定。难道赵则林遇上江永祥这头拦路虎搅黄了我的好事？黎一鸣一个鲤鱼打挺坐在床上出神发呆，他在琢磨江永祥的点点滴滴。

　　岗山镇的新农村建设项目妇孺皆知，媒体也报道政府投资多少钱用于这项工程，为何两个亿的项目岗山镇居然要求建设方垫资到主体建筑的结构全部封顶才能支付工程款的百分之三十五，而且竭力避开本土本地的施工企业，舍近而求远让远在千里之外的东海市嘉海集团施工建设？纵然有范于波的表叔严于信教授这一层关系，可此人完全是个书蠹虫，这严于信莫非是他人为了自身不可告人的目的而将他用来做挡箭牌之用。黎一鸣苦苦思索，渐渐地他得出一个结论，偌大的项目政府绝对有钱并大部分到位，岗山镇没有将这笔钱运作于工程，一定有不可告人的目的。想到这一层，黎一鸣醍醐灌顶，他一个箭步冲到卫生间，打开水龙头用凉水冲洗发胀的脑袋，哗哗的流水声仿佛是哗哗的银子在流淌，黎一鸣抬头对着镜子中的自己说话："我倒要来个螳臂当车不自量力。"

　　一个计划在他的心中形成，黎一鸣打开手机分别给赵则林和江永祥发送短消息：尊敬的领导，我刚刚知道上级政府划拨的第一笔工程款为何迟迟不给项目部的真实情况，这笔资金的去向我全部明白。我们都想好好地将这个工程干完，违法乱纪的事情谁都不能做。

　　短信发完，黎一鸣如释重负，他用干毛巾擦干湿漉漉的头发，细长的眼睛微微眯缝，轻松地哼起周胜市的地方小曲，心情放松得很，他在等着鱼儿上钩。不出意外，最多也就个把小时一定会有赵则林的消息反馈，快活的黎一鸣抱起床上的枕头亲吻。

　　赵则林的一条短消息很快来了：明天早上到办事处财务科办理划款一千万工程款的事宜。

　　黎一鸣赢了，他打了个漂亮仗。几天来神经绷得紧紧的黎一鸣，突然感到自己整个人一下子很乏力，他瘫软在床上久久地发呆。他想起一句文绉绉的经典格言，禁不住脱口而出："路漫漫其修远兮，吾将上下而求索。"

　　几天之后，嘉海集团的财务部收到周胜市岗山镇办事处的第一笔工程款一千万。郑昱嘉得知这个消息，心中沉甸甸的一块大石头最终卸下，他对岗山镇的工程存有的担忧和疑虑彻底解除。他在第一时间打电话告诉严于信，他要让严于信分享这个喜讯。严于信自然跟着郑昱嘉欣喜，电话那端严于信的声音有些激动："郑董事长，这下我总算放心了。"

　　郑昱嘉大度地宽慰严于信："严教授，即使这个项目出现什么问题也用不着您来担心,您多虑了。请转告严冰小姐,我会准时出席她的个人专场音乐会。"

严于信谢声连连:"谢谢郑董事长,冰冰一定会特别高兴,她真心希望您能参加。"

"岂止参加严美人的一场音乐会,我还要成为你严教授的乘龙快婿呢。相信吧,我一定会叫你一声岳父大人的。"郑昱嘉搁下电话对着自己说话,严冰的身影又在她的眼前浮现,他体会到了何为一日不见如隔三秋的相思之苦。他掏出手机,找出一张偷拍的照片:是严冰的倩影,回眸一笑的迷人神情搅得郑昱嘉禁不住心旌荡漾。他对着手机送上一个热烈的吻:"美人,你哪知我郑昱嘉为你消得人憔悴哦?"郑昱嘉对着严冰的照片凝视良久,才怏怏地关上显示屏。

郑昱嘉还想和邹培远通报一声,鹰钩鼻子也是很关注这个工程的。拨通电话后,郑昱嘉又赶紧掐断,他觉得没有必要对邹培远透露半点风声。他明白,鹰钩鼻子一定会在同一时间获知这个消息,他装聋作哑,我也没必要彼此点破,各赚各的吧!郑昱嘉自我安慰。

仅仅过了两天,嘉海集团财务部就将扣除税收和各项管理费之后的全部工程款转划到岗山镇的项目部。黎一鸣亲自坐镇监督工程款的发放,所有的工班组组长和包工头带上自己的身份证到黎一鸣处报到,复印完每个人的身份证之后,再在复印件上按照要求写下一段黎一鸣事先拟定的文字:今借岗山镇项目部负责人黎一鸣人民币一百五十万,年息为百分之二十,收到此款后,保证在一周之内将所负责的工程标段完成到主体建筑出地面二层。利息和借款在以后的工程款中抵扣。

也有个别极不情愿者,拒绝接受这笔借款,黎一鸣早有预防,程子根带着几个五大三粗的打手叉腰把门,谁都不得不乖乖地签下这不平等的"条约",否则就颗粒无收,卷起铺盖离开岗山镇的项目部。

周末,邹培远的手机跳出了一条短信,显示他的银行卡刚刚被打进十万人民币。不用猜测,邹培远就知道是岗山镇项目部汇来的。只有十万,邹培远横竖不明白为什么会这么少,他决计弄个水落石出。他想打电话给郑昱嘉试探项目部的资金状况,邹培远和郑昱嘉的做法如出一辙,拨通郑昱嘉的手机后又赶紧关掉,他生怕在郑昱嘉那里讨个没趣。他又悄悄地给范于波打电话,范于波回答让邹培远直接与黎一鸣沟通。邹培远思忖良久,没有再打黎一鸣的电话,他深知黎一鸣是个难对付的主,轻易不要和他正面交锋。"我绝不会让你少给我一分钱。"邹培远咬牙切齿。

过了一周,周胜市岗山镇新农村建设项目主体建筑到了地面二层,现场观摩会如期召开。省市两级政府的领导莅临现场,巨大的横幅高悬在工地的主要通道口:岗山镇办事处热烈欢迎各级领导。

喧天的锣鼓,飘扬的彩旗,秋阳下一片盛世才会出现的空前景象。电视台、报社等各路媒体倾巢出动,都跃跃欲试,想抓住难得一遇的主题新闻,各显身手地好好报道。

江永祥和赵则林作为东道主,首次与省市两级的高层领导并肩坐在主席台。赵则林一身肥大的西装套在身上,秋风中衣袂飘飘,苦瓜脸难得露出经久不退的笑容,其间夹杂着些许谄媚。江永祥正襟危坐在出席观摩会的最高领导者旁边,恰到好处地迎合着领导的需要,小心翼翼地答话。

作为筹建处的总指挥,赵则林得以有机会主持这场观摩大会,当他站在话筒前宣布观摩大会正式开始时,他的嗓子出现了颤音,干咳的声响通过麦克风传递到整个现场,引起场下善意的笑声,涨得通红的苦瓜脸很是难堪。他一抬头,瞧见场下一侧站着黎一鸣,苦瓜脸顿时变成酱紫色,说话的声音有些变调且词不达意,江永祥有些惊讶,顺着赵则林的目光向场下巡视,他也捕捉到了黎一鸣投向他的眼光。黎一鸣靠在一栋建筑物的墙角,半歪的身体稍稍后倾,右手握成拳头状托着下巴,他正朝着江永祥微笑。江永祥的心"咯噔"一沉,赶紧掉过头和坐在一侧的领导讲话。

赵则林总算完成人生第一次的使命——现场观摩大会的主持人。他送给全场的最后一句话:"请周胜市岗山镇办事处党工委书记江永祥同志为各位领导汇报岗山镇新农村建设项目的进展情况。"

掌声中江永祥站到台前,党的政策的英明,新农村建设的必要性和必然性,老百姓的热烈拥护,办事处的尽心尽职,建设方的全力配合——点到。江永祥说得很长,赵则林听到一半,匆匆下台向黎一鸣走去。走到黎一鸣刚才待的地方,却发现黎一鸣踪迹全无,留下他在黎一鸣刚才停留过的地方独自发呆。

12

　　山宁省周胜市岗山镇新农村建设项目的现场观摩活动大获成功，江永祥和赵则林的形象出现在省地两级电视台，多家平面媒体也频频提及两位大名，有一家媒体甚至称岗山镇的项目开启了农民新村建设的先河。一个全新的农村建设新模式通过试点的成功，即将在全省多个县级单位迅速铺开，江永祥和赵则林成为新农村建设的排头兵，连日来马不停蹄地接待各兄弟单位的取经，赵则林好好地过了一把享受政绩荣耀带来的官瘾。

　　高潮总有过去的时候，一切又恢复到生活的常态，赵则林和江永祥开始为自己今后仕途的晋升悄悄谋划。赵则林的期望值没有江永祥那么高，他希望到明年换届后自己主管的工程项目基本竣工，在"两会"上能够有机会陈述一番自己在基层是如何关注民生，第一个吃螃蟹将第一期二十万平方米的新农村建设起来，村民们是如何兴高彩烈地迁入新居直夸党的政策好，赵镇长为了这个工程又是如何劳心憔悴。赵则林掐指细算，正科级的位置自己纹丝不动地坐了整整五年之多，也该挪动挪动了。机遇已到，就该刻不容缓地走动走动，天上平白无故地掉下一块馅饼，为他的升迁提供了一个千载难逢的机遇，一大片新农村的建筑耀眼夺目地出现在岗山镇，是赵则林最好的政绩，过了这村就没有那店。赵则林希望明年的"两会"结束后能够到周胜市政府工作，有个副处级的职务那待遇和地位就今非昔比。赵则林暗暗盘算周胜市政府机关空缺的职位，横掰竖算至少有五到六个职位可以选择，财政局、工商局、教育局、招商局，都是副处级的待遇。正职领导或者是年龄已到该退下或者是他们还有往上升的机会。赵则林觊觎财政局和工商局的两个正职，教育局他不感兴趣，清水衙门又累得慌；招商局局长也难当，每年都有招商指标下达，完不成任务倒过来会挨板子。能出任周胜市财政局局长的职务真乃天遂人愿，谁不仰仗财政局局长的鼻息过日子？有个工商局局长的位置当然也不错，这也是个朝南坐的宝座。赵则林想得有些飘飘然，他感觉自己很快就能稳坐财政局局长或工商局局长的宝座。这两个职位都是个肥缺,眼睛盯着的人多了去,他还真不知道该和多少竞争对手较量呢?得想办法走走门道才是,哪扇高层领导的大门能开启一条缝让他钻进去?赵则林的苦瓜脸布满愁容,从政这么多年,他还真难找到贴心的人为他出谋划策。

赵则林深知,与他共事多年的江永祥在官场上远比自己如鱼得水,江永祥上至省委下至地委都有不错的关系源,再加上出任岗山镇党工委书记后长袖善舞,周胜市很多可圈可点的政绩都来自岗山镇,江永祥还是两届省人大代表。其实赵则林被任命为岗山镇的镇长也是江永祥的力荐,在江永祥的眼里,赵则林对他不会构成危险,赵则林唯有顺从才是最聪明的选择。全省瞩目的新农村建设项目的试点也是江永祥四处游说最后花落岗山镇。于这层意义而言,江永祥还是帮了赵则林一个忙,让他也有一个骄人的政绩得以在仕途再上一个级别。正因为江永祥一直认为他对自己有知遇之恩,所以一个多亿的工程付款暂时用于资本运作,赵则林唯有积极配合没有其他选择。让江永祥再拉自己一把可能性也不是没有,问题恰恰出在江永祥现在无暇顾及赵则林的升迁,他一直在为自己出任周胜市的副市长未雨绸缪,怎顾得上考虑自己?况且一个镇同时调离两个主要领导在周胜市还没有先例。思来想去,赵则林感到自己未来走向的最大可能是担任岗山镇的党工委书记。

赵则林最担心的就是自己会留任岗山镇出任党工委书记一职。二十万平方米的建筑项目经江永祥资本运作的折腾,弄得顺利推进项目的进度计划难产,工程明显地陷入骑虎难下的僵境。虽然主体建筑到了地面二层,现场观摩活动反响极好,后面接踵而至的麻烦事如何解决?按合同岗山镇是该到主体结构封顶才支付建设方百分之三十五的工程款,可嘉海集团如果拒绝资金注入怎么办?黎一鸣这小子一定掌握了岗山镇资金的流向,要不他怎么会大胆地发送短消息给自己和江永祥?江书记不是也担心施工方闹事,影响现场观摩活动带来负面效应,才同意支付一千万暂时解决眼下的矛盾?假如黎一鸣在嘉海集团的董事长面前捅出岗山镇建设资金的真实去向,保不准自己会走远。江永祥这头老狐狸是否会把所有的责任都推在自己的身上?我赵则林乃是项目筹建处的总指挥。江永祥并不是没有顾虑,他也同意自己的建议,在后续的工程中嘉海集团和筹建处分摊建设资金。1亿多的资本运作再坚持几个月所有的资金连本带利都能收回,假如嘉海集团提供部分资金到项目部,筹建处等到资金全部回笼后,也就可以顺利地支持资金推进工程的进展,嘉海集团是否会同意这么做,江永祥和他心中都没有底。根据江永祥的指示,筹建处一定要咬住合同不松口,同时状告嘉海集团伪造补充合同,来个先发制人逼迫嘉海集团遵守合同,说说容易要做到难乎其难哪。

眼下,江永祥要求自己带领律师到东海市嘉海集团找郑昱嘉董事长摊牌,就伪造补充合同一事与嘉海交涉,结果会怎么样,赵则林心里没谱。最大的阻碍来自黎一鸣,这小子狡猾透顶难以对付。赵则林根据和江永祥的事先商定,决定先找黎一鸣协商,提出两个条件让黎一鸣先和嘉海沟通:状告嘉海伪造补充合同影响工程的正常进行;彼此各退一步,筹建处出多少钱嘉海也投入多少钱。江永祥反复叮咛赵则林,先走第一步看看嘉海的反应后,再考虑是否要提出第二个方案,镇得住嘉海第二个方案就不必提出。难啊!赵则林唉声叹气,苦瓜脸拉得很长,就像一条青绿色的丝瓜安在脖子上。他走到盥洗室,洗手时对着镜子端详自己的仪表。赵则林难得照镜子,他对自己的外貌也没有信心。镜中的赵则林,嘴巴张得好大,满口的大白牙暴露无遗,躲藏在门齿旁边的一颗龅牙冲着他突兀地显现,他生气地抿起嘴唇,没来由地往自己的苦瓜脸掴一巴掌,他要做一件自己极不情愿的事情,打电话给黎一鸣让他到自己的办公室见面。

黎一鸣如约而来,赵则林很客气地让座,感谢项目部在黎一鸣的组织下顺利地将主体建筑完成到地面二层,给省地两级的领导留下很好的印象。黎一鸣不置可否地耸耸肩不予回答,他在揣摩赵则林邀他见面的真实意图。赵则林没有黎一鸣沉得住气,他说上好大一通,见黎一鸣就是一言不发,不由得气上心头:"我们也是从政治大局出发,为了让周胜市在全省留下良好的印象才支付一千万资金,按照合同完全没有这个必要,下面的工程你们必须根据合同约定正常进行。"

"赵镇长,谁说我们没有按照合同在干工程,"黎一鸣不卑不亢地回击赵则林,"这几天您工地上去过没有?您看见工程停下来了?"

赵则林被黎一鸣呛得一时语噎,支吾半晌才回答:"没有停下最好,我也不和你多说,你可以走了。"

赵则林不经意的气恼话倒让黎一鸣一愣怔,这苦瓜脸明明有话放在肚子里怎么又不说了?不行,得激他一激。"也好,我这就告辞。赵镇长,我明天会将工程进度表送到您的办公室,请您按进度继续拨工程款给我们。"黎一鸣装作要走的样子。

"不可能!"赵则林苦瓜脸顿时拉下,他一拍桌子大声呵斥,"你也别得寸进尺,不是为了现场的观摩活动,我们也不会支持项目部一千万资金。要钱找嘉海集团,别来找筹建处,我们严格按照合同办事情。"

走到门口的黎一鸣慢慢转过身子,瘦削的脸庞露出似笑非笑的表情:"赵镇长说得太对了,按照合同办事,这么大的工程就该支付工程款,哪有垫资到结构封顶才给百分之三十五的钱？明摆着坑人的合同嘛。"

"你去问嘉海的董事长，他为什么愿意签订这个合同？合同代表法律，"气咻咻的赵则林一把甩出事先拟就的公函，"原先我还打算带着律师到东海市嘉海集团找他们的郑董事长，问问他伪造补充合同该担当何罪。你来了正好，你现在是项目的负责人，你带过去吧。"

黎一鸣依然不慌不忙："赵镇长，假如上级政府的拨款能及时用在这个项目上，还会出现这份伪造合同？给筹建处钱是要用在工程上的，我们怎么就不见钱呢？这笔钱是在办事处的账户上还是在其他地方发挥作用？"

"你，"赵则林的苦瓜脸铁青，他颤抖的手指着黎一鸣，"我不许你胡说八道，你有理别在我的办公室掰扯，你去市政府去法院控告我们都可以。"

"赵镇长何必怒气冲冲？"黎一鸣慢慢踱步到赵则林的面前，他反客为主地替赵则林倒上一杯水递上，"您让我大清早的上您的办公室不会是赶着我上市政府和法院的吧？您的真心话还没有说出来呢，是吗，赵镇长？"

赵则林被黎一鸣调侃得无话可答，僵坐在椅子里，只顾着自己呼哧呼哧地大口喘气。

赵则林办公室的门被推开，江永祥闻讯进来，一副满脸困惑的神情："咋这样吵吵嚷嚷的，都不会好好说话？"

赵则林还真盼望着救兵江永祥赶到："江书记，你听听他怎么说的？比我还有道理。"赵则林诉苦道："张口就问筹建处要钱，还威胁说上级政府的拨款为什么不用在工程上？"

"江书记，我没有说错吧，项目部关心资金难道不正常？"黎一鸣问道，"俗话说巧妇难为无米之炊，是不是？筹建处又不是没有钱。"遇到江永祥这样的对手，黎一鸣心知肚明远比赵则林难对付，他必须先发制人才能掌握主动。

江永祥呵呵地笑起来："原来是为工程款的事情，来来，坐下说，干嘛弄得硝烟弥漫的，都是为工程着想，坐下来慢慢商量就是，不商量怎么解决问题？"江永祥年龄将届不惑，已显出富态相，他腆着啤酒肚子，不紧不慢地走到黎一鸣面前，"哟，还是气鼓鼓的，坐下说，坐下。"他给黎一鸣让座后，就着黎一鸣的身旁也坐下，和蔼地拍拍黎一鸣的肩膀，"哟，一把骨头，精瘦精瘦的，中气倒是挺足的，人不可貌相啊。"江永祥拍拍自己突出的肚腩自我解嘲，"我这个人是喝凉水都长肉，咱赵镇长和你黎经理都是好身材，羡慕呀。"江永祥将他发福的身子扭向赵则林委婉地数落，"我说赵镇长啊，项目部找筹建处要钱，你把情况说清楚就成，干嘛动刀动枪地说话。"

"我没办法和他沟通，要说江书记和他说吧，他有一百条道理，条条都行得通，我说不过他。"气咻咻的赵则林余怒未消。

江永祥一点都不气恼，依然笑容可掬："我是找上门来自讨苦吃呢。也罢，按理赵镇长是筹建处的总指挥，我是不该插手的，赵镇长让我说我还真的就说了。小黎，你也别怪赵镇长，筹建处的所有决定都是我们岗山镇党委共同讨论做出的决定。没错，刚才我在门外听你说上级政府有资金拨到办事处，这是事实啊！没钱我们岗山镇喝西北风去？就这么点钱却要干许许多多的事情，咱们岗山镇也不仅仅你们一个项目呀！岗山镇纳入城区的范围，道路要修建，绿化要跟上，还有动迁在外的村民补贴，都靠着这笔钱过日子。当初我们找嘉海集团来建设这么大的工程，看中的就是嘉海的资金实力。等到村民们搬进新房子，空置的土地通过商业拍卖，钱就能到手，我们就可以支付工程款。我们在有限的资金里好歹还提前支付一千万，很不错了。小黎，我们所有的资金运作你尽可以去调查，千万别以为你抓住我们办事处什么小辫子，我们才给予一千万工程款的支持，你要这样想那就大错特错了。我直截了当地说白了吧！当我和赵镇长听说项目部伪造一份假补充合同，蒙骗许多工班组和包工头还有好多材料供应商来参与项目的建设都非常吃惊，我们准备通过律师与嘉海集团交涉。你也知道在这个节骨眼上，省市两级政府领导要在现场召开新农村建设项目的观摩活动，这是个政治任务，谁敢怠慢？当赵镇长在党委会议上谈起项目部的困难，没有资金的投入，主体建筑就无法到地面二层，嘉海集团到现在还不知道自己的项目部有伪造补充合同的事情，在这个节骨眼上，我们到东海市找嘉海集团的董事长通报此事，寻找解决问题的方法，时间上根本就来不及，赵镇长提议先支持项目部一千万用以保证工程的顺利进行，等到观摩活动结束后，我们再面对现实，事情就这么简单。"

江永祥的一席话说得黎一鸣哑口无言，轮到黎一鸣沉默不语。这条老狐狸说话滴水不漏，黎一鸣只能退而求其次看看该怎么办了。"按照江书记的意思那我们该咋办才行？"黎一鸣反问江永祥。

江永祥笑声朗朗："小黎，这是你们项目部和集团公司之间的事情，我们筹建处没法插手，我们只能够严格地按照合同的规定办。当然喽，为了保护我们业主的合法利益，赵镇长最近会带着律师到嘉海集团通报项目部伪造补充合同一事，我们保留起诉嘉海集团的权利。其实你们也应该马上通知集团公司，前项目承包人范于波和焦保业所干的违法乱纪事情必须让集团公司了解，让嘉海的董事长回复我们筹建处一个明确的态度。你现在是项目部的负责人嘛，你得依靠嘉海集团的力量把工程好好干下去。至于我们筹建处，我想关键时候必要的帮忙还是可以考虑的，我们主要是看嘉海支持的力度才能做出决定。为了山宁省在我们岗山镇的试点项目,你也看到了,这第一个新农村的建设项目政治意义重大,必要的时候我们也愿意做出一些让步,赵镇长应该表过态了吧?嘉海支持多少工程款,岗山镇也同步支持多少。我们的一千万已经划到了项目部,嘉海也应该有个姿态。小黎,你说是不是?"江永祥话说到最后,总算给黎一鸣留下一丝希望。

江永祥的一番话说得滴水不漏,黎一鸣过招后才领教到对方的厉害,在这种场合下,搬出各种理由与江永祥据理力争已无济于事,况且黎一鸣一时也找不出合适的反驳之词回击江永祥,不过,总不见得捧上谄媚的笑容,连连点头做出感恩戴德的表情灰溜溜地离开,黎一鸣绝对不肯。

黎一鸣朝江永祥讪讪地嘿嘿一笑,摸摸瘦削脸颊的下巴,思索着如何反诘江永祥。江永祥刚才说的最后一句话跳出黎一鸣的脑海,分明是暗示业主方还留有余地,黎一鸣心中有了谱:"江书记说得很明白,作为嘉海集团和我们项目部自然要感谢你们领导的支持,前期业主支持的一千万应该说是雪中送炭。江书记说得没错,严格地按照合同办,谁都明白合同签订双方都有法律的依据。我刚刚参与项目的工作,很多内情还不太明白,按照常理,你们业主对岗山镇项目所制定的条款,打死嘉海集团也不会签订,拿到天边谁都会认为这是一个不平等的霸王条约。事情走向今天的结果,责任该谁来负我们都明白,穷追猛打是否值得,倒可以深思。"黎一鸣的眼珠子始终定格在江永祥身上,他从江永祥微胖的脸颊稍稍抽动的肌肉判断出自己的话还是有分量的,见好就收,不能过分激怒江永祥,"说心里话,我是非常感谢江书记和赵镇长的,特别是江书记说了,只要我们正常地施工,关键的时候筹建处还是会考虑助一臂之力,我铭记在心。"黎一鸣不给江永祥再延续话语的机会,故作轻松地耸耸肩膀,细长的眼睛抛出友善的目光,"我还得赶到工地,项目管理班子的正常例会等着我参加。"黎一鸣潇洒地与江永祥和赵则林扬扬手说了声"再见"。

"小赵啊,你就以不变应万变,他们还会找上门的。"黎一鸣多了个心眼,躲在赵则林的办公室门外竖起了耳朵,"甭害怕,我们有合同在手。这么大的资金缺口非得让嘉海支持,咱们就抓住签订的合同不松口。你和律师也得抓紧时间到东海市找嘉海的董事长,抗议他们的项目负责人伪造补充合同,严重影响新农村项目的建设,对周胜的安定团结造成极大的不利,岗山镇办事处保留对嘉海法律起诉的权利,除非嘉海集团资金及时到位。"江永祥的话,黎一鸣一字不落,全都听了进去。

赵则林连声答道:"江书记,我明白,我赶紧去办。"

"小赵啊,新农村的建设项目咱搞好了,你也就有机会再提升,好好干吧。"江永祥在给赵则林打气,"我也希望小赵你还有发展的空间……"江永祥压低嗓音与赵则林说话,后面的话黎一鸣一个字都听不见,但黎一鸣的嗅觉却能闻出后面的悄声细语,该是什么内容,他再也无心窃听,蹑手蹑脚地下楼,匆匆离开岗山镇办事处。

　　黎一鸣三步并作两步赶往项目部,他要和程子根、范于波等人开碰头会商议对策。黎一鸣自己驾驶雷克萨斯坐骑,出了岗山镇办事处便右转弯,沿周胜市的中心主干道往北直行三公里后,经过一个加油站加满汽油,他驾车再次右转,径直拐入一条机耕路,往前约五百米,便是岗山镇新农村的建设项目工地。机耕路上翻卷的黄土挡住黎一鸣前方的视线,心急如焚的他,也顾不得在挡风玻璃上注水后再用雨水刷抹去黄尘。远远地,黎一鸣看见他的跟班张永杰站在出入工地的大门口朝他这个方向张望,张永杰看到了迎面驶来的被黄尘裹挟的雷克萨斯,他如同哪吒脚踩风火轮飞一般奔向黎一鸣。"鸣哥,鸣哥……"张永杰气喘吁吁地挡住黎一鸣的去路,"你去不得,工地上闹翻天了。"黎一鸣摇下大半扇车窗,张永杰半个头探进,"韩长龙带着好多民工和包工头围着子根大哥和范于波讨要工钱,项目部的人被围在办公室,一个都出不来。"

　　黎一鸣的心一沉,他眉头紧皱拉下脸问:"咋一转眼的功夫就闹翻了天,子根和范于波对付不了?"

　　"范于波躲在旁边屁都不放一个,子根大哥跺脚骂娘什么招都使过也没辙,他们就是要钱。"

　　"不是给过了吗?"黎一鸣不解地问道,"那一千万还是我亲自发的,借条都在我这儿呢。我不立马问他们要利息算是客气,还敢再来要钱。这韩长龙我做了他。"黎一鸣咬牙切齿,"我偏不信这门邪,我就站在韩长龙面前,看他敢开口问我要钱?"黎一鸣打着方向盘吩咐张永杰上车。

　　张永杰连连摆手:"鸣哥,你去不得,韩长龙他们就像疯狗似的,你还是先想想其他办法,要不打电话给海哥他们,让海哥马上带些人过来。"

　　黎一鸣略微思索,摇头拒绝:"不行,我得亲自面对韩长龙他们,项目部的那拨子人你该明白都是啥料。"黎一鸣左手拍拍张永杰的脸颊,语调柔和:"放心吧,不会有大事的,这批无赖闹不到哪去,就是为了一些钱。我不去工地办公室,保不准子根他们镇不住倒会闹出大事,真闹出点人命那就麻烦了。"黎一鸣朝张永杰挥手道:"你在海哥那边呆着,两个小时后,没有我的电话,你就让海哥带着人来,妈的,我黎一鸣也豁出去了,我就不信治不住这帮混蛋。"黎一鸣细长的眼睛里跳出两道凶狠的光亮,他咧开嘴角对着后视镜端详自己的表情是否够得上冷酷。

  黎一鸣目送张永杰离开后，踩足油门一路鸣响汽笛开车到工地上，人在密封的车厢里耳朵却听得清清楚楚，有人在报："项目部的老大来了，黎经理来了。"工地上几乎所有干活的民工都涌到了项目部。

  黎一鸣下车，弹弹沾在身的灰尘，又返身钻进车厢取出几张餐巾纸，弯下腰擦去皮鞋上的尘土，一切都做得从容不迫。他冷峻的眼神环视着四周，在人墙形成的几米长的甬道来回踱步，他斜睨的目光在暗暗捕捉即将和自己针锋相对的这拨子人群中有哪几个目光中充斥着邪恶，他擒贼要先擒王，群体罢工闹事索要工钱，仅凭这么些大字不识几个的民工挑不起事端，背后肯定还有主谋或者合谋，肯定夹杂在民工群体中察言观色蛊惑闹事。黎一鸣轻轻拍一拍手，一一过目人墙中的每一个人："今生我黎一鸣也有这么高的待遇，让兄弟们列队欢迎我。"黎一鸣毫无血色的脸颊仿佛涂抹过一层防冻蜡，在秋阳中透出惨白的光亮，细长的眼睛在阳光下微微眯缝，恰似两根线条和两道眉毛并行排列，恶狠狠的眼神扫过对方的脸庞时给人留下打寒战的恐惧，个别人在黎一鸣经过他的身边时不由自主地后退几步，有几个依然是昂首挺胸，勇敢地迎接黎一鸣凶狠的目光没有惧色。黎一鸣记住了他们的面孔，其中就有韩长龙。

  黎一鸣决定先发制人，他要出手了。"都是来要钱的吧？好啊，我给。打工挣钱天经地义，谁敢不给钱？可你们这是来要钱的还是来闹事的？我搞不明白？"黎一鸣用手一一指着每一个列队欢迎他的人，"你们自己看看，要钱要到这个份上像话吗？你们是给我干活的兄弟呢，还是和我黎一鸣过不去的冤家？"

  程子根冷不防从紧闭的项目部办公室冲出来，拍着大腿嚷道："兄弟，你可来了，别再和他们瞎掰扯，赶快叫海哥他们过来，喏，就这几个闹得最凶。"程子根贴在黎一鸣的身边，狐假虎威地指向人群中的几个人，最后他的手指定格在韩长龙的身上："都是他韩长龙带头闹的，要咱按照分包合同办事情，马上给钱。"程子根又悄悄凑着黎一鸣的耳朵："兄弟，情况不好呢，整个工地都停工，他们还要到市里上访，你可该拿个主意。"

  "长龙兄弟说的没错，咱必须按照合同办事情，"黎一鸣好生奇怪地看着程子根，"子根大哥，难道他们工班组的要求是错误的？"

  程子根傻傻地看着黎一鸣，他真不明白黎一鸣出的是哪一招，弯弯肠子和花花肠子黎一鸣比他程子根多了去，程子根怕再多言一句黎一鸣又拿自己开涮，就闭着嘴唇后退几步，没地方出气的程子根使命地抓抓头皮，扁扁脸上的横肉也跟着愤愤地抖动，塌鼻子就像在拉风箱呼哧呼哧得厉害，在黎一鸣这里讨了个没趣的程子根悻悻地瞪一眼站立在行列中的韩长龙。

韩长龙根本不把程子根这个草包放在眼里,对黎一鸣确实是内心发怵,在周胜的道上谁没有领教过黎一鸣的威风凛凛,就连政府部门的某些官员见了黎一鸣也很客气地点头招呼。韩长龙从外埠奔走到周胜市做建筑工地的包工头也小有五年,深深领教过在周胜的黑道白道上没有黎一鸣摆不平的事情。

卷入岗山镇的项目,韩长龙悔之晚矣,若不是范于波和焦保业给他过目与业主签订的补充合同,打死他也不愿意牵涉到这个项目上来,凭他一个小包工头的资金实力哪里有钱垫资到结构封顶?

范于波和焦保业是在另外一个工地上找到韩长龙的。韩长龙当时在一个开发商建造的楼盘做土建清包工,韩长龙做的是大清包,多少人工就清算多少工资,他只不过是在每个清包工的身上再获取人头费,利润空间非常有限。该项目的总承包是周胜的地方建筑单位,霸道得很,动不动就克扣工资,逼得韩长龙想赶快挪地重找投靠。

韩长龙手下有上百个跟着他从河南老家农村出来打工的乡民,韩长龙是这支分包队伍的包工头,他的手下泥工、瓦工、木工和钢筋工等工种都很齐全。范于波和焦保业到工地上找到韩长龙,让他带手下的兄弟们去岗山镇的工地干活。韩长龙一看条件就动了心,山宁省的新农村建设项目,政府投资,资金到位,外地的东海市嘉海建设集团总承包,他当即承诺愿意做范于波工程的分包方,隔天韩长龙就亲自来到岗山镇项目的工地。

韩长龙提出要看业主和嘉海集团签订的总承包合同,当韩长龙看到业主与嘉海集团签订的合同条款后死活也不愿意分包这个项目,这政府投资的工程项目居然比开发商的条件还要霸王:垫资到结构封顶才支付百分之三十五的工程款。焦保业笑嘻嘻地扯住拔脚就走的韩长龙,他在范于波的示意下,又拿出一份和业主签订的补充合同给韩长龙过目。补充合同签订得明明白白:出建筑地面两层就支付工程款的百分之十五,韩长龙才有些心动,答应合作。

范于波告诉韩长龙:这是他的亲戚与周胜市的市长说的情,市长亲自和岗山镇的领导班子打了招呼才签了这份补充合同。范于波再三叮嘱韩长龙不要泄露机密,只有保护好领导,领导才会继续帮忙。

韩长龙认为他俩说的很有道理,他又仔细阅读其他合同条款,每平方米的建筑造价约一千元,在周胜市的建筑市场,多层建筑每平方米最多在九百元左右。韩长龙和范于波开始具体的讨价还价,商谈到最后双方达成了共识:主要建筑材料如钢筋、混凝土、模板等都由范于波的项目部提供,辅材则让给分包方自行采购,价格必须得到项目部的认可。分包商所承包的标段按照其承包的面积和金额缴纳项目部百分之十六的利润,包括税收在内;同时分包方在进场之前一次性缴纳进场费二百万。

韩长龙横算竖算自己承包一个约五万平方米标段就等于是一个开发商的项目,每平方米自己至少还能够赚取百分之三的利润,辅材的采购也能有一笔进账,这个工程的施工工期总共才十八个月,一年半干下来少说也能赚上个近三百万,韩长龙的心动了,他答应了范于波和焦保业开出的条件。韩长龙手头的现金没有这么多,隔天,他就向周胜放高利贷的债主借款二百万,二分五的利息,借款半年,韩长龙算算还是划得来,半年的利息最多也就是三十万,手下的兄弟们不拿工资干几个月也没有话说,小材料商赊账几个月也没有问题,自己干这个项目不存在风险还有很大的利润空间。韩长龙最终跟范于波签订了岗山镇项目的分包合同,他分包其中的第一标段将近五万平方米。

整个岗山镇近二十万平方米的工程量被范于波和焦保业划分成四个标段,每个标段的工程量基本上都接近五万平方米,除韩长龙之外,还有三个像韩长龙差不多社会层次和经济实力的包工头陆续进驻施工现场,范于波在这个工程上前期运作的资金就来自四家分包的包工头缴纳的保证金。

前期岗山镇的项目波澜不惊地进行,项目部的管理人员都按工程建设的需要配备齐全并悉数到位:项目经理、生产经理、各工区的工区长则由分包的包工头承担,此外还有技术员、质量员、施工员、成本核算人员、财会人员等等,整个项目部的管理人员总人数共有三十来人。项目部现场的大会议室墙上张贴着文明施工安全守则、管理守则、施工进度计划等,一切都按照嘉海集团的标准化管理模式来建立岗山镇项目的施工形象标准,统一的安全帽和工装都显示出嘉海的企业文化,深得业主方的认可。

仅仅一个多月的功夫,偌大的工地所有的建筑楼层全线铺开,工地上一片热火朝天的景象。两个月过去,工地上的所有主体建筑都建到了地面一层,江永祥和赵则林额手称庆找到了嘉海,他俩都各自酝酿着自己的仕途梦想,这岗山镇的项目是他俩最杰出的政绩,整个周胜市还会有其他的同级别官员功劳盖过他俩?江永祥渐渐地将自己工作的重心向省地两级跑动为主要目标,他要游说上级领导尽早地在自己所辖的地盘召开现场观摩会。

范于波的地位也发生根本的变化,他俨然是各分包商的救世主,天天被邀请出入声色场所,过着他连做梦都想不到的纸醉金迷生活,焦保业跟在范于波的身后一起享受。等到工程建设到接近地面一层半的时候,各分包标段的包工头开始关心工程款的支付,范于波和焦保业竟一反常态,原先的信誓旦旦早就丢到了爪哇国,支支吾吾地顾左右而言他,引起了小包工头们的怀疑。韩长龙和二标段的包工头万国林秘密商讨数次,为了解决内心的忧虑,他俩决定在业主那里了解工程资金的真相。韩长龙和万国林特地摆酒设宴,邀请业主方保管合同的小孔,小孔是个没事就喜欢喝几口的办事员,醉人的酒香让他三盅酒下肚就明明白白地告诉韩长龙和万国林,他们岗山镇跟嘉海集团从未有任何的补充合同签约,岗山镇的项目只有一个合同。

呆若木鸡的韩长龙和万国林连哭爹叫娘的力气都没有,他们傻了似的与办事处的小孔一瓶接一瓶地喝酒,试图以酒浇灭内心的愤怒,一直喝到子夜时分还欲罢不能。韩长龙和万国林借着酒劲痛骂范于波和焦保业王八蛋,可发生的一切都无法改变,所有的四个标段的包工头都上当了,范于波和焦保业用一份假造的补充合同将他们骗了。

韩长龙、万国林等四个标段的包工头与范于波和焦保业展开正式谈判,情绪激动的包工头们扬言要将范于波和焦保业给做掉。可即使废了这两个害群之马,这四个标段的包工头们又能得到什么?明摆着竹篮打水一场空。四个标段的包工头们的身后是大批的民工等着第一笔生活费,在岗山镇这个项目上干了整整三个月,一个子儿还没有见着,此外四个标段的包工头们或多或少都是咬着牙借高利贷缴纳保证金给范于波和焦保业的,也盼着第一批款及早到手赶快偿还利滚利的高利贷。欲哭无泪的韩长龙等标段的包工头们索性一不做二不休,逼迫范于波和焦保业写下承诺书:主体建筑到地面二层后支付所承包总金额的百分之十五,一个子儿都不能少,否则组织大批的讨薪民工就到东海市嘉海集团闹事,到周胜市市政府大楼游行示威。

范于波和焦保业一扫当初的救世主面貌,落架的凤凰不如鸡,他俩点头哈腰对韩长龙等包工头提出的一系列讨薪要求唯唯诺诺地一概应承。大限还有一个月的时间,假如工程完成到主体建筑二层时还没有工程款下来,韩长龙等人放出狠话:他们会采取一切过激的行为。

范于波和焦保业整天被韩长龙派出的人监视,即使将窝挪到程子根的小旅馆也有人二十四小时盯梢,韩长龙他们生怕范于波和焦保业逃之夭夭,那他们这批人可就惨了。冥冥之中,范于波和焦保业命不该死,程子根瞧着这么个机会,拉黎一鸣入伙,卷入并全盘接手了岗山镇的工程,矛盾的焦点也就从范于波和焦保业转移到了程子根和黎一鸣的身上。

韩长龙等标段的包工头对黎一鸣的大名如雷贯耳,他们对黎一鸣成为岗山镇项目部的接收大员感情极其复杂,是又惊又喜又怕相交织。黎一鸣的本事远远超出范于波和焦保业,他掌舵岗山镇项目部镇得住任何人,工程的顺利推进应该没有问题,但在黎一鸣的手下蹭饭吃最多就是个饿不死,要多捞点外快简直无门。事已至此,韩长龙等也只得忍气吞声向新东家拜码头祈求得到关照,重新备置礼品找上黎一鸣和程子根拱手相求多多照应。黎一鸣也客气得很,礼品一概退回,大度地表示有他在一切都会尽力。程子根是来者不拒,有多少收多少,还放下大话声称这个项目就他和黎一鸣是老大。

好不容易熬到主体建筑出地面二层,各标段的包工头们急切地盼望着工程款早点到手,他们要发生活费给底下的农民工,还要抓紧归还高利贷,包括黎一鸣强制出借的高利贷,这第一笔工程款倘若到不了手,韩长龙等包工头连跳河的念头都有。

岗山镇的工地一早就全线停工,今天是工程完成到地面二层必须结账百分之十五的规定日子,项目部没有要发工钱给各工班组的任何迹象,各工班组根据先前的约定开始采取行动。韩长龙和其他标段的包工头兵分四路:第一路准备到市政府办公大楼前游行示威;第二路准备到岗山镇办事处找业主索讨工钱;第三路包围项目部找总承包负责人要钱,第四路则等待着前面三路行动的结果准备浩浩荡荡开进东海市到嘉海集团索要工钱,这第四路人马最多,汇集了至少上百个民工。一、二、四路的人员暂时按兵不动,由韩长龙带领的第三路率先冲击项目部,视事态发展的情况另外三路再伺机而动。

黑压压的人群包围着项目部,程子根即使再有本事也没有能力化解这陡起的风波,何况他充其量只是个有勇无谋的莽夫,丝毫镇不住包围项目部的民工,只听得"还我血汗钱"的口号一浪高过一浪。程子根急白了脸,用拳头捶击自己的胸膛,情急之中蹦出来的一句话倒歪打正着,让愈闹愈烈的场面瞬间安静:"你们等着黎经理来了再理论,他一大早就到岗山镇找赵则林要钱去了。"

韩长龙的一个手势:"好啊,咱们就不吵不闹,等着黎经理给我们一个说法。"

黎一鸣果真来了,从岗山镇出来后就直奔项目部,跟班张永杰劝都劝不住。擒贼先擒王,震慑住韩长龙才能有效控制场面。"长龙,咱俩先说说,"黎一鸣朝躲在民工队伍中的韩长龙招手,"咱们团结一心拧成一股绳向政府要钱,向嘉海的老板要钱才是正经事,长龙,兄弟我说得对不对?"

韩长龙从民工队伍中出列,朝黎一鸣点头:"鸣哥您说得对,我们没有办法,到这个份上也是忍无可忍。"

"兄弟,都一样啊。"黎一鸣拍拍韩长龙的肩,"我们是一个阵营中的,我们打工的也好,管理的也好,说到底就是干活拿钱,没钱谁来干活?谁不给钱咱就找谁要去,兄弟们,你们说是不是这个理?"

民工队伍中响起热烈的掌声:"鸣哥,我们听你的,老大,我们跟着你去要钱。"

黎一鸣高举双手朝民工队伍一一拜谢:"各位兄弟看得起我黎一鸣,我一定会给大家一个交代,刚才我就是从岗山镇办事处出来,党工委书记和镇长都见面了,我找他们是替兄弟们要钱去的。放心吧!这钱一定会有的,我黎一鸣保证,兄弟们的钱一分不差。"黎一鸣寥寥数语稳住了现场民工激动的情绪,他又苦口婆心地劝导:"各位兄弟,你们每天的工钱都是按照干活的数量计算的,干多少算多少。你们在项目部耗着,钱拿不到,还影响你们后面赚钱的机会,工程到时候完不成谁来给咱钱?依我看,该干活的现在就去干活,我和你们韩老板等会好好地商议,咱们想办法如何从业主那里,从嘉海的老板那里拿到钱。说到底咱们都是打工的,打工赚钱天经地义,是不是,兄弟们?抓紧时间干活去吧。"黎一鸣一番鼓动的话语很有分量,众多民工们都将视线转向韩长龙,他们都是跟着韩长龙走天下的。黎一鸣不慌不忙地询问韩长龙:"韩老板,你赶紧将其他几个标段的包工老板给喊到项目部办公室,咱们好好地核计该怎么要这笔钱?这些兄弟们,你自己看着办吧。"黎一鸣穿过人墙,在程子根等人的护拥下钻进项目部办公室。

韩长龙略一踌躇,朝手下的上百号民工一挥手:"都先去干活,我和黎经理他们商量后再说。"

岗山镇工地四个标段分包的包工头全都到齐,围坐在项目部办公室,黎一鸣和程子根还有范于波、焦保业都在,双方的架势既是对立方——按照分包合同的约定出地面二层,该问项目部要钱;又是统一方——商量着如何问业主和嘉海的董事长要钱。双方都一致同意由黎一鸣拿出方案齐心合力地去执行。

程子根的扁脸满是兴奋:"一鸣老弟,你就说得干脆点,咱们该怎样才能要到钱,能拿到钱,咋干我都没意见。"

众标段的包工头也都跟着附和:"我们都听黎老板的。"

范于波不得不站出来表态:"我得罪各位兄弟们了,我承认犯下不可饶恕的罪孽,鸣哥有办法要到钱,鸣哥您无论让我干什么我都愿意。"

黎一鸣胸有成竹,却箭在弦上不肯轻易发射,他担心手下的这批乌合之众稍有不慎就会搅黄他的周密安排。工程款该向谁索要?岗山镇的门紧紧关上,绝无支付的可能,按照合同岗山镇没有错,他们在法律上站得住脚。除非按照江永祥的暗示,嘉海集团投入多少,他岗山镇就投入多少。根据这个推理,嘉海集团在拿出一千万之后,还必须再拿出一千万,岗山镇才能同比例地支持一千万,也就是说,假如嘉海集团有二千万的工程款支持,岗山镇也可以再支持一千万甚至是二千万,这笔钱用于完成结构封顶还是能勉强应付得过去,只要结构封顶所有的事情就好办得多。看来东海市的嘉海集团该放血支持项目部了,此条通道得以顺畅,后面的关节点都可以逐一打通。问题是嘉海的郑昱嘉绝非常人可以对付,他怎么可能轻易地掏出二千万支持项目?反正光脚的不怕穿鞋的,讲理也罢,打闹也罢,这龙潭虎穴非得闯一闯不可了。工地上这批难缠的民工和包工头是大闹嘉海的主力军,让他们上嘉海要钱去。黎一鸣主意已定:上东海市嘉海集团找郑昱嘉董事长要钱。黎一鸣将酝酿于心的计划和盘托出,几套方案设计得滴水不漏,不由人不点头佩服。

程子根听得兴奋地抓耳挠腮:"我的一鸣老弟,可真有你的。"他似乎看到了刺刀见红的场面:"你就是让咱拿着枪横扫嘉海我也愿意。"

"不到万不得已绝不能走最后一步,"黎一鸣正色告诫,"反正岗山镇的赵则林带着律师就这一两天到东海市和嘉海的董事长见面,咱们也不能歇着听回音,得赶快动身上东海。"黎一鸣接过焦保业献殷勤递上的烟,范于波不失时机地为黎一鸣点烟。黎一鸣深吸一口,吐出一个烟圈,眼见得烟圈随着他的呼吸氤氲成一丝丝袅袅青烟,黎一鸣细长的眼睛射出威严的光泽,他声音不高,却句句听得在座的胆战心惊:"我们在座的各位都是一条船上的,荣辱与共,生死一起,我把话挑明了,岗山镇这个项目保不准要闹出人命。"

黎一鸣此话一出口,在座的都不由得打个寒战,连程子根的头皮都感到发麻,他紧张得绷紧胖乎乎的扁脸,两个镶嵌在肉滚滚的眼眶里的浑浊眼珠子一动不动紧盯着黎一鸣。

"也用不着害怕到这个地步,子根大哥,是你让我蹚岗山镇的浑水的,我陷进去了就要想办法拔出来。"黎一鸣哂笑程子根一番后又绷紧瘦削的脸庞,"用不着怕,两个财神爷摆在我们的面前,一个是岗山镇,一个是嘉海集团,一个是迫切需要完成项目等待上级提拔的业主,一个是赶着工程早点建造结束的总承包方,他们都输不起,我们怕什么?等着做官的和身家上亿的是我们的两座靠山,他们的命比我们值钱,我们不怕死,他们很怕死,怕死的遇到不怕死的,谁输谁赢不是明摆着的事情?"

黎一鸣的一番循循善诱激起每个人的情绪,个个都摩拳擦掌表示跟着黎一鸣大干一场。韩长龙该是包工头中最难对付的刺头,他也拍着胸脯向黎一鸣表示一切听从安排,拿到钱让他做什么都可以。黎一鸣笑笑回答道:"到时候少不了要派你的兄弟们的用处。"黎一鸣吩咐四个标段的包工头们:"工程千万不能拉下来,拖延工程咱们就没有理由说话,你们手下的兄弟们都上工地干活去,按照我的计划,一周时间咱们就有钱到手,放心吧。"

黎一鸣说完,推开窗户瞅瞅项目部外边的空地上黑压压的人群,对站在他面前的四个包工头说:"该你们出场了,我和子根大哥还有范于波、焦保业明天就上东海市,我们得会会嘉海的董事长郑昱嘉先生。"黎一鸣朝着南方东海市的方向远眺,他明白嘉海集团即将是山雨欲来风满楼,不知此刻郑昱嘉的耳朵是否发烫、眼皮是否跳动。

13

黎一鸣用他的智慧浇灭了在周胜市岗山镇项目部即将燃烧起来的熊熊讨薪怒火,他指挥手下的各路人马,展开了所谓的为保卫岗山镇新农村建设项目顺利推进而向嘉海要求资金支援的"岗山行动"。按照黎一鸣的行动方案,第一步,他先带着程子根和范于波、焦保业还有韩长龙等几个包工头到嘉海集团亮出项目部的底线:鉴于范于波和焦保业伪造补充合同,业主方声称坚决按照合同办事情,项目部目前陷于资金短缺的窘境,请求嘉海集团予以资金的支持,确保工程有效有序地进行。

黎一鸣大做表面文章,他和程子根以及韩长龙等人亲自押解范于波和焦保业到嘉海集团,任由嘉海集团处置。和郑昱嘉曾经过招的黎一鸣深信不疑这一点:郑昱嘉为了自身的利益,绝不会将范于波和焦保业送到公安机关,郑昱嘉没有那么傻,他采取这样的极端做法,就等于是认可嘉海集团的员工干了违法乱纪的事情,迫使郑昱嘉不得不全手接盘岗山镇的项目,乖乖地掏出资金全力拯救项目。黎一鸣预料到郑昱嘉会采取暂时忍气吞声的办法,逼迫范于波找严于信解决办法,等到岗山镇的项目结束之后,这两个始作俑者才会成为郑昱嘉泄恨报复的刀下鬼。黎一鸣算计到这一层后,责令范于波到东海市后迅速与严于信见面,告知严于信全部实情,让范于波哀求严于信在郑昱嘉面前游说,他相信严于信出于面子和自己的声誉,对岗山镇的项目不会袖手旁观,严于信还会有深深的自责,他的亲戚在这个项目上犯下罪孽。

按照黎一鸣的如意算盘,让范于波央求严于信亲临周胜,运用他的人脉资源做做周胜市领导的工作,希望周胜的领导能给江永祥和赵则林一些压力,从而让岗山镇也能支付部分工程款。假如能做到这一点,那黎一鸣觉得自己干了件一箭双雕的好事情,既逼迫郑昱嘉出手拯救岗山镇的项目,又通过严于信的关系让周胜市的领导下达指示,促使岗山镇的业主也掏钱支援工程,双管齐下,互相制约,黎一鸣不信扭不转局面。资金到手,如何调度乃是他黎一鸣说了算。

范于波和焦保业起初死活不肯到嘉海集团,他俩害怕郑昱嘉会上公安局报案将他俩给抓起来。黎一鸣自信满满,反过来开导这两个他不屑一顾的东西:郑昱嘉为了自身的利益绝对不会上公安局报案,他必定会动用严于信的关系,挽救他在岗山镇项目上的被动局势,此行赴嘉海集团,他断断不敢动范于波和焦保业一根手指,即使怨恨在心,也只能是自吞苦果。范于波想想黎一鸣说得很有道理,再加上心里头也畏惧黎一鸣,只得硬着头皮按照黎一鸣的吩咐一同前往东海市。

黎一鸣一行驱车前往东海市的当天,郑昱嘉正处在最兴奋的状态之中,他要参加严冰的个人专场音乐会,将在严冰的音乐会谢幕时亲自上台献花,行使严冰丈夫小林的角色。郑昱嘉有些飘飘欲仙,盼望的好事终于来临,假如严冰在音乐会结束后,再邀请自己到她的小屋,在两人世界里绵延他俩的情愫,郑昱嘉很可能无法控制自己的激情。

郑昱嘉今天一副绅士打扮,一身浅灰色的西装配上黑色的衬衫显示出他与众不同的气质。郑昱嘉对自己的外形条件还是颇为欣赏的,他感谢父母亲赐予他如此出众的容貌,风流倜傥的富家子弟怎能同他相比,受过良好的高等教育,举手投足间还有一种文化气质,绝不像纨绔子弟那般轻薄。

郑昱嘉预订的一个硕大的花篮提前放在演出大厅的后台,他精心设计的场面将给严冰一个意想不到的惊喜。郑昱嘉想象着镁光灯下他和严冰相拥之时的场景,郑昱嘉邀请的文化记者早就按照他这个董事长的授意在《东海晚报》最显眼的"文艺副刊"刊登歌颂严冰个人专场音乐会的华丽篇章,并将配发郑昱嘉与严冰在舞台上拥抱的动人场面。郑昱嘉希望他的设计能够起到蝴蝶效应,慢慢地将震动的波纹扩散到严冰最后不得不接受的事实,郑昱嘉搂得美人归也就大功告成。

严冰的专场音乐会如期举行,东海市的各界名流纷至沓来,东海市最豪华的音乐厅许久未有如此盛况。郑昱嘉提前十五分钟坐在他的八排八座,他有些心不在焉,总会无缘无故地转头四望,络绎不绝进入演出厅的嘉宾们几乎没有郑昱嘉所熟悉的面孔,郑昱嘉快快地感叹:阳春白雪之地哪里有搞建筑的下里巴人?唯我郑昱嘉是个特例。也罢,今天我这个下里巴人不鸣则已,一鸣必当惊人。严冰亮相给人以惊艳,我上台也一定会震惊四座,我俩会让所有在场的嘉宾不言自明:郑昱嘉和严冰乃是天造地设的一对。

离开演还有十分钟的光景,郑昱嘉发现邹培远和严于信夫妇一前一后向他走来,他们伉的座位正好在郑昱嘉的旁边,八排十座和八排十二座、十四座,严冰将父亲的两个好朋友一并邀请,应该是严于信的主意。见到鹰钩鼻子满面春风地出现在音乐厅,还含笑与几个熟悉的嘉宾点头招呼甚至驻足寒暄,郑昱嘉的心头莫须有地升腾起一股无名妒火,他不知道是迁怒于严冰还是邹培远,他对邹培远的出现,内心的反应是强烈的不满,难以容忍鹰钩鼻子分享他的一份挚爱。郑昱嘉故意装作没有看见邹培远,心烦意乱地拿起节目单浏览。不看尤可,一看郑昱嘉的肺简直都要气炸了,严冰的节目单中居然有邹培远的客串,他将演唱一曲《老人河》,钢琴伴奏者恰恰是严冰。郑昱嘉几乎要晕厥,天哪! 究竟是老天有意捉弄还是严冰故意所为,亦或是鹰钩鼻子存心给自己一个难堪? 郑昱嘉气得将系得整齐的领带解开,悻悻地把严冰演奏的节目单揉成一团,他想一走了之,再也不愿意被鹰钩鼻子奚落。

远远地,郑昱嘉看见邹培远站在十五排左右的过道上向他招手,鹰钩鼻子在柔和的柠檬色灯光的照耀下一副神采奕奕的模样,此种场合鹰钩鼻子的气场远远超过郑昱嘉,郑昱嘉正襟危坐却显得极其不自在,瞅见邹培远向他走来,他竟低着头不愿意搭理邹培远。

邹培远也是西装革履,头发理过并且染黑,隔着好几排座位就朝郑昱嘉挥手打招呼:"我的郑董事长,你来得比我早多了,我和于信还担心你是否会迟到。"邹培远缓缓走到郑昱嘉的身边笑着紧挨郑昱嘉而坐。

严于信夫妇跟在邹培远的后面,容光焕发的老夫子心情特别好,连声对郑昱嘉致谢:"谢谢郑董事长百忙中参加小女的专场个人音乐会。"严于信满脸的诚恳。

邹培远不卑不亢地悠悠然拉出长调:"咱郑董事长再忙,冰冰的个人专场音乐会他怎么会错过,是吗?"邹培远朝郑昱嘉做个神秘的表情,看到郑昱嘉的脸色顿时拉下变得很难看,知趣地缩回他的调侃,把头转向严于信,滔滔不绝地发表他对音乐的理解:"严兄,音乐家好比是文学家,他们在五线谱中体现的旋律也有自己的风格,否则就难以称之为大师。比如巴赫的音乐是纯净的,舒伯特的风格则是典雅的,贝多芬的作品有着激情的涌动,肖邦恰是浪漫的代表。"邹培远宛如一个音乐理论家,毫无顾忌地放开嗓门讲述自己对诸多音乐大师的评价,惹得几个大学生也凑上前来倾听。邹培远更为得意,他那富有磁性的男中音口若悬河,一串串音乐家的名字从他的口中吐出。

郑昱嘉气不打一处出来,鹰钩鼻子明明是在与自己叫板,自恃心高的郑昱嘉恨不得拂袖而走,他不能容忍邹培远对他的奚落。郑昱嘉的呼吸有些窒息,他从座位上抽身,想独自到演出大厅的外面站立一会儿平静自己愤懑的情绪。邹培远拉住他的衣袖,不解地问道:"演出马上就要开始了,你到哪里去?"

郑昱嘉拂却邹培远的手,掸掸衣襟淡淡地回答:"洗手间。"

严于信好心地挪动双腿,给郑昱嘉让开一条道:"郑董事长请。"

郑昱嘉在盥洗室呆了老半天,对着洗手盆前的镜子做出狰狞的面目。他真想成为一名中世纪的骑士拔剑与邹培远决一雌雄,为心上的人儿哪怕血溅决斗一场也在所不辞。这鹰钩鼻子实在是太可恨,吃我的喝我的,就像一条蚂蟥附吸在我郑昱嘉的身上,却还处处与我较量。郑昱嘉越想越气愤,想到愤激之处,郑昱嘉仿佛看到倜傥的鹰钩鼻子站在舞台中央,严冰的伴奏音乐舒缓地流泻指间,邹培远的一曲《老人河》艺惊四座,赢得如雷的掌声,义愤填膺的郑昱嘉极不情愿再回到音乐大厅扮演一个蹩脚的角色,装模作样地为鹰钩鼻子捧场叫好。

报幕员的悦耳嗓音送入郑昱嘉的耳膜,严冰的音乐专场正式开始。郑昱嘉侧耳倾听,音乐会的主持人在介绍严冰的生平,郑昱嘉听得极为仔细,生怕漏过一个字,他关注有关严冰的任何一个细节。严冰演奏的第一个曲目是德彪西的《雾》,就像是缥缈的世界传来的天籁,灵动的琴音拂动着唯有郑昱嘉能感应到的那份灵犀相通,严冰在用特有的方式传递给郑昱嘉一份她的思念之情,此时无声胜有声啊,郑昱嘉分明感觉到严冰在向他频频送来爱的呼唤。郑昱嘉被音乐感染,悄没声息地走向音乐大厅,他站在最后的一排隐藏在绿丝绒的幕布后面用心聆听。

手机铃声不争气地急促响起,惹得座位上的诸多听众回头扔给郑昱嘉缕缕轻蔑和不满,郑昱嘉红着脸握着手机匆匆逃出演奏大厅,是办公室的秘书小吴的来电。没有重要的事情小吴断不会给他来电,郑昱嘉的心"咯噔"一沉,他不知道小吴有什么要紧事情。小吴不是会所的茜茜小姐,总是很本分地扮演自己应该扮演的角色,郑昱嘉欣赏的正是小吴的这一点,因此与小吴始终保持着不远不近的距离,平时自然对小吴也不薄。昨天晚上郑昱嘉已经读过她的身体,早已倦怠和小吴那种没有激情的缱绻,每每只是为了宣泄而已,但小吴作为身边的心腹,郑昱嘉对她还是厚爱有加。

郑昱嘉迅速地整理一遍自己的思路,最近嘉海集团风平浪静不会有什么大事,难道小吴又想要自己?这个女人也不怕我累着?郑昱嘉气恼地对着电话轻吼:"今晚没空!"

"董事长,周胜市岗山镇的业主到咱公司来了,还带着律师。"小吴的声音显得慌乱,"他们说再晚也要和您见面。"

"嗡"地一声,郑昱嘉的头霎时像炸开来,来者不善,善者不来,岗山镇的项目一定是出了大事,郑昱嘉整个人顿时像掉进了冰窖。"董事长,您说该怎么办?"

小吴还在声声催促郑昱嘉。

"你就说我不在东海市,明天才能回公司。通知彤浩出面接待一下,先安排他们住宿再说。"郑昱嘉令从口出后随即关掉了手机。

没有心思再回到演出大厅欣赏严冰的专场音乐会,再绝色的美人也比不上嘉海集团的重要,关键时刻或者大难临头郑昱嘉终究还是关心自己的江山,美人退而求其次了,没有郑氏江山何以抱得美人归?带着遗憾的郑昱嘉让司机径直送自己回家,他需要时间好好琢磨岗山镇的业主到嘉海的目的。

返回别墅的途中,郑昱嘉回顾岗山镇项目开工以来的点点滴滴,想不出项目会出什么乱子。他虽百思不得其解,不祥之感却始终笼罩在心头。

回家后,郑昱嘉将自己反锁在客厅,双手枕在脑后斜躺在宽大的沙发上,瞪着一双大眼睛在黑灯瞎火中逡巡。资金短缺出了问题?工地上有伤亡事故?范于波和焦保业有诈骗行为?郑昱嘉将各种可能发生的问题逐一假设又逐一推翻。那业主为何连招呼都不打就火速赶到东海急着要和自己见面?大事不好啊!岗山镇的工地一定遇到大难!郑昱嘉一骨碌地跃身而起,打开手机想和项目部的负责人通话了解详情。

郑昱嘉重新开机,电源一接通,好几个未接来电跳出显示屏:邹培远、严于信、项目部的黎一鸣和范于波都给他来过电话。郑昱嘉盯着上述几个未接来电,沉吟半晌首先拨通了黎一鸣的电话。

黎一鸣的声音传来:"郑董事长,我们也到了东海市,有重要的情况要向您通报,您现在有空吗?"

不妙啊!郑昱嘉按住电话仰天叹息,岗山镇的项目一定是出大事了。"你电话里可以直接说嘛。"郑昱嘉回答得很平静,"岗山镇的业主来了,你们也赶来了,项目部到底发生了什么大事情?"

"郑董事长,电话里三言两语说不清楚,"黎一鸣的答复倒没有显出过分的惊慌,"只是您该明白,嘉海集团和业主签订的补充协议是范于波和焦保业伪造的,我和程子根经理把范于波和焦保业带到了东海,想征求您董事长的意见该咋办?"

令人担忧的事情最终还是不可避免地发生了!郑昱嘉就像一只泄了气的皮球瘫软在沙发里,他躲在黑暗中发呆,死鱼般的眼珠子没有任何色泽。黎一鸣还在电话中"喂喂"个不停,郑昱嘉抓过手机有气无力地摁掉接听键,他不想再和黎一鸣通话。

今晚郑昱嘉的这个手机偏偏就和他过不去,不一会儿,手机铃声又固执地在他的耳畔响起,郑昱嘉任由它在自己的耳边聒噪置之不理。他的大脑一片空白,他不知道自己将如何面对岗山镇所发生的一切,躺在沙发中的他只觉得整个身子在往下沉,有一只无形的手在拽着他坠向无底的深渊。

停歇没多久的手机铃声又在黑黢黢的夜幕中突兀地尖叫起来,大有郑昱嘉不接听就不罢休的架势。郑昱嘉拗不过对方的固执,又一次接听来电,是邹培远的声音。富有磁性的男中音焦急和兴奋互相掺杂:"我的郑董事长,怎么大变活人似的说没就没了?"鹰钩鼻子还不忘调侃他。

郑昱嘉跃身坐起,对着电话哼哼冷笑:"好时光留给咱邹处长呀,高兴了是吧?"郑昱嘉想了好多讥笑挖苦的话语想狠狠地刺激鹰钩鼻子,但都忍住了。他没有心思和邹培远打口水仗,他又掐断了电话。

这一次的来电是严于信,怒火中烧的郑昱嘉雷霆之火霎时涌上脑门,就是这个严于信毁了他郑氏江山,假如此刻严于信站立在他面前的话,郑昱嘉保不准会左右开弓甩严于信两个嘴巴子才解心头之恨。

严于信用诚恳的声音说:"郑董事长,您有事先离开了?严冰她本来准备一首曲子是专门献给您的。您这一走,她有些失望。"

"哦,谢谢。"郑昱嘉按捺住心头之火,"我是有急事,严教授,你还不知道吧?你的那个侄儿范于波伪造补充合同,业主带着律师找上门来了。"郑昱嘉说完等待着那头严于信的反应。

一个长长的"啊",电话那头好久才传出严于信嗫嚅的声音,"郑董事长,您说的是真的?"严于信颤抖的声音中夹杂着焦虑和怀疑。

郑昱嘉哈哈大笑:"严教授,你在怀疑我开玩笑?好啊,你的侄儿范于波也来到了东海,你不妨亲自见见他再说。"郑昱嘉"啪"地一下挂断电话,他再也不想和严于信饶舌。

后面的电话又来了好几个,郑昱嘉一个都未接听。他和衣歪在沙发上昏昏沉沉地挨到晨光熹微才坐起,也不做任何洗漱,依然愣怔着倦怠的双眼傻傻地发呆,他不知道今天该怎么度过。

岗山镇办事处的赵则林昨天傍晚抵达东海后就径直奔向嘉海建设集团有限公司,苦等郑昱嘉几个小时未果,悻悻返回到嘉海的彤浩为他们安排的宾馆住宿。第二天一早,赵则林一行又前往嘉海集团赶着见郑昱嘉。一直等到晌午时分才得到秘书小吴的通报:郑董事长到公司了。窝着一肚子火的赵则林一见郑昱嘉推门走进会议室就没好气,苦瓜脸像涂上一层浆糊绷得紧紧的,说话也是一副不阴不阳的腔调:"郑董事长果真是个大忙人,要见你一面太难了。"

八败之相的苦命鬼竟然上门拿他开涮,郑昱嘉气不打一处出来,刚想发作却又勉强忍住,冷冷地回敬一句:"我们民营企业走的是市场经济,来去由不得自己安排,听说赵镇长驾到我也是一早从外地急匆匆赶往东海,特来请教赵镇长有何贵干?"

赵则林被郑昱嘉一顿抢白,苦瓜脸拉得更长,没好气地回答:"无事不登三宝殿,关于贵司项目部的范于波和焦保业伪造岗山镇项目的补充合同事情我们前来嘉海讨个说法,这是我们聘请的律师。"赵则林介绍坐在他身边的一位男律师,随后将岗山镇发给嘉海集团的公函原件让律师递给郑昱嘉:"贵司项目部的负责人范于波和焦保业严重侵犯我岗山镇办事处的信誉,我们保留在法律上起诉嘉海集团的权利,同时要求嘉海集团严格按照签订的正式合同履行对岗山镇项目的各种承诺,资金迅速到位,工期不能拖延。"

"哦,哦,"郑昱嘉点头微笑道,"赵镇长慢慢说,别着急,先喝口茶。"他对赵则林做了一个"请"的手势,双手抱肩坐在赵则林的斜对面歪着头打量着那张苦瓜脸。一副苦命相,郑昱嘉的内心充满着对赵则林的鄙夷。

赵则林也不抬头致谢,抓起茶杯声音很响地喝了一口茶,用手抹去沾在嘴角的一片茶叶,开口说话,对面正襟危坐的郑昱嘉将赵则林说话时一口大白牙带出来的唾沫星子看得清清楚楚:"刚才我所说的一切都是我们党工委经过研究做出的最后决定,郑董事长必须给我们一个明确的答复,你们准备怎样支持我们的项目?你们的资金分哪几个阶段到位?你也知道,根据合同的约定我们是在全部建筑主体结构封顶之后才支付全额工程款的百分之三十五,出于人道主义的考虑,我们岗山镇还是提前支付了一千万。郑董事长,你应该明白我们的诚意。"

郑昱嘉含笑对赵则林表示感谢:"明白,谢谢赵镇长的支持,没有这一千万工程款的支持,工程就没有办法完成到地面二层,山宁省在贵地也就没有办法召开现场观摩会,那是多大的政治影响!赵镇长,我太明白这个道理,假如上级怪罪下来,谁担当得起这个罪名?"

郑昱嘉不卑不亢的反唇相讥让赵则林的苦瓜脸红一阵白一阵:"你……"愠怒的赵则林倏地从座位上跳起来,郑昱嘉的抢白让赵则林的自尊受到严重的伤害,他必须奋起反驳显示业主的尊严。"你,你,郑董事长……"赵则林气得说话结结巴巴,他一时竟找不出合适的词汇反击郑昱嘉。激动的赵则林猛然一拍桌子,一屁股重重地落回原座。他大口地喘气,那张苦瓜脸也气得发绿。

"赵镇长息怒,"郑昱嘉依然笑容可掬,"咱们彼此之间都是在实事求是地说着同一件事情,都是在好好商量的嘛。是吗,陈律师?"郑昱嘉侧身询问坐在赵则林身边的律师。郑昱嘉自忖拿捏来自蕞尔之地的这两个人物不在话下,他首先要做的是在场面上能占据主动。

陈律师挪挪身子，朝郑昱嘉的方向稍稍靠拢，咳嗽几声说道："其实岗山镇办事处和嘉海集团的目标都是一致的，业主方的要求很简单，保证后续工程顺利进行。至于贵公司项目部的两个负责人伪造项目的补充合同，我们还是希望郑董事长能采取措施，影响到工程的进度，业主方还是有权利追究贵公司的责任的。"

郑昱嘉朝陈律师欠身表示理解："陈律师，您这就说对了，谁也没有料到范于波和焦保业竟敢冒天下之大不韪干出这种恶劣行径。我嘉海集团自然要了解他们为什么会这么干的起因，他们触犯了法律，我们绝不会袖手旁观。至于工程的进展，我还得让公司的其他负责人详细了解情况之后才能有一个明确的回复。当然喽，我还是得感谢岗山镇的领导，在约定的合同之外，提前支付了一千万的工程款。我们彼此都很明白：工程决不能拖延，延误工期，对业主不利，对嘉海集团也不利，但是这个项目要顺利完成，真的还需要业主方的大力支持。"郑昱嘉的话说得滴水不漏，让赵则林和陈律师无懈可击。

赵则林的态度也婉转了一些，让他放心的是郑昱嘉明确表示项目必须顺利推动，想想岗山镇在合同的签订上还是有理亏的一面，明摆着有资金却拿去做理财投资，让建设方全垫资到结构封顶，说到天边还是有过不去的地方。万一双方都玩真的，他赵则林的仕途岂不完蛋？他赵则林还觊觎周胜市财政局局长或工商局局长的宝座呢，他不能拿自己的政治生命做赌注和嘉海集团对着干。想到这里，赵则林也就缓和了口吻："我们相信郑董事长的承诺，合同签订不能更改。在工程的推进中，我们可以考虑给予支持，嘉海集团在这个工程中投入多少资金，我们也相应地支持多少资金。我们岗山镇已经投入了一千万，嘉海集团现在投入二千万，我们岗山镇也会跟着再投入一千万，四千万的资金支撑到结构封顶大差不差，有缺口的话，双方考虑再支持一些。"

二千万，乃至三千万的投入，郑昱嘉差不多要晕过去，让他在这个项目上投入一百万也比剜他的一块肉还要痛。他郑昱嘉从来没做过挂靠他的公司还让他倒贴钱的买卖，这个口子无论如何也不能开！郑昱嘉断断不能接受赵则林提出的条件，纵然是网开一面！他又不能发作，一旦断然拒绝，岗山镇干脆一分钱都不投入，难堪的还是他嘉海集团，先将这两个丧门神搪塞过去再说。郑昱嘉思索停当，开口道："谢谢赵镇长的支持，我们共同努力。项目部的几个管理人员也到了东海，我们集团公司先召集他们开会，赵镇长觉得有必要也可以参加。"郑昱嘉明显发出不再奉陪的意思。

赵则林的苦瓜脸一歪，不加思索地回答："这是你们公司内部的事情，与我们岗山镇办事处无关。"

"恭敬不如从命。"郑昱嘉做出送客的手势，他将秘书小吴唤来，"你通知彤浩安排赵镇长他们的午餐,让公司的周总陪同,一定要好好招待客人。"

打发赵则林一行离开嘉海集团,郑昱嘉回到自己的办公室,重重地出了口大气。烦人的岗山镇项目让他真正地感到了棘手,他思索着项目运作的整个过程。一个个人物跳出他的脑海:严于信、邹培远、范于波、焦保业,还有黎一鸣和程子根等,始作俑者是严于信,郑昱嘉一股无名之火渐渐迁怒到严于信的身上。

郑昱嘉的办公室有一个用来锻炼目测能力的梭镖,平时得空的时候,郑昱嘉就会掷几下,用来锻炼自己的右臂膀,他的右臂肩周炎经常发作。郑昱嘉拿起几只梭镖,对准靶心狠狠地掷去。他边掷边骂:"好个你严于信,死老夫子,都是你闯的祸,你就该死!"骂完严于信,郑昱嘉接着骂邹培远:"鹰钩鼻子,你趁火打劫捞外快,你也不得好死,你们通通都去死吧!"接下来范于波、焦保业都被他一一骂过,骂得郑昱嘉口干舌燥还欲罢不能。

办公室的门被轻轻叩击,郑昱嘉没有好气,恶狠狠地嚷道:"敲什么敲?进来!"

严于信推门而入。"郑董事长,"他赔着小心嗫嚅着说,"不会打搅您吧?"严于信站在门背后,不安地抬起圆圆的眼睛,看着余怒未消的郑昱嘉,手足无措。

郑昱嘉连眼皮都没有抬,鼻缝里"哼"了一声,挥挥手让严于信坐下。严于信唯唯诺诺,半个臀部挨着沙发的边缘落座,就像一只受惊的小鸟,镜片后面那双圆圆的眼睛有些浮肿,整个脸庞给人的感觉是一片灰白,分明是一宿未能好生安眠。"郑董事长,我……"严于信见郑昱嘉久未开口,憋不住又轻声叫唤,"我都知道了。"

郑昱嘉冷冷地"嗯"了一声算是回答,自己的手里还握着几只梭镖,随手将它们扔在办公桌上,又迈上几步,将墙面上的靶子翻转,这才拿正眼对视严于信。老夫子就像个犯错误的学生,低着头坐在郑昱嘉的面前一动不动。郑昱嘉的心头扫过一丝怜悯,很快地,掩饰不住的愤怒涌上脑门。办公桌上他的专用茶杯里还有半杯茶水,郑昱嘉拿起茶杯恨不得劈手将半杯茶水扑面浇向严于信。动作做到一半,郑昱嘉还是忍住了,重重地将茶杯朝办公桌上一掷,仰望天花板一句话也不说。

办公室窒息的气氛让人透不过气来,严于信压低的嗓音再次打破沉闷的氛围。"郑董事长,这个给您,"严于信从口袋里掏出一张碟片,放在沙发的扶手,用极低的郑昱嘉需要竖起耳朵才能听得见的声音翕动两片嘴唇,"这是我的女儿严冰昨晚演奏会的实况录音,她让我转交给您。她也知道了岗山镇项目的情况,和我一样非常着急。本来她是想和我一起过来的,上午有课,赶不过来。"严于信说得有些语无伦次,他尽量地在平静自己的不安心情,将所表述的意思在郑昱嘉面前说完。

严冰,郑昱嘉的心有些触动。一场擦肩而过的演出,郑昱嘉很是遗憾,他错过了和严美人在众目睽睽之下的零距离接触,使他抱得美人归的计划失去一次机会。与岗山镇项目相比,严美人的重要性退居其次。郑昱嘉眼睛瞄也不瞄严美人馈赠的作品,喉咙的深处咕噜出一个不置可否的声音:"唔。"很长一段时间郑昱嘉三缄其口,冷冷地盯着天花板发呆。

秘书小吴推门告知郑昱嘉:"董事长,岗山镇项目部的四个管理人员都到了,您是否要见他们?还是让事业部出面接待?"

郑昱嘉没好气地训斥小吴:"你问我?我问谁?"吓得小吴赶紧关上门不再露面。郑昱嘉又呆呆地愣了一会儿,才冲严于信发话:"这碟片我收了,代我谢谢您的千金。事情都发生了,有劳您和我一起去会议室同项目部的那些人见个面吧,正好您的宝贝侄儿也在。"郑昱嘉也不招呼严于信起身先行,他推开办公室的大门扭头就走。严于信愣了半晌,也跟着郑昱嘉前往嘉海集团的会议室。

黎一鸣带头起身朝郑昱嘉欠身,郑昱嘉也不答谢一屁股坐在刚才和赵则林见面时所坐的位子上。严于信站在门口,他不知道自己该坐在哪儿才合适,真是站也不是,进也不是。瞧着严于信的那副酸腐样,郑昱嘉总算开了金口:"严教授,坐我旁边吧。"

严于信不啻是领到了圣旨,小半天的时间郑董事长总算给了他一句完整的话,他赶紧表示:"谢谢。"严于信扶了扶架在鼻梁的深度近视眼镜,很小心地坐到郑昱嘉的座位旁。

黎一鸣打破了会议室的沉闷僵局,开了一个头:"我们项目部的四个管理人员来集团公司,是想和郑董事长汇报项目上的情况。"黎一鸣说完,看了看郑昱嘉,他在掂量郑昱嘉的反应,见郑昱嘉点头示意他说下去,黎一鸣才稍稍心定:"我和程子根大哥介入岗山镇的项目之前,就想着一心一意地干好这个项目,对集团公司也有很好的交代。按照工程的计划进度,地面二层在规定的工期内完成,按补充合同约定,业主该支付百分之十五的工程款,总计是三千万元。想不到这份补充合同竟然是范经理和焦经理伪造的,工地上顿时一片混乱,成群的民工在工地上闹事,他们都和项目部签订过分包合同,工程干到地面二层后按分包合同的总金额领取百分之十五的工程款。前几天我也和业主沟通过工程款的情况,业主的门关得很死,拒不付款。商谈到最后,也通过我的各种关系与岗山镇的江书记、赵镇长做各种工作,业主总算开了口子,同意支付部分工程款,前提是嘉海集团支持多少,业主就支持多少。前期业主支付了一千万的工程款,业主还承诺:在嘉海集团支付二千万的工程款之后,他们愿意再投入一千万。项目部如今是山穷水尽,我和子根大哥投进去的几百万也都用得一干二净,只能请求集团公司支持。资金不到位的话,大批的民工就要到嘉海集团闹事,甚至会到周胜的政府机关和东海市的政府部门上访,形势相当紧迫。郑董事长,现场所有的民工都已经停工,三天之内不发钱给他们的话,他们就会赶到东海市。"

程子根接口:"嘉海一定得给钱,民工们标语都打出来了——'嘉海还我血汗钱'。嘉海不给钱不行,反正郑董事长也不差几千万,赶快让财务部把钱打到项目部。二千万对董事长来说也就是点小钱。"程子根大大咧咧地张口要钱,扁脸上的横肉说话时也跟着抖动。

郑昱嘉开始很有耐心地听着黎一鸣的叙述,程子根的无赖相激起他的愤怒,他霍地起身怒目相对程子根:"你是什么东西,竟敢来要挟我?别说二千万,一分钱都没有!彤浩,你把他们和集团公司签订的分包协议书拿来,让我面前的这个人当众读一读,哪一条写着嘉海在这个项目上要掏钱?"郑昱嘉一拍桌子,厉声呵斥:"好商好量我还有情可原,要挟我郑昱嘉?没门!"

程子根是个特别二的货色,也不掂量自己在郑昱嘉的心里有多少分量,张牙舞爪地狮子大开口就索要二千万。郑昱嘉的训斥并没有让这个没有头脑的家伙清楚自己的身份,明白自己该如何与嘉海的董事长友好地协商,相反地显得更加肆无忌惮。郑昱嘉的怒斥让他颜面顿失,他也从座位上跳起来,塌鼻子呼哧呼哧地喘着粗气,用手指着郑昱嘉准备还击。

黎一鸣使劲地瞪一眼程子根,见程子根依然一副不依不饶的模样,黎一鸣也憋不住放大嗓门斥责程子根:"大哥,有你这么和董事长说话的么?咱们是嘉海集团的员工,遇到难题得告诉董事长,让董事长协助我们解决问题。"黎一鸣用力将程子根按到座位上,拱手向郑昱嘉致歉:"董事长,您大人不计小人过,咱程经理也是被工地上的民工给逼急了。不瞒董事长说,程经理将自己的旅馆抵押给了别人,换来的钱都用在项目上了,他和我一样,被逼得走投无路。范经理,你也别缩在一边,你自己跟董事长说说咱们项目部该怎么办?"情急之中,黎一鸣将范于波抬出来做挡箭牌。

听到黎一鸣点将自己,范于波恨不得找个地缝钻进去。会议室里除了焦保业瞪着一双绿豆眼珠子傻乎乎的之外,其余的人都对他怒目而视,反正惹得一身的羊骚味,范于波也无所顾忌,伸头是一刀,缩头也是一刀,大不了你们把我给吃了。范于波这么一想倒也觉得轻松,就满不在乎地说道:"事情出也出了,我也不想有这样的结果,你们说怎么办我就怎么办。"

"你这个无赖!"勃然大怒的郑昱嘉抓起面前的茶杯就向范于波扔去,满杯的茶水溅得范于波一头一脸,胖乎乎的脸颊上还挂着好几片茶叶。"你,你给我滚出去!"郑昱嘉气得脸色铁青,转身恶狠狠地怒目相对严于信,"我敬重的严教授,这就是你给我嘉海的支持?你到底是在帮我嘉海还是存心害我嘉海?好啊!你们要钱可以啊!问严教授去要,让东海市大名鼎鼎的严于信教授拿二千万支持项目部,让严教授为他的家乡再做一份贡献!我郑昱嘉是一分钱也没有!"脸色发白的郑昱嘉一甩手,用脚踢开会议室的大门头也不回扬长而去。

　　会议室里立刻像炸开了锅,程子根像头失去控制的野猪见谁咬谁,他一忽儿用脚踢范于波,一忽儿唾沫啐在焦保业的脸上,一忽儿捶胸顿足破口大骂郑昱嘉的无情无义,一忽儿又揪住严于信的衣领逼着他拿二千万:"嘉海的董事长让我们管你要钱,今儿个不给钱,我程子根就和你一起从嘉海的会议室跳下去,咱俩同归于尽!"

　　程子根塌鼻子的鼻孔淌出的两条黄龙挂在严于信的身上,他就像揉面团似的将严于信推来搡去。严于信哪见过这个阵势,捧住自己的脸趴在会议桌上一声不吭,两行老泪在他圆圆的脸庞上流淌。他的远房侄儿范于波目睹自己的表叔受此蹂躏竟然呆若木鸡,一声不吭。倒是黎一鸣看不过去,上前将程子根给架开。程子根依然不依不饶,骂骂咧咧。黎一鸣忍无可忍,大发脾气:"你若能闹出个名堂,那就闹吧!"

　　程子根见黎一鸣动怒了,也就收敛了一点,他又逮住焦保业乱骂一通。焦保业反正做惯了受气包,一副死猪不怕开水烫的样子,他听凭程子根大叫大闹,不还一句口,还表现出一副很尊重的模样,瞪着绿豆眼珠子看着程子根,那模样让黎一鸣简直是哭笑不得,气不打一处来。

　　折腾了好半天,程子根也逐渐恢复常态,会议室瞬间陷入死一样的沉寂。好久严于信才抬起头仰天悲叹:"天要亡我严于信也。"他的脸上清晰地显现出两条泪痕,像冰凉的虫子在憔悴的脸庞上缓缓爬行,渐渐地泪水汇聚在他的下颏凝聚成一大颗水珠"啪"地掉在他的手背上;他的鬓角骤然间冒出缕缕白发,从他的黑发中顽强地窜出,整个人显得非常苍老。

　　郑昱嘉借程子根的无赖之语发作一顿拂袖而去,范于波和焦保业是两尊放在一边也空占地皮的泥塑雕像,程子根是个成事不足败事有余的愣头货,不食人间烟火的严于信就差投河自尽,怎么办才好?黎一鸣也陷入一筹莫展的境地。冷不防,严于信口袋里的手机铃声一个劲地在叫,黎一鸣好心提醒严于信接听电话,透过婆娑的泪眼,严于信一看是邹培远的来电,就将手机扔在一边,他不愿意接听将他害惨了的邹培远的电话。黎一鸣凑上前,看清楚了是邹培远的来电,就不假思索地拿起严于信的手机:"邹处长,大事不好,你立即赶往嘉海,否则要出人命了。"黎一鸣不容邹培远追问详情就挂掉了电话。

黎一鸣耐心地等待着邹培远的到来,他绝对相信邹培远会出现,岗山镇的项目闹到这步田地,非得让邹培远出场才能解开这个死结。黎一鸣又悄悄地与程子根咬耳朵,如是这般地一通嘱咐。程子根转怒为喜,叫出声来:"我马上给韩长龙他们打电话,让他们多叫些人过来。"

黎一鸣摇头苦笑,摊上这么个哪壶不开提哪壶的合作伙伴只得自认倒霉。内心深处,黎一鸣还是认可程子根的,他在乎和欣赏的就是程子根比较二的性格。他没法和黎一鸣玩,这恰是黎一鸣最最放心的。

邹培远火速赶到嘉海集团,他没有见到郑昱嘉,郑昱嘉让司机开车带着到郊外散心去了。会议室里严于信等人一个个都苦着脸,邹培远仿佛是从天而降的救星,让程子根和范于波、焦保业的心情顿时好了起来。严于信见到邹培远拔脚就走,好歹被黎一鸣劝住:"严教授,赌气可以,眼前的现实我们都该正视,岗山镇的问题不解决我们的日子都不好过。"

心绪不安的邹培远太熟悉严于信的性格,他此刻和严于信套近乎等于是自讨没趣,岗山镇项目上,他的不光彩动作也让邹培远觉得他在严于信的面前矮掉三分。邹培远好歹还见过一些世面,他不慌不忙地掏出卷烟和黎一鸣分别点上,吸上一口后冷静地问道:"说吧,怎么回事?"

黎一鸣将故事又重新复述一遍,程子根在一旁不停地插嘴补充,搅得黎一鸣不得不拉下脸呵斥:"大哥,你说得了。"

程子根挠挠寸短猪鬃般的硬发,不满地瞟黎一鸣一眼才住口。他对邹培远也心生不满,邹培远进门就没有正眼瞧过他,甚至连根烟都不发给他。

邹培远用心听完黎一鸣的叙述,心头也压上了一块大石头,暗暗叫苦不迭:这下完了,我邹培远也被绑架着蹚岗山镇的浑水,得设法将那份与范于波签订的协议书搞到手,以免后患无穷。岗山镇目前的态势要有效地得到平息,唯一的办法就是将严于信推出去,没有第二条道路可走,否则大家都会玩完。邹培远一支接一支地连续抽上三支烟,心中酝酿的主意逐渐成熟,低沉的声音在整个会议室回旋:"我个人认为问题没有那么复杂,山不转水转,条条大路通罗马,不就是工地上资金暂时短缺一段时间吗?让岗山镇想想办法,嘉海集团的郑董事长那里我们也做做工作,事情不就可以解决?"邹培远故作轻松,他硬着头皮将脸转向严于信:"于信,咱就啥都别解释,你老兄说一千道一万地责怪我,我都认了。路遥知马力,日久见人心。咱近三十年的同学友情先放着。眼下的工作我和你还得分别来做,帮助项目部解决资金的危机是头等大事,可惜我周胜市没有高层的人际关系。于信,我看你很有必要到周胜市走一遭,至于郑董事长的工作我俩可以共同来做。于信啊!咱现在什么都别说,好不好?是非曲直最后总是有公论的。

你的为人谁不知晓？君子坦荡荡，怕什么？"

黎一鸣紧接着邹培远之后请求严于信，于情于理的话语绝不亚于邹培远："严教授，您可以到周胜市的领导那里了解实际情况，上级政府拨款一个亿给了岗山镇，业主却让嘉海集团签订霸王条款，垫资到结构封顶才付款百分之三十五，建设部的法规明确规定工程建设资金一定要到位，江书记和赵镇长没理由不给钱。您严教授出面和市领导说说情，让他们部分资金到位完全可以。再说我们项目部也是为嘉海集团打工，荣誉是嘉海的，管理费嘉海也照收，嘉海于情于理都该支持项目部。严教授，为了这个项目我和子根大哥也垫了不少资金，我们周胜这么个小地方，拿出几百万都是身家性命的事情。严教授，看在我们这些小老百姓不容易的份上，您就出手帮帮我们吧！"黎一鸣最后的一番话说得严于信连连叹息，程子根的大手也不住地在自己的扁脸上抹泪。

范于波冷不防"扑通"一声跪在严于信的膝下，号啕着乞求："叔，您救救侄儿吧！我千不该万不该将叔叔您卷进来。叔，我以后再也不敢了！"范于波捣蒜般地朝严于信磕头哀告，焦保业依样画葫芦跟随着范于波跪在严于信的面前哭泣着恳求。

严于信的心软了，说不出一句责怪任何人的话语。他觉得为了正义自己是该站出来承担这份责任："早知今日何必当初啊？你们悔之晚矣，我严于信也悔之晚矣。也罢，都别再说下去了，面对现实解决项目上的危机最重要。商量商量吧，下一步该怎么走？你们让我怎么做，我就怎么做吧。"

会议室的气氛有了些活跃，窃窃私语的商量变成无所顾忌的大声交流，围着会议桌团团而坐的六个人从各自的利益需要出发达成了共识：严于信和邹培远分别找郑昱嘉私下交流，希望郑昱嘉能支持项目部一千万，资金到项目部后，先抓紧发放民工的工资，材料供应商的钱也偿还一小部分。工地上正常施工后，严于信再亲自赶到周胜，找相关的市领导通融说情，争取业主也能有资金支持，保证工程的延续。基本共识为：业主支持项目部多少资金，嘉海也相应地支持项目部部分工程款。"但愿天遂人愿，老天，帮帮我吧。"严于信面向窗外默默祷告。

严于信和邹培远分别给郑昱嘉打电话，郑昱嘉一概不接。严于信一时没了方向，他握着手机不停地喃喃自语："怎么办？郑董事长不接电话。"

邹培远耸动着鹰钩鼻子，一贯低沉的声音压得更低："于信，你让严冰给他打电话，他肯定会接。"

严于信圆圆的眼睛流露迷茫的眼神，他不相信邹培远的判断："怎么可能？连我的电话他都不肯接听，冰冰打给他能起作用？"

邹培远不便做过多的解释，只含糊地怂恿："试试看吧。他缺席冰冰的演奏会,总觉得有些愧疚,让冰冰约他出来见个面,咱一起过去。"邹培远替严于信出了个主意。

　　严于信认为也有道理,给严冰打了个电话,吩咐了一番。果然严冰一会儿就来电告诉严于信说,郑昱嘉答应明天晚上和他见面,地点就在上次邀请见面的东海市最好的会所。邹培远拍拍严于信的肩膀,不再多做解释,他阴沉的眼神闪出严于信无法觉察的些许愧疚。

　　只有等到明晚和郑昱嘉见面之后才有结果,邹培远大度地邀请黎一鸣等人共进晚餐。黎一鸣等一时也无法返回周胜,等到郑昱嘉那里有确切的结果他们才能安心。邹培远先送黎一鸣等四人返回住宿地,程子根刚跨进邹培远小车的后座,韩长龙的电话就打来了。他告诉程子根,四个包工头带着近百个民工今天晚上坐火车出发,明天一早就杀到东海。程子根一时拿不准主意,他挠着头皮问黎一鸣该怎么办。黎一鸣细长的眼睛眨动几下,仅仅几十秒种的时间,便毅然告诉程子根:"让他们来吧,这郑董事长没有那么好对付,韩长龙他们可不是省油的灯。"

　　郑昱嘉整整一晚没有睡踏实,岗山镇的项目搅得他辗转反侧,脑子里乱哄哄的,这个剪不断理还乱的项目啊!郑昱嘉总有心慌慌的不祥之感,折腾到子夜时分才迷迷糊糊眯了会眼睛。户外的第一缕曙光钻进卧室,郑昱嘉就猛然醒来,他很清醒地意识到今天自己将面对两件大事:岗山镇的项目部需要他一锤定音的回复,严冰晚上的邀请他还得参加。"鱼我所欲熊掌亦我所欲也",郑昱嘉双手枕在后脑勺半个身体靠着床架自言自语。最理想的结果是严于信出面到周胜市找他的关系解决岗山镇项目部的资金问题,而自己今晚能和严冰合二为一。他终究还是放不下对严美人的眷恋,前提当然是严于信出马解决岗山镇的风波。

　　想入非非的当儿,郑昱嘉的手机铃声骤然猛响。郑昱嘉真盼望是严冰打来的,他迫切需要严冰在电话里对他呢喃细语,假如幻想成真,郑昱嘉会毫无顾忌地在电话里大声叫嚷:冰,我爱你,我愿执你之手与你共老。

　　是公司事业部彤浩的电话,郑昱嘉满腹狐疑,清晨时分彤浩来电为何?难道一波未平,一波又起,岗山镇又惹出理不清的乱子?郑昱嘉迟疑着接听电话,彤浩的声音非常焦灼:"董事长,公司被包围了,上百个民工从周胜赶过来,嘉海被包围得水泄不通!"

　　郑昱嘉的脑袋"嗡嗡"作响,他"啪"地挂断电话,一时也失去了方向。上百个民工包围公司,媒体上有过报道,居然轮到他亲身体验。郑昱嘉发疯似的将床上所有的寝具四处乱扔,扔一件骂一个人,严于信、邹培远、范于波、焦保业和黎一鸣以及程子根统统骂遍,最后连严冰都未能幸免:"迷人的狐狸精,想通过美色来勾引我为你的父亲开脱责任,没门!我郑昱嘉绝不上你的当。"

好一阵子后,郑昱嘉的心情稍稍平静一些,他的头脑逐渐清醒,意识到自己还是得面对现实。郑昱嘉拨通彤浩的电话:"马上通知周总赶到公司处理突发事件,到派出所报案,请求增派警员保护嘉海集团的员工,你和办公室的小文联系一下,让他和道上的李哥通报一声,派几十个人过来。一旦对方动手,让李哥绝不手软。"盼咐完毕,他又给严于信发了个短信:成也萧何,败也萧何。今我垓下之围,莫非严教授派汉兵亡我?

严于信的短信随即发来:会给郑董事长您一个交代。

郑昱嘉又一个短信回给严于信:你是始作俑者,你必须承诺承担二千万的损失,没有其他选择。我对你严教授的人品表示怀疑,你一定是和自己的亲戚联手欺骗我,在这个项目上你拿多少回扣该心知肚明。

严于信没有回复,郑昱嘉心有不甘,又发送了一条短信给严于信:你和邹培远马上到嘉海集团和我公司的周总一起处理民工闹事事件,不堪设想的后果只能由你来承担。

郑昱嘉的三道金牌下得够狠,严于信被逼上绝路,他只好给邹培远打电话,希望邹培远和他一起到嘉海集团配合处理民工的上访事件。邹培远一口回绝说正在开会没有空,让严于信独自前往嘉海集团。欲哭无泪的严于信是打落牙齿往肚子里吞,他被逼迫着独自赶到嘉海集团和公司的周总共同面对上访的民工。

嘉海的大门口黑压压的一大片人群,严于信这一辈子从未遇到过这样的阵势,他走也不是,留也不是。万般无奈中严于信再次拨通邹培远的电话,对方关机。严于信没辙,只好呆呆地站在嘉海集团的大门外一筹莫展。

黎一鸣躲在人群中静观着事态的变化,他看到了无所适从的严于信站在人群的外围,脸色灰白着四处张望,在寻找能拯救他的救星。黎一鸣不由动了恻隐之心,堂堂的高校教授,一个令人尊重的经济学家竟然流落到即将被民工裹挟的境地。黎一鸣悄然叹息一声后走向严于信。"严教授,您怎么来了?"黎一鸣的声音充满了同情。

严于信深度近视的圆圆眼睛躲在啤酒瓶般厚的镜片后面,眼神里流露出掩盖不住的惊慌,他看着黎一鸣语无伦次道:"我,郑董事长让我帮着来解决问题,我不知道该怎么解决,我……"两行老泪将镜片氤氲成两团雾气,使黎一鸣无法看清楚严于信呆滞的眼神。

黎一鸣愠怒:"他董事长不出面,让您来收拾这个场面,您欠他的还是亏他的?"黎一鸣朝严于信挥手,"您走吧,严教授,这里的事情你别管。"

严于信急得直摇手:"黎经理,这不行,我是始作俑者,岂能袖手旁观?"

"那好啊,严教授,"黎一鸣细长的眼睛冷冷地一瞥严于信,"您高风亮节,您就来对付这帮民工吧。"

"他们想怎么样?"严于信朝黑压压的民工群望一眼,"都可以好好商量的是不是? 黎经理能不能劝劝他们先别闹,这样影响不好。"

黎一鸣真正服了这迂腐的严老夫子,他无法向严于信做解释,只是冷冷地回敬严于信:"严教授,民工们没有闹,他们只是来问嘉海的董事长要钱。范于波和这些民工们签订分包合同,岗山镇的工程出地面二层就得支付百分之十五的工程款给他们,嘉海集团山宁省分公司的公章盖着,项目部没有钱,业主又不承认,他们到嘉海找董事长要钱,道理很简单。"

"老天。"严于信摇头,"我上辈子造了什么孽? 竟然让自己的亲戚给害了。"严于信唯有将黎一鸣当作救星,"黎经理,那您看有什么办法能解决?"

"办法当然有,嘉海拿出一千万到项目部,民工有钱就回到工地上干活。"黎一鸣很是轻松地回答严于信,"郑董事长他不肯答应呀,难道您严教授捧出一千万来?"黎一鸣着实调侃了严于信一把,见严于信呆若木鸡的样子又于心不忍,"嘉海的周总在里面呢,严教授不妨和周总商量了再说?"黎一鸣朝挤在民工堆里的韩长龙做了个手势,韩长龙赶紧吩咐手下的民工给严于信让出一条道,严于信硬着头皮跨进嘉海集团的大门。

集团公司一片狼藉,满地都是烟蒂痰迹,还有几处小便的痕迹。民工们坐在地上的,躺倒在花坛边草坪上的,摊一张报纸打牌的,怀抱婴儿给小孩喂食的都有,简直就像春运期间的车站码头,乱哄哄的景象哪里像一个颇具规模的集团公司的门面。严于信小心翼翼地避开将嘉海围得水泄不通的民工,一脚跨进嘉海集团的周总经理办公室,黎一鸣也跟着后脚迈进。程子根、范于波和焦保业也都在,几个标段的分包小老板也都在,双方对峙了好长时间。范于波见到严于信进来,赶紧蹲下身子,趁严于信不注意的当口一溜烟地逃出周总的办公室。

严于信的到来似乎激化了现场的民工,韩长龙带着好几个五大三粗的民工冲进周总的办公室,韩长龙扬言道:"不解决民工的工资,封锁嘉海的大门。"

包围嘉海的大批民工呼喊口号:"还我血汗钱,嘉海的董事长滚出来!"个别情绪激动的民工将嘉海集团的一些现场办公用品抓起来扔到窗外。

民警及时赶到,没有发生肢体的冲突,民工们是来嘉海集团讨要工资,公安干警无法插手干预,只能委婉地劝阻双方友好商谈。个别民工见公安人员也无法奈何他们的过激行为,吵嚷中扬言要到东海市中心游行示威,现场的情势一下子变得剑拔弩张。周总赶紧拨通和郑昱嘉直线联系的电话,通了好长时间的电话后,周总这才将严于信叫到一边悄悄耳语,严于信听得清楚,他睁大圆圆的眼睛吃惊地张大嘴巴问周总:"这是郑董事长的意思?"

周总很肯定地点头:"是的,董事长说了,一定要嘉海在资金上支援项目部,嘉海集团也同意支持部分资金。董事长说他绝不将钱借给项目部,只有借给你他才放心,他再让你借给项目部。"

严于信含泪回答周总:"事已至此,别无他路可走,我也认了。"

周总叹息:"严教授,您可要考虑妥当啊。"

严于信的双手捧住脸,任凭止不住的泪水从指间流出,他哽咽着回答周总:"听凭郑董事长吧,他怎么说我就怎么做。"

周总摇头叹息后让彤浩送来拟就的借款协议书给严于信过目,严于信透过婆娑的泪眼看得清楚:

今由东海大学经济管理学院的严于信教授向嘉海集团借款人民币一千万,借款时间为一年,借款年利息为百分之二十五,借款期满后,严于信教授一并将本息归还给嘉海集团的董事长郑昱嘉先生。

下面是严于信的签名、严于信的身份证复印件以及严于信在东海市的住址,最后是借款的具体日期。严于信接过周总递来的水笔,用颤抖的手握着笔趴在桌上准备签字。

"严教授,您再考虑一下,或者您自己和董事长再商量一下。"周总见严于信落笔签字忍不住又提醒一声。

严于信摇摇头,苦笑道:"谢谢,不用。"他签上了自己的姓名,并工整地写下自己在东海市的具体住址,随后将自己的身份证交给周总。周总收起严于信的借条,又关照道:"严教授,董事长还希望你亲自到周胜去一下,和那里的领导见见面,岗山镇的项目看起来是个无底洞啊。"

严于信凄楚地蠕动双唇,他想努力地回报周总一个感谢的微笑,圆圆的脸庞似乎被突袭的寒流冻僵,无法呈现出一个笑意,只得非常生硬地吐出几个字:"谢谢周总,我准备去周胜。"

严于信起身,跟跟跄跄地出门,没走几步,整个人就歪倒在地,周总赶紧上前将他扶起。周总将严于信所写的借款条约塞了一份给严于信:"严教授,您也保留一份。"

严于信捏着借条,展看细读,一阵大笑:"我的借条,我借款一千万。"他推开周总,他对周总送来的关心表示感谢,他不住地自我安慰:"我没事的,放心,我没事的。"他渐渐地走向楼梯,扶着栏杆跌跌撞撞地下楼。严于信走出了嘉海集团的大门,一步一步地离嘉海集团越来越远。

14

　　嘉海集团恢复了平静,民工们在黎一鸣的一声号令下跟着韩长龙都回了周胜。黎一鸣对程子根笑称是班师回朝,程子根眨巴着小眼睛,半晌没有领会其中的含义。

　　郑昱嘉第二天也回到公司,听着周总向他汇报昨天的事情,一声不吭。他低头看着严于信亲笔写的借款条,横看竖看总感到不太放心,就让小吴将财务部的经理叫来。

　　郑昱嘉当着周总的面劈头就问推门而入的财务部经理:"你看看严教授写的这张借款条,法律上是否能起作用?一旦起诉严教授法律上是否会认可?"

　　财务部经理看了借款条后回答:"形式上确实是严于信所借,但是他本人并没有真正收到这笔钱,我们也没有将钱打到他的个人账户,而是直接划到项目部去的。"

　　郑昱嘉的心一沉,咬着牙道:"我明白了,你走吧。"他扭头朝周总说道:"还是得想办法,让严教授马上到周胜市去,找那里的领导逼岗山镇拿钱出来,否则这个无底洞真的是没办法。周总你陪着严教授一起去一次,尽量对严教授尊重些。"

　　"这个董事长放心,我自然会做到的。只是嘉海这样对待严教授是否妥当,董事长也应该再三考虑。假如换了我是严教授,董事长,我是绝对不会写这张借款条的。"周总有些激动。

　　郑昱嘉没有吱声,许久,才回复道:"商场是战场,无毒不丈夫,没有办法,不是你死就是我亡,我郑昱嘉也没有办法。"

　　周总听到郑昱嘉这番话语不免显得有些不满,他回敬郑昱嘉:"那么我请教董事长,你的那个朋友邹培远为什么就不能承担责任,为什么就盯着严教授一个人?你明明知道严教授是无辜的,他所做的一切都是为了嘉海,他帮了嘉海多少的忙。"

郑昱嘉抬眼看了一眼周总，嘴巴蠕动几下："我也于心不忍，实在无奈。我……"郑昱嘉还想说些什么，话到喉咙口却又咽了下去，抱着头陷入沉思，也不管周总还在他的身边坐着。也许郑昱嘉有些后悔，他不该这么对待严于信，也许郑昱嘉觉得释然，他在商场上又一次是理智战胜了感情，"宁可我负天下人，天下人也绝不能负我"是郑昱嘉的人生座右铭。他在心里冷冷地对严于信说："严教授，不是我郑昱嘉无情，是你老夫子无能，市场永远垂青强者，你没有理由责怪我。至于鹰钩鼻子，他的结局会比你严教授更惨。"

严于信与周总是在一周之后抵达周胜市的。之前，严于信与自己的老同学周胜的刘市长通过电话，刘市长亲自派人到机场迎接严于信和周总，并安排在周胜的翡翠山庄下榻。刘市长和严于信是在周胜所辖的一个村庄从小长大的发小，感情弥笃。严于信从周胜高考走出农村，刘市长曾亲自陪伴严于信到东海市的东海大学报到。自己的哥儿们在岗山镇的项目上遭遇滑铁卢，刘市长也很同情，他想帮自己的兄弟一把，只是自己的仕途到了谢幕的岁月，有些下属未必将自己放在眼里。政界与商场相同，皆为利益需要而交往。明年换届，在位人员的去向渐渐显出端倪，自己是明日黄花，由于年龄和学历的制约无法再升迁更高的职位，就等着退休拿份不错的待遇，至多也就是在政协或人大谋个虚职而已。江永祥借着岗山镇的项目狠狠获得一把政治资本，明年换届后无疑是副市长的人选。江永祥四十不到的年龄，大学本科毕业的学历，任职岗山镇的党工委书记，长袖善舞一把会赢得好多政治筹码。他还有省里的领导关照，仕途一路看好。自己虽身为市长，但为明年退位后能谋得人大主任一职，实在是无必要与他抗衡，自己是日暮黄昏自该识相才是，也许今后还得靠江永祥多多关照呢。

今晚，刘市长安排江永祥和赵则林出席他宴请严于信和嘉海的周总的宴会，对于能否让他俩帮严于信一把，心中还是没有底，他又不忍看着严于信忍受煎熬，刘市长陷入左右为难之中。

"心绪烦，头脑乱，此生恐怕难过关。"在严于信的下榻房间，一筹莫展的严于信和刘市长促膝而谈，他叹口气后又摇头，圆圆的脸上写满无尽的悔意："我千不该万不该就是不该兼任嘉海的名誉董事，在这家民营企业蹲点搞所谓的现代经济研究课题，嘉海就像一个无形的吸盘将我牢牢地吸住无法抽身，我是进亦难退亦难。"严于信的头深深埋入两腿之间，陷入无比的痛苦之中。

两位发小惺惺相惜互道苦衷，刘市长也向严于信如实道出自己的尴尬处境，婉言告诉严于信他在岗山镇的项目上也许会心有余而力不足，要不然上次他给江永祥和赵则林打了电话后，他们早该有实际行动表现。刘市长唉声叹气一阵之后，在狭窄的客房内原地转圈，得想其他的法子才能拯救自己的好兄弟。刘市长冥思苦想,凭借严于信在学术界的威望,他是否会有其他的人脉资源尚未发掘?严于信从来不会往这个方面动脑筋,攀附关系抬高自己严于信永远学不会,但不排除他有类似的隐形资源潜藏。刘市长想到这个层面后眉梢跳跃了一下,他善意地提醒严于信,好好地回忆在山宁省是否还有其他位居高官的领导比较熟悉,也许爆个冷门会震慑住正处于自命不凡感觉极好的江永祥。这些在朝的官宦人士最在乎这方面的关系,谁不希望多几重护身符来保佑自己的仕途一路畅通,青云直上?"于信兄,在山宁省你还有没有其他的人际关系?比如省里面你有认识的领导吗?你发散性地想一下,找找看?"刘市长提醒严于信。

严于信平时埋头书斋,哪里会与官宦相交?他绞尽脑汁也想不出所以然。刘市长耐心地引导严于信,让他尽量多想想。"于信兄,哪怕八竿子打不着的关系,只要扯得上的也可以说出来。"刘市长一遍又一遍地引导严于信。

刘市长的提醒让严于信摸着脑袋想了好久才跳出一个人名:"倒是有一个,不像你我之间的关系,和他没有深交。他现在是山宁省省委组织部的副部长,曾经在我们东海大学定向培训两年,我教过他经济学课程,他叫夏冬。每次出差到东海市,他也会来东海大学看望我,我和他没有深交啊,只是一般性的师生关系而已。"

刘市长的眼睛闪闪发亮,一拍大腿笑道:"有办法了,为了兄弟你我也豁出去了。待会儿我向你使个眼色,你就打电话给夏冬,随便怎么聊都可以。"刘市长突然处在亢奋之中,他不仅仅看到了严于信身处的危机有解决的可能,自己在明年的班子换届中也许会有一个更好的归宿。

翡翠山庄最好的宴会厅,刘市长为严于信和嘉海的周总接风,被刘市长邀请的岗山镇的江永祥书记和赵则林镇长共同出席作陪。毕竟刘市长还是他俩的上级,市领导有请,江永祥和赵则林不敢怠慢,两位岗山镇的父母官早早赶到翡翠山庄,和刘市长一起恭敬地迎请严于信的到来。

江永祥和赵则林明白刘市长此请乃醉翁之意不在酒,他俩充其量是买个面子给还在位上的刘市长,心里早就不把这个领导放在眼中。江永祥和赵则林再明白不过,这刘市长的称呼最多还有半年的时间。在前来翡翠山庄的途中,江永祥和赵则林统一了口径,碍于刘市长还在其位,岗山镇也考虑做出些让步,最后的底线是嘉海投入多少资金,岗山镇就相应支持多少资金,其他口子一概不开。

欢迎严于信和嘉海集团周总的宴会上,刘市长亲自把盏盛情款待。中国官场的餐饮文化从来讲究的是以虚带实,主菜未上桌面之前,总是先品尝佐酒小碟泛泛而谈,高谈阔论的无非是坊间传播的各种能提起酒精兴奋度的种种名人轶事或时下关注的新闻焦点。前十几分钟的宴会气氛轻松活跃,在座的每个人除了严于信之外，口中吐露的都是令人喷饭的坊间笑料。东道主刘市长也概莫能外，即兴开讲了几个不荤不素的桥段，逗得在座的都附和着发出一阵阵会心的笑声。酒过三巡，主菜端上桌面，刘市长在啧啧赞叹其色香味都极具食欲的诱惑力之时，冷不防地拍着额头后悔不迭地自责："我可真糊涂，咱于信兄事先关照的领导忘记请来了。"刘市长边说边朝严于信使了个眼色。

严于信一愣，莫名其妙地瞪大圆圆的眼睛看着刘市长，见刘市长着急地朝着他又是努嘴又是眨眼，总算反应过来。他尴尬地笑笑，勉强地回答："算了，别这样了。"

刘市长一着急，直跺脚朝严于信嚷嚷："不行呵，于信兄，你无论如何得和领导打个电话，你忘了自己是怎么说的？"刘市长一语双关的提醒总算让严于信明白自己兄弟的良苦用心。

江永祥和赵则林互相对视了一下，他们不明白严于信还雪藏着哪个重要的领导，两人的眼睛都紧盯着严于信，耳朵像兔子一样警觉地竖得老高，"咱严教授和哪位领导有联系？"江永祥揣着小心惴惴不安地询问。

严于信脱口而出："我的学生夏冬，我这就给他打电话，本不想麻烦他的，我知道只要我来到山宁的地盘，他一定会来看我。"严于信说的倒是实情。

江永祥倒吸了一口冷气，赵则林也跟着张大嘴巴不知道说什么才好。"严教授，您说省委组织部的夏冬部长是您的学生？"赵则林半个身子凑向严于信，赔着小心讨好地问道。

严于信很肯定地点点头："在东海大学我教了他整整两年的经济学，成绩很不错，他的论文答辩是我这儿给通过的，很有深度。"严于信边说边直接拨通了夏冬的手机。

宴会厅顿时鸦雀无声，都在静等着严教授和夏冬通话。夏冬清晰的声音众人听得一清二楚，他激动的嗓音通过严于信的手机话筒传递到每个人的耳里："老师，您到周胜怎么一点都没让我知道？学生失礼了，谁在接待您？您让他听电话。"

严于信将手机递给了刘市长，刘市长在电话里恭敬地和夏冬说话，最后的一句话说得格外响亮："夏部长，您放心，我一定会负责接待好，明天我就陪严教授直接到省委来找您。"刘市长说完，又将手机还给严于信："夏部长还要和您讲话。"

严于信在电话中认真地听着夏冬的嘱咐："老师，您明天就让周胜的刘市长陪同来省城，我等着您，咱们师生见面后好好地畅叙。"

严于信挂了电话，长嘘一口气对刘市长说："又要添麻烦了，我知道他很忙。"

刘市长喜形于色:"再忙,自己的恩师来到他的地盘,他怎能不见?反正见了夏部长你怎么想就怎么说吧。来,咱们干杯。"刘市长的情绪好极了。

江永祥和赵则林绝对不会想到省委组织部的副部长夏冬是严于信的学生,他是整个山宁省的官员的官员,谁不敬畏?江永祥连想都不想,一个箭步冲到严于信的面前,高举酒杯满脸真诚:"请严教授代我们向夏部长问候。"江永祥一仰头将满杯酒喝完,抹抹嘴角,絮絮叨叨地说:"明天我派车和刘市长亲自陪同您到省城。"

赵则林总算捞到讲话的机会,趁江永祥停歇的空隙,插嘴道:"严教授,我们岗山镇和嘉海集团一定会将岗山镇的新农村建设项目早日建成向领导汇报,请夏部长放心。"

江永祥暗中瞪赵则林一眼,又接上话茬:"工程的事情岗山镇会竭力支持配合好,严教授完全可以放心。听说嘉海集团有一千万的工程款支持了项目部,我们也会再支持一千万。一切以合同的约定办事,也可以有灵活性,只要对工程有利,我们都可以有商有量。"

严于信激动地直抹眼角:"谢谢江书记,谢谢赵镇长,这个项目也让你们为难了,我严于信无言以报,永远感谢在心。"

嘉海集团的周总深深地舒了一口气,他为严于信感到高兴。周总借口上厕所,在洗手间给郑昱嘉打了一个电话,详细地讲述此行周胜所发生的戏剧性的变化。电话那头,郑昱嘉久久没有接腔,临了周总要挂电话的时候,他叮嘱周总道:"请转告严教授,让他写借条是做个样子给项目部看看,严教授不必多虑,回东海后我会为严教授接风。"

周总挂了电话直摇头:"此一时也,彼一时也。"

翌日一早,严于信和周总在刘市长的陪同下前往省城与夏冬见面。师生相聚,亲切异常。夏冬腾出半天时间陪伴老师,严于信感受到学生送给他的浓浓情意。亲切的交谈中,刘市长不失时机地将严于信目前所处的窘境如实道来,夏冬听完,皱着眉头陷入沉思,良久才回答严于信:"老师,我可以帮着了解情况,对于我们国家的公职人员来说,工程的事情非常敏感,很多官员都在工程上栽了跟头,况且这个项目是我们山宁省新农村建设的试点项目,老百姓都看在眼里,我又不在地方上,不方便插手干预。我会尽力帮着了解情况,在不违反原则的基础上,我能帮老师的一定尽力而为。有一点老师尽可以放心,这个项目资金不会短缺,政府的财政拨款和老百姓的部分集资都能够按时到位。不过政策执行到基层也往往会走样,我不清楚岗山镇为什么和嘉海集团签订的合同必须垫资到全部主体结构封顶后才支付百分之三十五的工程款?假如合同签得明明白白,这合同就是最有效的法律,我们也只能在遵守合同的前提下让甲乙双方尽量配合。老师,我会做工作的。"夏冬说得极为诚恳,没有丝毫虚假和做作的成分,"老师不妨和你们的周总与岗山镇的领导再好好沟通,争取双方都能彼此谅解。我会关心的,老师,您放心。也请刘市长帮着老师关心这个项目,在不违反合同的原则下,尽量做到彼此有商有量,保证项目顺利完工。"

夏冬对严于信所说的一番话让严于信听着舒服,他很佩服自己学生讲究原则。他回答夏冬:"谢谢关心,我和周总争取和岗山镇的业主再好好地商榷,彼此理解,互相让步,不拖延工程的进度,不再产生民工上访闹事的事件。"

夏冬点头道:"老师,这很重要,再过几个月就是春节,民工的安定是头等大事,你们和岗山镇的领导千万要做好这方面的工作。"

在依依不舍中,师生二人相约下次有机会在周胜见面,这是刘市长提出的建议。夏冬一口答应:"咱老师是周胜人,我在山宁为官,老师的家乡我一定会去。"

严于信和嘉海集团的周总跟随刘市长于第二天回到周胜,岗山镇的江永祥书记和赵则林镇长正等待着严于信的归来。黎一鸣和程子根在办事处的大门口,恭候着严于信和嘉海集团的周总的到来,程子根的扁脸堆满笑容,他几乎是跳着蹦到严于信的身边,凑着严于信的脸嚷嚷道:"严教授,你好厉害,山宁省的组织部部长是你的学生,咱项目部还怕啥?咱问他江永祥要钱他还敢不给?不给,就去找你的学生治理他。"程子根说话时唾沫星子不断地溅在严于信的脸上。

严于信抹抹脸,厌恶地转过身子,老天,我此生怎么会和这种人打交道?愠怒爬上严于信的圆脸,他不忍再看程子根那张丑恶的大饼脸。

黎一鸣觉察到严于信的微妙情感,他将程子根拉到一边,谦恭地对严于信表示感谢:"严教授,您辛苦了,为了这个项目,您付出这么多,我们于心不忍。"

黎一鸣的温存言语让严于信得到一些慰藉,他苦笑道:"但愿能早日爬出这个可怕的泥淖。"

周总在一旁说话:"进去吧,我们还需要和江书记、赵镇长沟通,达成共识,严教授也不虚此行了。"

黎一鸣用手一拦:"江书记他们改为下午和我们见面,他们上午开党工委会议,还是到项目部去看看吧。严教授,周总,不瞒你们两位,项目部又有人在闹事。"

黎一鸣的声音不高,却不啻射出一枚炸弹,唬得严于信和周总都睁大眼睛。"又出啥事了?"周总的问询声有些颤抖。

"范于波之前和钢材供应商签订的合同,我们也不知道范于波之前有这么个合同签订,直到材料商闹到项目部,逼问范于波才明白确实有这么个合同,是集团公司盖的公章。你们看,这是钢材采购合同的原件,总共九百多万的钢材款,支付日期已经超过半个月。"黎一鸣将合同给周总过目。"该来的都来了,该发生的一件件也都跟着发生了,还有很多即将发生的事情我们都不知道呢。谁晓得范于波和焦保业背着咱们在外面签订了多少合同?拿了多少回扣?"黎一鸣的话透露出对范于波和焦保业的极大不满。

"怕什么?有严教授在,让严教授想办法解决。"程子根又叫嚷起来,"老子倒霉透顶,一脚踩到了狗屎堆。"

悔恨交叠的严于信觉得天旋地转,他靠着办事处的大门,整个人慢慢地往下滑:"成事不足,败事有余,范于波,你把人坑得没有活路了,你害人不浅啊!"

周总赶紧上前扶严于信一把,宽慰道:"严教授,别急,天无绝人之路,我们同舟共济想办法解决。先到项目部去看看情况到底怎样,下午再和岗山镇的业主沟通。"

黎一鸣点头:"周总,我正是这个意思。"黎一鸣朝远处挥挥手,他的跟班张永杰将黎一鸣的雷克萨斯开了过来。黎一鸣和周总小心翼翼地扶严于信上车,直奔项目部。

范于波不见了人影,听说严于信要来,他早就逃之夭夭,焦保业在和钢材供应商周旋。围在项目部办公室的钢材供应商是范于波的朋友,叫朱红根,他经营一家小型的钢材贸易公司,之前和范于波也有往来。岗山镇的项目一开工,范于波就主动找上朱红根,让他做岗山镇项目的钢材生意,私下里,朱红根返给范于波一定比例的回扣。这第一笔的钢材生意总计合同标的是九百五十万,约定工程主体结构完成到地面二层之后即如数支付。朱红根也有手下在岗山镇的工地卧底,听得业主第一笔工程款一千万到位,黎一鸣接手项目管理后朱红根却分文未得,他气不打一处出来。又得到消息,嘉海集团的一千万工程款也划到了项目部,他朱红根还是分文没有。朱红根不得不赤膊上阵,招募社会上几个要债的打手,到岗山镇项目部兴师问罪。黎一鸣岂肯将嘉海集团支持的一千万全部奉还给朱红根,他声称范于波所签订的任何材料供应合同与他无关,想要钱自己找嘉海集团。朱红根也不是省油的灯,仗着白纸黑字签订的合同,率十几个打手大闹项目部。

严于信和周总活生生被推到风口浪尖,朱红根手指戳到严于信的鼻尖,又叫又骂,唾沫星子直溅严于信的脸面。他手下的打手也跟着又跺脚又拍桌子肆无忌惮地起哄,所有的脏话都尽情地朝严于信泼来。严于信退缩到角落一言不发,脸色惨白得像一张纸。

周总实在看不下去,要求黎一鸣出面斡旋。黎一鸣却哼哼哈哈,顾左右而言

205

他,恰到好处地将太极拳打到严于信那里:"我只有等到严教授下午和业主沟通有结果后才好说话,假如业主愿意支付这笔钢材款我们项目部也没有意见。至于嘉海支持的一千万资金我们项目部还等着归还其他材料供应商的欠款,都是跟在屁股后面的事情。范于波惹下的祸啊!后面还会有很多擦屁股的事情呢,他吃拿卡要,满嘴油光光,肥了自己的腰包,让我们替他擦屁股。严教授,我们哪里有你亲戚的这等本事!"

黎一鸣酸溜溜的怪话让周总也气不打一处出来,他板起脸和黎一鸣针锋相对:"不管怎么说,这批钢材是用在工程上的,这是事实,你们也应该通盘考虑。"

黎一鸣不置可否地笑了笑:"周总说得没错,就这么点钱,你让我怎么办?我们并不知道范于波还有这笔紧着要钱的合同,本以为是到结构封顶才支付的。"黎一鸣两手一摊。

周总被黎一鸣抢白得一时也找不出反驳的话,只好和朱红根说软话:"钱总是要支付的,下午我们和业主沟通后再给你们一个满意的答复总可以吧?"周总寄希望于朱红根的理解。

朱红根才不吃这一套,他一只脚踩在椅子上,半个屁股坐在办公桌的边缘,烟蒂弹向周总:"老子不相信这一套,没有明确的说法,我们就到嘉海集团要钱。你们给不给答复?不给,好,我明天也带着上百个兄弟大闹嘉海,我们按合同办事,问嘉海要钱合情合法。"朱红根打量一眼退缩在角落的严于信,步步紧逼,"走,兄弟们,我们明天就上嘉海,我他妈的带上二百个兄弟,吃住在嘉海,不给钱就不回周胜。"朱红根做出拔脚要走的架势。

严于信十分着急,叫喊道:"我来负责给钱。"他的话震慑住所有在场的人,所有的目光都投向他。严于信抄手抓起一张办公桌上的白纸,趴在桌子上"唰唰"写下一行文字,抬头是"承诺书"三个大字。写完之后,严于信又将自己在东海市的家庭住址以及本人的身份证号码一一写上并签上自己的姓名,最后他又咬破手指,在承诺书上按下自己的血手印。

周总默读严于信所写的承诺书:

我承诺朱红根的红根钢材贸易有限公司与嘉海建设集团有限公司所签订的为周胜市岗山镇工程项目所提供的九百五十万钢材款由我全部承担责任。鉴于该款项还需要和业主进行商榷和沟通,故我承诺两个月之内如数归还所欠的九百五十万钢材款,包括延误而必须支付的利息。倘若逾期不能归还此款项,我愿意将个人的二百万存款和房产证一并归红根钢材贸易有限公司所有,若上述两项还未能达到归还给红根钢材贸易有限公司的还款额,我承诺我的女儿东海市音乐学院的教师严冰负责偿还。

"严教授,何必将自己一次又一次地往死路上逼呢?"周总不由得老泪纵横,他将严于信所写的承诺书递给黎一鸣。

黎一鸣摆手推掉周总递来的严于信写的承诺书,摇头叹气:"既然严教授有种,我敬重严教授的为人,他们没有意见就行,我不看也罢。"

程子根从周总的手中夺过严于信写的承诺书,看了半晌之后,扁扁的脸上横肉抽搐,他挠着板寸头叫起来:"严教授,让他们去找嘉海,你没必要这么做。"

严于信凄惨地报之以一笑,"您程经理还是有些良心,周总,问问他们吧?"严于信让周总将他写的承诺书递给朱红根。

朱红根抓过承诺书,看了半晌摇头拒绝:"我们没有必要逼着你,我们是和嘉海签订的合同,你的承诺书起不了作用,除非嘉海集团在你的承诺书上盖上公章。"

严于信扭头面朝嘉海的周总:"周总,麻烦您传真到嘉海集团,告诉郑董事长,我所做出的承诺绝不会食言!"

周总长叹一声,走到隔壁的文印室,按严于信的要求,将此份承诺书复印后传真到嘉海集团。

郑昱嘉很快就看到严于信写的承诺书,他铁青着脸不说一句话。几分钟后,周总来电询问如何打发朱红根一行。郑昱嘉咬着牙回答周总:"严教授既然立下此份承诺,我就成全他,总不见得我第二天一早又看到几百个民工大闹嘉海。"

朱红根得到嘉海集团盖着公章的传真件还是不放心,他要黎一鸣再盖上分公司的图章。黎一鸣很是爽快:"集团公司的大印都在上面,我们分公司的章有什么不能盖的?行啊。"他拉开抽屉取出公章就盖。

朱红根一行捧着严于信的承诺书,大摇大摆离开了项目部的办公室,临走前放下话:"严教授,别怪我们不讲情义,小本生意混口饭吃没有办法,哪里像黎经理场面做得大。"说罢带着手下人扬长而去。

黎一鸣目睹朱红根大摇大摆地扬长而去,朱红根临走时甩下的一句话让他义愤填膺,他琢磨着该如何教训朱红根。这个工地,不把朱红根这根刺给拔去,难以震慑住其他人。擒贼先擒王,一定要将这家伙的嚣张气焰给打下去。我不信治不了你朱红根,等着跪在我的脚下哭着求饶吧。

项目部的办公室只剩下四五个人,周总劝严于信回到宾馆先休息一会儿,商量下午和岗山镇的领导们见面时该说些什么。严于信摇头,他哀求围着他的几个人:"你们让我一个人安静一会儿,我要写一些东西。放心吧,不会写遗书,我想给岗山镇的领导写一封信。"

黎一鸣点头赞叹道:"严教授是胸有成竹才会血书承诺,佩服,我们走。周总,你和我们正好一起去现场看看。"

办公室一下子冷清下来,严于信双手捂住自己的圆脸,着实地让泪水在自己的脸庞纵横恣肆,宣泄完积郁在心的感情后,他摊开一叠A4纸,信手挥洒,一个多小时后,严于信捧着长长的一封给岗山镇父母官的信函无声地阅读:

尊敬的江永祥书记、赵则林镇长:

真希望过了这一阶段后我还能和你们保持联系。于年龄而言,我痴长两位好多岁,倘不见外,请允许我称呼你俩为永祥、则林,不会见外吧?我想一定!

数日前则林镇长来到东海市嘉海集团,就岗山镇的项目因无良小人钻空子造成项目建设的混乱作了情况通报。感谢两位领导在如此状况下仍然对我以及嘉海集团报之以充分的理解,希望彼此之间还是能友好合作。再次感谢两位,尤其是我,这辈子亏欠您俩的恩情今后必当倾情奉还,滴水之恩,当然得涌泉相报。

关于岗山花园的项目,一路走来,没有两位的支持也不会有今天,我比谁都清楚个中的甜酸苦辣。嗨,太艰难了,这几个月来我是几近陷入崩溃的边缘,也做好了从人间蒸发的准备,实在是熬不下去了。嘉海集团借给项目部一千万人民币,是我向公司写下的借条,还要承担高额的利息。红根钢材供应商的钢材款需两个月内归还,我只得动用我的二百万存款并用我的房产证作为抵押,我写了承诺书并按下手印,复印上身份证号码以及家庭的住址,一旦到时间不能归还,则要将我的住房送到市场上进行交易或者是直接过户给红根钢材供应商,公司的老板还怀疑我与范于波和焦保业联手暗箱操作从中拿回扣,我冤啊!

两位领导,我一介布衣,面临着这样的境地,我站在悬崖的边缘,这个世界上我无路可走,唯有纵身一跳方能眼不见为净。

两位领导,我一生秉承着以德报怨、与人为善的家训,从来是问心无愧地生活在这个世界,却在人生的暮年遭此劫难,想想老天怎么对我如此不公,真的是至死都不能瞑目!

绝望中想到了两位领导,唯一的生存念头就是希望您俩能拉我一把。来周胜之前,我就想过,倘若老天绝我后路,我就独自前往远方的泰山,舍身一跳也就一了百了,我是抱着这种准备来周胜的,我没有能力和精力在这个世界上撑下去了。我做好了离世的准备,我无颜见自己的家人,我对不起我的妻子和女儿以及在美国留学的女婿,我唯有用这种方法寻求解脱,以证明我的无辜和清白。

老天还是开了眼,让我遇上了您俩,我的救星:永祥书记、则林镇长。记得在嘉海集团我得以有机会和则林镇长两个人私下里面对面地叙述我的处境和嘉海所陷入的窘境,则林镇长听了我的诉说后深表同情,告诉了我岗山镇办事处的设想:考虑后续工程与嘉海集团同比例支付工程款。我的第一感觉是我可以绝处逢生了,当时的心情我真的是想向您俩叩拜致谢,我觉得我还有生存的机会,我谢谢两位领导!

我于心不忍做了东郭先生,酿成此番大祸,我悔啊!当初前两个项目承包人范于波和焦保业在我这儿游说他们如何有能力来承接岗山镇的工程,他们在我这里纠缠了整整好几天,我根据嘉海集团董事长的要求提出的开工条件他们全部答应,谁知道他俩居然会做出天理难容的事情:伪造三千万的存款证明,私刻公章杜撰补充协议(工程进行到二层业主支付合同总造价的百分之十五),对外还谎称我会通过刘市长的关系让市领导倾力帮忙。恶劣行径,天理难容!

公司核算:两个亿的工程,钢材、水泥、模板、红砖等,都是大块资金的投入,没有三千万的启动资金没法承揽这项工程的。他们蛇吞大象,编造种种欺骗手段让我和嘉海集团上了大当。随后就凭借嘉海集团和贵办事处签订的所谓补充合同到处坑蒙拐骗,蒙骗他人垫资进场施工,骗到手的资金一部分供自己挥霍乱用,到了无法收场,整个工程几近瘫痪的时候,索性就撒手不管,认为引进两个合作者他俩就可万事大吉。后来的两个项目承包人接手这个盘子,满以为可以大干一场,谁知他们的资金实力也不够,捉襟见肘,这两个人并不是资本雄厚得足以能支撑项目的顺利进行,他俩和范于波、焦保业的想法如出一辙,也认为岗山镇的项目是块唾手可得的肥肉。事情的实质是假象,终有暴露的一天,不可避免的资金短缺问题接踵而至,嘉海集团就让我独自来吞咽这个苦果。大批人员闹到东海市,闹得我身心疲惫,夜夜不得安宁。回顾这几个月的生活,我是备受煎熬,折磨得人不像人,我在这个世界上该受的惩罚在这个事件中全部都被惩罚了,我已经落下一身的病,患了失眠症,夜夜都不能安稳入睡,心脏也出了问题,上个月的十八号我患病住院就诊,诊断结果是心脏房颤。

此次我和嘉海集团的周总来到周胜,周总召集项目部的几个承包人开会,部署后续工程的计划。目前,嘉海集团的一千万已经到位,全部用于支付混凝土、红砖和模板的材料款以及部分民工工资。按目前的施工进度，周总估算全部主体建筑结构封顶还需要两个月的时间，倘若您两位能在此施工期间再适度支持部分资金，嘉海也能配合支持部分资金的话，春节前结构封顶该是无虞。

　　永祥书记、则林镇长，当着您俩的面我实在是难以启齿，只能在此信函中向您俩提出恳求了。办事处是否能将这个项目所欠的红根钢材供应商的欠款预先支付？大限是在十二月二十五日，倘若能在十一月底或十二月初解决，我可以早点安心。这六十天的时间，我会天天心惊肉跳像热锅上的蚂蚁一般挨日子，这十二月二十五日的日子越接近一天，我就越不安宁。

　　我深陷泥淖，得到您两位的理解并帮助，此乃我三生有幸，幸得关键时刻有贵人相助，让我有了生活的信心。此外，我的学生山宁省委组织部副部长夏冬和我的挚友周胜市刘市长对我的遭遇也是怀有极大的同情和关心，他俩若知道我有您两位的相助，一定会为我如释重负，他们也会感谢您们的。

　　永祥书记、则林镇长，也许我的学生夏冬部长和周胜的刘市长也会和您两位有沟通，他们也希望岗山镇的项目圆满解决。

　　两位领导，我严于信上述恳求有所唐突，谨望两位领导千万别介意，切望！您俩的恩情我严于信结草衔环铭记于心。

　　永祥书记、则林镇长，我现在真正地明白了一句老话：人在做，天在看。最后要说的是，此生我严于信将永远感谢您们！

　　这封长信严于信一气呵成，他一字不改将此信细心折叠，静等着待会儿见到江永祥和赵则林的时候当面交给他俩。周总推门进来，"严教授，午饭时间到了，项目部有安排，我回绝了，我和你到外面随便吃点儿好吗？"

　　严于信摇摇头，他将写给岗山镇两位领导的信递给周总："周总，你不妨看一看。"

　　周总展读后，抚摸严于信的肩头长叹一声："严教授，兄弟啊，难为你了，好人一定会有好报的。"周总的眼圈湿润着说："岗山镇的领导看了你的信会感动的。"

　　听着周总对自己的排解，严于信的心不由得一动，他试探地问周总："请您将这封信先交给岗山镇的领导是否妥当？"

　　周总连连点头表示赞赏："好主意，让岗山镇的书记和镇长先过目，他们有时间互相商量，我们下午找他们的时候保不准会有满意的答复。严教授，你到宾馆等我，我这就去岗山镇办事处，我会捎带一些吃的东西，等着我。"年近花甲的周总一溜小跑匆匆赶往岗山镇办事处。

和岗山镇业主约定见面的时间是下午两点,约莫一点半左右,黎一鸣亲自开车和程子根一起来到翡翠山庄迎接严于信和嘉海的周总。一路上彼此都默默无语,跨入岗山镇办事处大门的时候,黎一鸣总算开口说了一句话:"愿严教授能走好运,否则嘉海没办法太平,严教授也会跟着遭殃。"

严于信和周总都没有搭理黎一鸣,径直走向办事处的会客厅,黎一鸣自嘲道:"我的话听来不舒服,可说的句句是实情。"他和程子根紧跟在严于信他们的身后迈步走进业主的会客厅。

江永祥和赵则林还有其他几位筹建处的工作人员也都到齐了,会客厅难得济济一堂。江永祥和严于信握手不失时机地开玩笑:"欢迎严教授的到来,咱周胜人欢迎周胜人。"

严于信微笑奉还,落座。江永祥紧贴严于信而坐:"严教授的信我们都看过了,很感动人,则林看了后眼泪都掉下来了。岗山镇的项目搅得咱大教授精疲力竭,我们也于心不安。这个项目牵动方方面面的领导,省委的夏冬部长也给咱市里面打了招呼,刘市长等领导也都很关心,领导们都让咱们在不违背合同的前提下商量解决,我们也开了党工委会议,则林镇长说吧。"

赵则林的苦瓜脸难得洋溢着灿烂的微笑,他对严于信友好地点点头。"夏冬部长和周胜的市委市政府相关领导都要求我们在不违反合同的前提下给予项目部适当的支持,我们认为这个方案具有可行性。后续的工程项目部不能停下,现在的施工进度严重滞后,只有少数标段刚刚达到地面四层的楼板浇捣,没有一个标段开始进行地面四层的砌墙,绝大部分标段在完成三层楼板的浇捣后就一直没有进展。你们得保证在春节前全部建筑的主体结构封顶,春节过后再进入粉刷和装修阶段。这个工程节点得到保证,我们筹建处考虑再支持部分资金。前提是我们办事处支持多少资金,嘉海也必须支持多少资金,这个原则绝不能变。现在双方各有一千万的资金投入,鉴于严教授的为难处境,我们筹建处再支持一千万用于归还红根钢材商的钢材款,这笔钱款的支付属于我们帮助严教授。按照我们办事处制定的原则,嘉海建设集团必须再投入一千万支持项目部完成二十栋建筑全部达到地面四层,等到这二十栋建筑全部达到地面四层后,我们筹建处会相应再支持一千万资金用于工程建设,帮助项目部完成全部建筑的主体结构封顶,这个节点我们筹建处就不需要嘉海建设集团再支持资金,因为这一千万足以保证完成二十栋建筑的主体结构全线封顶。你们只要保证二十栋建筑在春节前完成所有的主体结构全线封顶,我们就会按照总合同的百分之三十五付款给嘉海集团,总计是七千万的工程款,扣除先前预付的三千万,我们会按照合同的约定再支付四千万,其中还不包括设计变更、材料调差、人工费用增加等签证的费用,这笔款子发下来你们用于民工的全部工资支付和材料供应商的材料款部分支付足够了,大家都过个平安的春节。假如春节前不能完成主体建筑全部结构封顶这个进度,也就不能按照这个约定来履行。你们嘉海的老总和项目部的负责人都在,合计一下,办事处提出的这个方案能否接受?"

严于信将头转向周总,低声问道:"要给郑董事长打个电话吗?毕竟嘉海现在还需要垫资一千万。"

周总摆手示意没有必要:"先让项目部作出保证,按时完成工程的节点才能有后续工程款的到位。"周总招呼黎一鸣和程子根坐到他的身边,他给两人复排工程进度,等到黎一鸣和程子根保证如期完成工程的节点后,周总才代表嘉海集团和项目部正式答复江永祥和赵则林:"感谢办事处领导的关心和支持,我们同意这个方案。"

赵则林和江永祥小声地商议几句后,江永祥一锤定音:"按照今天的约定办,晚上我们岗山镇有请严教授,为严教授压惊。"

走出岗山镇办事处的大门,严于信还有些担心:"周总,万一郑董事长不同意这个方案怎么办?"严于信不安地问周总。

周总淡淡地一笑:"那么郑董事长就要再次迎接几百个民工大闹嘉海,春节前的一场风波就不可避免,董事长他会算这笔账。现在再投入一千万,最多两个月的时间就能收回他所投入的全部资金。我担心的是项目部是否能按时完成工程的节点,黎经理和程子根是否能将嘉海和业主支持的工程款全部用于项目。他们不老老实实地将工程干完,再弄出些花样,大的乱子才真正地不可避免。"周总忧心忡忡地望着严于信:"严教授,世道险恶,人心叵测,你太善良了,这个世界好人未必有好报啊!咱们也只能走一步看一步,眼睛多盯着岗山镇的项目,多留点神总没错。"

严于信和嘉海的周总离开周胜的前一天,周总又亲自召开项目部的大会,他将四个标段的所有包工头和工班长都召集到位,亲自宣布业主的付款方案。他想通过此举或多或少能对黎一鸣起到一些制约作用,要让工地上所有的人都知道后续工程的付款方式和付款数额。同时周总又将各标段的具体施工周期重新落实一遍,要求每个标段的包工头签字确认保证按时完成工程的节点,他的心才稍微安定一些。他在尽最大的能力帮助严于信,帮助郑昱嘉。

黎一鸣不动声色地任由周总指挥一切,于工程管理来说他是个外行,他需要周总的指点。后续资金的支配,黎一鸣自有盘算,他不会按照周总的思路贯彻执行,好不容易逮住的兔子他不会轻易同他人分享。黎一鸣细长的眼睛微微眯成一条缝,他的脑子在盘算还有几笔资金该如何支配。

岗山镇的项目貌似得到一个令人欣慰的解决模式,可山雨欲来风满楼的那天保不准说来就来,周总担心黎一鸣在制造那一天的到来。严于信则深信不疑:阳光总在风雨后,这风雨总算过去了。他认为岗山镇的项目开始看到阳光了。他迎着太阳绽开难得的笑容,圆圆的脸庞充溢着久违的灿烂表情,由衷地感慨:"国家对这建筑市场得好好地整顿整顿才行啊!"

15

邹培远这几天寝食难安,一种无形的负罪感向他袭来,怎么都摆脱不了。临近下班,他还迟迟不愿意挪动钉在靠背座椅的屁股,无尽的烦恼就像一条毒蛇似的缠绕在身。老同学严于信深陷岗山镇事件,他编织了诸多理由试图为自己开脱,最后又一一自我否定,不得不承认自己脱不了干系。严于信的遭遇让他陷入深深自责,从不轻易掉泪的邹培远每每独处时总发现鼻翼两侧滚动着两行清泪,他深知自己有愧于严于信,是他的贪欲逼得老同学也许会走上一条不归之路。邹培远的良心受到了拷问,他无论走到哪里都无法摆脱严于信那几近绝望的哀怨眼神向他投来。

邹培远极为担忧严于信目前岌岌可危的处境,老夫子被郑昱嘉步步紧逼,无奈地奔赴周胜,打死邹培远也不会相信狠心的郑昱嘉居然会让手无缚鸡之力的严于信去处理岗山镇项目部那棘手的局面,邹培远义愤填膺猛拍桌子,对着空荡荡的办公室怒骂:"郑昱嘉,你好狠毒!"许久之后,邹培远的愤怒才稍稍平息,他一支接着一支地猛抽烟,试图让烟雾麻醉自己。阵阵烟雾之中邹培远睁开迷蒙的眼睛,透过厚实的玻璃窗户远眺北方,他的心又被阵阵揪紧,"老夫子哪里能掌控如此复杂的场面?"邹培远又独个喃喃自语。他再也按捺不住自己对严于信的担忧,掐灭了半支卷烟,倏然起身,拨通了郑昱嘉的电话。第一个电话郑昱嘉没有接,第二个电话打通后,惴惴不安的邹培远沙哑着嗓音问:"昱嘉老弟,岗山镇那边的情况怎样?"

"你说呢?"电话那头郑昱嘉的声音极为冰冷,"咱邹处长希望是怎样的结局?你亲自走一遭答案不就有了?邹处长有空吗?机票我来负责。"

郑昱嘉阴沉的声音刺得邹培远一时语噎,迟疑半晌才回答:"我手头一大堆事情,一时半会儿走不开,听说于信去了周胜?"

郑昱嘉哈哈的笑声让邹培远听得心惊胆寒:"邹处长忙得不可开交,只能有请严教授临危受命,赴汤蹈火。"

邹培远被郑昱嘉奚落得怨气冲上脑门:"郑董事长也用不着拿我开涮,明人不做暗事,想说什么尽管说,我邹培远人正不怕影子歪。"

"当然,邹处长说得极是,为官清廉,拒腐蚀永不沾的典范啊。"郑昱嘉的笑声更加响亮,"邹处长,好自为之吧!"郑昱嘉"啪"的挂断电话,传入邹培远耳朵里的尽是"嘟,嘟,嘟"的声音。

无名怒火充斥邹培远的胸膛,他恨恨地将手机朝办公桌一掷:"混账东西!"邹培远悻悻怒骂,愤然起身,拳头猛砸办公桌。

邹培远好一阵子才平息心头的愤恨,他抬头朝窗外嘉海集团的方向凝视,此时此刻,他连将郑昱嘉撕成碎片的心思都有。让严于信远赴周胜,面对工地上那批社会最底层的民工和包工头,明摆着是将老夫子往火坑里推,郑昱嘉做得实在是太过分!"飞鸟尽,良弓藏。"无端的悲哀涌上邹培远的心头,他后悔与郑昱嘉的关系陷入剪不断理还乱的地步。"悔之晚矣。"邹培远唯一的期盼是严于信此行周胜能逢凶化吉,他发誓岗山镇的事件平息之后就终止和郑昱嘉的交往。

严于信境况究竟如何,邹培远不得而知。他的心开始焦灼,他害怕严于信遭到不测,悄悄地给黎一鸣打电话探究竟。从黎一鸣的口中,邹培远得知嘉海集团的周总一直陪伴着严于信,邹培远吊在喉咙口的心总算放下,又听得黎一鸣告知严于信今天前往省城未归,周胜市的刘市长和嘉海集团的周总陪着他一起到省委见严于信的学生、省委组织部副部长夏冬,邹培远拍着额头称幸。他一骨碌地坐回到长背靠椅,如释重负地长嘘一口气,遥望北方喃喃地说道:"于信,此劫逃过,咱重新结庐人境,远离喧嚣。老夫子,我对不住你,培远我自会负荆请罪。"

恢复常态的邹培远拨通了严于信的手机,他想和严于信絮叨,即便是无关痛痒的话邹培远都会觉得心底舒坦。邹培远连拨两个电话,都是电话铃声响却无人接听,邹培远思索片刻,发了一条短信给严于信:兄弟,在外保重!安全为要,待见面详叙。约莫半小时后,邹培远收到严于信的回复:谢谢,好的。

有严于信的音讯邹培远就放心了,岗山镇的项目自己和严于信不可避免地存在着芥蒂,邹培远不愿看到近三十年的同窗友情付诸东流,他琢磨着如何弥补自己对严于信的亏欠。一个主意闪入邹培远的脑海,他想通过北京的老同学徐辉出面来修复他和严于信的关系裂缝,让徐辉来东海市住几天暖暖场,邹培远不假思索地拨通徐辉的手机。

徐辉正在开会,他让邹培远长话短说。邹培远一时竟不知从何说起,徐辉着急:"没事我就挂了,领导在台上讲话呢。"

"我发短信给你吧。"邹培远简短地说了一句挂掉了电话。随即发送一条短信给徐辉：近日有空可考虑来东海，老夫子染恙，我亦受到感染，亟需徐兄帮忙调理。

徐辉心领神会，很快就回了一条短信：明白，我择日前来东海亲自把诊号脉。

邹培远"扑哧"一笑，回发了一条短信：切勿下猛药，剂量不可过大。

徐辉的回答：补品滋养，文火慢炖，疏通脉理，豁然开朗。

"知我者徐辉也。"邹培远将徐辉的短信默读好几遍后，感慨万千。

接下来需要做的事情是如何与郑昱嘉交战，此人是商场上的一代枭雄，常人难以驾驭，拿捏不住他的命脉休想让他俯首帖耳，邹培远一时倒想不出有哪张王牌拿得出手。冥思苦想思路逐渐清晰，唯一能制衡他的就是徐辉，嘉海集团的命脉捏在徐辉的手里。嘉海是郑昱嘉的命根子，断掉他的命根，郑昱嘉还不就是个阉人？想到这里，邹培远还真盼望着徐辉能火速来东海。

和严于信重修前好，和郑昱嘉斗智斗勇，进路退路一一设置，邹培远捏着鹰钩鼻子将自己的思路重新捋了一遍，悠悠地点燃一支香烟。我邹培远不是严于信，想玩转我的人还没有出世呢，邹培远阴鸷的眼神凝视袅袅的烟雾，嘴角露出一丝笑意，他舒坦地歪倒在老板座椅闭目养神。

严于信亲自挥鞭上马，出师周胜，山宁省省委的组织部副部长夏冬出面接驾，后续之源该陆续流进岗山镇的项目部，项目部有了工程款，我邹培远的利益方能得到关注。忍受热锅上的煎熬，才获得一小碟餐前开胃佐酒的小菜岂能善罢甘休？邹培远掐灭夹在指间的半截烟，给黎一鸣发送了一条短信：彼此间的游戏规则无须过多解释。

黎一鸣的回复也很快：自然，分文不少。

邹培远的烦恼瞬间消除，他惬意地伸个懒腰，很想郑昱嘉这时能给他来个电话，邀他今晚在他俩经常光顾的风流之地奉献一把男人的神勇，当然目下可能性为零。该如何打发今晚的良宵，邹培远倒一时没有方向。

走出办公室的大门，邹培远在等候电梯的时候犹豫着是回家看肥皂剧还是到嘉海和郑昱嘉面晤。从地下车库驾车出来，邹培远的坐骑鬼使神差地驶进一条两侧梧桐树浓荫匝地的静谧道路，来到了东海市音乐学院。邹培远一拍额头失声叫嚷："我是该来看看严冰！她才是郑昱嘉真正的克星！伟大的神，谢谢您在我邹培远陷入混沌的泥沼之时向我伸出双手。"邹培远真正信服世界上有第六感应的存在，神的无声提醒，让凡夫俗子在迷茫的路途能看清方向。

邹培远不假思索拨打严冰的电话。"培远叔叔，我正要找你，你在哪？"严冰的声音失却往昔银铃般的悦耳，急促的询问交织着<u>丝丝惊恐和不安</u>。

刚刚好转的心情被严冰焦虑的声音又搅得忐忑不安,不祥再次笼罩着邹培远:"冰冰,我在音乐学院的大门口。"

"培远叔叔,来我家吧,我怕。"严冰的声音中出现哭腔。

大事不好,一定是严于信出事了。邹培远热乎乎的心跌到冰点,整个人趴在方向盘上一时没有主意,他的手抖动着摸索出口袋里的卷烟,点燃后任凭烟雾在狭窄的车厢内聚积。

十五分钟后,邹培远出现在严冰家的客厅,严冰未语先啜泣,眼泪抹过的纸巾眨眼就在茶几上堆成一簇。预感不妙的邹培远鹰隼般的眼睛盯着严冰,他在揣摩这丫头会向他投掷怎样的重磅炸弹,不用说肯定和严于信有关。

严冰哭得泪人似的,梨花带雨的漂亮脸蛋楚楚可怜,让邹培远顿生怜香惜玉之心,好友之女不可欺,邹培远的道德底线不会逾越。换作是声色场所的应召女郎,邹培远早就迫不及待地一把揽入怀抱。邹培远深深叹息,往常该是他和郑昱嘉纵情声色的黄金时刻,不用他邹培远发出信号,在约定的老地方郑昱嘉会早早恭候。如今这小子翅膀硬了,公然和我邹培远叫板,邹培远气不打一处来,他发誓不让郑昱嘉乖乖地就范,他就枉为做人一世。

"邹叔叔,我爸爸出事情了。"严冰的话唬得邹培远一跳。严冰的一双泪眼红肿得似两个核桃,她抽噎着告诉邹培远有关严于信的种种反常情况。

严于信在去周胜之前到严冰家和女儿见面,父女俩在音乐学院的食堂共进晚餐。餐后,严冰陪同父亲在校园散步。夜色四合,半个月亮爬上树梢,银光洒满地面,严冰娇嗔地将头歪在父亲的肩胛,他俩沿着校园的花径款款漫步,耳边琴声萦绕。深秋的夜,习习凉风扑面,严冰一袭单衣,禁不住打了个寒战,咳嗽几声。严于信心疼地将自己的外套脱下,披在女儿的身上。银色的月光下,严于信满目愀然地注视着自己的爱女,他的手轻轻地抚摸严冰的秀发,不经意的一声叹息让浸润在浓浓父爱中的严冰好生奇怪。严冰看得清楚,父亲那深度近视的圆圆眼睛纵然有厚厚的镜片遮挡,却无法掩盖万千的愁绪在他的眸子里闪动。严冰成婚以后很少仔细打量自己的父亲,月光下她发现不可抗拒的皱纹爬上父亲的面庞,父亲仿佛在一夜之间苍老许多,无奈的叹息中隐藏有许多哀怨。直觉告诉严冰,父亲有心事。严冰有意识地落后父亲几步,她注视着父亲的背影疑虑陡生,平时步履稳健的父亲怎会佝偻着背踽踽独行而不回首深情凝视自己的爱女?

严冰的家,父亲习惯性地往那张女婿小林为自己的岳父额外添置的藤椅上一坐,唉声叹气弥漫在整个客厅,不安笼罩在严冰的心头。

"爸,你有心事?"严冰给父亲边捏肩边问,"为岗山镇的项目发愁?"严冰扳过父亲圆圆的脸庞,她摘下父亲架在鼻梁上的眼睛。镜片氤氲一片湿气,严冰用擦镜布替父亲擦拭镜片,她在等待父亲向自己的女儿剖腹掏心。

被摘下眼镜的严于信看到的景象一片混沌,圆圆的眼睛呆滞无神,失却了往昔的睿智,眼泪"唰唰"直流犹如决堤。

严冰惊叫:"爸爸,发生了什么事情?"她将眼镜重新架上父亲的鼻梁,给父亲递上一张餐巾纸,然后陪同父亲一起流泪,她知道父亲一定遭遇不测,这个不测与父亲老家岗山镇的项目有关。

严于信在女儿面前好似一个无助的婴儿,大把大把地抹眼泪,老泪纵横的他哽咽不能语。"在劫难逃,此坎难过。"严于信掏出一份借款给女儿。

一份严于信向郑昱嘉借款一千万的借条,天旋地转,严冰不知所措。她抬眼注视挂在客厅的那幅郑昱嘉赠送给她的匾额,抬手凝眸手腕上戴着的一款欧米茄手表:"郑昱嘉。"严冰脱口而出,她无法想象父亲竟然会向郑昱嘉借款一千万。

严于信让女儿保管这份借条,叮嘱女儿千万别让她母亲知晓:"我明天要回周胜一次,记住:爸爸一生清白。"

邹培远霎时明白,心狠手辣的郑昱嘉是将老夫子往死里整。唇亡齿寒,他的脊背渗透着丝丝寒意。脸色发白的邹培远怒不可遏地举手拍桌,手到半空又无力放下,不能在严冰面前失态。

邹培远首先琢磨着该如何挣脱郑昱嘉对他的摆布,保全自己为首要,当前最重要的是与郑昱嘉重修前好,再伺机脱身。郑昱嘉这条难缠的毒蛇说不定哪一天会反咬自己一口,一旦毒汁流进自己的血液必死无疑。严冰又一声"邹叔叔"的呼唤让邹培远蓦然间看到了解决问题的希望,和郑昱嘉冰释前嫌的最佳方案远在天边,近在眼前,尤物在此何愁也?将严冰推向郑昱嘉的怀抱!邹培远主意已定,鹰钩鼻子得意地一耸,阴鸷的声音极尽柔和:"冰冰,邹叔叔陪你去郑董事长那里问个明白不就可以了?也许是个误会,瞧你,受惊的兔子似的。"邹培远故作轻松地宽慰严冰。

严冰不啻是看到了希望,她感谢邹培远在患难之中对自己对父亲的真诚相助,深深地向邹培远致谢,表示一切听从邹培远的安排。

邹培远迅速地给郑昱嘉发个短信:严冰想来郑府看望董事长阁下,现在。

郑昱嘉很快就回短信:欢迎,我在家等候。

邹培远朝严冰笑笑:"走吧,邹叔叔陪你去董事长家。"

趁严冰到卧室换装的空隙,邹培远悄悄给黎一鸣发了一条短信:嘉海集团的一千万到了。

心知肚明的黎一鸣随即回复:几天后查阅你的账号即可。

郑昱嘉在居所等待严冰的到来,他手握一卷仓央嘉措的诗选,随意浏览,不经意翻到一页他夜阑人静思念严冰时常常吟诵的几句诗。郑昱嘉信口而诵：

　　执子之手，陪你痴狂千生；
　　深吻子眸，伴你万世轮回；
　　执子之手，共你一世风霜；
　　吻子之眸，赠你一世深情。
　　我，牵尔玉手，收你此生所有；
　　我，抚尔秀额，挡你此生风雨。

　　郑昱嘉微笑，他悄然踅回盥洗室审视自己的容颜，甚为满意。他用手指点一下自己的额角，朝镜子中的自己扮了个鬼脸，处于亢奋情绪中的郑昱嘉文思如潮，即兴赋诗："英姿勃发的你，终把美人盼至；愿能同衾共枕，不枉为人一世。"吟毕，郑昱嘉连连摇头，哪能和多情的种子仓央嘉措的才华相比哦？郑昱嘉喃喃自语。他又对着镜子精心地梳理自己的头发，并在自己的衬衣领尖和袖口洒上几滴香水，他满意地对着镜子中的自己做出几种不同的微笑后才缓缓踱步到客厅。

　　邹培远和严冰驱车来到郑昱嘉的别墅，严冰是第一次光临。神采奕奕的郑昱嘉亲自在花园门口迎接，口口声声有失远迎，他手扶香肩殷勤地迎严冰入室，邹培远稍稍拉开距离跟在后面。

　　一架三角钢琴卧在客厅中央，背景音乐正播放着德彪西的钢琴曲《雾》，是严冰专场演奏会的实况录音。严冰惊讶，郑昱嘉得意，邹培远感慨，三种不同的表情。

　　"郑董事长用心良苦。"邹培远不失时机地挖苦，"准备得如此精心，怎不让严冰小姐受宠若惊？"

　　郑昱嘉皮笑肉不笑："彼此彼此，我和邹处长一样。食人间烟火的凡夫俗子就这些招数，邹处长，你这是雪中送炭亦或锦上添花啊！"

　　邹培远脸微微一红，捏一把鹰钩鼻子，讪讪地自我解嘲："郑董事长仓央嘉措的情诗读得太多，我们没法进入仙界。"

　　"邹处长何必自谦，您是醉翁之意不在酒，我是在乎山水之间也。"郑昱嘉不依不饶，反唇相讥。

　　严冰犹如在听天书，她不明白郑昱嘉和邹培远打什么哑谜。在郑昱嘉热情相邀让座的时候，严冰由衷地感动："郑董事长真是有心人，您还保存着这张碟片，谢谢您。"

　　"岂能用'保存'二字？我是珍藏，严冰小姐。"郑昱嘉一脸诚恳，"听不厌啊，德彪西的《雾》。人生有时候就像在雾中,云遮雾绕看不清,不识庐山真面目,只缘身在此山中。"

严冰揣摩郑昱嘉话的意思,不得其解,她的本色表白让郑昱嘉听来却更加高兴:"我爸爸说,像郑董事长这样有才有貌事业成功的人士他还是第一次碰到,爸爸很敬重郑董事长。"

"严冰小姐才貌双全气质不凡,犹如九天仙女下凡,我郑昱嘉是第一次碰见,在严冰小姐面前我们都是大俗人。"郑昱嘉边说边亲自奉上他精心调配的咖啡。

浓香弥漫在整个客厅,严冰不假思索:"蓝山咖啡,上好的咖啡豆烘焙。"她低头抿了一口:"口味纯正,一般的咖啡厅没有。"

郑昱嘉笑言:"我和严冰小姐是知音哟,人生难得一知己。"郑昱嘉朝严冰举杯后将咖啡杯端到自己的嘴边啜饮一口,同时朝邹培远做了个"请"的手势。

邹培远直摇手:"我一过傍晚五点就不能喝咖啡,否则一晚不能入睡。"话锋一转,邹培远道明陪严冰造访的意图,他想起个头之后抽身告辞,后面的故事他等着明天听新闻。"君子以成人之美为快事,和郑董事长相交多年,彼此心有灵犀一点通。陪同冰冰前来贵府是请求你出手相救的,冰冰说他爸爸碰到难题,解铃还须系铃人,郑董事长,该得到的你自然都会得到,该放手的也就放手吧。"

邹培远话中有话,郑昱嘉听得一清二楚:用我郑昱嘉朝思暮想的红颜换得严教授的平安,并博得我郑昱嘉对你鹰钩鼻子的认同,一箭双雕,你毫发无损。好阴险的鹰钩鼻子,太小瞧我郑昱嘉的智商。郑昱嘉不愠不火,他要演戏,就得先顺着鹰钩鼻子提供的竹竿往上爬。他装作不解地问严冰:"严教授不是去周胜了吗?好好的呀,临走的时候我们还通过话呢。"

严冰抽抽嗒嗒:"董事长,我爸爸临走前给了我一张借条。"她将借条递给郑昱嘉:"爸爸还说了好多令人担心的话,好像他到周胜就一去不复返。我不敢告诉妈妈,妈妈身体不好,小林又在美国,我没有人商量,就找邹叔叔,邹叔叔陪我来找郑董事长商量。"严冰边抹眼泪边抽噎,说话断断续续的。

郑昱嘉捏着借条,眉毛拧成一股绳,他当然明白来龙去脉,毫无表情地将严冰递给他的那张借条塞进自己的衬衣口袋,许久一言不发。岗山镇的动态郑昱嘉密切关注,严于信有个在省委组织部任副部长的学生,又有发小是周胜市的市长,郑昱嘉不怕事件的走向无法掌控,倒是邹培远这个鹰钩鼻子为了开脱自己,让我郑昱嘉背个趁人之危落井下石的恶名,好阴险的东西,严于信怎么会有这样的同学?怎奈郑昱嘉从心里无法放下严冰,为严美人消得人憔悴的相思之苦郑昱嘉体会深切,只要一闭上眼睛就满是严冰笑靥带来的诱惑。郑昱嘉用情专切地凝眸严冰,她楚楚可怜的娇嗔模样更让郑昱嘉神魂颠倒,他的魂魄活生生地让严冰给勾引了过去,倘若自己今晚攻势凌厉,严冰岂不乖乖就范?

　　郑昱嘉用手托腮沉思,他在思索如何能做到鱼和熊掌兼得。严冰满含期盼的目光始终停留在他的身上,郑昱嘉心中有谱,他抬头将自己的视线和严冰的视线交织成一条水平线。两个人对视良久,一个是焦虑不安,坐立不安;一个是脉脉含情,柔情似水,严冰阅读出郑昱嘉灼灼目光中的异常情愫,她赶紧扭头向邹培远发出求救的信号。郑昱嘉不依不饶的目光依旧跟随严冰动人的形象移动,他感觉到自己的身体开始膨胀,冲动几乎不可遏制。

　　邹培远也是个情场好手,对郑昱嘉更是熟读,只是在一边冷眼观看。邹培远阴冷的笑意不易觉察地从鹰钩鼻子两侧迅速地一划而过,该退出圈子,回家独自品味后续的好戏,郑昱嘉今晚不会放过严冰,他的贪婪眼神邹培远能够读懂,今晚必是勇猛无比。此等尤物郑昱嘉一旦拥有,严于信无忧矣,我邹培远也跟着福星高照无忧矣。邹培远不动声色地按动手机上的一个老朋友的电话号码,听得铃响几次后随即关掉,然后将手机从口袋里取出漫不经心地搁在茶几上,装作要上盥洗室的样子站起身子。脚步才挪动几下,他的手机铃声就急促响起,严冰呼唤:"邹叔叔,您的电话。"

　　"谢谢冰冰。"邹培远回转身拿起手机接听,低沉的声音放得很亮,"是你啊,这么晚找我有急事? 我……"邹培远瞧瞧郑昱嘉和严冰,踌躇一番后才下决心,"那好吧,我马上就过来,等着我,最多半小时就到。"接听完电话,邹培远朝郑昱嘉和严冰抱歉地说:"实在是不好意思,有件重要的事情。待会儿冰冰就麻烦董事长你送一程。郑董事长,严教授不会有麻烦吧? 瞧冰冰的着急模样。"

　　郑昱嘉笑笑:"我会圆满解决的。严教授福大,一生都会平安,他后天就回东海。"郑昱嘉开门送客,严冰也急着要跟邹培远一起回去,被邹培远和郑昱嘉双双阻拦,"严教授的事情待会我向你解释,我还想听你弹奏一曲德彪西的《雾》,可惜错过你的音乐会,还我个人情未尝不可吧?"

　　邹培远也苦劝严冰:"董事长答应你爸安然无恙,冰冰陪董事长小坐一会儿未尝不可。董事长后悔着呢,他错过了那次出席你专场演奏会的机会。"邹培远硬是将严冰留在郑昱嘉的别墅,慌不迭地大步流星迈出郑府。

　　邹培远驾着坐骑一路狂驶,又一次来到东海市音乐学院的大门口。他将车泊在一片黑黢黢的浓荫之下,他要等待严冰,哪怕天明他都等。万籁俱寂的秋夜,邹培远听得见自己的剧烈心跳,他的右手不住地捆自己的脸颊,鹰钩鼻子被自己的唏嘘声弄得涕泪横流,他后悔不迭。外面下起了淅淅沥沥的秋雨,邹培远摇下前座左右半扇车窗,萧瑟的秋风中阵阵秋雨扑进车内,溅湿邹培远左半边的身体。他一任秋雨灌入,他的心就像这混沌的夜色,迷乱成一团。邹培远一支接着一支地抽烟,他要在烟雾中迷醉自己,努力地忘掉自己的自私将造成不堪设想的后果。一阵强劲的秋风呼啸着穿过车厢,卷起的一片梧桐树叶被秋风裹挟着钻进车厢,贴在邹培远的脸颊上,邹培远打了个寒战,人性中尚存的一线良知让他后悔将严冰推向郑昱嘉。他迅速地摇起车窗,驱车返回郑昱嘉的别墅。

郑昱嘉别墅的客厅一片静谧,严冰和郑昱嘉相对而视,彼此的心情都很复杂。郑昱嘉替严冰重新更换一杯龙井茶,柔和灯光下的严冰端庄地坐在他的面前,宛如一尊洁白大理石雕琢的维纳斯。惊为天人!郑昱嘉被严冰的美惊呆,他从未如此正面端详过严冰,他的心不由自主地跳动得更加厉害,迫不及待地渴望严冰能扑入他的怀抱。

郑昱嘉很想依偎着严冰而坐,拢着她的秀发喁喁私语。严冰见郑昱嘉走得靠近,下意识地往沙发的一角挪动。郑昱嘉的嘴角显出一缕表示理解的微笑,他灵机一动,重新更换了一张碟片,试图通过音乐唤醒严冰封存已久的炽热情感。他想借此让严冰理解他所伸出的橄榄枝,心有灵犀之人无须过多的浪漫表白。王菲的歌声在宽大的客厅绕梁,这首歌严冰也会唱——《传奇》。郑昱嘉心无旁骛地击节跟唱:"只是因为在人群中多看了你一眼,再也没能忘掉你容颜,梦想着偶然能有一天再相见,从此我开始孤单思念……"他仿佛没有注意到严冰的存在,完全沉浸在歌词带给他的憧憬境界。

严冰惴惴不安地远离郑昱嘉而坐,她几次张嘴想和郑昱嘉说话,都怕搅碎郑昱嘉的好心情,只得耐心地等待着郑昱嘉从自我陶醉中梦醒。

王菲的一曲天籁歌声戛然而止,郑昱嘉总算是睁开了双眼。他热辣辣的眼神盯着娇美的严冰连眼睛都不眨:"好风景百看不厌,漂亮的女人就是人间最美的一道风景。"郑昱嘉开始挑逗严冰。

羞涩的红晕霎时爬上严冰的脸庞,她不知所措地捏着自己的衣角,嗫嚅着说:"董事长,我要走了。"严冰怀揣小鹿的心"怦怦"跳个不停,显得忐忑不安。

"当然,前提是严小姐该放心地回去。"郑昱嘉朝严冰很绅士地微笑,"怎么咱俩近在眼前却像远在天边?严冰小姐,你看,"郑昱嘉从衬衣口袋里掏出那张严于信写的借条当场撕成碎条,"一切都不存在了。"严冰送来感激的目光,郑昱嘉的笑声也随之提高:"一场游戏一场梦,借条只是糊弄外人的,没来得及向严教授解释,弄出一场虚惊,我向你致歉。"郑昱嘉躬身朝严冰一个九十度的鞠躬。

郑昱嘉的绅士风度让严冰感激涕零,她欠身向郑昱嘉致谢。她想回报郑昱嘉就走到钢琴前,打开琴盖,一曲德彪西的《雾》在她的指尖流泻。郑昱嘉悄没声地走到严冰的身后,他在背后欣赏着严冰端坐在钢琴前的身体曲线,力图自己的视线能穿越严冰的衣着,目睹她本真的还原。郑昱嘉炯炯的眸子流淌着无限的柔情,他情不自禁地将自己的一只手搭在严冰的肩头。没有感受到严冰的拒绝,他又悄悄地弯下笔直的身躯,他的英俊的脸庞与严冰绝色之美的脸蛋形成了一条平形线。与严冰无意中的耳鬓厮磨让郑昱嘉的心跳越来越厉害,他的呼吸吹拂着严冰的秀发,他想把一个热烈的吻贴在严冰的香腮。

一曲天籁之音的《雾》到了尾声,绕梁的余音还在客厅回旋,严冰不经意间的回头,恰好将她的右侧脸颊贴到了郑昱嘉的双唇,她碰到了一个男性的热吻,严冰慌不迭地后退,郑昱嘉张开双臂将严冰揽入怀抱,他的热烘烘的嘴无所顾忌地贴向严冰的朱唇。

严冰挣扎了一下,挣脱了郑昱嘉的怀抱。"董事长,我很尊重你!"严冰重重地合上琴盖,背靠钢琴,语气冷静,"我严冰不是艺妓!"

郑昱嘉双肩一耸,朝严冰摊开两手,故作惊讶:"严小姐冰清玉洁,谁也没有把你当作秦淮河畔的李香君或者是柳如是。"郑昱嘉顽皮地歪头:"高山流水,知音难求,严小姐不能否认我俩的共鸣。"

严冰冷笑,一脸的正色:"郑董事长的赐教太深奥,我严冰无法领会。"严冰走到客厅的大门口,拉开了大门,一阵秋雨扑面袭来,让她稍稍后退。她略一迟疑,很快地就裹紧自己单薄的衣衫,迈步出门,头也不回扔下一句话:"今晚我们什么事情都没有发生,我们全家还是很尊重郑董事长。"

"等等,我还要给你看一件东西。"郑昱嘉站在严冰的身后,"看完之后严小姐再告辞也不晚。"

严冰转身,她和郑昱嘉面对面地站在客厅的大门口,被秋雨浸濡的严冰冷眼看着郑昱嘉递给她的一个信封,满腹狐疑,她没有伸手去接,还是准备拔脚就走。她本能地抗拒郑昱嘉对她所做的一切,她要对郑昱嘉彻底地关上自己的心扉之门,让郑昱嘉从此在她的记忆库存中彻底删除。

郑昱嘉打开信封,从中抽出一张复印件,他向严冰展开。严冰仅仅瞟上一眼,脸色瞬间惨白,是父亲的字迹。严冰一阵心悸,她最担忧的父亲呵,这张复印件难道又是达摩克利斯之剑直指父亲逼迫父亲走向死亡?严冰一把抓过凑着灯光细阅,是父亲此行周胜所写,字字句句渗透着父亲的血泪之声。"爸爸……"严冰失声呼唤,她只觉得天旋地转,一个趔趄歪倒在地,郑昱嘉一个箭步上前将严冰紧紧抱在怀中。

严冰浑身软弱无力,她任凭郑昱嘉的摆布。郑昱嘉声声柔情的呼唤:"严冰,严小姐,冰冰……"严冰没有回答,屈辱的泪水从她的眼角溢出,她不愿意睁开眼睛面视急促呼吸的气息都听得分外清晰的郑昱嘉,她做好了准备。

郑昱嘉蹑手蹑脚地将严冰抱入卧室,将严冰平放在他那张宽大的红木大床,俯身几乎是半个身子压着严冰。他的柔情万丈充分地显露:"冰冰,你睁开眼睛,听我解释。"郑昱嘉用自己的衣袖拂拭严冰被雨水打湿的头发,他情不自禁地将自己的嘴唇贴在严冰的脸颊上,对着严冰一阵狂吻,严冰没有反抗。他更加肆无忌惮地伸出自己火辣辣的舌头当作一支画笔,将严冰的脸庞幻想成一块画布,按照自己的意愿随心所欲地纵横驰骋。他准备进一步耕耘严冰这片他热盼得几近发疯的土地。

严冰依然没有睁开眼睛,极为柔顺地听凭郑昱嘉的支配。她要救赎自己的父亲,只能付出自己的身心。郑昱嘉在她的耳边悄悄地说着绵绵情话:"冰冰,我爱你,打从第一次见面时我就无法忘掉你,答应我,嫁给我吧!冰冰,我的心爱的人儿,我愿为你付出一切。"

严冰掀开眼帘,苍白的脸色掠过凄凉的笑容,目不转睛地盯着郑昱嘉:"董事长对我是真情实意?此话全都当真?"

郑昱嘉大喜过望,他半跪在严冰的面前举起左手赌咒发誓:"我郑昱嘉愿为冰冰付出一切,倘若食言,天理不容。"

严冰嘴角微微冷笑:"我爸说过,董事长经商有道,文采也极好,自然也是言出必行。"严冰宽衣解带,慢慢地褪下自己的外套,悄悄地卸下自己的衬衣,她的身体暴露在郑昱嘉的面前,"我答应你,董事长。"严冰仰面躺下,紧闭双眼,任凭无法控制的泪水濡湿眼睫毛,顺着眼角挂满脸颊。

郑昱嘉贪婪地睁圆眼睛,严冰美丽的酮体在他面前暴露无遗,人世间绝无仅有的伟大作品他终于有幸得以一睹,造物主的妙手打造出的人间尤物让他今晚能纵情万丈,他此生无憾矣!郑昱嘉感动得泣不成声:"我今生若愧对冰冰半分,甘愿接受老天对我的任何惩罚。"郑昱嘉将严冰紧紧搂抱狂吻一阵之后,又信誓旦旦一番。

郑昱嘉精神上的相思之苦在备受煎熬之后终于获得物质层面的提升,严冰甘愿接受郑昱嘉的自由调遣。这一切来得那么突然,令郑昱嘉始料不及,既在意料之外,又在情理之中,严冰最后的归宿必然是和郑昱嘉合二为一。郑昱嘉尽情地凝视严冰,柔和的灯光斜斜地映射严冰美丽的脸庞,呈现出一种近乎无暇质地的金属光辉。郑昱嘉害怕多眨一次眼睛都会失却享受和愉悦,他机械地重复:"冰冰,你太美了,你太美了。"他悄悄地用手很轻柔地抹去严冰蜿蜒在脸颊的两行冰凉的泪水,颇有一番怜香惜玉之举。"冰冰,从今后咱俩天老地荒永不分离。"郑昱嘉甜言蜜语之后,再次肆无忌惮地将严冰尽情欣赏,他的贪婪的视线逐渐游弋到那令郑昱嘉雄性的勃起无法控制的区域,郑昱嘉便迫不及待地扯去全身的披挂,自诩阅读女色无数的郑昱嘉再也按捺不住自己膨胀的欲念,熟稔地进入了严冰的身体。他纵情地享受,希望男性的本能能够无限地延续,他用实践经验调节着进行中的节奏,偌大的卧室充斥着郑昱嘉的纵情之声。

当严冰感觉到郑昱嘉结束了对她的蹂躏,离开她的身体之时,她终于睁开了眼睛。卧室静悄悄的,不见郑昱嘉的人影。严冰无声地流泪,在心头哭喊:爸爸,为了救你,我没有办法。

郑昱嘉穿着浴衣悄悄地推门而入,送给严冰一个温和的笑容:"受到惊吓了?我的小美人。"

严冰抓起床上的被褥裹住身体,喝令郑昱嘉:"你走开!"

郑昱嘉稍稍一愣怔,像个顽皮的大男孩,故意在严冰面前展露他纯情的一面:"咱俩天人合一,你中有我,我中有你,刚刚暴风骤雨带来的激情我还没有完全消化,我还想继续拥有。冰冰,再给我一次?"郑昱嘉歪着头,贼忒兮兮地微笑。他俊美的脸庞露出好看的笑容,挺拔地伫立在严冰的面前,赏心悦目的心情给他带来满脸的快活。"冰冰,我愿意和你天老地荒,和我结婚吧?"橘黄色的柔和灯光下,郑昱嘉敞开臂膀,他伟岸的身躯拉出一条长长的身影。郑昱嘉化身为一只扑打着翅膀飞向严冰的关关雎鸠。

严冰不想让郑昱嘉对她再有任何形式的染指:"董事长,咱们两清了,从此我们严家和你董事长、你的嘉海集团没有任何瓜葛。"严冰苍白的面容冰冷,美丽的眼睛蓄成两汪泪湖。她竭力遏制激愤的情感,不愿在郑昱嘉面前流淌一滴屈辱的泪水,她要离开这个虎狼之窝。"请你尊重我,请你马上离开。"

郑昱嘉依旧不愠不火,明亮的眸子里依然蕴含着似水的柔情,他一声喟叹,朗然吟诵仓央嘉措的诗:

我问佛:如果遇到可以爱的人,却又不能把握,该怎么办?

佛曰:留人间多少爱,迎浮世千重变。和有情人,做快乐事,别问是劫是缘。

"冰冰,咱别问是劫是缘。"

严冰不得不承认郑昱嘉是个成熟的美男子,他口吐莲花的内功了得,也确实有征服女人的本领,他无须拜倒在女人的石榴裙下,严冰相信这世间会有很多痴情女子愿为郑昱嘉奉献一切。在严冰的眼睛里郑昱嘉却是魔鬼的化身,他披着一张漂亮的人皮,内心恰似禽兽,他欲置父亲于死地而将她严冰玩弄于股掌之间。可悲的父亲,你把自己逼上了绝路,你把女儿也逼得无颜见人。悲愤欲绝的严冰别无所求,她只想着尽快逃离郑昱嘉的魔掌,她不想再见这个腌臜了自己的魔鬼禽兽。严冰冷静片刻,她朝郑昱嘉嗤之以鼻:"可惜了仓央嘉措,董事长,我再说一遍,咱们两清了,请你尊重我,我要你离开这里。"

"我们彼此间无须再言尊重吧,严小姐?"郑昱嘉顽皮依旧,就像一个邻家的大男孩似的嬉皮笑脸,"如果说第一次你是为了这个,"郑昱嘉就像变戏法似的,从浴袍里抽出两张纸片悄悄地在严冰面前一晃,撕成碎片,笑言道,"这是两份借条的原件,现在是一切都化为乌有。一千万的借款也好,九百五十万的钢材款也罢,我郑昱嘉全责承担,与严教授无任何干系。我尊重你的孝女行为,为了父亲甘愿奉献。咱俩的第一次于你严小姐是崇高的行为,而我是真心不二的对你真诚一片,我郑昱嘉此心苍天可鉴!"郑昱嘉动了真情,他明亮的眸子透着泪花,他四射的激情溢于言表。"嫁给我吧,冰冰!"郑昱嘉半跪在严冰面前,"为了你,我甘愿舍弃一切,钱财乃身外之物,唯有你,严冰小姐,你是我这辈子的唯一。"郑昱嘉忘我地褪去浴袍,无牵无挂向严冰袒露本我,从容地面对严冰,"我要将一个原本的自我对着我最心爱的人儿无私地袒露。我郑昱嘉对天发誓,这辈子就爱你冰冰一人。冰冰,咱这一次该是爱情的升华,咱没有交易,冰冰,成全我,也成全你,和有情人做快乐事,咱别问是劫是缘。"忘乎所以的郑昱嘉不顾一切地扑向严冰,他容不得严冰的反抗,使出浑身解数,完成他认定的爱情的升华。

郑昱嘉喃喃地说着绵绵情话,他有些疲劳,那条像蛇一样缠住严冰的臂膀渐渐地松开,惺忪的眼睛不由自主地合上,嘴里呢喃着:"冰冰,我爱你。"他身心极为舒坦地进入好梦。

严冰踩着郑昱嘉扔在地上的浴袍,俯身收拾起郑昱嘉扔在地毯上的撕成碎片的借条,她捧着片片纸条泪如泉涌:"爸爸……"严冰泪如泉涌,羞愧和自责让她不能自拔。她朝四仰八叉躺在床上的郑昱嘉投过去一瞥,穿衣理鬓。一切整理停当,她又将片片纸条塞入口袋,一步步走出郑昱嘉的卧室。

严冰推开客厅的大门,秋雨伴着秋风猛烈地灌入,她没有迟疑,迎着风雨跨出脚步。邹培远冷不防从黑暗中闪出。"冰冰,你……"他伸过一把雨伞为严冰遮风挡雨,邹培远的心怦怦跳动得厉害,他的鹰钩鼻子似乎在嗅严冰身上是否有郑昱嘉的气息,他鹰隼般的眼神紧盯着严冰,试图从严冰的脸部表情极力捕捉他最担心又最渴望的事情的任何蛛丝马迹。"冰冰,没什么吧?我一直不放心。"鹰钩鼻子底下的嘴唇发出低沉的声音。

严冰对邹培远还守候在郑昱嘉的别墅外面感到惊讶,她又感激邹培远对她的关怀,父亲的老同学在最关键的时候一直在保护着她,她冰凉的心获得了温暖。她不愿启齿刚才发生的一切,只报之以邹培远一个极为复杂的表情,勉强地露出笑容答道:"没什么,和郑董事长一直在聊天,谢谢邹叔叔。"

邹培远满腹狐疑,他不明白严冰的回答所包含的意思,假如郑昱嘉没有对严冰付诸出格的行为,邹培远会感到后悔,亲手导演的一场好戏最终没有收获,他自然会感到失望。邹培远也不便直接刨根问底,他有的是机会了解之前的两个多小时严冰和郑昱嘉之间所发生的一切,然后根据所发生的事情迅速调整对付郑昱嘉的策略。"我送你回家。"邹培远关切地说道。

邹培远护拥严冰走向他停车的地方,同时侧眼打量严冰,他清楚地看到严冰回眸对着郑昱嘉的别墅投去怨怼的一瞥。邹培远的心里有了谱,立刻做出自我判断:郑昱嘉这小子肯定将严冰拽上了床,该发生的一定发生了。邹培远暗暗地如释重负,我邹培远有对付你郑昱嘉的武器了。紧接着自责又涌上邹培远的心头,他对严冰和严于信感到愧疚。邹培远不由自主地跟着严冰的视线回头,黑暗中他看见郑昱嘉站在别墅的门口,披着一件浴袍,双手交叉抱住胸口一动不动,风雨中他的目光和邹培远的目光交织成一条水平线。

邹培远扶着严冰跨进小车,关上后车门后,头也不回地钻进驾驶座,发动机刚启动,他又熄火,跳下车冒着风雨冲向郑昱嘉。邹培远站在郑昱嘉的面前,拱手冷笑道:"董事长,后会有期。"

郑昱嘉没有回答,目送着邹培远再一次钻进小车,看着小车在风雨中逐渐在他的视线中消失。

郑昱嘉若有所失地回到客厅,破例给自己点燃一支香烟,然后拉开床头柜的抽屉,用右手的食指和中指夹出两张纸片,这才是严于信亲笔写的两张借条的原件:一张一千万,一张九百五十万。郑昱嘉仔细地看了一遍又一遍,才将两张借条小心地折叠放好进保险柜,一丝不易觉察的笑意在他的嘴角迅速掠过,他深深地吸一口气,随之猛吸一口烟,连连的咳嗽声后,他又长长地吁了一口气。他在回味刚才的惬意之举,对严冰的需求又冒了出来。

16

　　嘉海建设集团的第二笔一千万总算打到了岗山镇的项目部，几天后，周胜市岗山镇办事处支持项目部的第二笔一千万也划到了项目部，黎一鸣顿时精神抖擞，他在筹划如何有效地将这笔资金最大化地使用，以保证他的利益。九百五十万的钢材款是必须偿还的，短缺一分钱都不行，黎一鸣极不情愿就这么拱手将九百五十万的资金一揽子归还给钢材商朱红根，他要想办法截留一部分。黎一鸣苦苦思索着对付朱红根的办法，没有自己的斗智斗勇，就不可能有二千万的工程款划到项目部，他朱红根也休想有一个钢镚儿到手。决不能让这小子这么痛快地占到便宜。黎一鸣咬牙切齿，也不掂量掂量我黎一鸣是干什么的。黎一鸣细长的眼睛紧盯着屋檐下呢喃的燕子，燕儿们忙碌了一天，在暮霭四合之际，将钻入巢穴，进入甜蜜的梦境。还有一个月不到的时间，这些小燕子就将远赴南方过冬，它们整天都忙碌着四处觅食，蓄养精力，以对付长途跋涉的付出。连家燕都知道只有付出才能有享受，你朱红根揪扯着合同对范于波、严于信要耍无赖，就轻而易举地将钢材款一分不欠地如数捧走，黎一鸣越想越不甘心。他一遍遍地钻研范于波与红根钢材贸易有限公司签订的合同，苦苦思索制服朱红根的对策。黎一鸣的目光停留在一条违约问责条款上，他的双手食指在脸颊两边高耸的颧骨上轻轻地揉动，咀嚼这一条款的含义：

　　　　乙方所采购、进场的钢材必须经现场监理进行检验，监理检验合格后进行取样送检测机构进行检测，当检测结果出现不符合标准的情况，甲方有权要求乙方将该批钢材作退场处理，并保留提出赔偿的要求。如出现未经检测擅自使用的情况，甲方有权要求乙方承担一切后果并向乙方提出赔偿。

　　黎一鸣的眉梢跳动，细长的眼睛里闪烁着兴奋的光泽，他想出一个以黑吃黑的法子。他要从朱红根的九百五十万钢材款中榨出三百万才善罢甘休。黎一鸣在心里反复盘算,演绎一番拟就的腹稿,直到自认为万无一失之后,准备开始出手了。他要设一个圈套,证明朱红根所采购的提供给乙方的钢材是未经检测擅自使用的,逼迫朱红根乖乖地吐出三百万甚至四百万乃至全部。

自鸣得意的黎一鸣轻松地哼着《沂蒙山小调》,内心充满着一片丰盈,对金钱的欲望从未如此的强烈,他看到了后面的滚滚财源。黎一鸣一个电话招朱红根和他见面:"朱老板,业主给你的钢材款已经到账,咱们哥俩见个面,核对合同后,一周之内就将这笔款打到你的账上。"

朱红根大喜,在电话里连连感谢黎一鸣:"鸣哥,你好样的,晚上我请你喝酒,我另外再私下给你十万元。"

黎一鸣笑了笑:"见面再说吧,该是你的,一分也不会少。"

朱红根乐不可支地赶到项目部,进门就大加赞扬黎一鸣的为人大度:"鸣哥,都说你仗义,我朱红根总算是开了眼界,往后鸣哥用得着我老朱的地方你一句话我就上。"

黎一鸣背靠椅子,二郎腿慢悠悠地晃动,他努努嘴示意朱红根坐在他的旁边,又摆手推掉朱红根递上来的香烟,不紧不慢地开腔:"你朱老板也不容易,合同签订就代表法律,怎么能少你半分钱?钱一分不少,该给的是一定要给的,我说话算话。"

朱红根只差给黎一鸣叩拜,一迭声地感谢。"鸣哥不愧是这个,"朱红根翘起大拇指,"我服了,今晚我做东请客,鸣哥一定要赏光。"

"免了吧,我很忙,只要朱老板往后不记恨我黎一鸣就行,买卖不在人情还在嘛。"黎一鸣依旧慢条斯理,"当然我们还是要走正常的程序,这钢材是建筑上最重要的材料,我们把所有的手续备齐,交给嘉海集团过目认可后才能如数支付,你说是不是这个理,朱老板?"

朱红根忙不迭地点头:"是,是,鸣哥。"朱红根刚说完,自己也觉得有些不解,他不清楚黎一鸣还需要准备什么手续,他望着黎一鸣挠挠头皮不好意思地问道:"鸣哥,还要我做些什么?"

"哦,对你朱老板来说是无关紧要的事情,可嘉海集团为保险起见非要我这么做,"黎一鸣装出一副无奈的样子,"嘉海的合约部经理来电话说,在支付这笔钢材款之前,红根钢材贸易有限公司必须将这批钢材的进场钢材合格证、厂方的出厂检测报告和工业产品生产许可证等原件都如实提供,证明您所提供的钢材质量合格之后才能支付这笔款子。"

朱红根眨巴着眼睛,丈二和尚摸不着头脑:"鸣哥,工地上差不多都用了,监理也全都认可的,我们有现场检测报告。不信,现场的仓库里还剩下那么一些,你们可以再次检测。"

"谁知道嘉海集团的什么破规矩,合约部的经理说了,他们东海市所有的建设单位都是这个流程。"黎一鸣也是一副无辜的模样,"朱老板,你说烦不烦?我是他们项目部的管理人员,没办法,只得服从。"

朱红根听黎一鸣说得在理,答道:"让鸣哥为难了,我会感谢你的,我这就去。"朱红根拔脚就走:"鸣哥,我马上就过来,今晚咱好好地乐一乐。"

黎一鸣笑眯眯地朝朱红根挥手:"我就不送了,你快去快回。待会儿我有事情,你就直接交给程子根经理吧。"

朱红根一走,黎一鸣马上将自己的贴身跟班张永杰唤来,如是这般地吩咐一番,张永杰心领神会。黎一鸣从保险柜取出十万元递给张永杰:"你告诉海哥,这是第一笔定金,事成之后再支付四十万,他只要出面将岗山镇项目的现场监理给搞定就成。"

郑永杰得令后跨出项目部办公室,黎一鸣又将程子根招到身边:"你现在马上去找一些不合格的钢筋,型号必须和红根钢材贸易有限公司提供给咱项目部的相同。找来后送一部分给现场的监理,咱自己留一部分放着。"

程子根的扁脸显出一副茫然的神色,不住地盘问:"老弟,你搞的是哪一出?那朱红根白白地就要拿走九百五十万,你说心疼不心疼?"

黎一鸣笑了笑:"你听我的就是,明天我还要派你上阵对付朱红根,别临阵逃脱,我要让这狗东西吃进去再吐出来。"

程子根眨巴着眼睛,不明就里,大刺刺地叫嚷:"你就明说了吧,老弟,藏着掖着我心里难受。"

"按我的意思去做,明天你就会明白,我包你坐收十万元。"黎一鸣拍拍程子根,用手指指太阳穴,意味深长,"大哥,咱赚钱靠的是这里,你赶快去办,明天的好戏你要出场。"

程子根还是一头雾水,不依不饶想追问个究竟,见黎一鸣不再多搭理,自知再问也是白搭。他相信黎一鸣有自己的理由,这家伙多的就是鬼点子,保不准他在使啥花招逼着朱红根朝坑子里跳。管他呢,只要有钱赚就行,程子根领命而去。

黎一鸣接下来要召见的是第一标段的包工头韩长龙,如何对付这个刺头,黎一鸣颇费一番心思,万一搞砸,他的计谋前功尽弃,还影响到他对这个项目的操纵。走这一险招黎一鸣还是踌躇不决,他既不想让韩长龙认破他的诡计,又得让韩长龙乖乖地完成他布置的意愿。黎一鸣犹犹豫豫,双手枕着后脑勺反复权衡,在寻找制服韩长龙的致命弱点,他要以此为突破口。黎一鸣苦苦思索,想得太阳穴生疼,终于想出一条妙计。

黎一鸣亲自到工地找韩长龙,他要亲力而为感动对方。韩长龙正在检查钢筋工们钢筋绑扎的质量,见黎一鸣躬身莅临现场有点不知所措。

黎一鸣装模作样地视察一番,啧啧称赞韩长龙的敬业精神,关心地询问:"这第四层的混凝土浇捣明天可以进行吗?"

韩长龙肯定地点头:"鸣哥,明天晚上就可以浇捣混凝土,资金到位,咱标段春节前全部结构封顶没有问题。"

"好,好,"黎一鸣连声称赞,"干得不错,四个标段就你韩老板负责的标段进度最正常,我不会亏待你的。跟我到项目部办公室来一趟,你的工程款咱们商议商议,我黎一鸣会重点考虑你韩老板。"

韩长龙受宠若惊,他吩咐手下的班组长盯得紧点,自己跟在黎一鸣的屁股后面下了工地。

项目部的现场办公室,黎一鸣和韩长龙促膝而坐。黎一鸣一反常态地为韩长龙泡茶敬烟,韩长龙感到有些不自在,他担心黎一鸣的花花肠子又冒出什么馊主意,他害怕黎一鸣会跟他说没有钱。假如黎一鸣真的开口这么说的话,那真的是要了他的命,上百号兄弟们跟着他眼巴巴地盼望着工程能干到地面三层后再拿到一些钱解决无米之炊,紧接着一口气完成到地面四层再拿到一些钱,最后在春节前到全部结构封顶,结账后还掉借款还有一些结余能回老家,他韩长龙也就能安心过个年了。黎一鸣到底安的什么心,居然破天荒地亲自上工地来请我,韩长龙的心头直打鼓。"鸣哥……"韩长龙不安地叫唤一声。

黎一鸣轻轻地"哦"了一声,回头打量韩长龙,一脸的眯眯笑,"瞧你那紧张的样子,咱俩较量起来我哪里是你韩老板的对手?你看你的身板,十个黎一鸣也干不过你,是吗?"

韩长龙不好意思地笑笑:"咱干粗活的,使得就是力气,鸣哥笑话我韩长龙了。鸣哥有吩咐,尽管说。"

"瞧你小媳妇进婆家的样子,敢情我会吃掉你?"黎一鸣细长的眼睛流露出的满是和善的微笑,"叫你来是想告诉你,地面四层完成砌墙你的工程款我一分不少,抓紧干吧,谁落后,到时候钱发完了我也变不出戏法。"

"谢谢鸣哥,谢谢。"韩长龙感激涕零,殷勤地从口袋里掏出烟给黎一鸣递上,见黎一鸣眼皮都不抬,讪讪地将烟收回,"我这烟拿不出手,工程款到手后,我再买好烟敬您鸣哥。"

"好啊,"黎一鸣爽快地答应,"都是一条船上的,同舟共济是我的为人原则,跟着我干,听我的安排,绝不会亏待你韩老板。"黎一鸣双手支撑靠背椅的扶手,抬起半个臀部,再将靠背椅往后稍稍挪动,离韩长龙稍微近一些,显得很亲热的样子:"待会儿你去找程子根经理,将你的工程量核对一遍,他签完字后我提前支付一些款让你先使用。还有,他那里有一些钢筋你也试着用用,待混凝土浇捣完毕后,你就做上记号,其他就甭管了。"

　　韩长龙努力琢磨黎一鸣的用意,他想不出所以然来,不放心地询问:"监理是要检查的,这行吗?"

　　黎一鸣沉下脸:"是监理的意思,该别问的就别问,韩老板该懂得规矩。"

　　韩长龙不敢再吱声,唯唯诺诺点头答应:"我听鸣哥的就是,我这就去。鸣哥,可以走了吗?"韩长龙陪着小心问道。

　　黎一鸣没有正眼看韩长龙,他点着头表示韩长龙可以离开。韩长龙走到门口,黎一鸣拉高声调冲韩长龙的背影放出一句话:"假如有第三个人知道的话,那就是你韩老板传出去的。"

　　韩长龙弓腰一迭声地答道:"鸣哥放心,我还要跟着鸣哥干。"

　　黎一鸣一一布置完毕,时间尚早,他起身走出办公室,一头钻进雷克萨斯坐骑,想好好地泡个澡再找个按摩的小姐放松一下自己。歇个半响,张永杰和程子根来电,黎一鸣布置的任务都已落实停当。黎一鸣至少又稳赚三百万,刨去给海哥等人的开销,二百万进账毫无悬念。黎一鸣感慨万千,喃喃自语:自古以来,赚钱靠的是脑子而不是蛮力啊!黎一鸣心情甚佳,他开着车一路吹着口哨直奔周胜市最高档的桑拿浴场。

　　黎一鸣浑身舒坦,惬意地仰躺在沙发上喝茶抽烟享受。电话陆续进来,频传捷报。最先是张永杰的禀报:海哥那边全部敲定,让黎一鸣等着好结果;紧接着程子根也来电,黎一鸣吩咐的事情他也全部办妥;韩长龙是第三个打电话给黎一鸣的,他按照黎一鸣的指示与程子根接洽后抓紧钢筋的绑扎,明天就可以混凝土浇捣;最后一个来电的是朱红根,他盛情邀请黎一鸣晚上在翡翠山庄共飨晚宴。黎一鸣略一迟疑后爽快答应,相约朱红根不见不散,朱红根在电话里是十万分地感恩黎一鸣。

　　黎一鸣长长地吁了一口气,挺舒服地伸了个懒腰,细长的眼睛里光芒灼灼,他对自己的智商绝对满意:"这朱红根倒过来花钱帮我设下一桌鸿门宴来宴请他自己,真是世间少有。"黎一鸣舒心地放声大笑。

　　朱红根做梦都没有想到他会栽这么个大跟头,他蔫了,欲哭无泪。几天前,他和黎一鸣在翡翠山庄把盏尽欢,黎一鸣满口答应他的钢材款一分不少,他也承诺为了感谢黎一鸣的仗义之举会提取十万表示感谢。黎一鸣侠义之士一个,声称朱红根赚点钱也不容易,不容置喙地回绝一分钱都不要。朱红根感激涕零,庆幸遇到这么个项目经理,指天盟誓这辈子无怨无悔地跟着黎一鸣。

谁料仅仅过了三天,情势急转直下,朱红根居然背上了莫须有的黑锅,有人举报他提供的钢材有部分是伪劣产品。气急败坏的朱红根找到黎一鸣,希望黎一鸣能出面帮他澄清事实。

黎一鸣非常惊讶:"竟有此事?你们不是有出厂合格证?"

朱红根愤愤不平:"举报信说我供应的这批钢材掺杂了部分伪劣产品。"

"监理不是亲自在现场检测并取样送检测机构进行检测的吗?你去找监理证明你的无辜不就可以了?"黎一鸣很为朱红根抱屈。

朱红根拍着大腿叫道:"鸣哥,监理也死不认账,说前天钢筋绑扎的时候就发现钢筋质量有问题,并下发了停工通知单,可是一标段的包工头韩老板已经让混凝土供应商浇捣完毕。我去找韩老板,韩老板竟说他也是在混凝土浇捣完毕之后才看到监理的停工通知单。"朱红根气得眼泪都冒了出来,叫道:"鸣哥,分明有人给我小鞋穿,你得帮我做主。"

"既然有人举报你朱老板,人正不怕影子歪,你也用不着担心,前天韩长龙负责的一标段混凝土浇捣刚刚完毕,让他们现场凿开一根随机抽样检查不就能证明你朱老板的清白,你去把韩长龙给我叫来。"黎一鸣劝朱红根别着急,让事实来说话。

不一会儿,韩长龙跟随朱红根来到黎一鸣的现场办公室,黎一鸣郑重其事:"不能让朱老板背黑锅,马上随机抽样检测,抽样前先进行柱的结构加固,质量是头等大事,马虎不得,当然更为了还朱老板一个清白。"黎一鸣又安慰朱红根:"放心吧,真的假不了,结果出来后我就和你结账,一分都不会少你的。"

黎一鸣指挥完毕,又将程子根召唤到办公室:"大哥,下面该你出场了。"他对程子根咬了很长一段时间的耳朵,听得程子根不住地翘起大拇指连连夸奖黎一鸣不愧是神机妙算的智多星。

朱红根彻底地傻眼,随机抽样的钢筋质量确实有问题,他所提供的二级螺纹钢按规定直径不小于十二毫米,随机抽样检测的钢筋却只有十毫米。程子根也在现场,他当场让现场的仓库保管员将封存的样品钢筋拿来一比对,确实只有十毫米。程子根开始发飙,破口大骂黑心的朱红根:"给你脸不要脸,你还跟着蹬鼻子上脸,你还想要材料款?我操你的娘!"

监理也在现场,他黑着脸怒视乱了阵脚的朱红根:"我早就警告过你朱老板,别给我掺伪劣钢材混进工地,你还是胆大包天,百年大计的工程质量竟敢视同儿戏,就等着吃官司吧!"

朱红根急白了脸,张口结舌:"刘监理,说话要凭良心,你啥时候和我说过,我是被冤枉的,我被小人坑了,我要找业主讨个理。"朱红根捶胸顿足又哭又叫,他四下里张望着寻找救星,发现业主小孔正在现场,他像捞到了救命稻草,一下子扑上前拽住小孔的手求救:"孔副指挥,你得主持正道,我是被冤枉的,我得罪了哪个小人,他要置我于死地啊!"

小孔厌恶地将朱红根往旁边一推:"人证物证都在,你还想抵赖?早就看出你是个奸商,等着法律制裁你吧。"小孔铁青着脸宣布:"业主建议暂缓红根钢材贸易有限公司的材料款支付,交相关责任机关介入查清事实后再做决定。"

韩长龙冷不防也跳出来,指着朱红根向众人揭发:"我也证明,朱老板私下里还想行贿我们,这批钢材我是看着他运送到工地的。"

朱红根就像一个泄气的皮球瘫软在地上,他是跳到黄河也洗不清了。万般无奈之下他想到了黎一鸣,他的希望全部都寄托在黎一鸣的身上:"我去找鸣哥,我要找鸣哥。"朱红根爬起来,屁股后面满是尘土,他也来不及拍一下就直奔现场的办公室。

黎一鸣在办公室,还有其他几位,其中有两位穿着公安的制服,另外两位朱红根有些面熟。黎一鸣见朱红根推门而入,满脸挂着泪珠,有些吃惊,他主动起身相迎。"朱老板,事情咋搞得这般复杂?我先介绍一下,这位就是红根钢材贸易有限公司的总经理朱红根,"黎一鸣又接着向朱红根介绍,"这两位是周胜市公安局经济侦查科的,这两位是周胜市建设局的,有人举报你朱老板在岗山镇新农村的建设项目上提供伪劣钢材,假如真有其事政治影响太大了,谁都无法扛过去。根据我对朱老板的了解,这该是一场误会吧?我们最关心的是现场的抽样检测结果如何?"

未及朱红根张口辩解,程子根兴冲冲地闯进办公室,他想报告好消息给黎一鸣乐一乐,一见满屋子的人让愣头青也知趣地将送到喉咙口的话缩了回去。黎一鸣装作啥都不知情,拉开细长的眼睛,满脸是迫切的神情。他一改素日慢条斯理的语速,一跃从椅子上站起来急切切地发问:"程经理,朱老板提供的钢材现场检测没有问题吧?"程子根考虑问题从来就脑子不转弯,他吃不准黎一鸣问此话为何意,抓着头皮不知道如何回答,黎一鸣又不给他任何暗示。"那就好,没有问题的话,我们都心定了,咱朱老板下午就可以结账,我悬在心头的一块大石头总算可以落地了。"黎一鸣根本不给程子根说话的机会。"原来是一场虚惊。"黎一鸣朝在座的四位拱手,"耽误领导们的宝贵时间,真抱歉,我就琢磨着咱岗山镇的新农村建设项目谁敢胡来?"

程子根冷不防跳将出来,"谁说的？事情大了去了,这钢筋直径该十二毫米的变成十毫米,朱老板,你说咋办？"程子根恶狠狠地冲朱红根咬牙切齿。

"啊！"黎一鸣细长的眼睛瞪得好大,他跌坐在靠背椅子上,"怎么会有这种事情？"黎一鸣一脸痛楚的表情,他双手抱头不停地摇晃,喃喃地自言自语:"不应该啊,不应该。"

整个办公室灌满沉默,凝滞的空气让人窒息。朱红根冲到黎一鸣的身边半跪在地抱住黎一鸣的大腿号啕:"鸣哥,我冤枉,我冤枉啊！您可得替我做主,我什么都听您的,鸣哥,鸣哥啊！"朱红根趴在地上朝黎一鸣磕头。

"想不到啊,我想不到！"黎一鸣仰天长叹。他的双手枕在后脑,呆呆地凝视着天花板重复"想不到"这三个字,他瘦削的脸颊布满愁容,细长的眼睛里也有眼泪沁出,"我黎一鸣身为项目部的负责人,想不到百密还是有一疏,我有不可推卸的责任,不能全怪朱老板,整个项目部的管理人员都有责任,我黎一鸣首当其冲。"黎一鸣陷入深深的自责。

公安局和建设局的人员先后询问,问黎一鸣下一步该怎么走？公安介入调查？建设局发整改停工令？

黎一鸣摆摆手,要求有几分钟的时间思考。他整个人趴在办公桌上久久没有抬头,他内心的痛楚众人都看得清清楚楚。

朱红根自恃黎一鸣是最了解他的,看到黎一鸣也无端地陷入痛苦之中,他特别感动,宁可不要这笔钢材款也不能让鸣哥跟着添累,朱红根甚至萌生出这个念头。"鸣哥,"朱红根一声哀叫,"只有你鸣哥能做主,鸣哥,我朱红根一切都听您的。可是鸣哥,我,我实在是冤枉啊！"

黎一鸣很久很久才抬起头,他的眼神有些迷茫,似乎不知道自己该怎么办,他环视四周,看到众人都在等着他的一锤定音,终于咬着牙道出想法:"当前最重要的任务是确保工程的质量,'百年大计,质量第一',何况这岗山镇的项目不仅是周胜还是整个山宁省的标志性项目,咱山宁省第一个新农村的建设项目出现质量问题是要成为千古罪人的。不赚钱无所谓,不能背上让后人痛骂的罪名。程经理,你和监理沟通一下,马上统计这批钢材的数量共有多少？是不是仅仅一标段有质量问题,所有的横梁、楼板、立柱都要进行超声波的检测,一有问题就马上采取加固措施。"

程子根对黎一鸣佩服得五体投地,得令而去。黎一鸣就像一位在战场指挥作战的将领,吩咐完程子根后又对公安局和建设局的几位领导表示歉意:"几位领导,我在想是否我们自己先进行整改,工程的质量和进度是头等大事,刻不容缓。至于红根钢材贸易有限公司所提供的这批钢材出现的质量问题其根源究竟在哪里,我想我们项目部和监理、业主共同研讨后再给予一个明确的回复,有了初步的依据,请领导们再按照法律公事公办,不知我的想法领导们是否能接受?"

大家都同意黎一鸣的建议,几位来者也是根据相关领导的授意出出场而已,他们临来岗山镇项目部之前都得到指示,一切都根据现场的黎一鸣经理所提的要求而定。在他们看来,黎一鸣所提的建议并无不妥之处,也就无可厚非,纷纷打道回府。

送完四位公职人员,项目部的现场办公室仅剩黎一鸣和朱红根。朱红根憋着的泪水哗哗而下,他受不了这口冤枉气,盼着黎一鸣能为他主持正义:"鸣哥,你可得为我做主,我确确实实是被冤枉的呀!鸣哥,我只能求你帮我,我朱红根这辈子做牛做马都听你鸣哥的。"

"你呀,"黎一鸣摇摇头,颇有点哀其不幸怒其不争。他扳着朱红根的肩膀,让他在自己的身旁坐下,好言规劝,"别的先不谈,兄弟,你没看到自己是大难临头,躲过这一劫比赚钱更重要。进了局子再放出来,真的是跳进黄河也洗不清了,你应该明白,这辈子赚钱的机会多了去,留得青山在,不怕没柴烧,兄弟,是不是这个理?"

推心置腹的规劝说得朱红根连连点头:"鸣哥,我听你的,这辈子鸣哥就是我的恩人。"

"先回家歇息歇息,谁让咱凑到了一块,我黎一鸣不会见死不救,"黎一鸣满脸的真诚让朱红根越发感激涕零,"我得先找人让公安局和建设局别再插手,摆平他们,其他事咱关起门来都好商量。兄弟,听我一句劝,在这个社会上混,该先做人后做事,你说是不是这个理?回去吧,我也累了。"黎一鸣无须和朱红根再费口舌,他已将朱红根整饬得变成一只死老虎,并从虎口里硬生生地给掏出几百万真金白银几成铁定事实。黎一鸣是赢家,朱红根却还对黎一鸣感恩戴德。

一场黎一鸣在幕后策划的风波终告结束,朱红根的钢材款黎一鸣让程子根仅仅支付五百万后宣告结束,朱红根签订完城下之盟,就此在岗山镇的工地消失。有人说他离开周胜到他乡谋生,他和这个伤心之地永别。也有人说他们在周胜看到过朱红根,还在向他们打听岗山镇项目的情况,还在暗中跟踪项目的进展。传说种种,版本很多,也传到了黎一鸣的耳朵里。黎一鸣听后,表面上是一笑了之,私下里却派人打听朱红根的行踪。

黎一鸣截留了红根钢材贸易有限公司四百五十万,他总计支出七十万给了道上的海哥,给了程子根十五万,贴身跟班张永杰奖赏了五万,韩长龙也给了五万,财务部的出纳和会计每人二万,念着范于波和焦保业的熊样,黎一鸣也萌生一丝可怜,分别给他俩每人五千元犒劳,他自己独吞三百五十万元。黎一鸣想用这笔不义之财再钱生钱,他准备高息借贷给现场的各工班组。

黎一鸣接下来要做的事情是如何对付四个标段的包工头们,他们正等待着他的发饷。嘉海集团支持的一千万工程款,其中六百八十万用于采购建筑材料,此外,原则上是每个工班组各八十万,黎一鸣绝不会轻易地将这三百二十万白白地发给各工班组,这些工班组都不是省油的灯,也等待着他去修理。

黎一鸣的对付方案是先和韩长龙交锋,鉴于韩长龙在四个工班组中最具号召力,在对付朱红根的过程中也出了汗马功劳,黎一鸣打算一分不少如数支付八十万,其他三个工班组,按黎一鸣的算盘最多各支付四十万,如果包工头抱怨不够,就用二分五的利息再出借给每个工班组四十万。至于等着采购的材料:混凝土、模板和红砖等,黎一鸣也有打算,他让自己的兄弟出任材料采购部的经理,全权掌控材料采购的大权,基本前提是每一宗的材料采购都和供应商洽谈妥当,让利百分之十,发票按实开具,六百万的现金至少可以采购到二千万材料,百分之十的佣金就能稳赚二百万。程子根是无法绕开的,那就和他挑明,其余的材料诸如沙石的采购则由程子根负责,百分之十的佣金归程子根所有,程子根凭本事多赚是他的事情,前提是和市场价大差不差,否则业主方面的财务审计无法通过。黎一鸣的这道底线还是非常清楚的,用他的理论来解释,叫作君子爱财取之有道。

黎一鸣向程子根和盘托出自己的计划,程子根不敢说不同意,他深知自己不是黎一鸣的对手,心态却开始隐隐失衡,他和黎一鸣之间埋下不可避免的矛盾。大面上都急于要完成工程的进度,还需要联袂对付其他的材料供应商和四个标段的包工头,两个人还需携手。黎一鸣自认为很对得住他的这个要模样没模样、要本事没本事的合作伙伴,草包一个只是便于自己驾驭,凭他的一副怂样,不可能轻而易举地就获得十五万的真金白银,给他点甜头尝尝是因有些场面需要程子根冲冲杀杀。

程子根的想法恰恰与黎一鸣背道而驰,他天真地认为既然是合作伙伴,利益和风险就应该共同承担,共同享受,更何况是他程子根将黎一鸣引进这个平台,黎一鸣至少对他更应该是厚爱有加,利益均衡说不过去,黎一鸣四六开分成才够得上仗义,他空手套白狼,轻轻巧巧地赚上三百五十万,我程子根如同打发叫花子一般只给了十五万。程子根越想越气,大饼脸上的塌鼻子呼哧呼哧直喘粗气,板寸头露出铁青的头皮,阳光下闪亮得瘆人,那两颗贼溜溜的眼珠子盯着黎一鸣一声不吭。他不敢说任何反驳的话语,知道胳膊拧不过大腿,只得暂时忍气吞声。

按照黎一鸣与程子根商定的计划,程子根得先出面对付四个标段的包工头,如果遇到难缠的主,黎一鸣才会亲自出面教训对方,他会让海哥再弄点颜色给对方看看。

第二天一大早,程子根先将韩长龙召唤到项目部办公室,在黎一鸣面前程子根不敢拿架子,面对下面的包工头们,程子根忘不了做老板的腔调。他先由着韩长龙点头哈腰地替他敬烟泡茶,并左一口程总右一口程总地呼唤,直到感觉浑身舒坦过足了瘾之后,才抬起他的大饼脸朝韩长龙发话:"你韩老板也应该明白,范于波和焦保业给你们签订的合同都是空头支票一张,没办法兑现。是我把一鸣老弟给拉进来,是我和一鸣老弟通过关系让嘉海集团和岗山镇的业主掏的钱。"程子根俨然在教训韩长龙。

韩长龙弄不明白个究竟,只一个劲地附和着程子根说:"程总说的没错,是这么个理,谢谢程总。"韩长龙挺乖巧,他只说谢谢程子根。

程子根又唠唠叨叨地在韩长龙面前摆谱,表明自己在岗山镇的项目上是如何运筹帷幄,挽回不可收拾的局面,一个劲地往自己的脸上贴金,韩长龙也趁机谄媚程子根:"我们都知道程总在这个项目上是立了大功,今晚我们四个标段的负责人都约好了要请您赏光,我们都要敬您,程总一定要给面子。"

程子根被韩长龙吹捧得心头大悦,他竟然称呼黎一鸣为老弟:"我也是看中你为人机灵,关键时刻也挺仗义,就让一鸣老弟格外看待你一些,你也感觉得到我和一鸣老弟对你是不薄的。这不,和一鸣老弟商量后,第一个把你给找来,先付一部分民工工资给你。"

只要有钱,让韩长龙唤程子根爹都心甘情愿。他岂能不明白,岗山镇的项目唯有黎一鸣能左右一切,程子根也得罪不得。瞧今儿个程子根喋喋不休地唠叨个没停,韩长龙暗忖,这程子根想必对黎一鸣心存不满。他心头窃喜,夹缝中求生存得察言观色才行,程子根算不了什么货色,跟着黎一鸣才不会吃亏。这程子根也许还会吐出对黎一鸣不满的话来,我挑唆他程子根几句,引得他加深对黎一鸣的怨恨才是。韩长龙主意打定,他不动声色地讨好着程子根:"程总,谁不知道是您引荐黎经理到这个项目,论理您该是黎经理的恩人才是,我想黎经理会知恩图报。按照规矩,这项目的利润黎经理肯定会考虑和您一人一半的,程总,您放心,黎经理是个好人。"

韩长龙的话击中了程子根的软肋,黎一鸣轻松地从朱红根那里掠走三百五十万,我程子根就算是个要饭的,用十五万打发也太不够意思,没有我程子根介绍你黎一鸣到岗山镇的项目淘金,你哪里有天上掉馅饼的好事?程子根想到这里,不由得怒火中烧,一拍桌子,悻悻地骂道:"好个屁!"

韩长龙偷偷地打量程子根,不再多言,只是静静地目睹程子根尽情地发泄着心中的不满。察言观色的同时,韩长龙不失时机地替程子根倒茶敬烟,就像一个贴身的仆人,侍候得程子根舒舒服服,连程子根都觉得韩长龙殷勤得有些过分,不耐烦地摆摆手,让韩长龙往边上站。

程子根的心态回归平静,他拉开抽屉,取出黎一鸣准备好的分包合同递给韩长龙:"这是重新拟定的分包合同,拿去看看,原先你们和范于波、焦保业签订的分包合同全部作废,你们的人工价格太高了。"

韩长龙的心"咯噔"一下,感觉上有些不妙。他瞟了程子根一眼,不安地接过程子根递给他的分包合同,打开一看不由得傻了眼,新的分包合同明明白白地写明人工的价格比原先的每一工要低十元,他决不能签订这个合同。他不由得提高了声音,愤然说道:"程总,这个分包合同明摆着让我们分包商喝西北风去,我们辛辛苦苦地为这个项目卖命,图的就是这么点人工费,每一工下降十元,我们岂不亏了去?"

程子根拉长脸反击:"你甭来问我,签不签由你,我也不会逼着你签。每工下降十元,你们的人工工资每一工还要比周胜的其他工地高出五元,一鸣老弟早就做了调查,这是他让我给你们看的。"程子根又从抽屉里取出一叠资料:"你看看吧,整个周胜市二十几个工地的人工工资都在上面,一鸣老弟都做了调查。我们岗山镇项目的人工工资最高,高得离谱。"程子根不由得来了气,冲着韩长龙唾沫星子四溅直嚷嚷,直到韩长龙看着黎一鸣调查的周胜市二十几个在建工程民工工资一览表后像泄了气的皮球不吱一声,程子根才住了口,他不得不佩服黎一鸣的精明老到。

轮到韩长龙向程子根哀求:"程总,我们的人工工资比其他工地高一些是有原因的,范于波和焦保业要求我们垫资到出地面二层,还让我们预付了二百万保证金,他和我们签订的分包合同人工工资每一工才高了些。不信,我马上把范于波和焦保业叫来。"

程子根虎着脸回答:"用不着,现在是我和黎一鸣负责。你如果听话,乖乖地签了这个合同,我们私下里将合同上的亏损补给你。不签,对不起,你可以走人。"程子根将黎一鸣传授给他的招数全部用上,"我和一鸣老弟商量过了,你的这个标段我们支付八十万给你,其他的三个标段一律是四十万,多一分都没有。这分包合同签不签随你,签了之后你泄露了秘密,其他三个标段知道你韩老板拿了八十万,那我就不用说了,你该明白我和黎经理不是吃素的。"

韩长龙哪里是黎一鸣的对手,他和黎一鸣明着较劲还不是拿着鸡蛋往石头上碰?可韩长龙怎么也咽不下这口气,他咬着牙在思索着对策。签还是不签?带头不签这份分包合同,其他三个标段绝对会跟着自己拒绝签约,黎一鸣反过来会修理自己,绝不能明枪明火地对着干,得想其他的法子制约一下黎一鸣和程子根。这个工地他们再一手遮天,所有的分包商和包工头都要喝西北风去了。先保证自己有八十万进账,再卖个顺水人情给黎一鸣和程子根,重新签订合同也就签吧,明的干不过他们那就来暗的。韩长龙思考一番后,在黎一鸣重新拟定的合同上签上自己的大名。"程总,你们怎么说我就怎么做,这合同我签了。"韩长龙说得非常漂亮。

程子根看了看合同,点点头,从抽屉里取出一张银行卡在手里扬了扬又放回抽屉:"这里面是四十万。黎经理有话在先,各标段的包工头必须将自己手下干活的民工工资表造好送到项目部,每个标段工资总额的底线是四十万。下午先让你这个标段的所有民工按工资表上的数字到项目部来一个个签名并领取工资,这次工资的发放我们必须监管。民工的工资全部发完后,你再来拿这张卡里的另外四十万。我实话告诉你,其他标段的老板都是四十万,他们要多拿四十万也可以,黎经理是要收取二分五利息的,你的就免了。"

韩长龙着实领教黎一鸣的厉害,拿着该发给各工班的血汗钱倒过来放高利贷,吃人连骨头都不吐。他咬着牙说道:"成,一切听你们的。我工资单造好后给你送过来,再让手下的员工上项目部领钱。"韩长龙心知肚明,干岗山镇的活必须乖乖地跟着黎一鸣走,稍有不从,自己就会落得和朱红根一样的下场。他也想得明白,黎一鸣亏待不了他,在朱红根的事件上,他好歹也是有功之臣,所以另外的四十万就免去了所谓的高利息,韩长龙着实领教黎一鸣的心狠手辣。

程子根按照黎一鸣的布置轻易地将韩长龙的标段给解决了,他紧接着要对付其他三个标段的包工头,问题的复杂性马上凸显,三个标段的包工头没有一个肯签重新拟定的分包合同,他们将程子根团团围住讨个说法。程子根将黎一鸣调查的周胜市其他二十几个工地的民工工资一览表给他们过目,还是没有一个愿意妥协,三标段的包工头甚至扬言要到嘉海集团和岗山镇的业主那里重新讨个说法,二标段和四标段的包工头都一致赞成。他们抱成一团,拍拍屁股说走就走,说要召集手下的民工先到岗山镇办事处讨个理。

三人吵吵嚷嚷地走出工地的大门,却发现黎一鸣铁青着脸双手叉腰正恭候着他们。黎一鸣的身后站着好几十个五大三粗的汉子,个个都是黑衣黑裤,虎视眈眈。三个标段的包工头见到这个架势顿时慌了神,脚底生根似的想溜却抬不起脚。其中三标段的包工头胆子稍微大一些,硬着头皮叫了一声:"鸣哥。"

黎一鸣细长的眼睛微微抬起眼皮,嘴角拉出的笑容一看就是皮笑肉不笑,喉咙里发出的声音凛然不可侵犯:"到周胜市的岗山镇还是到东海市的嘉海集团?我黎一鸣甘愿奉陪。我把话撂在这里:我假如后退半步,枉为我在周胜这个地盘稳坐十几年了。不买账是不是？程子根经理让你们新签的合同每一工少了十元是不是？"黎一鸣声音不高，却声声显示出很强硬的底气。他用手指一路指着三个标段的包工头："告诉你们，整个周胜市的行情我全部都打听过，减去你们十元一工，你们还比其他工地多出五元。存在的必须是合理的，不合理的绝不容许继续存在。"黎一鸣佯装环顾人群寻找韩长龙，眼光逡巡一圈后，侧身问赶来的程子根："韩长龙咋不见他人影，四个标段要闹该是他这个标段闹得最凶，每次闹事不都是他韩长龙打头阵的？"

程子根拍着大腿气势汹汹："闹也是白闹，他知道你一鸣老弟把整个周胜市所有建筑工地的人工价格摸了个遍，认了，瞧他签的合同。"程子根扬扬手中捏着的合同："项目部下午就给他们的标段发钱。"

黎一鸣"唔"了一声，他稍稍翻阅与韩长龙重新签订的合同，赞赏道："识时务者为俊杰，既然韩长龙能够识大体顾大局，下午民工的部分工资发完后，他的资金周转还不够，我这里借给他。你们……"黎一鸣朝身后站着的一帮海哥派遣来的道上人员说道，"兄弟们，这里我交给你们了，一切都由我黎一鸣顶着。愿意重新签订合同到项目部找程子根经理，不愿意的，有劳你们这些兄弟们和他们谈判。"黎一鸣走向承包第二标段的包工头丁伟成，他伸出手掌"噼噼啪啪"热辣辣地向丁伟成掴了两个巴掌，细长的眼睛射出凶狠的目光，咬牙切齿地道："丁老板，想和我叫板的人在周胜还没有找到呢？滚出岗山镇的工地，一分钱都没有。滚！马上就滚！"黎一鸣歇斯底里地拉响嗓门。

黎一鸣身后蹿出两个黑衣汉子，上前架起丁伟成就往旁边的一辆面包车里塞，丁伟成吓得瑟瑟发抖，咧开嘴巴杀猪般号叫："鸣哥，我不敢，我愿意跟着鸣哥干。鸣哥！鸣哥……"

黎一鸣瘦削的脸毫无血色，嘴角紧抿，怒视其他两个标段的包工头，咄咄的眼光逼得第三和第四标段的两个包工头直往人群里退缩。黎一鸣这才朝程子根使了个眼色，程子根心领神会，拉开面包车的门，将丁伟成连拖带拉地拽下车，推搡到黎一鸣的面前。丁伟成连连求饶："鸣哥，我这就去签，我马上和程子根大哥重新签订合同。"

黎一鸣一声冷笑，回敬道："这要看咱程子根大哥愿意还是不愿意。"他朝自己的贴身跟班张永杰一挥手，"敬酒不吃吃罚酒，又何必呢？整个周胜市的建筑工地现在市场价的人工工资最高的是每工一百元，最低的是每工九十元，我黎一鸣现在给你们每一工是一百零五元，你们摸着良心想一想，哪里亏了你们？你们会说交给了范于波和焦保业保证金，自己垫资到出地面二层，才会有这个人工价格。没错，那你们去找范于波和焦保业说理去，去问他俩要钱去。他俩还在工地,甭来找我和程子根大哥,你们看着办吧。"黎一鸣一头钻进张永杰开来的雷克萨斯小车,扬长而去。

仅仅过了两个小时,黎一鸣在茶室接到程子根的电话,禀报所有的标段都重新签订了分包合同。黎一鸣长吁了一口气,设计的惊天大逆转完全成功,他朝对面坐着的海哥笑笑拱手道:"大哥,小弟先拜谢了。"

海哥也笑笑:"拿人钱财,替人消灾,是我们这行的规矩,你也不例外。"

"自然,自然。"黎一鸣连声说道,"大哥,小弟该在精神上好好犒劳咱大哥,请吧。"黎一鸣扭动着腰肢说道,"这岗山镇的项目还有好多事等着去办呢,蜀中无大将,我廖化只得充先锋了。"

海哥说话快刀斩乱麻:"有这嘉海集团和岗山镇两尊财神菩萨,千载难逢的机会让你给逮住了,兄弟你是好运自然来。"他和黎一鸣一前一后走出茶室,黎一鸣的坐骑就在茶室门口,张永杰早就在黎一鸣的雷克萨斯驾座上等候。

几个小时之后,韩长龙在一个卖书报的小摊点买了一张新的手机卡号,他用这个陌生的电话号码给朱红根发送了一条短信:"朱老板,你在岗山镇的项目上被人坑了,想知道详细情况吗?我先告诉你一半。假如还想知道得更多,我的情报是有偿的。"

朱红根很快就回了短信:我愿意和兄弟你做这笔生意,你约定见面的地方吧,我在周胜。

韩长龙的回复是:暂时先不见面,按约定我先告诉你一半情况。

朱红根又收到韩长龙发来的一条长长的短信,让他傻了眼,一遍遍地阅读,如梦初醒,原来黎一鸣才是耍猴人,朱红根勃然大怒:"此仇必报!"

17

　　岗山镇的项目历经风波总算是安然无恙地有序进行,嘉海集团支持了一千万资金后,郑昱嘉又亲自委派财务人员驻扎施工现场,同时又派驻两名专业的施工管理人员指导现场的施工,每周都有现场的施工进度表传真至嘉海集团,岗山镇的新农村建设项目步入一段正常施工的周期,郑昱嘉绷紧的弦稍稍得以放松。

　　冬天的脚步越来越近,按照施工进度的节点,春节前的两个月要做到主体建筑的全部结构出地面四层。一晃到了十二月初,地面四层的施工进度如期完成,个别的楼栋已经开始地面五层的混凝土浇捣阶段。郑昱嘉掰着手指头计算,这地面四层全部完成之后,业主又该有一千万的工程款到账。还剩余一个多月的施工时间,完成地面五层的主体结构全线封顶时间上绝对没有问题。有了业主这一千万的资金注入到项目部,时间上和资金上保证主体结构全线封顶没有丝毫问题。春节放假前,项目的主体结构全线封顶,业主至少有合同价格的百分之三十五资金到位,包括现场的变更签证等,总计有八千万的资金入账。扣除嘉海支持的二千万,加上业主先前预付的三千万资金,刨去税收和嘉海二千万借款的近半年利息,项目部至少还有近三千万,发放民工工资和材料商的部分材料款足矣,这个年可以过得太平了。看来岗山镇的项目无风险之虞,郑昱嘉舒心畅气地推开办公室的落地长窗,眼睛眯缝着朝远方眺望,那里是周胜市的方向,也是东海音乐学院的方向。郑昱嘉思恋着严冰,他有滋有味地回忆着与严冰在他的别墅里那夺人魂魄的美妙时刻,思念严冰的欲望越来越强烈,郑昱嘉眺望凝视远方,望穿秋水。

　　过了一会,郑昱嘉怏怏地坐回到办公桌前,随手取过搁在书桌上的那本仓央嘉措诗选,信手翻阅:

　　黄昏去会情人,

> 黎明大雪飞扬。
> 莫说瞒与不瞒，
> 脚印已留雪上。

郑昱嘉默默吟诵，他的思绪已飞到了严冰的身边。

自从那天和严冰缱绻之后，郑昱嘉再也没有和严冰有过照面，打她的电话不是关机就是没人接听，发短信也杳无音讯，纵然短信的内容既暧昧又调情。严冰就这样在他郑昱嘉的眼皮底下蒸发，郑昱嘉得不到一丁点严冰的消息，思念到痛楚的时候，郑昱嘉或者是吟诵仓央嘉措的情诗聊以慰藉，或者聆听严冰赠送的那张她的专场音乐会碟片获得温馨。此生我已经深深地烙入你的心坎，为何还要苦苦地折磨我？已经灵魂和肉体天人合一，你中有我，我中有你，为何还让我忍受相思之苦？严冰，你到底要我怎样做才能彻底俘获你的芳心？郑昱嘉睁开迷茫的双眼，期盼着自己能够走出迷津，重返严冰向他敞开心扉的伊甸园。

初冬的阳光透过玻璃窗斜斜地照射进郑昱嘉的办公室，暖意洋洋的午后让郑昱嘉倦怠地伸了个懒腰。他眯缝起眼睛对着阳光痛快地打了个喷嚏，拉上窗帘后整个人歪在沙发堆里，抱着个靠垫进入他的精神之恋。郑昱嘉似乎置身在他别墅的卧室里，整个人似乎又和严冰交织在一起，恣意地支配着严冰，享受着无比的愉悦，不能自拔。

好长时间后郑昱嘉才醒过来，他翻身正襟危坐，苦苦思索如何才能让严冰重回他的怀抱。郑昱嘉想到了邹培远和严于信，解铃还需系铃人，唯有鹰钩鼻子重新出山镇服住严于信才能让严冰重归郑昱嘉。想到这里，郑昱嘉竟然盼望着岗山镇的项目能够出点纰漏，置严于信于不仁不义之地，再让鹰钩鼻子做个顺水人情，成全他和严冰的秦晋之好。

邹培远有一个多月没给郑昱嘉来过电话，这个让郑昱嘉嗤之以鼻的家伙现在又要成为郑昱嘉的香饽饽，没奈何，郑昱嘉自我解嘲：这个世界没有永远的敌人，只有永远的利益。好歹鹰钩鼻子也算得上嘉海集团的有功之臣，他打擦边球赚点钱就让他赚去吧！反正不是我郑昱嘉的盘子里捧出来的就行。郑昱嘉这么一想也就释然，他盼望着能够和邹培远见上一面。郑昱嘉发了一条短信给邹培远：培远兄敢情是人间蒸发，何故一月不见真容？

邹培远也正在办公室里午休，上网浏览了凤凰网上的新闻，又在网上玩了一会儿游戏，倦意阵阵袭来，便趴在办公桌上打盹。一闭上眼睛，邹培远就自然而然地想到了郑昱嘉，他回味着两个人有一段时间难分难舍的厮守，他和郑昱嘉好得如同穿一条裤子，你中有我，我中有你。如今说生分就生分，都在较劲并算计着对方,何来当初信誓旦旦许下的友情至上的诺言?邹培远痛恨郑昱嘉的无情无义,又很留恋和他在一起的日子,是郑昱嘉改变了他的生活模式。邹培远无法再回到过去那死水一潭的生活状态,他盼望着能和郑昱嘉抛弃前嫌,握手言欢。

邹培远考虑着如何才能使得郑昱嘉和自己重修前好,他的王牌就是严于信。邹培远的脑海里跳出老同学严于信的身影,圆圆的脸庞上一双圆圆的眼睛充满着怨艾,哆嗦的嘴唇吐出的字词满是伤心之痛,近三十年的同窗友情让严于信的苦痛之言画上了句号:培远,我近花甲之年,庆幸有这么个艰难的历程,只要我不死,我会记住这奇耻大辱,我们之间的友情就此结束,从此互不相干。那是邹培远在严于信从周胜市返回东海市后,他急急前往严于信家中探望,还来不及和严于信诉说自己满腹的愧疚,严于信便对邹培远下的逐客令。

邹培远愧对严于信,他的心隐隐作痛。他承认是自己害惨了严于信,假如严于信得知自己拱手将他的爱女严冰送往郑府遭到郑昱嘉的玷污,邹培远敢保证严于信会和他拼命,至少在目前,打死他也不敢说出这件事情。严冰和郑昱嘉更甭说了,他们怎会在严于信面前泄露这个秘密,除非严冰真的爱上了郑昱嘉。即使荒诞变成事实,严于信岂肯让郑昱嘉成为自己的东床?严老夫子万万接受不了这个事实。邹培远不敢想象事情的走向将会怎样发展,他在梦境中碰到这样一个场景:彼此间都落得个白茫茫大地真干净。邹培远惊得一身冷汗,梦醒时还感觉到心脏在剧烈地跳动,他害怕这不幸的梦境成为现实生活中的真实。

为了挽回昔日的同窗之情,邹培远巴巴地让北京的徐辉赶到东海从中调解,三个人面对面而坐,严于信冷若冰霜,拒不和解,弄得徐辉好没趣,快快地打道回京。无奈之下,邹培远盼望郑昱嘉能从中斡旋缓和他和严于信的关系,他盼望着郑昱嘉能够向他伸出友好之手。郑昱嘉这条狡猾的狐狸,他知道邹培远的所盼所愿,偏偏玩人间蒸发的游戏,一个月来不给他只字片言的音讯。邹培远好几次拨通郑昱嘉的电话,又无趣地掐断,意识到谁先给对方打电话就意味着谁先向对方求和。邹培远颇有信心地等待郑昱嘉率先向他抛出求和的信息,只要郑昱嘉的心还停留在严冰的身上,他就会给他邹培远发信息。

想得出神的当口,邹培远果然接到了郑昱嘉发来的短信。邹培远耸了耸鹰钩鼻子,笑意很快地满脸漾开,"不出所料。"邹培远低沉的声音在办公室回旋,他也很快地回了短信:悉听尊便,请郑董事长示下。

邹培远阅读郑昱嘉的第二条短信时,禁不住窃笑不已,右手的食指和大拇指不停地捏着自己的鹰钩鼻子,左手则反复地把玩着手机,鹰隼般的眼睛一遍遍地目睹郑昱嘉发给他的短信,认为自己已和郑昱嘉冰释前嫌。郑昱嘉抛出了橄榄枝,邀他晚上去茜茜小姐供职的会所共欢。邹培远的心头痒痒的,好久没有出入声色场所放纵一番了。他绝对不会为自己的这项付出埋单,看着郑昱嘉大把的钱付给小姐时,邹培远的心总是隐隐作痛,每每完事后,他总是在郑昱嘉的面前自嘲:付出的是我们男人,她们为何还要物质和精神双丰收?郑昱嘉的回答也很绝妙:因为你是男人。

邹培远和郑昱嘉准时地抵达他们幽会的老地点,茜茜小姐很夸张地迎向邹培远,惊叫道:"大哥,好久没见你的人影了。听郑董事长说你被俄罗斯大妈给迷住了,真有这回事情?"茜茜小姐故意地歪着头做出顽皮状,她黏着邹培远嗲声嗲气地说。

邹培远掐一把茜茜小姐肥硕的臀部,笑道:"熊猫眼都出来了,昨天大丰收了吧?快去洗洗吧,咱郑董事长可要侍候好。"

茜茜小姐噘着嘴离开邹培远半步,大半个身体又朝着郑昱嘉紧靠,两片抹得猩红的嘴唇噼噼啪啪地反唇相讥:"瞧哥你咋瘦成这样?敢情是把俄罗斯大妈给养得肥肥的?今儿个怎么想起咱这里的老朋友,我们是受宠若惊,有失远迎哦。"茜茜小姐朝邹培远躬身施礼后整个人差不多挂在郑昱嘉的身上。

郑昱嘉站在一边直笑,不失时机地打趣邹培远:"咱这位老哥环肥燕瘦都喜欢,本身就是个混血儿的后代嘛,适应能力自然很强。"

邹培远摇头苦笑:"你俩面贴面的如胶似漆,我不能自讨苦吃,甘拜下风。"邹培远也回礼给茜茜小姐。

打情骂俏之间,郑昱嘉的身后闪现出一个被唤作依依的美女,是邹培远每次莅临会所必定钦点的应召女郎。郑昱嘉笑道:"说曹操,曹操就到。一个月没见面了吧?你们看看我大哥,他是为伊消得人憔悴啊!"

打扮得花枝招展的依依嗲声嗲气地挽起邹培远的胳膊,甜甜地说道:"大哥,想死你了。"依依的头在邹培远的左肩胛不住地磨蹭。

郑昱嘉趁机又是一番取笑:"你看依依的一身打扮,正是咱大哥最欣赏的。正所谓'士为知己者死,女为悦己者容'。"郑昱嘉冷不防将依依推搡至邹培远的怀抱:"养精蓄锐一月有余,大哥,小弟恕不奉陪,该付出的你就尽量付出吧,依依得有充足的抗衡能力才行哟。"

邹培远在声色场所可谓是身经百战,却经不住郑昱嘉的蓄意调侃,棱角分明的脸颊也冒出些许羞赧。他坏坏地报之以一笑:"咱董事长纯粹是柏拉图的精神之恋,他追求的是两情若是长久时,又岂在朝朝暮暮的恋爱,分身无术,既要眷顾茜茜小姐的物质之渴,又得满足咱郑董事长的饮鸩止渴,还拼命想象仓央嘉措诗歌中描绘的爱情伊甸园。我被郑董事长绑架来此,同流合污之后,自然甘愿为郑董事长的精神之恋效鞍马之劳,我得帮助董事长将他神思恍惚的精神之恋上升到天人合一的人生最高境界,匹夫有责,责无旁贷,我这也可算得上是士为知己者死的表现吧?"

郑昱嘉的心思被邹培远言中,他微笑着的俊美脸庞顿时拉了下来,不客气地驳斥邹培远:"去你的,得了便宜还卖乖。依依,咱大哥等不及了。"

依依和茜茜面面相觑,她们正不解郑昱嘉和邹培远的嘴巴里磨叽出来的话语,擅长捕捉男人心思的茜茜也不知道如何找借口恰到好处地表现,郑昱嘉却给自己找了台阶下,她赶紧朝依依使个眼色。乖巧的依依趁势挽起邹培远的胳膊,朝他们幽会缱绻的老地方款款而去。待他俩踅入房间,郑昱嘉才正视茜茜片刻,恍惚中,他感觉站在面前的是严冰。他稍稍一愣,随即就迫不及待地将茜茜小姐抄腰抱起,边狂吻茜茜小姐的粉脸,边冲向他俩做爱的房间。

几个时辰后,郑昱嘉和邹培远在另外一间包房会合,容光焕发的两个情场老手都笑嘻嘻地打量着对方:"董事长请君入瓮,邹培远心甘情愿,领导有何吩咐但说无妨。"邹培远打开天窗说亮话。

郑昱嘉手指着邹培远边摇头边感叹:"大哥,咱俩较劲有意思吗?嘉海集团发展到今天,你大哥至少有一半功劳,俗话说'滴水之恩,涌泉相报',兄弟我像过河拆桥的小人吗?"

"是吗?当然不是。"邹培远心头酸溜溜的,"我从来没有往这方面多想,我唯一的念头是盼着你的嘉海集团蒸蒸日上,为了嘉海集团我已经使出浑身解数也丝毫不夸张,我对你郑董事长算是鞠躬尽瘁,就是盼望着嘉海集团能成为东海市建筑业的翘楚。如今得罪了老同学严于信,他看见我牛眼睛瞪得像铜铃,恨不得一口吞吃了我,我是猪八戒照镜子里外不是人。兄弟你该明白,这岗山镇的项目折腾得老夫子人不像人鬼不像鬼,他何苦来着?还不是为了嘉海集团,为了你郑董事长。当初严于信推荐他的学生沈区长给你郑董事长,你赚了多少明白人都知道,他也是嘉海集团的有功之臣啊!我愧对老夫子,在他们父女俩的面前,我是千古罪人。"邹培远一边束浴袍的腰带一边感慨,"'兄弟阋于墙,外御其侮'的老古话你该明白,不该这么对待严于信哪。"

郑昱嘉默然不语,他承认邹培远所说句句在理,在严于信这件事情上,他确实做得太过分了。他何尝不想挽回与严于信的关系,他还盼望着能成为严于信的乘龙快婿呢。如今岗山镇的项目尘埃落定,不会有再大的风浪掀起,得饶人处且饶人是个正理,与严于信重修前好只能指望鹰钩鼻子出力,解铃还须系铃人,就盼着鹰钩鼻子舞动三寸不烂之舌,游说严于信尽弃前嫌。郑昱嘉友好地挪动位置让邹培远紧挨着靠下,他殷勤地递给邹培远一支熊猫牌香烟,瞧着邹培远熟稔地点烟,轻快地吐出一团云雾,随之鹰钩鼻子特有的招牌式的动作尽显无遗:

灯光下先是用欣赏的眼神打量着自己修长的手指,鹰钩鼻子总是用右手的中指和无名指夹着熊猫牌卷烟,红色的烟头自然而然不停地画上一道道圆圈,接着又深吸一口,吞吐之间,思索着胸有成竹的出手方案,吸上第三口烟的时候,鹰隼般的眼神透过迷茫的烟雾慢慢地聚敛,就像是一束激光集中在火红的烟头,两片厚厚的嘴唇开始翕动,深沉的嗓音慢慢地点题。郑昱嘉耐心地看着邹培远完成一整套动作,他知道鹰钩鼻子要进入发挥的状态,应该再燃一把火,让鹰钩鼻子冷酷的心添上些温暖,才会将鹰钩鼻子牢牢地套住。郑昱嘉佯装思来想去地喟然长叹:"大哥说得有道理,小弟还没有修炼到处事不惊的境界,近些日子,思来想去也觉得愧对严教授,找大哥就是请教如何才能获得严教授的谅解。大哥,帮帮我的忙吧!"

邹培远斜睨郑昱嘉一眼,冷冷地回敬:"只怕咱郑董事长醉翁之意不在酒吧?垂涎严冰小姐的美色乃是司马昭之心路人皆知,至少我全然知晓。"邹培远边说边用眼角的余光观察郑昱嘉的反应,果然郑昱嘉英俊的脸庞流露出难得的赧颜,扭转了头不敢正视邹培远。一贯强势的郑昱嘉心怀鬼胎,邹培远的心中有了底,他肯定那一天在郑昱嘉的别墅,严冰已经成为身边这个色魔的俎上肉,邹培远的心头掠过一丝悲凉,他猛吸一口烟吐出团团烟雾,又将团团烟雾幻化成点燃的清香,在内心深深地忏悔。"老夫子,冰冰,别怨我,也许塞翁失马,焉知非福。这郑昱嘉远比闭门书斋的书蠹虫小林强一百倍,或许于老夫子一家来说,我是在做一件功德无量的善事。"想到这里,邹培远决计利用严冰这张牌要挟郑昱嘉,严冰是制约郑昱嘉的魔咒。邹培远用手指抹抹湿润的眼角,喝口茶清清嗓子,一针见血道:"在我面前也不用藏着掖着,那一天在你的别墅里,你让严冰深信不疑她的父亲严于信身临悬崖,岌岌可危,你信誓旦旦可以拯救严于信,为了父亲,严冰献出了自己的一切,你实在是太过分了!"邹培远突然气不打一处来,"好歹你也是受过高等教育的,打狗也得看主人,你让我在他们父女面前如何抬得起头?我是严家的千古罪人啊!"邹培远动了真情,他掐灭夹在指间的香烟,双手捧住脸庞唏嘘不已,"于信兄,我对不住你,我对不起冰冰。"

郑昱嘉没有料到邹培远会来这么一出,他顿时慌了神,撅起臀部半趴在邹培远的面前连连告饶:"大哥,我是真心爱冰冰的,那一天我俩确实发生了性关系,那也是你情我愿,我绝没有采用武力,我敢赌咒发誓!"郑昱嘉举手指天对地的发盟誓:"大哥,你一定要信任我,你是我事业上的助手,还是我爱情的最大支持者,大哥,我的好大哥,在这个世界上,小弟最信任的就是你。"郑昱嘉几乎是哽咽着说出最后几句话。

邹培远捧住脸的双手悄悄拉开指缝,窥视着郑昱嘉的一举一动,颐指气使的郑昱嘉从来没有在他人面前如此低三下四,邹培远在心里直偷着乐。他最反感郑昱嘉仗着有几个钱总是显出一副自命不凡的模样,好在郑昱嘉也有软肋捏在他的手心,邹培远信心满满地认为和郑昱嘉合作无须担忧自己的利益受到损害,掣肘郑昱嘉的法宝牢牢地掌控在他的手里。邹培远从餐巾纸盒中拉出几张纸巾擦拭眼角渗出的几滴眼泪,长长地叹气:"我好难啊,自己的好兄弟忍受爱情的煎熬,我于心不忍,谁叫咱俩是有福同享有难同当的生死兄弟。怎么办?你倒说说看,我该怎么办?"邹培远一脚将皮球踢给了郑昱嘉。

惴惴不安的郑昱嘉哪里在乎邹培远是假戏真作还是真戏假作,岗山镇项目不会再有大的风浪掀起,几个月来被揪着的心总算得到抚平,郑昱嘉算来还是个赢家,获得一个两个亿合同的项目引来后面诸多的工程,岗山镇的项目也有不菲的进账。嘉海集团的发展态势令人瞠目,给他鹰钩鼻子一点蝇头小利也无关紧要。碍于当下还需仰仗邹培远的一臂之力走近严冰,郑昱嘉只得陪着笑脸试探地询问邹培远:"大哥,兄弟让你为难了,能不能安排个机会我们和严教授一家聚一聚?"

邹培远摇头:"我何尝不想?难啊!"邹培远深知严于信的秉性,他一而再再而三地登门严府,都是吃闭门羹而返,邹培远一时也想不出更好的法子,他和郑昱嘉大眼瞪小眼地互相对视,琢磨着如何与严于信重归于好。

郑昱嘉干搓双手也一时没辙,他知道无须穷追猛打,有好方法邹培远定会倾力用上。情急之中郑昱嘉冒出一句话:"这严教授和严冰总不能沉浸在过去的事情中不能自拔,他们应该懂得放眼未来的道理吧?如果岗山镇又出乱子,我看是我找严冰还是严冰来找我。"

郑昱嘉无意中的言语倒激发了邹培远的灵感,邹培远的眼睛一亮,想出了一个主意,他拍打着郑昱嘉的肩膀笑道:"严于信拒之门外,咱可以曲线上音乐学院找严冰,点上一把火,就说岗山镇的项目一波未平一波又起,严于信又将被推到风口浪尖。女儿最心疼自己的父亲,父亲又最信赖自己的女儿。"邹培远得意地摇头晃脑,两手不停地来回交叉,所做的手势郑昱嘉再明白不过。郑昱嘉的心头猛然升腾起些许悲凉,这邹培远分明就是卧在严于信身边的犹大。"明天我俩就直奔音乐学院,找上门去。"邹培远与郑昱嘉咬一番耳朵。

郑昱嘉连连点头,打个响指:"OK,大哥,一切听你的,为了严冰,我什么都能忍受,只是委屈了严教授和严冰。"郑昱嘉有些于心不忍,"当严冰听到岗山镇的项目刚刚平息却又节外生枝,我能想象得出她的焦虑心情,我实在是于心不忍哪!培远兄,我好歹受过高等教育,我是个有良知的人。"

邹培远嗤之以鼻:"得了便宜又卖乖,我也真服了你。借用一句名言吧:我不赞成你说的话,但我誓死捍卫你说话的权利。只要你以后真心对待严冰,我甘愿再做一次小人,希望于信他过上幸福的晚年生活后会明白我的良苦用心。"邹培远微微叹息,他的良心还是受到了谴责,他不忍心和郑昱嘉密谋将严冰推向深渊。邹培远努力从自责中寻找解脱的理由,将自己的无耻行径看作是在做善事。他坚定地相信郑昱嘉是真心爱恋严冰,严于信有郑昱嘉这位女婿远远强过十年寒窗却颗粒无收的小林。邹培远认为自己是在帮助严于信设计幸福的晚年,同时邹培远又不得不承认,借着严于信的东风,他适才与郑昱嘉达成的共识至少在十年之内有效,十年之后,他腰缠几千万也就大隐隐于市了,哪管世上的春夏与秋冬。

　　初冬午后的阳光穿过梧桐树梢暖暖地洒在鹅卵石铺就的小道,叮咚的琴音就像一条流泻的小河在斜阳中欢快地跳跃,东海市音乐学院远离尘世的喧嚣显得沉静而华贵。步入参天大树齐列两旁的贝多芬小道,再拐一个弯就是琴房,一排欧式风情的小屋映入眼帘,每一间琴房都有乐声飞出窗外,巴赫、贝多芬、肖邦等音乐大师的曲调流泻出来,在空间交织成一曲和谐的乐章。脚踩满地的落叶聆听激越的琴声给人带来极大的精神愉悦,邹培远和郑昱嘉悄没声息地出现在严冰习琴的琴房。

　　邹培远透过玻璃窗向里面略略扫视,用表情告诉郑昱嘉,严冰在里面,邹培远抬手叩击房门,郑昱嘉摆手制止,他要倾心聆听严冰乐为心声的演奏。严冰在弹奏德彪西的《雾》,郑昱嘉的眉梢跳动,心跳也不由地加速,他认为严冰早有感应自己会造访,有此玉人为终生厮守的伴侣,他死而无憾。郑昱嘉的眼眶有些湿润,自作多情地认为严冰的心里装着他,大洋彼岸的小林该画上句号彻底走出严冰的生活了。他情不自禁地和着严冰演奏的乐声哼着德彪西的《雾》。

　　严冰一个下午在琴房指导学生弹琴,她的情绪不在状态,连她的学生都感觉到她的心不在焉。严冰魂不守舍,她的心跌倒冰点。授课时间一结束,严冰一反常态没留学生加课,而是目视学生夹起琴谱走出琴房后,迅速地将琴房的门关上,她竭力遏制的情绪顿时如火山爆发,趴在琴盖上泣不成声,这是因为她知道了在美国做访问学者的丈夫不幸罹难的消息。

　　今天上午,严冰接到东海大学外事办的电话让她火速去父亲的学校,在党委书记的办公室她闻讯丈夫小林是和朋友出游途中遇难的。严于信因为周胜市岗山镇的项目搅得精疲力竭卧病在床,校方不忍将此讯告诉严教授夫妇,校党委书记再三叮嘱严冰,在合适的时机将小林罹难的噩耗告诉自己的父母亲,并告知已安排相关人员择日陪同严冰赴美料理小林的后事。

严冰柔弱的身体承载着巨大的悲痛离开东海大学,她婉拒学校领导派遣人员一路陪同,平静地表示自己会面对现实。她将速速飞美,送自己新婚的丈夫最后一程,也央求学校领导和她一起保密,暂时不要将此噩耗告诉自己的父母亲,她自己会选择合适的时机告诉他们。

顿觉天旋地转的严冰也不知道自己是如何回到学校的,她不知道东海大学的领导委派两名人员暗中跟踪保护。昏沉沉的严冰一路走到音乐学院,瞥见学院的院长亲自在大门口迎接自己。院长试图搀扶严冰,严冰摆手拒绝,她出奇冷静地送给院长一个淡淡的笑容,院长还来不及说出安慰的话语,严冰就抢先说她还有课,请允许她上完课再来找院长。

严冰坚持完成自己所授的课程,然后目送自己的学生夹着琴谱离开琴房。随着"吱呀"一声琴房门的反扣,严冰仰头双手捂住脸庞连叫两声:"小林,小林。"悲痛的泪水就像开闸的水库尽情地流泻:"小林,我送你一首咱俩最喜欢的乐曲。"严冰拭去满腮的泪痕,掀开琴盖,无尽的爱恋凝聚在指尖,通过琴声传递到大洋的那一边。她坚信她心爱的丈夫能够听见,一遍又一遍地演奏着德彪西的《雾》。

郑昱嘉悄悄地驻足谛听,他找到了高山流水遇知音的感觉,他听到严冰杜鹃啼血的声音,他理解严冰是在向心爱的人传递自己爱的奉献,他被感动了。郑昱嘉击掌朝邹培远赞叹道:"'闻韶乐三月,不知肉之味也'。"

"美得你,收敛点吧。"邹培远冷冷地讥笑,用低沉的声音对郑昱嘉说,"多情种子负心汉,花心大萝卜一个,我为严冰担忧。"鹰钩鼻子不无忧虑,他担心的是严冰美满的家庭会因为郑昱嘉的插足而遭到破坏,无论如何他是事实上的帮凶。

郑昱嘉毫不在乎邹培远的冷嘲热讽,他的身心伴随着严冰的琴音双双飞向世界上一个唯有他俩存在的地方,他悄悄抹去噙在眼角的泪花,嘴唇不由自主地翕动:冰,我心爱的冰,我就在你的身边。

乐声戛然而止,严冰半个身体趴在黑白琴键上,她闭起双眼在黑暗中寻找小林的身影,她看到小林向她款款走来,她在和小林相会。

琴房外的邹培远和郑昱嘉面面相觑,邹培远做了个推门而入的动作,郑昱嘉点头并轻轻地叩击房门。严冰没有开门,郑昱嘉再次敲击,房内依然寂静一片。郑昱嘉推开门,看见两个高大的汉子站在严冰的身后,郑昱嘉和邹培远瞅见严冰惊愕地转身注视着他俩,他俩也清楚地看见严冰挂满泪珠的脸庞惨白得瘆人,郑昱嘉和邹培远心头一惊,不祥笼罩在他俩的心头。

狭小的琴房空气窒息得可怕,严冰背靠钢琴伫立,她的双手交叉在前,无力地软软下垂,她似水的双眸静止一般凝视着琴房之外的一片天空。一缕斜阳穿过窗棂暖暖地将严冰的整个脸庞笼罩,她怯生生的如一头受到惊吓的小鹿,满脸充溢着惶恐不安,微微晃动的身体在郑昱嘉的眼中仿佛是一朵在风中摇曳的栀子花楚楚动人,仿佛稍有外力就会凋零。亟需保护的可人儿呵!郑昱嘉扫过一眼,顿生怜惜之情,内心充满着保护的欲望。

严冰打破沉闷,她冷眼看着邹培远和郑昱嘉,喃喃自语,"你们来了?都知道了?谢谢,我不需要同情。"严冰抛出的每一个词语都冷冰冰的,让郑昱嘉和邹培远不寒而栗。他俩再次四目相视,心被揪紧,直觉告诉他俩,严于信遇到了不测。没有来得及想出用何种词汇打开严冰的心扉,琴房外又走进两个人,是音乐学院的党委书记和院长。郑昱嘉若有所悟,他朝邹培远悄悄扬手,而后又扯动音乐学院院长的衣袖,示意到琴房外驻足片刻。

小林罹难的噩耗无疑是晴天霹雳,郑昱嘉和邹培远望着琴房内严冰纤弱的背影也不由得悲从中来。邹培远阴冷的脸布满乌云,趴在窗棂久久未语。他偷偷地朝琴房瞥了一眼,邹培远看到哀伤布满严冰的脸庞,她正忍受着巨大的不幸,任凭悲痛噬咬自己的内心,邹培远禁不住流下了眼泪。他又悄悄地回视郑昱嘉,看到郑昱嘉脸庞上两颊的肌肉一条条都绷得紧紧的,他看到郑昱嘉竭力咬住牙根,不让自己发出唏嘘的声音,他还看到郑昱嘉双手的食指正按住太阳穴在迫使自己冷静。邹培远有些感动,他明白郑昱嘉对严冰的悲苦境遇也深怀同情。邹培远情不自禁地悄然走向郑昱嘉,他的手搭在郑昱嘉的右肩,用低沉的声音宽慰郑昱嘉:"我能理解你,因为你爱严冰。"

郑昱嘉朝黄昏中的落日喟然长叹:"天意,一切都是天意。"横亘在他和严冰之间的唯一一道障碍不扫自除,他和严冰之间无法撩开的帷幕竟然就这么轻易地掀动,缘分注定要将严冰推向他郑昱嘉的怀抱。冥冥中一丝喜悦的心情又在他的心头跳动,不易觉察的一丝微笑从他英俊的脸庞遽尔扫过,他双手合十悄悄祈祷:"菩萨,大慈大悲的菩萨,谢谢你,我知道该怎么做。"郑昱嘉猛拍邹培远的肩头,一个转身冲进琴房,不顾一切地将严冰揽在怀抱里,他的话不容置喙:"冰冰,事已如此当正视现实,我郑昱嘉甘愿为你赴汤蹈火。"

严冰奋力推开郑昱嘉,冷冷地回答:"没必要,请你离开,马上!"严冰昂首站立,她背靠钢琴手指门外,凛然不可侵犯:"请。"

郑昱嘉顽固依旧,他是严冰的保护神,从此刻起,严冰必须在他郑昱嘉的庇护之下,他冷峻的回答让严冰无奈:"我必须保护你!谁都无法阻挡!"

郑昱嘉犹如一座大山矗立在严冰面前,严冰无法抗拒。郑昱嘉悄悄地朝邹培远使了个眼色,邹培远心领神会,他向音乐学院的两位领导递上自己的名片:"我是严于信教授的同学,这位是嘉海集团的郑昱嘉董事长,严教授的科研基地就设立在嘉海集团,我俩都是严冰父亲的好朋友。闻讯小林老师的噩耗,我们赶紧过来看望严冰。严教授卧病在床,小林老师既是他的女婿又是他最喜欢的学生,他受不了这个打击,我们有责任呆在严冰的身边。"邹培远的适时补充调节了现场尴尬的气氛:"两位领导,我俩是否可以和严冰单独呆一会儿?她现在需要我们。我想,待会儿我俩会陪着严冰回家商议后面需要处理的事情,有什么情况或者是需要我们随时和学院的领导联系。"

邹培远的话语礼貌得体,音乐学院的党委书记和院长很是感谢,再三声明需要学院出面的话可以随时联系。书记和院长又对严冰说了许多节哀顺变的宽慰话,并千叮咛万嘱咐地恳请邹培远和郑昱嘉多多照顾严冰。

邹培远送走音乐学院的两位领导,返身欲再次跨入琴房,却再也迈不开脚步,他为严冰的不幸深感心痛。邹培远双手掩面,他的良心受到了谴责,第一次觉得是自己对不起严于信和严冰。自古红颜多薄命,冰冰,你也不幸应验。邹培远站在琴房外面,一阵唏嘘。许久,邹培远才抬起眼睛朝琴房里张望,他对着严冰的背影发誓:冰冰,邹叔叔一定会保护你。

掉落在地的几片枯萎的败叶在瑟瑟寒风中打着漩涡又被北风高高卷起朝邹培远扑打过来,其中的一片贴在邹培远高耸的鹰钩鼻子上。邹培远用手一抹,他捏着这片败叶,心中一阵痉挛,又下意识地朝琴房内张望。

琴房内寂静一片,郑昱嘉和严冰正面相对。郑昱嘉的身体微微地向严冰倾斜,他的右手撑在钢琴上,左手拿着一张餐巾纸递给严冰,严冰置之不理。郑昱嘉固执地保持着这个举动,他很有耐性地等待严冰。邹培远听得郑昱嘉在柔声安慰严冰:"冰冰,请允许我这么称呼你,我所说的每一句话都发自肺腑,哪怕你听进去一个字我都会感到高兴。"郑昱嘉的语调极为柔和,他很自然地将餐巾纸塞在严冰的手心。严冰的手就像触电赶紧缩了回去,郑昱嘉根本不让严冰有拒绝的间隙,不容分说将纸巾又一次塞进严冰的手心,并帮助严冰将张开的手心握成拳头的形状。郑昱嘉实实在在地触摸到了严冰手心的冰凉,他无限脉脉的眼神流露出悲悯,他看到严冰迅速瞟来又随即收拢的目光,郑昱嘉捕捉到了刹那间投来的目光没有夹杂任何怨恨的神色,那是渴望得到相助的求救眼神,郑昱嘉的心里有了自信,他更加坚定地认为自己有义不容辞地充当严冰的保护神的责任。

郑昱嘉温顺而动人的言辞让严冰的强烈抵触稍微收敛,无助的严冰绝望地幻想,倘若郑昱嘉确实是父亲赞不绝口的现代儒商,她真的想靠着郑昱嘉的肩膀放声号啕,可她并不清楚距她咫尺的郑昱嘉究竟是凶煞恶魔还是真情英雄。那天严冰走出郑昱嘉的别墅,发誓从此再也不见郑昱嘉,她要将郑昱嘉在她脑海里所存留的一切清除得片痕不留,就像生长在海底的水草永远不会浮出水面见到阳光。想不到陷入绝境的严冰看到郑昱嘉大变活人一般蓦然出现在她的面前,无限的柔情加上极其温顺的肺腑之言让她的思绪陷入混沌,她无法抗拒郑昱嘉的娓娓话语,郑昱嘉口吐莲花的慰藉纵然是饮鸩止渴,她还是感到了丝丝温暖。

  郑昱嘉调整自己的站立姿势,双手撑住钢琴,半个身体俯向严冰,他将严冰笼罩在他的包围圈之中。严冰本能地退却慢慢地坐在琴凳上,她双手捂脸不愿多看郑昱嘉一眼,她得守住防御的底线,她知道郑昱嘉的英俊会夺人魂魄。郑昱嘉腾出右手整理严冰凌乱的发梢,严冰没有拒绝,郑昱嘉的嘴角涌出发自内心的微笑,精心编织的语言渴望能达到感化严冰的目的。"冰冰,你不妨试着认定我也是你的知己,也许我此刻的表白太不明智。人非草木,孰能无情?你大难当前,无论你对我有什么成见或者是不满,我都会站在你的身旁不离不弃,赶我也没用。没错,我是个商人,在商场上我会看重经济利益,但我更是一个有血有肉有情有义的男人。冰冰,成见会让你一叶遮目,不见泰山,捐弃前嫌,你会看到自己更加光明的天地。我爱你,爱你爱得刻骨铭心,你可以拒绝我对你的爱,但你没有理由阻止我对你的爱。假如我先于小林老师认识你冰冰,我会毫不犹豫地对你说:冰冰,请和我结婚吧,我绝对不会让你哭泣。请将你的人生托付给我,我绝对不会留下你一个。"郑昱嘉引用日本高桥留美子经典作品《相聚一刻》中的主人公裕作最后一拼的求婚告白,他多么盼望严冰就像作品中的那个在前夫身故后面对求婚的英俊男人做出同样的回答:拜托了,只有一天也好,你一定要比我活得久。

  严冰抬起泪眼瞟了一眼郑昱嘉,郑昱嘉心里一阵惊喜,他放开嗓门向严冰宣告:"我明天还会找你。"郑昱嘉一个抽身,立即拔脚离开了琴房。郑昱嘉很清楚,对付严冰这般的聪明女子出手和收场得恰到好处,让对方意犹未尽的时候戛然而止,才能让严冰牵挂自己。另一方面郑昱嘉更害怕他的此番表白会遭致严冰的无情唾骂,那他所有的努力都将付诸东流,他不能给严冰这个机会。一走出琴房,郑昱嘉就情不自禁地微笑,他感谢上苍赐给他这个千载难逢的机会。

  郑昱嘉和站在门外聆听的邹培远撞了个满怀,郑昱嘉满脸欢喜,朝邹培远打了个响指。鹰钩鼻子阴鸷的眼神洞察出郑昱嘉的内心世界,他冷不防悄悄地朝郑昱嘉的后脊背拍一巴掌正色道:"你的这段真情告白也太着急了点,不恰当的时间,不恰当的地点。太放肆了,趁人之危,趁虚而入,太过分!你小子的花花肠子省着点用吧,不怕脑细胞干涸?"邹培远挟着郑昱嘉默默踱步至校园的偏僻处,鼻孔发出很响的呼哧声,"我警告你,严教授一家大难当前,严冰更是雪上加霜,你在这个时候动歪脑筋是要遭报应的,你不怕将来成为千古罪人?"他当胸给郑昱嘉一记老拳正色道。

郑昱嘉歪头嬉皮笑脸地问："谁说的？大哥你以小人之心度君子之腹，我真的就这么卑鄙？"郑昱嘉朝音乐学院的琴房眺望，"孤立无援的弱女子怎忍心染指？她面前现在是遍地荆棘，叫樵夫我从哪里下手哦？"郑昱嘉掩饰不住他的怜香惜玉之情，"我无法和她分开，我此生和她的命运紧密相连永不分开！我要帮助她，我要陪着她到美国去。"

邹培远吃惊得张大嘴巴，眼前的郑昱嘉是头狼！他会不按常理出牌做出这般出格的乖戾举动，假如他和严冰双宿双飞美国，岂不是要让严冰背上莫须有的骂名？必须坚决阻止郑昱嘉的莫名其妙行动，再贪财贪色也不能剑走偏锋到如此不可思议的地步。良知尚存的邹培远压低嗓音呵斥郑昱嘉："你疯了，严冰有音乐学院和东海大学的相关领导一路陪同，你充当什么角色？你分明是在给严冰制造难堪，不行，你不能去。"邹培远不顾一切地予以阻拦。

郑昱嘉岂会在乎邹培远的反对？在他眼里，邹培远是一个招手可以立马呼唤其在他眼皮底下垂首听命、挥手可以随即呵斥其在他视线之内消失不见的角色。邹培远根本无法左右郑昱嘉的展翅高飞，碍于邹培远对嘉海有些苦劳的份上，郑昱嘉还是愿意施舍些汤水给他。可眼下他穿越严冰的防御底线，攻破严冰的坚硬壁垒，钻进严冰的核心世界还需要鹰钩鼻子助一臂之力，郑昱嘉眉头微蹙几下，隐忍内心的不满，对邹培远陪笑说了一通令邹培远颇为费解的话语："我爱严冰，大哥你也知道，我没有趁人之危夺人所爱，一切都是天意。"郑昱嘉朝邹培远怪怪地一笑，挥手扬长而去。

一周以后，严冰在东海大学和东海音乐学院的相关领导陪伴下飞赴美国，当她走出纽约市的纽瓦克机场时，惊愕地发现郑昱嘉也出现在接机大厅。郑昱嘉手捧一束鲜花送到严冰的手里，再送给严冰一个招牌式的微笑。严冰还没有来得及反应过来，郑昱嘉不容分说抢先将严冰手推的行李车拉到自己身边，边推行李车边对一行人说道："我是严冰的朋友，一切都安排妥当，跟我走吧。"郑昱嘉俨然以主人的身份邀请着随行的几个人走出机场。

严冰默默地接受着郑昱嘉的安排，她没有精力和时间细想郑昱嘉的此行举动，郑昱嘉就像一条蛇死死地缠住了她，司马昭之心，严冰怎能不知，身处异乡她暂时无法反抗，也无法向他人解释，沉浸在悲哀之中的她只想早早见上丈夫小林的最后一面。

在疾驶的面包车里，郑昱嘉自我解释："我公务到美国，惊闻好朋友小林老师在美国遭遇车祸不幸罹难，有责任尽绵薄之力。"他解释的天衣无缝，引得几个陪同人员感慨并唏嘘。

严冰足足盯着郑昱嘉好几分钟后,才勉强开口对身边的陪同人员说道:"听郑先生的安排吧。"

　　在美国的一段时间,郑昱嘉有礼有节、不卑不亢地相伴严冰左右,直到严冰扶灵送丈夫小林最后一程。

　　严冰一行离开美国时,郑昱嘉又亲自送行到纽瓦克机场。临登机时,郑昱嘉总算等到严冰的一句话:"谢谢你,郑董事长。"

　　郑昱嘉骤然间眼圈潮湿,他不虚此行,严冰向他敞开了怀抱。后续的攻势他期待着回到东海市后会有一个实质性的突破。郑昱嘉信心满满,不信东风唤不回。

　　严冰乘坐的班机呼啸着直冲云天,郑昱嘉的心也跟随着严冰一起飞回了中国,他预定了下一个返回东海市的航班。

　　郑昱嘉从美国归来后并没有和严冰见面,只是礼节性地和邹培远通了一个电话,告知一切顺当。随后的一段日子里,他坚持着每天晚上八点钟发一条短信给严冰,很平常的关切,仅仅局限于礼节性的问候,一连半个月,从未中断,虽然没有严冰的任何回复。郑昱嘉仍然不依不饶,准点发送短信给严冰,他坚信自己做足功课,严冰总有一天会向自己发出回音。

　　在郑昱嘉坚持给严冰发送问候短信的第三十九天,严冰给了他一条回复,极其简单的两个字:谢谢。郑昱嘉欣喜若狂,他对着手机亲吻,默默地叫道:美人,你心头的坚冰终于融化。郑昱嘉瞅着短信中的"谢谢"二字,思索着为什么严冰会在这一天给他回复?思来想去他恍然大悟,今天是严冰已故丈夫小林的断七忌日。莫非严冰是在向他传递一个微妙的信息,故人七七已过,正常交往开始。郑昱嘉感叹严冰的聪慧,他颇怀深意地在镜子里端详自己俊美的面容,漫不经心地梳理自己一丝不乱的黑发。郑昱嘉为自己做出当机立断飞赴美国相伴严冰一程的决定极为满意,回顾在美之行的点点滴滴,郑昱嘉认为倘若他失去此等良机绝对会肠子都悔青,严冰小姐心中那一坨坚冰的融化,靠的就是他点点滴滴炽热感情的渗透,这短信中的"谢谢"二字足以证明严冰心头的那坨坚冰悄然融化为一汪柔情的湖水,他相信自己的居所将有新的女主人入住,他在等待着严冰不请自来的那一天。他甚至在盘算如何与他居住澳洲的妻子摊牌。

　　郑昱嘉从盥洗室踱步至卧室,空荡荡的卧室缺少一种灵动,茜茜小姐也罢,秘书小吴也好,都无法带来满室生辉的曼妙,郑昱嘉暗下决心,不能再让其他女人来玷污他视为圣洁的卧室,唯有严冰才当之无愧。冰清玉洁的美人和才华横溢的俊男将在这里编织人世间的情爱佳话,郑昱嘉想得飘飘然,他一个俯身趴在宽大的红木大床,回味着那一天他和严冰在这张大床上的美妙时刻,他神游在臆想的欢乐中不能自拔。

18

周胜市岗山镇的新农村建设项目总算迎来了主体结构全线封顶的这一天，距离二〇一〇年的春节还有一个月。喜讯传到嘉海集团，郑昱嘉长长地吁了一口气，萦绕在心的愁结彻底解除，工程款一到，所有的烦恼都将烟消云散，嘉海集团遭遇的大劫逃过了。心情甚好的郑昱嘉打算到普陀山去烧烧香，感谢观世音菩萨的一路庇佑，他还要菩萨保佑自己能如愿以偿迎娶严冰为妻。

岗山镇项目部的几个管理人员以及各标段的分包商、材料供应商也都翘首以待，盼着早点拿到钱回家过春节。

忙得不亦乐乎的要数黎一鸣，请款报告斟酌多次，业主按照百分之三十五的付款比例有七千万到账；设计更改、工程增量的现场签证以及主材调差、人工费的补偿等有一千万的增量，业主得支付八千万。扣除业主预付的三千万，还掉嘉海集团的二千万，剩余的近三千万资金如何分配，黎一鸣绞尽脑汁，按照他的计划，至少也要截留五百万放入自己的囊中。

黎一鸣将请款报告传真至嘉海集团，秘书小吴噘着嘴巴将请款报告送郑昱嘉过目。小吴近来明显感觉到郑昱嘉对她的冷遇，有个把月没有获得郑昱嘉的应招，女性的敏感让小吴觉得自己在郑昱嘉那里失宠。她非常委屈，自己可是黄花闺女之身奉献给董事长，郑昱嘉怎么说甩手就甩手？她闹不明白自己哪里做错了。她想和郑昱嘉单独说几句话，"郑董"二字刚出口，郑昱嘉就摆手示意小吴住口，头也不抬提笔批复"同意"二字，挥手让小吴将请款报告打印成文后，盖上嘉海集团的大印用快递火速送抵岗山镇项目部。小吴委屈得眼角噙泪极不情愿地走出郑昱嘉的办公室。郑昱嘉随手将门反锁上，他思忖着将小吴调至其他部门，身边乱哄哄的女人他得一一剔除，他要对得起严冰。

郑昱嘉右手叉腰信步走到办公室的落地长窗前，眯缝着眼睛朝严冰的住处远眺，他看到严冰在云端向他招手。郑昱嘉颇为陶醉。一切都天遂人愿，郑昱嘉由衷地感叹,美人即将揽入怀抱共守一生,做一对神仙眷侣,岗山镇工地还有五千万的工程款到手,嘉海前期支持的二千万可以归还,一切风波均将尘埃落定,他应该感到无憾了。他抬腕看表,心血来潮地拨通驾驶员的手机,要驾驶员送他到普陀山进香,该是还愿的时候了。

　　黎一鸣收到嘉海集团的请款公文,第一时间就想到要打电话给赵则林。连拨三个电话,赵则林的手机都处于无人接听状态,黎一鸣紧接着拨江永祥的手机,对方却设置成呼叫转移的功能,一丝不祥爬上黎一鸣的心头,他细长的眼睛眯缝成一条线,百思不得其解,怎么岗山镇的两个老大都无法取得联系?该不会业主拿不出工程款?万一被自己不幸猜中,整个盘子可就要砸锅,后果不堪设想。黎一鸣的脊背渗透出丝丝寒意,瘦削的身体禁不住颤抖了一下,他努力不去设想最坏的结果,反复安慰着自己,也许岗山镇的两个老大正在开会不方便接电话,那我也索性一不做二不休,直接找上门去,总得跟他们面对面。主意想好,黎一鸣便让跟班张永杰备车直接到办事处找赵则林或是江永祥。

　　正准备出门,程子根冷不防一脚跨进项目部办公室,歪着板寸头打量黎一鸣盘问:"老弟准备出门?上哪?咋不叫上老哥?"程子根的语调隐隐透出不满。近一阶段程子根总感觉黎一鸣和他有些渐行渐远,好多事情都将他撇在一边,他在项目部简直变成聋子的摆设。程子根岂肯善罢甘休?没有他程子根的引荐,黎一鸣怎能在岗山镇的项目上呼风唤雨?如今竟然连他都不放在眼里,大权独揽,利益独占,程子根无论如何咽不下这口气。为了确保自己的利益,他要和黎一鸣摊牌。程子根肥胖的身体嵌在黎一鸣身边的一张扶手靠椅里,深陷在肉眼眶里的两颗浑浊的眼珠子骨碌碌地转动,他一眼瞥见黎一鸣握在手心的请款报告,顿时气不打一处出来,拍着桌子嚷嚷:"兄弟你太不仗义,嘉海集团的请款公文连我都隐瞒,我是不是乖乖地退出项目部才合了你黎大经理的意?"

　　黎一鸣哪里有心思和程子根争辩,瞧着程子根一副野猪上劲的凶悍模样,他苦笑着直摇头,钱还没到手窝里斗就开始了,这头肥猪跟着自己好歹上百万收入揣进囊中,还嫌不知足。关键时刻不想想该如何同舟共济,说翻脸就翻脸。黎一鸣真想板着脸狠狠地修理这头蠢猪,想想不妥,这狗日的兴许还要派上用处,保不准还需要他冲锋陷阵。黎一鸣往肚子里咽了一口口水,和颜悦色地冲程子根叹道:"大哥,你把我兄弟当成什么人了?我黎一鸣再蒙人也不会亏了大哥的。你想想在岗山镇这个项目上你赚得还少吗?你那个破旅馆十年的利润还抵不上这一个项目上的进账。"黎一鸣摊开两手握着的请款报告递给程子根,"要不大哥你到岗山镇找赵则林要钱去?我是打了他三个电话都没有接,江永祥的手机也打了,他是呼叫转移。我担心着呢,我怕有变卦。万一被我言中,咱可就惨了去了。"

程子根嵌在肉眼里的眼珠子使劲地瞪着,他扳着黎一鸣的肩膀结结巴巴地说道:"兄弟,你可别吓我!不会这么可怕吧?"

"但愿是杞人忧天。"黎一鸣自我安慰,"我也是害怕,这当官的说变就变是家常便饭,该知道付款给项目部,就是没有动静,连打三个电话给赵则林都不接,从来没有的事情。这不,我就是想亲自找上门了解个究竟。"黎一鸣阴沉着脸竭力否认自己的判断:"应该不会有事情,合同上明文规定,主体结构全线封顶验收合格后就支付百分之三十五的工程款,咱们都做到了,他们该付款了,为什么不接电话?"忧虑布满黎一鸣瘦削的脸:"大哥,咱俩一起去岗山镇见赵则林。"

颠顶的程子根挠着板寸头皮连连退却:"我和赵则林这东西说话赶不上趟,说不上几句就会跟他呛起来,兄弟你去吧,你还是让我去做其他的事情。"程子根将黎一鸣推出项目部办公室。

"也好。"黎一鸣也不愿意程子根像影子一样跟着自己,有些机密他宁可让跟班张永杰知道也不愿意告诉程子根,项目部的主动权必须牢牢掌控在他的手心,他对任何人才都能掣肘。也许岗山镇的项目不像先前想象的那么简单,岗山镇的两个老大不给自己回电,恐怕是山雨欲来风满楼的前兆,黎一鸣的担忧越来越强烈。黎一鸣裹紧皮衣,一头钻进他的雷克萨斯坐骑,刚要发动小车,黎一鸣又摇下车窗嘱咐程子根:"大哥,你马上去找范于波,让他和东海市的严教授通电话,就说根据合同的约定业主该支付百分之三十五的工程款了,也有请严教授督促业主早点兑现。"

程子根双手握拳大声回答:"得令,我这就去。"他两条短腿快速地挪动,不一会儿就消失在黎一鸣的眼皮底下。

岗山镇办事处江永祥的办公室门关得紧紧的,赵则林和江永祥面对面坐了好半响。两个人都愁眉不展,他们无力支付项目部近五千万的工程款,融资在外的款项满打满算节前该收回,不料金融市场瞬息万变,融资方无法连本带利如数返还。江永祥和赵则林如同热锅上的蚂蚁急得团团转,他们想不出更好的办法渡过难关。

"江书记,要不同省里的领导再打个电话,实事求是地告诉领导?"赵则林试探地问江永祥,"岗山镇的项目万一闹起来后果不堪设想。"

江永祥微微叹息:"难啊,打电话给领导容易,可让领导难堪,"心事重重的江永祥不停地拍打自己的前额,"与其让领导被动还不如咱们主动承担责任和风险,想办法拖延工程款的支付才能渡过这个难关。"心绪烦躁的江永祥在办公室来回踱步,"则林呐,关键时刻咱俩得患难与共。明年换届,也许你我都各奔东西,这个摊子别人接手了去咱也就眼不见为净。现在找领导诉苦求救,咱俩在领导面前的努力不就前功尽弃,何苦来着?还是自力更生为好,看看有没有摆得上桌面的理由拖延工程款的支付。"

  赵则林的苦瓜脸拉得好长,他想责怪江永祥机关算尽太聪明,到头来反误了他俩的卿卿性命。赵则林其实是不太赞成江永祥将周胜市用于岗山镇新农村建设项目的财政拨款用于资本运作的,江永祥抬出省里的领导做挡箭牌,他也无法反对,再说江永祥也承诺项目竣工后会向上层游说帮他谋得一个更好的官位,赵则林也就顺从了江永祥的意愿,岗山镇的一把手好歹还是江永祥,党的领导高于一切嘛。如今工程款无法如期支付,一旦项目部的黎一鸣等人带领民工上访闹事,上级领导出面追究,他身为筹建处的总指挥绝对逃不了干系,栽跟头的是他赵则林而不是江永祥。深陷绝境的赵则林思来想去也只得认同江永祥的建议:设法拖延工程款的支付熬过年关再说。赵则林苦苦思索,他真希望应验一句老古话:眉头一皱,计上心来。赵则林的眉头皱了好多次,却没有思索出一条两全其美的好法子,他叹道:"江书记,我真的无能为力,整个工程的主体结构全线封顶,不付款没道理啊?黎一鸣来了三个电话我都没有接听,待会儿说不定他会找到办事处来呢。"

  江永祥用心地听着赵则林的诉苦,他的眼睛逐渐发亮,随之嘴角拉开了笑容。他腆着发福的肚腩三步并作两步冲到赵则林的面前,一把抓住赵则林的右手腕笑道:"则林,有办法了!"江永祥兴奋地叫起来:"我们承诺主体建筑全线结构封顶付款,全线结构封顶的概念应该包括五层楼上面的小阁楼。对,就这么答复项目部,他们将所有的小阁楼全部完成我们才一分不少地支付工程款。"江永祥搓着手连连笑道:"天无绝人之路,小阁楼完成才称得上主体建筑是全线结构封顶,哈哈!"江永祥笑声朗朗。

  赵则林布满乌云的苦瓜脸也云开日出,江永祥甩出的这把杀手锏着实厉害,"到底姜还是老的辣,江书记,我佩服你。"赵则林不断咀嚼江永祥的话语,"有道理,说到天边咱也没有违反合同条款,江书记,你真行。"赵则林朝江永祥伸出大拇指。

  江永祥谦虚地直摆手:"别捧我了。则林,给黎一鸣回电,让他来找你。我嘛,暂时回避,需要支持的话我再出面。"江永祥呵呵笑着送赵则林走出他的办公室。空荡荡的办公室仅剩江永祥一个人,他还沉浸在自己悟出的锦囊妙计的喜悦之中。

  黎一鸣的坐骑刚刚在岗山镇办事处的大门口停下,赵则林的电话就打了过来,抱歉地告诉黎一鸣刚才正在开会研讨工程款支付的事宜,手机则落在自己的办公室,他在办公室等候黎一鸣。

黎一鸣不急于闯进赵则林的办公室,他估摸从项目部到岗山镇办事处大约需要十五分钟的时间,十五分钟之后出现在赵则林的办公室才显得从容不迫,他就靠在小车内打盹。二十分钟后,黎一鸣才下车,他叮嘱张永杰等候自己,晚上他要和手下的几个兄弟好好地把盏尽欢。

赵则林亲自站在办公室的大门口迎接倒出乎黎一鸣的意料,在支付工程款的时候他可是架势十足,那张苦瓜脸拉得就像一条被霜打过的青黄色丝瓜,冷言冷语刺激得人心里很不是滋味,哪会笑容可掬地亲自站在大门口恭迎接驾?直觉告诉黎一鸣五千万的工程款估计有些悬。

热情有加的赵则林让座倒茶敬烟,黎一鸣也不谦让,对赵则林的殷勤来者不拒,他喝茶吸烟就是不言不语,连感谢的话语都不吐出一个字。他冷眼斜睨赵则林,捕捉着苦瓜脸的任何细微变化,他要以静制动,看看赵则林的葫芦里究竟卖得什么药。

赵则林的小九九也打得很精明,试图通过一系列的客套挑起黎一鸣申请工程款的话题,他才会将业主对主体结构全线封顶的概念娓娓道来,他不想和黎一鸣闹得吹胡子瞪眼的,年关将至项目部没有一个子儿,日子实在是难过。毋庸置疑,理亏确实是在业主方。黎一鸣也真沉得住气,只是低头喝茶,默默抽烟,十几分钟憋过去了,黎一鸣还是一句话不说。赵则林沉不住气了,苦瓜脸呈现出愠怒的神色,无奈之中他打破僵局,没好气地问黎一鸣:"连续打我三个电话,黎经理有什么要紧事?"

黎一鸣抬头,细长的眼睛瞟了赵则林一眼。对着天花板吐了一个烟圈,欣赏着半空中的烟圈渐渐向外延扩散,又慢慢地消失,直到在视线中全然消散,他才冲赵则林歪头坏坏地一笑,不紧不慢地说道:"赵镇长绝顶聪明,咋还要明知故问?你不是说刚才正开会研讨工程款支付的事情,会开完了又打电话让我过来,我是召之即来,赵镇长反倒问我有啥要紧事?"

"你!"赵则林摸摸自己谢顶的脑袋,恨恨地射向黎一鸣一道不满的目光。他最忌恨别人含沙射影嘲讽自己年未老发已秃,巧言善辩赵则林不是黎一鸣的对手,他不想和黎一鸣无谓地扯皮,万一黎一鸣在饶舌中设下圈套难堪的是他,索性单刀直入:"没错,我们党委会是在讨论工程款来着,我们绝对会按照合同办,这个原则不变。共产党说话当然要算数,共产党为老百姓谋幸福,我们无私也就无愧。"

赵则林义正词严发挥了好大一通,黎一鸣哪里会认真地听他这番苍白的辩解,只要五千万的工程款到手即可,赵则林的高尚和低贱于他无关。

喋喋不休的赵则林慷慨激昂地叙述完毕,黎一鸣微笑着接茬:"赵镇长说得真好,好吧,咱就按照合同办事。"黎一鸣将五千万的请款报告递给赵则林:"请赵镇长按合同付款。"

办公室内空气骤然凝结,赵则林的苦瓜脸满是尴尬,他不得不佯装看请款报告,苦瓜脸上的表情跟着发生微妙的变化,最后脸拉得老长,他将请款报告朝办公桌上一掷,愤愤地说道:"过分,你们项目部实在是太过分,竟然混淆合同约定的概念,请问黎经理,难道你这个项目部经理不明白主体建筑全线结构封顶包含着五层楼上面的阁楼?阁楼没有完成就大言不惭地跑来要款?我明确告诉你:一分钱没有!你们真正做到全线结构封顶,我办事处一个子儿都不会少你,现在工程没有做到全线结构封顶就来要工程款,没门!"赵则林蹬蹬蹬三步并作两步跑到办公室门口,他一把拉开屋门对黎一鸣做个送客的手势:"黎经理,我没时间陪你,请回吧!"

五雷轰顶,黎一鸣没有料到闭门羹吃得如此之大,岗山镇是要绝他的后路啊!眼前一阵发黑,他摇摇晃晃支撑着沙发的扶手站直身子,想破口大骂赵则林"混蛋",他恨不得立马让海哥出面好好修理这个无情无义的苦瓜脸。黎一鸣没有这么做,他镇定自己的愤怒情绪,他知道自己倘若稍有过激的行为,恰恰会中赵则林的圈套,鸡飞蛋打之后自己还会受到其他没来由的惩罚。退一步先和这个筹建处的掌门人好言说情,从他言谈中捕捉蛛丝马迹再和他较劲。黎一鸣使劲地揉动太阳穴,生硬地挤出笑容朝赵则林恳求:"赵镇长,之前你不是明确表态过,主体建筑的全线结构封顶是完成五层楼面,江永祥书记也说过这话的。"

黎一鸣张嘴起了个头就被赵则林不耐烦地打断,他眼皮都不朝黎一鸣抬一下就很干脆地回答:"我和江书记都可以很负责地回答你,我们用共产党员的党性保证,江书记和我不可能说出这种不负责任的话!你请回吧,我还有事情。"赵则林悻悻拂袖跨出办公室,毫不留情地将黎一鸣单独留在他的办公室。

"赵镇长,赵镇长!"黎一鸣冲着赵则林的背影连连呼唤,他的叫声回荡在赵则林的办公室,远处是赵则林"笃笃"的皮鞋声从楼梯处传来。从不掉泪的黎一鸣捧住自己瘦削的脸,泪水从他的指缝渗出滴落在膝盖上,他真正感到绝望和恐惧,假如业主方的决定传到工地,岗山镇的项目部将全线崩溃,后果不堪设想!

黎一鸣不知道自己是如何回到项目部现场办公室的,他让张永杰将两张沙发合并在一处,自己平躺在沙发上昏昏然睡去。他太累了,没有钱他难以左右整个项目部,他真希望自己从人间迅速蒸发,一切眼不见为净。

程子根兴冲冲地闯进来,向黎一鸣禀告:"老弟,范于波和东海市的严教授通了电话,说严教授会关心工程款的事情。放心吧!这钱马上可以到手。"程子根边说边小心地将门扣上,他最关心的是这笔钱到底有多少份额属于他。至少得让我进账三百万吧?程子根自忖心并不太黑,他准备和黎一鸣摊牌亮出自己的底线,同时也做好了和黎一鸣决战的准备,他绝不甘心在这个项目上只获得一点蝇头小利。

黎一鸣歪在沙发一副蔫了的模样让程子根吃惊,他从没见到过黎一鸣如此萎靡。程子根情知不妙,冲到嘴边的话语全部缩了回去,头皮开始发麻,骨碌碌的眼珠子转动几圈,陪着小心压低嗓子问黎一鸣:"老弟咋睡在这里?病了?"程子根不敢询问黎一鸣到岗山镇办事处催讨工程款的事情,他害怕听到揪人心弦的消息,黎一鸣张口说业主没有钱他就是跳崖也无济于事。

黎一鸣还在熟睡之中,他弓着脊背面朝沙发靠背,把整个脸都埋在沙发堆里,任凭程子根的一再盘问都没有反应。瞧着黎一鸣的模样就像是一具干枯的木乃伊被扔在沙发上,程子根的心软了下来。他挠挠头皮坐在黎一鸣的身边一言不发,按捺住焦急的心静静地等候黎一鸣。

暮色逐渐四合,阴霾从办公室的外面钻进来,逼仄的项目部办公室寂静无声,听得外面有人在惊呼"下雪了",程子根拔脚拉开屋门没好气地训斥道:"嚷你个鬼,小心老子揍扁你!"

天色擦黑,程子根仍在陪伴黎一鸣。他小心翼翼地拧亮台灯,一束惨淡的光亮射向蜷缩在沙发的黎一鸣。黎一鸣翻了个身醒过来,程子根吓了一跳,他看到一张惨白的脸。黎一鸣变了个人似的,活脱脱是一具僵尸映入程子根的眼帘。"老弟,你别吓我?"程子根惊叫,"到底咋的?几个小时都过去了,没听见你说一句话。"程子根给黎一鸣端上一杯热水:"你暖暖手。"

"大哥,"黎一鸣细长的眼睛里两颗素来有神的眼珠黯然无光,捧着茶杯的手在微微颤抖。他低着头说出程子根最为担忧的话语:"赵则林要咱将所有的阁楼全部完成才付工程款。"黎一鸣将头重重地往后靠,紧闭双目。

程子根跳起来:"赵则林这狗日的欺人太甚,我找他算账去!"程子根咬牙切齿:"他不让我们过年关,我和他拼了,大不了一命抵一命。"程子根就像一头失去理性的野猪满屋子地撞墙,"我忍不下这口气,苦瓜脸明摆着是在耍我们,我找他算账。"程子根拔脚就走。

"大哥,"黎一鸣唤住程子根,"要拼命也用不着咱俩,拼了命也拿不到钱,合同约定主体结构全线封顶,必须完成所有的阁楼也不是没有道理。"黎一鸣有气无力地说道:"冷静一下吧,看看下一步该怎么办。"

"没钱就没办法。"程子根又跳又叫,双手握成拳头状使劲砸自己的脑袋,"怎么办？能怎么办？我明天就带上几百个兄弟们到岗山办事处去大闹，看赵则林怎么收场？"程子根像一头被激怒的野猪疯狂地吼叫。

黎一鸣眼睛一亮：政府有明确规定，不能缺少民工的一分钱，民工没钱回家过年理所当然要找业主要钱。只能走上访游行的道了，让程子根带着几百号民工到办事处和市政府上访，看政府如何收场？也许嘉海集团也会有一场好戏开锣。

黎一鸣开始设计后面的部署，业主坚持以完成阁楼作为主体结构全线封顶才付款的条件，政府层面很难做出对项目部有力的支持，最后只能找嘉海集团救场，是嘉海集团和业主签订的合同，咱们只是嘉海集团所属项目部的管理人员，无奈之下的黎一鸣只能将这个包袱甩给嘉海集团。

黎一鸣深思熟虑之后将自己的计划和盘托出，程子根很干脆地回答："一鸣老弟，大哥全都听你的。"

"好，你把范于波和焦保业还有韩长龙他们四个标段的包工头全给我叫来，不能再拖时间，明天先大闹岗山镇。"黎一鸣细长的眼睛露出凶狠的目光，"总不能把人逼得没有活路，所有的民工明天全都出动。"

一场大雪将周胜市银装素裹。凌晨，瑟瑟的寒风中呼啦啦地冒出几百号民工行进在周胜市的大街，打头的程子根和韩长龙高举横幅迎风挺进，横幅上书写着"岗山镇，还我血汗钱！"八个大字。来到岗山镇办事处大门口，游行的队伍分成两组，一组团团包围住岗山镇办事处，另一组向周胜市人民政府办公大楼进发。按照黎一鸣的部署，市政府大楼前的游行队伍仅仅是静坐示威，不得有任何出格的行动；岗山镇办事处的游行队伍必须高呼口号。拟定的口号共三条："岗山镇，还我血汗钱"；"江永祥，我们要工钱"；"赵则林，我们要吃饭"。

赵则林还在温暖的被窝中酣睡，昨天他以不可一世的气势镇住了黎一鸣，真有说不出的快活。赵则林喜滋滋地向江永祥通报情况后乐观地认为支付工程款的后顾之忧已轻松化解，他和项目部黎一鸣的斗智斗勇打了一个胜仗。江永祥提醒赵则林不能掉以轻心，赵则林颇不以为然，他认为江永祥是大惊小怪。当晚，赵则林破例地让老婆温了一盅小酒，乐滋滋地咪上好几口。他坚信自己觊觎的工商局局长的位置江永祥也一定会帮助自己游说。几口酒下肚，苦瓜脸难得洋溢满足的笑容，钻进被窝后赵则林还硬拉着老婆温存一番。

一阵急促的铃声搅了赵则林的好梦，江永祥来电，从没听到江永祥的嗓门如此之大："则林，办事处的大门被工地上的民工包围了，刘市长也来了电话，好多民工在市政府大门口游行示威，我正赶往市政府，你赶快去办事处。记住，咱们是按照合同办事,五层楼之上的小阁楼完成之后才称得上主体结构全线封顶。"江永祥挂完电话后又不放心地再次拨通赵则林的电话,再三叮咛:"则林,一定要坚持,咱们没有违反合同!你赶快让小孔带上合同到刘市长的办公室,我在那里等着。"

赵则林一迭声地称"是",他披上外套,早饭也顾不得吃,趿拉着鞋钻进小车,直驶岗山镇办事处。临到办事处的时候赵则林又多了个心眼,倘若这些民工将他的坐骑砸个稀巴烂岂不是个人损失?让这些无赖民工先在风雪之中冻一冻,尝尝老天给他们的惩罚,我赶回家喝上热腾腾的稀饭,暖和暖和肠胃,再来和黎一鸣他们较量,这个时间差正好能得到江永祥从市政府给予自己的信息反馈,关键时刻明哲保身为第一。赵则林想停当后又驾车原路折回。他再次出现在办事处大门口的时候,民工们在漫天大雪中已苦等了近两个小时。

赵则林的苦瓜脸一露,民工们开始骚动,有人在高呼:"还我血汗钱!我们要回家过年!"赵则林气不打一处来,素日看见他唯唯诺诺的刁民个个都像吃了豹子胆,眨眼之间将他堂堂的筹建处总指挥当作过街老鼠。赵则林破锣般的嗓音在风雪中扯动:"江书记正在市政府汇报你们的事情,我们会根据市领导的指示办事情的,我们一定会按照合同办事。我劝你们先回工地,天寒地冻,风雪交加,不值得。"

"啪"地一声,赵则林的苦瓜脸挨了一个雪球,人群中爆出刺耳的嚷嚷声,一听就是程子根在挑事:"兄弟们别听他瞎掰,咱就是要钱,干活不给钱,没门!"风雪中程子根双拳在半空中挥舞,吼叫声盖过呼呼的北风。"还我血汗钱!"程子根带头冲击办事处的大门,数十个人蜂拥而上将办事处的大门挤破,上百个人呼啦啦如同一阵风轰进岗山镇办事处,像事先有过彩排,十来个人一组迅速地占领办事处的各要道,一条"岗山镇,还我血汗钱!"的横幅高挂在办事处的大门口,歪歪斜斜的黑体大字在皑皑白雪中分外耀眼。渐渐地,围观的人群超过了上访的民工,不明真相的市民三三两两地听取着上访民工如泣如诉的冤情陈述,弱势群体获得了极大的民心同情,社会舆论的导向倾向了上访的民工,个别用心不良者叫嚣着砸抢办事处。躲在人群中的张永杰迅速地将事态的发展及时通报黎一鸣,审时度势的黎一鸣第一反应是暗暗叫好,随之细长的眼睛就眯缝成一条线,眉毛紧蹙暗暗叫苦,程子根打猛仗打过头了,不能有任何妨碍社会秩序的打砸抢行为。他迅速下令:"全体上访者静坐办事处,决不允许有任何过激的行动。"

慌乱成一团的赵则林正幸灾乐祸地等待着闹事者有进一步过激的出格行动,只要违反治安条例他就报警让公安出动,谁料顷刻间上百号民工竟然训练有素齐刷刷地静坐在办事处的各个要道口。赵则林深感棘手,闹事的民工群体背后有推手,毋庸置疑是黎一鸣躲在后面精心策划。气急败坏的赵则林拨打黎一鸣的手机号码,黎一鸣没有接听。恼火的赵则林恨恨地发送了一条短信给黎一鸣:立即清退围攻办事处和市政府的民工,否则后果自负。

令赵则林大跌眼镜的是黎一鸣回了他一条短信:我甘愿和赵镇长共同承担后果。公然和他赵则林叫板。苦瓜脸急得搓着双手躲在办公室团团转,数九严冬的日子他的额头却直冒汗。他陷于束手无策的境地,赶紧拨通江永祥的手机。"江书记,民工闹得越来越凶,"赵则林尽量用夸张的程度描述,"他们团团包围了我,要求讨个说法,还有人扬言要绝食抗议,后果很可怕。"江永祥在电话里没有吱声,赵则林听到江永祥在和市领导汇报他赵则林的陈述。"江书记,该怎么办?"赵则林步步紧逼,"我从窗口看到有人拿绳子准备上吊。"赵则林危言耸听:"我派人上前劝阻却被他们打了回来。"

江永祥终于给了答复:"我和刘市长、市公安局的王局长马上赶来,你让他们派代表和我们政府见面。"

赵则林连连应允,他虽急得如同热锅上的蚂蚁,却还是想看江永祥的笑话,解铃还须系铃人,事到如今当然是你江永祥出面应付。赵则林稳定情绪,苦瓜脸板得紧紧的,他推开窗户朝楼下成群围攻的民工喊话:"刘市长和公安局的王局长还有建设局、劳动局的相关领导马上赶到,你们派代表和我们政府对话,现在是法治社会,所有的事情都必须遵守法律。"

又是一个雪团掷向赵则林:"别听他放屁,咱们打工要钱合情合法。"韩长龙带头叫嚷:"还我血汗钱!"

赵则林吓得连忙紧闭窗户,他不再多吭一声。只等救兵一到,他就卸去一身重担,还能幸灾乐祸地看江永祥的笑话。

远处警车鸣笛,在警车的开道下,几辆挂有周胜市政府牌号的小车在岗山镇办事处大门口停驻。闹事的民工自觉地让出一条路,车上的领导依次下车鱼贯而入办事处的会议室。赵则林赶紧打开自己办公室的大门,三步并作两步走到会议室的门口,满脸谄媚地笑迎上级领导的到来。江永祥与赵则林耳语几句后也跟随领导进入会议室,赵则林的苦瓜脸一副狐假虎威的神情,很有底气地高声宣布:"上级领导要求项目部派代表到会议室开会。"

现场鸦雀无声,没有人敢挺身而出。民工们你望着我我望着你,他们也闹不明白该谁走进会议室与周胜市的官员面对面讨要工资。赵则林瞧见了程子根,紧逮住板寸头不放:"程子根,你是项目部的负责人,你咋不进去?"

程子根拼命地往人堆里缩,他想开溜。一个转身,他发现黎一鸣站在他的身后,程子根像捞到了救命稻草。"老弟,你可来了。"程子根抓住黎一鸣的手不放,

"政府要我们派代表谈判,进去了会不会被他们抓进局里?公安局的王局长也在会议室里呢。"

黎一鸣笑笑:"领导是解决问题来的,连国务院都有指示民工工资一分都不能少,你怕啥?"黎一鸣一甩程子根的手,很有号召力地朝民工群喊话:"程子根经理,各工班组的承包人都跟我进去,咱有理讲理。"黎一鸣带头迈步,程子根和韩长龙等四个标段的包工头也相继进入会议室。

会议室安静得可怕,剑拔弩张,黎一鸣也没经历过这种场面。光脚的不怕穿鞋的,按合同要钱合情合法,黎一鸣自我安慰,竭力显出从容淡定的神色。

刘市长率先开口:"周胜市在省的新农村建设项目闹出民工上访市政府和办事处的闹剧,负面影响不可估量,本着实事求是的原则,市政府委托我和项目部的相关代表见面,我的前提是一切以合同为基本依据。我们先听听项目部的说法,既然合同有约定,为什么会大闹市政府和办事处?"

项目部的所有人不约而同将目光转向黎一鸣,黎一鸣大有我不上刀山谁上的悲壮。他干咳几声,细长的眼睛朝赵则林射出寸步不让的眼神,一字一顿接茬:"嘉海集团项目部和岗山镇办事处的合同约定,主体结构封顶之后业主支付百分之三十五工程款,十天前我们完成这个工程的节点,集团公司也将请款报告呈送给赵则林镇长,赵镇长满口答应没有问题。谁料三天前突然改口,说主体结构封顶包括五层楼之上的小阁楼,按照这个说法我们项目部在春节前是颗粒无收,工地上将近八百名民工的工资要支付,大量的材料供应商也在催款,这不是把我们往死路上逼吗?"

赵则林的苦瓜脸涨成猪肝色,他一拍大腿愤然否认:"我从来没有说过五层楼完成就算主体结构封顶,你们不能为了钱就诬陷我们党的领导干部。"

有黎一鸣打头阵,程子根也跟着跳将起来。他挠挠板寸头瞪着两颗眼珠子朝赵则林吼叫:"你在工地上亲口说过五层楼结构封顶就属于主体结构全线封顶,封顶后马上就付百分之三十五的工程款,你甭抵赖。"

韩长龙和另外三个工班组的包工头也纷纷指责赵则林,声称赵则林说过此话。恼羞成怒的赵则林拍着胸脯信誓旦旦:"我从来没有说过,我以筹建处总指挥的身份再次宣布:阁楼完成之后才算主体结构全线封顶。"

黎一鸣不慌不忙,从口袋里掏出手机打开了录音微笑道:"赵镇长,咱也别争了,事实胜于雄辩,上级领导也在场,我们不妨听听这一段录音。"黎一鸣解释道:"这是赵镇长在现场开工程例会时的说话。"

"沙沙"的录音声中赵则林的话音清晰可辨:"你们抓紧时间在春节前将五层楼的主体结构全线封顶,到时可以拿钱回家过年。"黎一鸣按掉录音歪头问赵镇长:"赵镇长,您的声音我们没法伪造吧?"

赵则林想不到黎一鸣会甩出这道杀手锏,苦瓜脸瞬间像被霜打过蔫了。他一边求救般地将目光转向江永祥,一边抵赖道:"是你们逼着我当场表态的,为了赶工程进度,你们逼着我说五层楼结构封顶之后就算主体结构全线封顶,我考虑大局才匆忙表态的。后面还有我说的话,我说和上级领导商量之后才能正式答复,为什么不把后面的录音给放出来?掐头去尾的断章取义明摆着是讹诈。"赵则林唾沫星子四溅,他不得不编派谎话替自己辩护。

黎一鸣怒不可遏,也一拍大腿奋起反击:"赵镇长,亏你还是共产党的干部,你满嘴白牙胡言乱语就不怕天打雷轰?项目部开会时在座的兄弟们都在,大家都听得清清楚楚,就连你们办事处的小孔也在,我们项目部的兄弟们不能证明,你们办事处的小孔可以证明,你们把小孔叫来当面对质。"

程子根、韩长龙和其他标段的包工头都扯开嗓门叫嚷,赵则林一副死猪不怕开水烫的模样横下一条心矢口否认,霎时会议室就像煮沸的一锅稀粥乱了套。刘市长和江永祥等交换了一下眼色,劝开赵则林。一见江永祥上阵,赵则林更来了劲,他破口大骂黎一鸣是一个不折不扣的黑心包工头:"别以为我不知道,在这个项目中你坑了多少人,赚了多少黑心钱,我堂堂正正一身正气谁都不怕!"

黎一鸣血冲脑门,抓起茶杯就想朝赵则林扔过去,被江永祥厉声喝住:"你们都给我住口住手,还讲不讲王法?这里是周胜市岗山镇党工委的地方,你们谁敢胡来?"

江永祥的话确实见效,会议室刹那间鸦雀无声,脸色气得发白的黎一鸣和苦瓜脸被涂上一层绛紫色的赵则林怒目相对,恨不得你吃了我我吃了你。办事处的小孔推门而入,江永祥正色道:"小孔,你以党性发誓,赵镇长在工程例会上关于结构封顶之后付款的原话是怎么说的?"

小孔不假思索:"赵镇长的原话是可以考虑五层楼的主体结构全线封顶后支付部分工程款,但还是要根据合同来办。合同的约定要等到五层楼之上的小阁楼完成后才能支付工程款。赵镇长也是好心,想有可能的话先支付部分工程款,因为春节临近,民工们都等着钱回家过年,小阁楼在春节前完成是不可能的。"

赵则林又来了劲,大叫大嚷着:"刘市长,领导们,你们都听见了?这才是我的原话,好心反被小人坑,我气不过。"

黎一鸣准备反击,刘市长咳嗽几声,黎一鸣只得隐忍不发。他的内心深深埋下报复赵则林的种子,他要赵则林尝尝既做鬼又做人的后果。刘市长的声音让黎一鸣暂时提起耳朵,他要辨别刘市长的话外之音,黎一鸣深谙为官的说话之道,要学会听话听音。"岗山镇的新农村建设项目全省瞩目,周胜市以率先在全省树立新农村的建设项目试点为荣,发生大规模的民工上访事件令人遗憾。"刘市长迟迟不涉及核心问题,"我们都在讲奉献,为岗山镇的新农村建设项目尽心尽职就是一种奉献,"刘市长话锋一转话音的分贝也开始提高,"共产党办事讲究的就是'认真'二字,合同是认真的保证,很明白工程的主体结构封顶包含五层楼以上的小阁楼,难道说这小阁楼真的就是空中楼阁,是凌空架起?谁有这样的本事,那他一定具备建造仙山琼阁的超人本领,那是神仙。我们是脚踏实地的地球公民,只能老老实实地在五层楼之上建造小阁楼,那么这小阁楼就包括在主体结构的范畴之内。"

赵则林掩饰不住苦瓜脸透露出来的兴奋,插嘴道:"你们听听领导所说,你们好好听听。"他朝黎一鸣投去得意并交织着讥讽的一瞥。

刘市长不满赵则林打断他的说话,他轻轻地叩击右腿的膝盖,用眼色示意赵则林别再多嘴。赵则林知趣地掩嘴,讨好地将脖子伸长,尽量朝刘市长的方向延伸,满脸是全神贯注的表情。刘市长眼皮都未朝赵则林抬一下,反而很友善地冲黎一鸣点头,并报之以一个浅浅的在黎一鸣看来是深不可测的微笑。"市场经济讲究的是资源的合理配置,我们这个项目的资源配置经过市政府慎重的科学考虑,投入的资金也由市财政局同比例地有效划拨,我们不差钱,合同规定要付钱了,那就给,一分钱都不会少。聚众闹事要挟我们政府达到个人私利的满足,门都没有!"刘市长说到激动之处,一下子从座位上一跃而起,走到会议室的中央,"岗山镇的新农村建设项目是我们全省万众瞩目的重点工程,岗山镇办事处之所以和远在东海市的嘉海集团签订这个项目的合同,是基于对嘉海集团的信任,相信嘉海集团的经济实力和建设能力。"刘市长接过赵则林殷勤奉上的一盅香茗呷了一口,口气稍微放柔和,"春节将至,按照合同的明确规定,项目部还未达到主体结构全线封顶的节点,民工的安定问题我们政府不得不考虑,周胜市人民政府和岗山镇办事处会分头发公函到嘉海集团,要求嘉海集团有效地处理,确保我们的农民兄弟拿到钱回家过一个愉快的春节,我们政府根据实际情况也会有适当的支持。"刘市长一锤定音,环视四周后语调变得铿锵有力:"谁敢和法律对着干,我们政府部门都会拭目以待。今天我们市公安局、建设局、劳动局等部门的主要领导都在,相信在法律的框架内,项目部的主要负责人会做出一个理性的选择。带头闹事的既往不咎,两个小时之内立即撤离围攻现场,否则后果自负。"刘市长说完后抬腕看表:"我接下去还有一个会议,各部门的局长和岗山镇的江永祥书记、赵则林镇长与项目部的相关负责人再做有效的沟通,商谈都建立在合同的框架范围内。"刘市长在其部下起身送行的目光中头也不回离开了会议室。

刘市长走后,会议室内喊喊喳喳的声音此起彼伏。项目部的负责人和各标段的包工头诉说处境的艰难,政府部门的官员们表示理解的同时死守合同约定的底线,双方又处在拉锯战的格局。最后江永祥出来做和事佬,提出一个折中的方案:"办事处配合项目部与嘉海集团做有效的沟通,赵则林镇长亲自飞往东海市与嘉海集团的董事长交涉,我们办事处考虑再支持小部分资金帮助嘉海集团解决民工工资的燃眉之急。黎经理,再耗着也是白搭,赶快和嘉海集团联系,政府的公函我们很快就会送达嘉海集团。"

处于两难境地的黎一鸣只能以退为守,勉强挤出笑意回答:"我是无所谓,分文不取也就认了这个命,他们呢?"黎一鸣指着四个标段的包工头:"手下共有八百多号兄弟们等着拿钱回家过节,材料供应商那里欠着一屁股的债,至少有两三千万。各位在座的领导,这春节能不能平安度过我没有底,也许事情发展的后果不会那么简单。嘉海集团也罢,岗山镇的业主也好,不是你掏钱就是他掏钱,我只不过是嘉海集团下属项目部的一个小小管事人员而已,天塌下来也砸不到我的头上。"黎一鸣说罢,投给赵则林恨之入骨的一瞥,甩手扬长而去,程子根和四个标段的包工头也紧跟着追随黎一鸣而去。

黎一鸣径直驱车回到项目部办公室,他真正尝到山穷水尽的滋味。他后悔禁不住程子根的怂恿蹚这个工程的浑水,看来嘉海集团是手中的最后一张王牌,不如聚集几百个民工大闹嘉海,搅他个天翻地覆,看看郑昱嘉如何收场?光脚的不怕穿鞋的,国务院将民工工资的保证发放作为重要的国策三令五申,有这道金牌保护,从嘉海的郑董事长嘴里拔牙也无所畏惧。望着三三两两进入项目部办公室的程子根等人,黎一鸣招手将各位聚拢在一簇,密谋新一轮的大闹嘉海的计划。

程子根挠着板寸头又跳又叫:"咱带上几百个人包围嘉海集团,不怕他郑昱嘉董事长不给钱,他几个亿的身价掏个几千万算得了什么?"

韩长龙陪着小心发表自己的观点:"工地上组织几百个人到嘉海问题倒不大,这来回的费用不小。"

二标段的包工头丁子纯出了个主意:"我有个老乡在东海市承包工程,将他工地上的人雇佣到嘉海去闹事可以节约成本。我们和业主闹事都这样做,雇一个人一天八十元,一百个人也就八千元。"

黎一鸣同意丁子纯的建议,他拍板定音:"就地雇佣是个好主意,我们这里只要去几十个人就可以,其余的就花钱雇佣子纯老乡那里的民工,多叫上些伤残的,抱小孩的,闹到政府那里可以获得同情分。要闹就往大里闹,看看嘉海集团的郑昱嘉怎么对付?"

"还要叫上一些身板子过硬的兄弟们,他们带头挑事可以镇住嘉海集团的员工,到时候该打该砸该抢他妈的都给我上,闹它个天翻地覆。"黎一鸣想了想又补充道,细长的眼睛里跳跃着凶光。

众人又议论了一些大闹嘉海的细节,商议着先看看赵则林代表政府层面与嘉海交涉的结果再说。黎一鸣提醒诸位:"凭赵则林这么点斤两,嘉海绝对不会拿他当回事。我最担心的是岗山镇没有钱,现在的形势逼得我们只能自救,只有靠我们在座的各位兄弟,才能让嘉海乖乖地掏钱,我就不信几百号人马大闹嘉海,嘉海敢不掏钱?"黎一鸣胸有成竹,"到时候咱们静坐东海市市政府,让政府出面为咱们做主,国务院的规定,不能拖欠民工的工资,谁敢和政府抵抗?"

黎一鸣的煽动性话语激得在座的都磨刀霍霍,为了钱他们甘愿上刀山下火海。"鸣哥,谁怕谁?我们跟着你上!"二标段的包工头丁子纯气冲牛斗地叫嚷,众人纷纷附和。

各路人马领得指令纷纷准备,黎一鸣还呆在项目部的办公室里静静思索。他肩头的压力非常沉重。手下的兄弟们跟随着自己远征嘉海纵然是赴汤蹈火在所不辞,倘若颗粒无收铩羽而归该如何收场?只有三十六计走为上策,远离周胜到海哥在东北的朋友那里呆上一段时间再说,这残局就让嘉海自己收拾吧。

室外的雪花越飘越大,漫天雪花中隐隐传来小孩打雪仗的欢笑声。"几家欢乐几家愁啊!"黎一鸣感叹,也许嘉海的董事长郑昱嘉此刻脸红耳热眼皮跳动得厉害呢。山雨欲来风满楼,嘉海集团的董事长郑昱嘉全然无知,他正在普陀山的普济寺内,跪拜在观音菩萨面前虔诚地感谢佛恩,沉浸在菩萨荫庇的无限幸福之中。

19

周末,郑昱嘉从普陀山烧香回东海市的途中又顺道回自己的故乡逗留片刻,晚上他下榻在家乡的老屋。郑昱嘉做了一个好梦,他和严冰在东海市最豪华的酒店举行着一场豪华的婚礼,实现了鱼和熊掌兼得的完美结局,郑昱嘉在梦境中情不自禁地笑出声来。

归途,郑昱嘉心情特别好,他迫不及待地想和严冰见面,就像一个初恋的情人。郑昱嘉真正体会到了何谓情到深处不能自拔,得意地吹起了口哨,是一首老歌《敖包相会》的乐曲。

小车一路朝东海市的方向行驶,高速公路两旁的景物尽管有冬日阳光的照射还是显得单调肃杀,心情甚好的郑昱嘉掩饰不住自己的喜悦之情,凝视着窗外喃喃自语:"冬天到了,春天还会远吗?"郑昱嘉憧憬着鲜花盛开的时候能够让严冰披上婚纱。一想到严冰,郑昱嘉情不自禁地抿嘴而笑,剩下的就是如何与远在澳洲定居的原配好离好散了,郑昱嘉不担心这个问题。

保时捷小车行驶到距离东海市最近的高速公路加油休息站,郑昱嘉下车稍事放松。从盥洗室出来后,郑昱嘉口袋里的手机铃声就响个不停,是秘书小吴打来的。郑昱嘉的第六感应是小吴在向他发出求偶的呼唤,整两个月没有碰过她了,郑昱嘉也有些愧疚,回到东海后今晚还是陪她共度最后一夜吧。明天起就调离她的秘书职位,到彤浩的事业部做个副经理,工资提升二级,也算是对她有个交代。碍于驾驶员在场,郑昱嘉按掉手机的接听键,给小吴发送了一个短信:晚上等我。

短信发出后,手机的铃声再次响起,仍然是小吴的来电,郑昱嘉这才觉得有些不妙,非重大事件小吴绝对不会不断来电,郑昱嘉接听电话。"董事长,岗山镇的赵镇长到了,他带来了周胜市政府和岗山镇办事处分别给嘉海集团的公函。"小吴的声音紧张得直哆嗦,"赵镇长要求嘉海集团认真妥善地处理春节前民工工资和材料供应商的材料款发放。"

郑昱嘉一惊,手机掉落下来,大事不好,岗山镇的工地肯定出事情了!愣怔片刻,他平静地嘱咐小吴:"没什么大事,你就让周总出面好好接待赵镇长,了解具体情况,随时向我汇报。"郑昱嘉原先一颗火热的心瞬间掉进冰窖,一面美妙无比的圆镜映射出的灿烂景致没来由地被外力重重摔落在地,顷刻间支离破碎并在残阳下折射出光怪陆离的怪象,郑昱嘉无法判断眼前这乱象丛生的景物该如何找寻正确的物象,正可谓是遍地荆棘叫樵夫如何下手?郑昱嘉头晕目眩。

回到东海市的郑昱嘉没有回公司,他躲进自己的别墅陷入无尽的愁绪之中。小吴衣着光鲜地如约而至,士为知己者死,女为悦己者容,小吴为了得到郑昱嘉的宠爱打扮得十分精心。郑昱嘉抬眼一瞅浓妆艳抹的小吴气不打一处来,他真想抓起茶几上的水杯掷向小吴,不识时务的臭娘们,还有这份寻欢做爱的好心情!

小吴捕捉到郑昱嘉脸上的愤怒表情,吓得像一头惊恐的小鹿躲在墙角一动不动,眼眶里沁出委屈的泪水。郑昱嘉的心顿时软了下来,对着无辜的弱女子怒发冲冠何苦来。眼帘里跳进小吴婀娜的身姿,丰满的曲线让郑昱嘉欲望的饥渴窜上心头,所有的怨烦与不满全部都扔给她得了,让激情澎湃一下,得以暂时忘却所有恼人的事情,管它春夏与秋冬。郑昱嘉突然之间柔情似水,眸子里闪烁着小吴能够意会的光泽,他向小吴张开了臂膀,却仿佛看到袅袅婷婷的严冰正等待着他这只关关雎鸠。

云雨之欢如火如荼,郑昱嘉的勇猛让小吴如沐甘霖,她惬意地抚摸心仪男人光滑的脊背,眼窝里充溢着幸福的泪花,郑董事长依然爱恋着她,她发誓今生今世只爱郑昱嘉一个男人。

躲在温暖的被窝,郑昱嘉心不在焉地听着小吴温情脉脉的呢喃,思绪却在岗山镇风云诡谲的浪涛之中奔驰,他不知道周总将会给他带来什么信息,他很想给周总打电话。手机就在枕头之下静卧,郑昱嘉却没有勇气。

郑昱嘉醒来的时候,发现小吴已经离开,他起床拉开窗帘,满天翻卷的乌云恰似不祥的征兆,郑昱嘉的心情坏透了。趿拉着拖鞋到盥洗室漱洗,镜子中照出郑昱嘉一脸的倦容,他拍拍自己的脸颊,对着镜子剃胡须,慢条斯理地装扮着自己的仪容,他知道今天会有一场恶仗等着。

郑昱嘉坐在客厅里发呆,揣摩嘉海集团面临的风暴会刮到何种程度。他担忧苦心营造的嘉海大厦会在这场风暴中摇摇欲坠,假如多米诺骨牌效应接连产生……郑昱嘉不寒而栗,心猛然揪紧。他不能在住所多待片刻,必须亲自前往嘉海集团。

郑昱嘉微服乘坐出租车悄然来到嘉海集团,集团公司的表面一片歌舞升平,车水马龙的景象与平时并无二致,宝马、奔驰等名牌轿车一溜齐整地泊在公司大门口的停车位上,借用嘉海资质的各项目承包商前来敲章办理各项工程项目的手续有条不紊地进行着,郑昱嘉从所停泊的轿车就知道有哪些包工头在嘉海办理手续。郑昱嘉站在不远处眺望公司三楼的会议室,灯火通明,郑昱嘉情知周总在会议室与赵则林正在唇枪舌剑地斗智斗勇,他对周总在这种场合公关的智商绝对信任。站在大门外足足驻留好几分钟,郑昱嘉犹豫着是否抬腿步入自己的王国,他极不情愿和苦瓜脸照面。郑昱嘉悄悄地退身踅入旁侧的一条小巷,径直前往距离嘉海集团不远的一处宾馆入住,透过宾馆的窗户他能清晰地瞥见嘉海集团大院的情景。在房间内坐定,他发了一条短信给周总:我在集团公司附近的云海宾馆1822房间,随时和我短信联系。

周总没有回复,郑昱嘉不敢贸然前往公司,他知道一旦现身嘉海,插翅也难逃离这个越转越深的漩涡。他机械地翻阅手机上储存的通讯名录,邹培远的手机号码跳入他的眼帘,郑昱嘉顿时气不打一处来。"鹰钩鼻子,害群之马!"郑昱嘉咬牙切齿,毫不犹豫地拨通邹培远的手机号码。

邹培远正在网上浏览香港凤凰网上的新闻报道,兴致勃勃地沉湎于娱乐行业的八卦新闻,郑昱嘉的来电惊得他一身冷汗,郑昱嘉低沉的声音中夹带着愤怒:"邹处长,岗山镇的赵则林来了。"

邹培远没来得及问清缘由,郑昱嘉"啪嗒"就将电话挂掉。听得手机里传出的"嘟嘟"声,邹培远一时也丈二和尚摸不着头脑,他定了定神想给嘉海的事业部经理彤浩打个电话,问清赵则林空降嘉海的缘由,拨通电话后他又按掉。邹培远也有点气不打一处出来,他抓起搁在办公桌上的一支水笔,在一张信笺上大大地书写"郑昱嘉"三个字,悻悻地对着郑昱嘉的名字发泄:"你算个什么东西,一有风吹草动就拿我开涮,我是你的出气筒?是你的垫背货?想都别想,没门!"邹培远气得鼻翼一耸一耸,他掏出卷烟抽烟解恨,眼睛眯缝成一条线,透过烟雾他看到郑昱嘉凶神恶煞的模样,思索着该和郑昱嘉渐行渐远了。

周总与赵则林在会议室正面交锋,赵则林责令嘉海集团必须严格按照合同办事:"我们市政府办公大楼和岗山镇的镇政府办公大楼都被嘉海集团岗山项目部的民工团团包围,严重影响地方政府的安定团结形象,我们保留对嘉海建设集团法律起诉的权利。鉴于春节将临,我们还是从大局出发,要求嘉海集团保证项目部民工的合法利益,确保农民工工资的发放。"说完,将周胜市市政府的公函以及岗山镇办事处的公函一并递给周总,随同的律师在赵则林的示意下也对嘉海集团提出法律层面上的要求。

周总使出打太极拳的功夫与赵则林周旋："嘉海集团和岗山镇办事处是一家人,我们都有责任维稳。国务院一再强调要保证农民工兄弟们的合法权益,农民工的钱一分都不能少。年关将近,发放民工工资让农民兄弟们高高兴兴地回家过年是我们彼此的责任。"周总话锋一转展开攻势,"嘉海集团在建项目全国各地有好几十个,假如业主方都将支付压力推给嘉海集团,嘉海拿出十个亿也无济于事。赵镇长开口就要求嘉海集团拿出三千万现金支持岗山镇的项目部,我们无法接受。堂堂皇皇的新农村建设项目我们完成了主体结构的全线封顶,又提出,完成五层楼之上的小阁楼才称得上是主体结构全线封顶,业主方以这个理由迟迟不支付工程款,把所有的责任都推向我们施工方,我们怎么来承担?赵镇长,换位思考一下,你作为嘉海集团的掌门人,该怎么办?"周总说着说着不由得也激动起来,"我们都不希望民工闹事,我们双方都有责任和义务妥善解决民工的上访事件,赵镇长,是不是?"

赵则林面对周总的反诘一时语塞,恼羞成怒地猛拍会议桌大声呵斥："我千里迢迢赶到东海市不是来听你周总诉苦和教训的,我们岗山镇办事处是严格按照合同办事情。我丑话说在前面,岗山镇项目部的民工们从前天起就开始包围周胜市市政府办公大楼和我们岗山镇办事处,你们不有效地解决民工们的工资和材料商的材料款,造成民工大闹嘉海集团后果不堪设想。"

周总不慌不忙地接口："所以我们要彼此商量。我们董事长不在东海市,我的义务只是转达你们业主方的建议,无论如何退一万步来说,安抚民工是我们双方的责任,一口咬定让嘉海集团即刻捧出三千万的真金白银,可能性为零。"周总试探性地话语一出便不再吭声,他等待着赵则林亮出底线,他在揣摩业主方是否能拿出一部分工程款应付春节前民工工资的发放。

赵则林不知是计,张口就答："这要看嘉海的支持力度,我们根据嘉海的实际拨款情况考虑给予相应的支持。"

周总张口就答："我会把赵镇长的承诺及时转告给董事长,最终的拍板权由嘉海的董事长决定,也许董事长一口回绝没有钱,那我也无能为力。午餐时间已到,我们先吃中饭。"

赵则林摆手干脆回绝："没有必要,我们还得到嘉海集团所属的地方政府通报情况,我是代表周胜市市政府和岗山镇办事处前来执行公务的,共产党的干部讲究的是原则,免了。"赵则林头也不回大步跨出会议室,走到楼梯口苦瓜脸又转向周总,"我善意地提醒嘉海,刚刚得到信息,大批民工们正在赶往东海市,你们自己看着办吧。"

周总一惊,随即轻松地报之以一笑:"法治社会,共产党的天下,谁敢乱来?赵镇长作为共产党的干部不害怕,我们民营企业更不会害怕。民工正常上访,大家坐下来合情合理地商讨我们欢迎,影响到我们嘉海集团的安定团结,我们也不会袖手旁观,光天化日之下,他们有恃无恐业主方就不应该反思?赵镇长,你们当然有责任!"

"你,"赵则林一愣,他咬着牙狠狠地反驳周总,"好吧,咱们就看着办!"说完拂袖悻悻而去。

周总瞅着赵则林一行驱车离开嘉海集团,赶紧奔向云海宾馆按响1822房间的门铃,郑昱嘉半掩房门朝走廊张望片刻闪身让周总蹑入房内。听完周总一五一十的汇报,郑昱嘉咬着嘴唇半晌不开腔,他在琢磨着这盘棋该怎么下。"是福躲不掉,是祸逃不过,该主动出击才是。"郑昱嘉右手握拳重重地砸向左手心,"你赶紧起草一份情况说明让彤浩火速送到海湾镇徐镇长那里,和镇信访办的王主任见上面,只有借助镇政府的力量才能有效制止这批无赖们的上访。"郑昱嘉掏出一个信封交给周总:"这是五万购物卡,见领导的时候少不了要打点。再让孙副总通知道上的李哥,安排几十个人员负责嘉海的安全,必要的时候杀一儆百也没关系。我担心这批亡命之徒会雇用黑道上的人物,李哥懂得道上的行规,万一他们道上的互相火拼,咱们千万不要插手,就是不知道这批无赖雇佣的是哪帮道上的?反正李哥会摆平,我们就不管了,价格让李哥开就是。另外,你让办公室的小刘赶紧到派出所报案,请求公安派警员支持,李哥解决道上的,我们还得借用政府的力量,白道黑道一起上。我会通知财务部门赶快调一部分现金,万一政府部门出面协调,支付民工工资还是我们的事情。周总,"郑昱嘉一脸的怨艾,双手握拳使劲地砸自己的太阳穴:"我当初怎么会稀里糊涂地答应嘉海集团和岗山镇签订这么个合同,鹰钩鼻子和严老夫子把我害惨了,我咽不下这口气。"

"董事长,恕我直言,还不是你的做大做强方针造成的局面。"周总实事求是地回答郑昱嘉,"邹处长和严教授对嘉海集团无论如何都是功臣,没有邹处长,嘉海集团的资质到现在还停留在三级,哪里有这么多的机会?没有严教授,海湾镇的政策照顾哪里轮得到嘉海集团?嘉海集团光在海湾镇购买的一百亩土地郑董事长赚了多少?董事长应该辩证地看问题,岗山镇的项目出了问题,也许是好事情,至少企业在规避风险方面对我们是个教训。董事长也别见怪,我是话糙理不糙。"

郑昱嘉没有驳斥周总,平心而论他还赞成周总的说法,眼下应付即将爆发的民工骚乱为头等大事,郑昱嘉四仰八叉躺在床上,瞅着天花板一字一顿地吩咐周总:"快两点钟了,你还是赶快将这几件要紧的事情落实妥当,我们不能坐以待毕。我这几天就住在这里,露面的事情就全交给你了。除了公司里的几个核心人员之外,千万不要将我的行踪暴露。"

目送周总离去,郑昱嘉盘算着嘉海大概要拿出多少资金才能摆平即将到来的民工风波。他暗暗盘算,即使岗山镇办事处同比例支付工程款,嘉海集团不掏出上千万现金过不了这个关口,郑昱嘉心疼得不住地揉自己的心口,这比剜他身上的肉还要难受。他发誓要让鹰钩鼻子尝尝种下苦果的滋味,严于信老夫子也不能逃脱干系,谁让他郑昱嘉遭劫,他就要让谁饱尝同样的苦果。

两小时之后,各路信息都传送给了郑昱嘉,各路人员一一落实郑昱嘉的部署。郑昱嘉稍稍松了口气,懒懒地撑着身体挪动步履走到窗前,拉开窗帘朝集团公司眺望,气恼地朝墙壁砸上一拳,"是可忍孰不可忍!"目光所及之处,郑昱嘉大吃一惊,两眼发直,愣怔半响。远远地,他望见嘉海集团人山人海,集团大门口一条白底黑字的横幅高高悬挂,十几米之外就能醒目地扫见"嘉海集团,还我血汗钱!"黑压压的人群将嘉海集团的整个大院挤得水泄不通,粗略估计至少有近二百号人。郑昱嘉头晕目眩,再次将自己重重地扔在床铺,双目紧闭。他不敢设想局势发展的走向。

躺在床上的郑昱嘉越想越气愤,他将所有的愤恨都迁怒于邹培远和严于信。他再次拨通邹培远的手机:"邹处长,几百个民工包围住了嘉海,他们要嘉海发工资,还有一些材料供应商也大闹着要嘉海支付材料款。公司所有的人员都被围困在办公室,谁都出不了门,好壮观的景象,你亲自莅临来个感同身受。"

邹培远"唔唔"地应付了一声。"嘉海看来在劫难逃。"邹培远对着天花板发呆。好久,邹培远才鼓足勇气给严于信发了一条长长的短信,告诉嘉海集团遭遇岗山镇民工围堵的消息,他寄希望于严于信能够挺身而出,也许老夫子还能够有化险为夷的本事。

严于信很快就给邹培远来了电话,邹培远在电话里一惊一乍,连连叫道:"于信兄,大事不好,岗山镇至少有二百多个民工包围了嘉海,郑董事长盼着你能够出面化干戈为玉帛,他让我转告你这个消息,希望你能够出面协调解决。"

严于信没有吱声,邹培远着急,一叠声地催促严于信:"老兄,躲在幕后无济于事,解铃还须系铃人,那些民工们也都吵嚷着要见你的面呢。整个嘉海集团乱成一锅粥,郑昱嘉又不好意思打电话给你添麻烦。"

电话那头,严于信沉默良久才答道:"知道了。"

与此同时,郑昱嘉也给严于信发送了一条短信:尊敬的严教授,您所引荐的岗山镇项目危机四伏,几百个民工团团包围我嘉海集团,给嘉海集团的形象抹黑姑且不说,对公司员工的人身安全也造成极大的危害。

严于信卧病在床，严重的高血压和其他疾病正慢慢地吞噬着他的健康肌体，郑昱嘉的短信让他明白事态的严峻性，他将郑昱嘉的短信反复地看上几遍后，明白自己该赴汤蹈火应对这可怕的场面，邹培远和郑昱嘉都在逼他挺身而出。严于信不愿被郑昱嘉和邹培远指着脊梁骨痛骂临阵逃脱，是他严于信酿成的大祸，他责无旁贷，他准备亲自面对闹事的民工晓之以理，哪怕有去无还他也认为义不容辞。严于信支撑着病体穿戴停当后，拉开抽屉取出一张银行卡，跟老伴简短地说了声："我到女儿那里去看看。"老伴心疼地苦劝严于信让严冰过来也无妨。严于信摇头回绝，无奈之下，老伴只得再三吩咐严于信早去早回。

严于信走出大楼，回眸眺望自己的屋宇，老伴正在阳台上看着自己，严于信昏花的老眼渗出两颗泪珠，他抹抹眼角义无反顾地迈开脚步，大有风萧萧兮易水寒，壮士一去兮不复还的悲壮。

嘉海集团的大门被民工们封锁，集团公司的人员只许进不许出，韩长龙还让人买了一把环形锁，将大门锁死。赵则林不知什么时候出现在人群之中，苦瓜脸朝沸腾的人群声嘶力竭："我代表周胜市人民政府和岗山镇办事处党工委已经和东海市滨海区的海湾镇人民政府以及嘉海集团通报岗山镇项目的情况，要求嘉海集团正视现实及早处理民工的上访事件，迅速解决民工的工资和部分材料商的材料款，让大家过一个安稳的春节。同时我也可以表态，岗山镇办事处针对嘉海集团所表现出的诚意也愿意支持部分工程款，假如嘉海集团不拿出钱来的话，我们岗山镇办事处就一分钱不掏。"赵则林煽动性的蛊惑引发现场民工阵阵鼓噪，有人在高呼口号："嘉海集团，还我血汗钱！"

赵则林点了一把火之后，不失时机地离开了嘉海集团，闪身来到集团附近的云海宾馆开了个房间入住，他要等待出现转机之后向远在周胜的江永祥汇报。临行时江永祥有明确指示，一定要等到嘉海集团承诺支付民工工资的结果尘埃落定才能返回周胜，千万不能将闹事的民工再次引向周胜。眼见民工们将所有的矛头都针对嘉海集团，赵则林躲在宾馆里偷着乐，岗山镇的压力看来可以解脱，他和江永祥该松一口气了。

孤身一人的周总面对民工群，扯破了嗓子也没法安定骚乱民工的情绪，有人在砸嘉海集团的铭牌，有人则将嘉海集团大堂的设施砸个稀巴烂，怀抱婴儿的闹事妇人坐在地上又哭又闹，几个残疾人坐在轮椅上哭诉着自己在工地上干活造成工伤，嘉海集团竟然没有人性化的关怀，引得不明真相的过路人极大的愤慨，纷纷谴责嘉海的黑心老板太不讲人情。

110赶到现场，如此之多的民工唬得干警们一大跳，简单地履行公事作一番情况了解便告诉周总，他们没有办法解决这种群体闹事，没有产生肢体冲突就没有办法干预,还是自己协商解决为好。地方上的派出所民警接到报案后也赶往现场,说法和110的干警相同,他们不能参与公司内部的劳资纠纷,只要没有肢体上的冲突,没有人身伤害的现象,他们不便介入。

有恃无恐的民工更加来劲,有人爬上窗台扯起第二条横幅:"黑心嘉海,还我血汗钱!"寒风中,两条抖动的横幅分外耀眼,刺眼的黑体大字诉说着民工们的无限辛酸,引得路人纷纷驻足观看。嘉海集团的空旷场地到处是烟蒂和大小便,成百名的民工有哭有闹,有笑有叫,几个妇人掏出随身携带的毛线心安理得地织起毛衣,有人干脆席地铺几张旧报纸掏出扑克牌玩耍起来,举目四望,嘉海集团一片狼藉。

足足僵持了几个小时,黄昏逐渐降临,一张无形的网在嘉海的外围悄然张开,和嘉海集团有约的李哥带领着五十多个所谓的安保人员无声无息地团团包围住嘉海,李哥不事张扬地在闹事的人群中转了一圈,心中有了谱,他发短信告诉郑昱嘉,闹事的民工中有一大半是被雇佣的盲流,倒不像是道上的,闹事者中没有一个懂得道上的暗语。郑昱嘉回复李哥表示感谢,他让李哥坚持一个晚上,一旦有激化的态势,李哥就出手教训个把刺头。李哥让郑昱嘉放心,他会控制整个闹事现场。

李哥与郑昱嘉沟通完信息,迅速地安排手下的兄弟们三三两两穿插在闹事的人群中,几个极为张扬的刺头身边至少有三个李哥的手下紧随其身边。现场闹事的民工群突然冒出一大批年龄相仿制服统一的保安,闹事的民工出现骚动,个别被雇佣者拿到了出场费见情势不妙悄悄地打起退堂鼓。韩长龙凭经验就知道是道上的,心里也开始发怵。他和丁子纯咬耳朵:"坏了,嘉海把道上的叫来了。"韩长龙着急地给躲在背后的黎一鸣发送短信请求指示。黎一鸣迅速回复:稳住,咱闹咱的,动手咱就豁出去,先让嘉海给兄弟们提供晚饭。

就像彩排过一般,所有的民工集体叫嚷:"我们要吃饭!"几百个人的声音震得连住在云海宾馆的郑昱嘉也听得清楚,郑昱嘉困兽犹斗,斩钉截铁地回绝周总的请示,一粒米都不给!

周总没有遵从郑昱嘉的指令,他不忍心看着瑟瑟寒风中的民工忍饥挨饿,自掏腰包购买了几百份方便面分发,嘉海集团处处飘散着方便面的气味。一片稀里哗啦的吃面声中,严于信迎风冒寒出现在嘉海集团的大门口,他从未经历过如此的场面,被强烈震慑住了。衣衫褴褛的民工让严于信悲悯之心骤升,他悲叹自己的造孽,自责酿成这场大祸,倘若能化干戈为玉帛,他个人的安危甘愿置之度外。

严于信站在嘉海集团办公大楼的门口,浸润书海数十年的老夫子悲从中来,他不明白自己怎会卷入这场八竿子也打不着的风波,一介书生竟然被推到风口浪尖。他下意识地捏捏藏在胸口的银行卡,他的防御底线维系在这张银行卡上。

韩长龙一眼瞧见了严于信,就像抓到了救命稻草,韩长龙迫不及待地向黎一鸣报信。黎一鸣回复:让严教授在会议室等,我和子根大哥待会过来。

门锁一打开,严于信就抬起沉重的步伐跨进嘉海的办公大楼,一转身,他发现大门随即就紧锁上,他被囚禁了。严于信早就将自己的生死抛在脑后,一缕凄楚的苦笑在嘴角稍纵即逝。他拾级上楼,两条腿就像被灌了铅般沉重,把着楼梯的扶手低头彳亍,他终于艰难地走到二楼。黑压压的人群塞满整个二楼,碎纸和砸烂的办公用品"横尸过道",每一间办公室都被民工们折腾得凌乱不堪,景象凄惨,浑浊的空气令严于信几乎感到窒息。

嘉海的员工被民工们关押在二楼的休息厅,约有十来个五大三粗的民工把持着休息厅的大门,员工们都被软禁,就是上厕所也得民工们押解,好在周总购买了方便面让员工们聊以充饥。

严于信继续低头拾级而上,冷不防,一个矿泉水瓶砸向他的脑袋,污秽的叫骂声奔向严于信:"狗日的,还我血汗钱!"

严于信没有抬头,佝偻着身子向三楼的会议室走去,周总在会议室迎接严于信。"严教授,你没有必要过来,你对付不了他们。"周总心疼地劝慰严于信,他让严于信在会议室的角落坐定。

严于信开言:"您周总不是也在?"严于信圆圆的眼睛流露出感激的神情:"是祸躲不过,我有准备。"

周总悄悄地和郑昱嘉通话,郑昱嘉回复:让周总和严于信代表嘉海集团和民工代表谈判,坚决不答应支付工资,要工资就得找业主。尽量拖延时间,迫使民工们沉不住气后自动离散。

周总苦笑着将郑昱嘉的指示悄悄地告诉严于信,他和严于信还有嘉海集团的其他几个负责人在静静地等待,闹事民工的幕后指使者该出场了。

黎一鸣和程子根就在距离嘉海不到百米处的一个茶室遥控,黎一鸣冲着急得像热锅上的蚂蚁一般的程子根狡黠地眨眨眼睛:"大哥,正戏开始,咱该上场了。"

程子根直嚷嚷:"我急得快发疯了。"他挠着板寸头一脸的兴奋,满脸的横肉随着嘴角吧嗒吧嗒的抽搐不住地抖动:"老子当兵的时候就天不怕地不怕,脑袋掉了也就碗口大的疤,豁出我这条命也要和嘉海拼一把。"

黎一鸣笑笑:"没这么恐怖,大哥。"黎一鸣将半截烟掐灭在烟灰缸,掸掸皮大衣上的烟灰,伸个舒适的懒腰,又慢悠悠地扭动腰部:"严于信出马,是个好兆头,咱得先下手为强。大哥,你尽量别多说,我自有办法。"

黎一鸣和程子根闪现在嘉海集团,韩长龙和丁子纯如遇救星,哈巴狗似的围着黎一鸣诉苦:"鸣哥,您看,这些人都是嘉海派来的打手。"韩长龙指指点点混迹在闹事民工中的保安:"身手好得很,有的兄弟被教训过。"

黎一鸣找到发飙的切入点,他朝在场的民工们挥手示意安静:"兄弟们,咱为嘉海打工,嘉海天经地义该发咱工资,说到天边咱也有道理,政府也支持咱,咱不怕。"黎一鸣竭力让自己的话音显得抑扬顿挫富有号召力:"嘉海的老板心太黑,咱卖命地替他把工程完成到结构封顶,却不发钱给咱过春节,难道咱们都去喝西北风?有理走遍天下,兄弟们,我把话撂在这里,嘉海不给钱,咱就不回家。"

煽动性的话语激起闹事的民工群情激奋:"我们听鸣哥的!我们跟着鸣哥走!嘉海的黑心老板滚出来!还我血汗钱!"此起彼伏的呼叫声震耳欲聋。黎一鸣潇洒地右手叉腰,左手向天空一扬,慷慨激昂地说:"兄弟们先安静,我和程子根经理还有韩长龙、丁子纯等兄弟和嘉海正式谈判,我一定会给兄弟们满意的交代。"

黎一鸣在前呼后拥中看着韩长龙打开紧锁的嘉海办公楼大门,昂首挺胸迈步跨入办公大楼,程子根、韩长龙、丁子纯等人相继进入。黎一鸣一行大摇大摆在会议室坐定。恍若隔世,这个会议室黎一鸣出入过多次,每次都怀有别样的心情在这办公室和嘉海集团的头儿、岗山镇的业主斗智斗勇。嘉海的会议室是黎一鸣的福地,在这个会议室屡屡交手都得胜而归,黎一鸣很有信心地等待着和嘉海委派的代表过招。

周总挺有礼貌地与黎一鸣等人拱手务虚,黎一鸣一言不发,静听周总敷衍。周总言毕,黎一鸣指着团团围在身边的闹事民工蛊惑道:"都听见了吧?嘉海的答复归根到底就是一句话:'要钱找岗山镇。'我闹不明白,咱们是在替嘉海打工还是替岗山镇卖命?我们从来没有和岗山镇办事处签订过任何合同,我们手里拽着的都是和嘉海签订的承包合同,兄弟们,我们究竟该问谁要钱?"

不啻是一声炸雷。黎一鸣话音刚落,一个彪形大汉冲到周总的面前当胸一拳,"狗娘养的东西,你他妈的是猪啊!老子今天整死你!"他将会议桌上的一杯茶水泼向周总。

周总没有反击,他用纸巾抹去溅在脸上的茶叶碎末,仍然陪着笑脸:"兄弟们情绪激动我可以理解,我们商讨一个合理的解决方法,你们辛辛苦苦从周胜赶到东海,为的就是寻找一个解决问题的方法,我们不是在协商吗?"

程子根跳起来:"跟你这个郑昱嘉的走狗有啥好协商的?我们很简单,拿钱走人,你给我们五千万,我们马上就走。"

周总笑脸依旧："程经理，我们该是很熟悉的了，别说嘉海没钱，就是有钱，半夜三更的银行也不会开门。"

"狗日的，还真的蹬鼻子上脸，竟敢教训我？"程子根抄起一把椅子，双手举过头要砸周总。

严于信不知从哪里来的勇气一声怒喝："住手！"圆圆的眼睛怒光射向程子根。"天下还有王法！"严于信劈手夺过程子根高举的椅子，狠命朝地下一掷，"嘉海在岗山镇的项目是我引进的，所有的责任我会承担，你们冲我来吧。有理我和你们讲理，没理我们上法院论理。"

"啪"，严于信的右腮被韩长龙捆了一巴掌，"你算哪根葱？"韩长龙翻身跃上会议桌，手指直戳严于信的鼻梁，"你还有脸在这里说话？你这个魔鬼，害得我们倾家荡产，你还我的血汗钱！"韩长龙又一个翻身跃下会议桌，他揪住严于信的衣襟死命推搡，呜呜号啕："我们这些兄弟都被你害惨了。"

黎一鸣猛拍会议桌："都给我住手！"他担心韩长龙说出出格的话，于他不利，他黎一鸣还有把柄握在韩长龙的手中，这些小人有奶便是娘，为了几个小钱出卖他黎一鸣那才真正的不划算。该他左右场面了，一旦闹出人命谁都吃不了兜着走。"严教授说得对，咱有理讲理。放心吧！有政府给我们撑腰，我们走到天边都不怕。"黎一鸣情知严于信是战胜嘉海的一张王牌，岗山镇办事处、嘉海集团和项目部最后都离不开严于信的出面协调，既然严于信敢于挺身，就有解决问题的契机。他务必逼宫严于信，让他乖乖地被项目部牵着鼻子走。"严教授，不是我们兄弟们做事过分，他们都被逼得走投无路。年关到了，辛苦一年一个子儿都没见着，谁不寒心？人心都是肉长的，严教授，眼看着兄弟们两手空空的，他们无颜见家乡的父老，您是大教授，您说该怎么办？我们都听您的，只要不让兄弟们空手回家。"

黎一鸣话音不重，却句句紧逼，严于信听来觉得句句中肯，认为黎一鸣说的是实情。他抖索着从贴身口袋掏出一张银行卡："这是我一生的积蓄，总共有二百万，你们先拿着解决眼前的危机。"

"严教授，您别，"周总想要阻拦也来不及，黎一鸣一把抢过严于信递给他的银行卡。周总噙着泪花哽咽着数落严于信："千不该万不该，也不应该严教授您掏钱哪。"

严于信淡然一笑，圆圆的眼睛流露出令人费解的欣慰："我也是周胜人，我知道你们打工的不易，你们相信我的话，我和周总明天同嘉海的董事长再做沟通。我想郑董事长不会见死不救，周胜市的领导和岗山镇办事处我也会出面尽量协调，我一定给大家一个满意的交代。半夜三更的，我劝大家还是休息吧，请你们相信我。"严于信起身鞠躬。

话说到这个份上,黎一鸣再痛打落水狗反而陷自己于不义,况且严于信掏出了二百万,也总得给他个面子,逼急了严于信,那后面的事情也没办法展开。黎一鸣心知肚明,离开严于信,他也就竹篮打水一场空。今晚再耗下去也无济于事。黎一鸣也累了,明天还要奋战,郑昱嘉这个难缠的主没有现身,一切都是未知因素,倒不如落得个顺水推舟。"我们都相信严教授,我同意明天继续和嘉海谈判,严教授,您定个时间吧,我们都信任您。"黎一鸣细长的眼睛跳动着温和的目光,看着严于信。

周总先跟严于信悄悄商量,又和黎一鸣协商,双方一致同意明天上午九点在嘉海进入实质性的谈判。

黎一鸣一行终于撤离嘉海,嘉海的员工们如遇大赦一般争先逃出囚禁之地,为保障员工的人身安全,周总宣布明天除集团公司的主要领导留在公司之外,其余的员工均放假休息。

子夜时分,嘉海集团迎来了一片静谧,走出嘉海的办公大楼,严于信在寒风中摇摇晃晃,他在周总的搀扶下前往云海宾馆休息,郑昱嘉还在等待他们。"严教授,岗山镇的项目是个无底洞,您不应该将一辈子的血汗钱给黎一鸣,您的心太善良。"周总哽咽,"您背不起这个负担啊!"

严于信心如止水,平静地回复:"宁可天下人负我,我决不负天下人。"一语说完,严于信一阵头晕目眩摔倒在地。

周总惊呼,严于信没有应答。周总赶紧拨通彤浩的手机:"快开车救严教授到医院。"

翌日上午九时,黎一鸣一行准时来到嘉海集团,不见周总,也没有严于信的身影。值班人员告诉黎一鸣严于信生病住院,周总陪伴在旁。黎一鸣闻言大怒,觉得自己像个猴子被人耍了。"狗日的,二百万打发叫花子就逃之夭夭。"黎一鸣咬牙切齿,"看谁玩得过谁?"

黎一鸣一个电话召唤韩长龙:"马上从东海市的建筑工地召集三百个民工到嘉海集团,我们真刀实枪和嘉海玩一把,上街游行,控告嘉海,让嘉海在东海市声名狼藉。"

程子根一脚将嘉海的大门踹个洞,发疯般地叫嚷:"老弟,早该这么干了,我恨不得一把火把狗日的嘉海烧成灰烬。"

黎一鸣笑笑,歪着头欣赏恢宏的嘉海集团办公大楼,字斟句酌:"这把火要烧得郑昱嘉一辈子心疼,永世不得翻身,他才知道我们周胜人的厉害。韩长龙他们组织的人马很快就到,这次每人发一百元,我用三万元闹他个天翻地覆,到时候再叫郑昱嘉加倍呕出来还给咱。"

一支壮观的游行队伍出现在嘉海集团的大门口,黎一鸣挥臂高呼:"兄弟们,嘉海的董事长不让咱活命,咱就找政府说理,出发!"

队伍浩浩荡荡地向东海市人民政府进发,打头巨大的横幅迎风招展:"嘉海,还我血汗钱!"程子根和几个壮汉手捧嘉海集团的各项奖牌走在最前面,韩长龙和丁子纯高举横幅紧随,斗大的五个字刺目耀眼:"还我血汗钱!"十几辆残疾车殿后,每辆残疾车的方向盘上插着一面血书的标语:"我要活命!""我要生存!""政府做主!"紧接着是几十个怀抱婴儿的妇女一路啼哭,唱歌般大呼小叫,一路泣诉,让人好生哀怜。几百米长的队伍中,上百个衣衫褴褛的汉子沿途高呼口号,整条大街淹没在参差不齐的呼喊声中,东海市数十年来第一次爆发惊心动魄的民工大游行。黎一鸣隐藏在游行的人群中随时调整进攻的策略,他坚信哀兵必胜。

海湾镇的党委书记许波接到紧急情况报告:属地的嘉海集团爆发民工游行的浪潮,浩浩荡荡势不可挡地朝东海市人民政府办公驻地进发。上级责令许波迅速平息事态的扩大,随时向区政府汇报态势发展的情况,绝不能让游行大军进入到市中心。东海市的高层也被震惊,领导批示下达:就地解决,责令嘉海无条件地支付民工工资。

政府机器有效地运转,转眼之间公安人员出动,阻挡游行队伍的前进步伐。许波书记亲自在路口喊话:"农民兄弟们,我代表海湾镇政府向你们保证,合法的利益一定会得到保证,政府会给你们一个满意的交代,请你们派代表和我们谈判。"

程子根哪里买账,他将捧在手里的嘉海集团的奖牌踩在脚下,双手高举呼喊道:"兄弟们,别上当,我们要东海市的市长和我们见面。"

民工们一呼百应:"我们要见市长!"游行的队伍在程子根的煽动下继续前行。

数十个公安干警一字横排拦在路口中央,游行队伍中止前进的步伐,闹事的民工没有见过这样的阵势,开始出现骚动,一些被雇佣的盲流做好开溜的准备,反正他们一百元钱已经到手。程子根跺着双脚,破锣般的声音在萧萧寒风中分外刺耳:"兄弟们,东海市的政府不讲道理,咱们上北京,到中南海。兄弟们,不要怕!"一时间剑拔弩张,情势凶险。

挤在游行队伍中间的黎一鸣感觉不妙,他冲出来奔跑到队伍的最前面。黎一鸣张开双臂阻拦队伍,扯着嗓门大声吼叫:"兄弟们,咱们听政府的,相信政府会给咱们一个满意的答复。"黎一鸣深知事态扩大到引起政府高层的震怒,鸡飞蛋打是最终结果,再粗的胳膊也拧不过大腿,该收手了。组织民工游行的效应显现,让政府出面逼迫郑昱嘉现形,迫使郑昱嘉签城下之盟才是黎一鸣所要的,目的已经达到,再无休止地闹下去,他黎一鸣说不定回不了周胜过春节。

疾风暴雨般的骚动有效地得到遏制,瑟瑟的西北风中,黎一鸣的声音清晰地送进每个人的耳里:"兄弟们,咱们有理讲理,我们相信政府,我们跟着政府走。"说罢,黎一鸣带头走向许波书记:"领导,我们听从政府的,我们跟你走。"

许波书记用心打量黎一鸣一番,点头道:"我在海湾镇信访办亲自接待你们,告诉你手下的农民兄弟,政府会让嘉海给你们一个满意答复。"

几百个民工在警车的引导下,一路向海湾镇镇政府进发。沿途市民排成长长的两行队列,夹道目送这支特殊的队伍,议论的声音不时传入黎一鸣的耳朵:是为嘉海集团打工的民工,他们向老板要钱;黑心的老板自己赚得钵满盆满却一毛不拔实在可恶;嘉海在东海市的名声搞臭了;农民工也真可怜。

海湾镇信访办的接待大厅被几百个农民工挤得水泄不通,大部分民工只得站在露天的大院,信访办主任和几个相关的工作人员临时做出调整:残疾人和怀抱幼儿的妇女在接待大厅避风寒,其余的壮年劳动力就在空旷的露天大院等候,黎一鸣、程子根、韩长龙和丁子纯等人则随信访办主任到二楼会议室等待嘉海集团的代表到来,许波书记亲自主持劳资双方的协调会,镇长、信访办主任以及区建设局局长等如数出席。

嘉海集团的周总来了,严于信在彤浩的搀扶下也来了,许波书记看到严于信,赶紧上前搀扶,他知道严于信是沈区长的老师。严于信苦涩地笑笑,摆手示意什么话也别说,他找个角落坐下。嘉海集团的其余几个副总也一一到来,岗山镇的赵则林携带着律师也悄然出现。在镇政府的主持下,嘉海集团与岗山镇的项目部就农民工工资和材料商的材料款等支付开始了正式谈判。

直奔主题,赵则林率先介绍基本概况,他将复印的合同一一递交给海湾镇的几位在座领导,不厌其烦地重复岗山镇政府严格履行合同,在五层楼之上的小阁楼全线完成后就如数支付合同约定的工程款。临了,赵则林还高调重复:"尽管嘉海集团层层分包造成今天被动的局面,业主方本着人道主义的精神还会支付五百万工程款用于农民工工资的发放,但嘉海集团要保证农民工不再上周胜市和岗山镇政府部门上访闹事。"

信访办主任接着发言:"从合同上看,岗山镇的业主没有违反合同条款,我们也感谢业主能够顾全大局支持部分工程款,当前最重要的是保证农民工工资的发放,让我们的农民工兄弟们能回家过个安稳的春节,现在我们要看嘉海集团是什么态度。"

周总被逼上梁山,按照郑昱嘉的指示一切以平息风波为主。他开始表态:"嘉海集团的管理出现漏洞,造成大批民工的上访,我深表遗憾,解决农民工的工资是头等大事,嘉海集团愿意配合。"

供应模板和混凝土的材料供应商跳起来:"我们垫资到现在,得到的材料款连个零头都没有,我们也要过春节。"

区建设局局长表态:"由政府出面协调解决农民工的工资,按规定支付的比例是实际工程量的百分之二十五,根据实际的产量确定工资的额度,你们双方核算一下,工资支付的比例是多少?至于材料供应商的材料款,你们直接和嘉海集团交涉,我们政府只负责协调农民工的工资。"

许波书记宣布:"暂时休会,半小时后确定民工工资的具体数额,嘉海集团无条件落实。"

"等等,"半道上又杀出个程咬金,程子根叫道,"我们所有的兄弟们从早上到现在一粒米都没有进,政府应该关心一下吧?"

许波书记愣了愣,不知道该如何回答程子根这个问题。信访办主任接口:"周总,是你们嘉海集团的员工,你们该好好安顿。"

"这个,"周总稍微犹豫,他想不到程子根会抛出这么个烫手山芋,"我请示一下吧。"

严于信撑着桌子站起来。"请让我说几句,"面色苍白的他声音颤抖,"我既是局外人,又是当事人,各种原因不再细说。感谢海湾镇的领导出面协调解决,我深表感谢。"严于信朝许波书记等海湾镇的领导一鞠躬,然后抖索着从口袋里掏出1万元,"我这里还有1万元现金,"严于信递给程子根,"你们先拿去解决农民工的午饭吧。"严于信又朝程子根一弯腰:"我也拜托你们,千万别再闹下去了,求求你们。"严于信捂住脸趴在桌上泣不成声。

许波书记大为惊讶,他将严于信轻轻地扶在原座位坐下。"严教授,严教授。"许波书记连连呼唤,他又对在座的所有人吩咐,"你们都出去吧,半小时后再集中。"

协调会议再次进行,严于信不在,许波书记派人陪着他在其他休息室安歇。粗略框算,材料款不计算在内,民工工资还需要一千二百万,岗山镇支持五百万,严于信提供了二百万,嘉海集团需要拿出五百万。信访办主任当场拟就协调书,岗山镇的赵则林、嘉海集团的周总和项目部的黎一鸣分别代表三方签字确认,并确定发放的具体时间。

许波书记最后发话:"政府协调到此结束,各方严格按照协调书的约定执行,还有什么不同的意见？我得马上向区委书记和区长汇报协调的结果。"

周总提出嘉海方面的要求："各位领导，鉴于现场很多农民工的身份我们还不能完全确认，还有许多农民工兄弟正在工地上等待，按照董事长的要求，所有农民工的工资在施工现场凭身份证和各标段的承包老板的签字确认，最后项目负责人黎一鸣经理核对完毕，我们才能逐一发放。"

程子根跳出来指着周总咆哮："你这条郑昱嘉的看门狗，竟敢不相信我们？没门，嘉海必须当场将五百万拿出来。"

许波书记极为愤怒，一拍桌子："不许无礼，嘉海集团的提议完全正确，我们支持。"

赵则林也紧跟着表态："嘉海集团的提议我们岗山镇办事处也同意。"他侧眼冷觑黎一鸣，用力"哼"了一声："作为筹建处的总指挥，我每周至少在项目部有四天时间，所有的民工我都基本熟悉。老实说，今天我看到的上访民工中有一半我不认识。你程子根也是项目部的负责人，四个标段的包工头也都在这里，把他们一个个叫过来，你们都叫得上名字并能说出他在什么标段做什么工种，我们再根据身份证核实，如果是正确的，我就同意当场发放农民工的工资。"

程子根张了张嘴，愣怔半晌，一句话也说不出来，他求救的眼光转向黎一鸣。黎一鸣愠怒地朝程子根瞪一眼，满脸堆笑，同意赵则林的表态："赵镇长和周总说得都有道理，我们项目部没有意见，我们相信政府，三天后，我们在项目部等着集团公司的负责人到现场发放民工工资。"

协调会终告结束，各路人马各行其是。赵则林抓紧时间向远在周胜的江永祥汇报结果，江永祥如释重负，春节前的资金压力得到释放，一过春节，融资的钱款正常回流也就功德圆满。

黎一鸣等人在做来自各方聚众者的遣返工作，他不无抱怨地责怪程子根险些坏了大事。程子根像个泄了气的皮球听凭黎一鸣的责怪。许波书记则让驾驶员唤出严于信，他搀扶着严于信坐进小车，向区政府一路疾驶，区委书记和沈区长还在区政府等着汇报。周总和嘉海集团的一干负责人相继赶到云海宾馆，很多善后事宜需要马上落实，郑昱嘉在那里等着。东海市一场空前的民工上访风波暂时得到了平息，彤云密布的天空总算有一缕阳光钻出云罅。

20

严于信从他的学生滨海区沈区长的办公室出来,沈区长让驾驶员送行严于信,殷殷叮嘱老师千万保重身体,表示会约见嘉海的董事长郑昱嘉进一步了解详细情况。在学生的目送下,严于信钻进小车离开了区政府大院。严于信没有回家,他让驾驶员载着他径直去和邹培远见面。他不清楚自己为何不愿回家,而是去见他最不愿见面的老同学邹培远。

抵达邹培远的家门口,严于信踌躇不前。他不知道见到邹培远该说些什么,他现在是一无所有,就连前几天刚刚获得的一笔一万元奖金也如数捧出,身边连吃一碗面条的钱都没有了。严于信在邹培远家的大门口徘徊,口袋里的手机铃声急促地响起,严于信取出手机漠然地接听,是嘉海集团周总的来电。电话那头,周总期期艾艾,好半晌才说明白意思:"严教授,郑董事长让您和我一起去周胜,希望您能够找您的老同学刘市长还有您的学生山宁省委组织部的夏冬部长,通过他们要求岗山镇全额支付农民工的工资,嘉海集团实在是拿不出钱。时间紧迫,我们马上就要出发。"

严于信没有吭声,他不知道该如何办。周总有些着急,"严教授,要不您和董事长讲话,董事长就在我的旁边。"

严于信凄楚地一笑,终于开口:"不用,郑董事长即使不说,我也会去周胜,有周总同行,我很高兴。"

周总紧跟着问:"严教授,您现在在哪?是不是还在区政府沈区长那里?我派车来接您可以吗?"

"我在我的同学邹培远家的大门口,"严于信吞吐半晌答道,"你们来吧,我等着。"严于信无颜回家面对自己的老伴和女儿,跑到周胜去也许是个逃脱,或许和他的发小现任周胜市的刘市长见一面再助嘉海一臂之力也未尝不可。严于信很自责,嘉海在周胜的一切不幸,他认为全部是他造成的,他不能逃脱干系。

严于信回首眺望邹培远家的窗口,想给邹培远打个电话,犹豫半晌还是忍住了。他从怀里掏出一个信封塞进邹培远家的信箱,那是他写给邹培远的一封信,他的心声全部在这封信中吐露了。严于信丝毫没有责怪邹培远,一切都是天意,上苍在他有生之年给他这个惩罚是命中注定,无论如何老同学的本意是为自己开拓一个新的天地,严于信还是心存感激。

周总很快地出现在严于信的面前,严于信跨步上前,拉开车门对周总说:"走吧,去周胜。"

周总默默地看着严于信钻进车厢,坐定后关心地启口:"路上至少要十个小时,您多休息。"

暮色苍茫之中,面包车向周胜疾驶而去,严于信微闭双目,陷入沉思。到了周胜该如何?他不得而知。

邹培远下班后习惯性地打开信箱,取出当天的晚报后滑出一个信封,邹培远弯身捡起,信封上的熟悉笔迹使得他心头一沉,"于信。"邹培远脱口而出。

拆开信封,是严于信字字血和泪的倾诉,邹培远快速地阅读,泪水顺着鹰钩鼻子的两侧蜿蜒流淌,邹培远双唇翕动,痛楚地失声:"于信,我对不起你。"滴滴泪水湿濡信纸。

严于信在信中回顾他俩还有北京的同学徐辉共同的近三十载友情,他感谢邹培远引荐他结识嘉海的董事长郑昱嘉,他深知邹培远是为老同学着想,希望老同学埋头书斋的学问能够有一个平台得到理论上的实践。风云突变实乃天意,他绝不怨恨任何一个人。邹培远从信中阅读到了严于信心如止水的心境,他已然看破红尘,坦然地面对发生的一切。严于信表示对于周胜市岗山镇的项目所产生的诸多负面效应仍然会一如既往地积极斡旋,绝不推卸责任。

"于信,我对不起你。"邹培远掩面,他哽咽着冲到小区内一处安静的处所,朝着黑暗的苍穹低声号啕:"于信,是我害了你。"怒吼的北风卷动着满地的枯叶围绕着邹培远的脚跟打旋,瞬间又被高高地抛起掠过邹培远的额头在半空中翻滚,呜咽的寒风也在替严于信打抱不平。

凑着昏黄的路灯灯光,邹培远再次阅读严于信给他的来信:

  培远,我最后有一事相求,我也许会再次奔赴周胜,我想为嘉海做最后一次的努力。这件事情我是瞒着家人在做的,其实冰冰和我的老伴隐隐觉察我深埋内心的痛苦,但是我不想再殃及家人。爱婿小林远在美国,鞭长莫及,无法照应,你方便的话替我看望看望她们,拜托了。我不知道此行周胜需多少时间,假如我有不测,培远,你一定要为我证明,我严于信问心无愧,于信叩拜。

"于信,于信。"邹培远声声呼唤,他的良心受到了天谴,无情的西北风噬咬着他的肌肤,呜呜地号叫着为严于信鸣不平。邹培远用颤抖的手从口袋里摸出手机,抖索着拨通了严于信的手机号码,对方已经关机。邹培远跌坐在地,他茫然地四望黑沉沉的夜色,陷入悔恨交加的自责。

　　黎明时分,嘉海集团的周总一行抵达周胜。周胜市的刘市长在梦乡中被严于信的来电惊醒,"我是于信,我要马上和你见面。"严于信的语气不容置喙。

　　"到我家来吧。"刘市长没有犹豫,他和严于信半个多世纪的感情让他没有理由推托。

　　严于信携周总半小时后来到刘市长的寓所,刘市长稍稍一愣怔,他不太希望有其他生人造访他的居所,碍于严于信,他也就客套地和周总寒暄几句并让座。"于信,先吃早饭,啥都别解释,我明白你连夜赶到周胜一定是为岗山镇的项目。老弟放心,我会尽力的。"刘市长先给严于信一个定心丸。

　　一个小时过去了,刘市长从严于信和周总的叙述中得知过去的两天时间东海市所发生的惊心动魄的一幕。刘市长叹声:"之前他们就大闹周胜市市政府和岗山镇办事处,这个项目太复杂,乱线如麻,剪不断理还乱,实在是个烫手的山芋,谁都没有本事还原整个项目的真相。民工现在就是皇帝,谁都怕他们,当务之急还是清算民工工资为首要任务。后面的事情只能是走一步看一步了。嘉海集团真的要引以为鉴,老弟你也别再卷入这个漩涡了。听我的一句劝,你对付不了,你没有这个本事,秀才碰到兵有理说不清,老古话不是没道理。我们政府都觉得头疼,你还有什么能耐?"刘市长苦口婆心地劝说严于信。

　　严于信惨然一笑:"谢谢,我明白自己该怎么做。我现在需要你的帮忙,你不能袖手旁观,要不我真的过不了这个坎。"严于信捧着脸泣不成声,"我是山穷水尽,站在悬崖之边,兄弟,你不能见死不救。"严于信将半个身体埋在双膝之间,像筛糠似的浑身直哆索。

　　周总趁刘市长劝解严于信的当儿,一五一十地禀告刘市长嘉海集团所面临的难题:"根据我们海湾镇的协调结果,岗山镇办事处愿意提供五百万,严教授自己已经拿出个人的存款二百万,嘉海集团还需要拿出五百万才能基本支付完民工的工资,但是嘉海集团实在是没有能力一下子就捧出五百万的现金。年根岁末,集团公司的资金非常紧张。"

　　"老弟你何苦来着?这是企业和项目部之间的劳资纠纷,你干嘛拿出这二百万?你这一辈子的积蓄怕是没法要回了。"刘市长心疼地嗔怪严于信,"按照周总的意思,嘉海集团连五百万都拿不出?"刘市长不满地望着周总。

"刘市长，不是嘉海不肯拿钱出来，实在是摊子太大，无能为力。岗山镇的项目集团公司已经投入资金二千万，我们董事长的意思是，希望岗山镇办事处也能够为企业着想一步到位一千万解决眼前的困境。嘉海在全国各地在建项目好几十个，都等着要钱。市场大气候不好，很多房产开发商资金都不到位，嘉海的困难确实大得很。"周总不失时机地亮出郑昱嘉的底线，"刘市长，不仅仅是严教授指望着您能帮助他一把，嘉海集团也盼望着您能够拯救一把。刘市长，求您了。"周总语调哀哀，声音悲伤。

"嗨，难哪！就怕岗山镇拿不出这么多钱。"刘市长叹声，"市政府的财政拨款早就划给他们办事处，他们应该有钱，我不主管财政这块，难以明白个中奥秘，也不便多插手。"刘市长右手拍着额头，苦苦思索。半响，他眼睛一亮，"有了，老弟，你马上给你的学生山宁省组织部的夏冬部长打电话，请他出山相助，保不准有希望。"

严于信疑惑："方便吗？"严于信举棋不定，期期艾艾地说道："他的职务不便插手，我不能毁了学生的大好仕途，恐怕不行。"严于信摇头，坚决地回答刘市长："我不能这么做。"

"老弟，大难当头你还犹豫什么？"刘市长急得直跺脚，"马上给夏冬部长打电话，我现在就陪你上省城。"刘市长劈手抢过严于信手中的手机，找到夏冬部长的电话号码迅速拨通："部长接听电话了，赶快和他说，有紧急事情，两个小时后在省城和他见面。"冥冥之中，刘市长觉得在此关键时刻和夏冬部长见上一面于他来说也是仕途延续的一个绝好契机。

依瓢画葫芦，严于信被动地对着电话重复一遍刘市长的话，并吞吞吐吐地向夏冬部长叙述周胜市岗山镇项目目前所处的窘况，希望夏冬部长能够在原则的范围内做些了解工作。电话那头夏冬爽快地回复严于信："老师，您就在周胜等着，我直接赶过来见您，假如有事情在周胜解决更方便一些。"

如释重负，不仅是严于信，包括刘市长和周总都仿佛看到一丝希望的曙光。周总当着严于信和刘市长的面给郑昱嘉打电话，兴奋地汇报岗山镇的项目出现柳暗花明的可能："董事长，全靠严教授出马，咱们得好好感谢一下严教授。"

郑昱嘉立马给周总下达指示："必须要求岗山镇一分不少全额发放农民工的工资，部分材料款岗山镇办事处也必须承诺支付。"

周总面露难色，他实在是无法启齿转告郑昱嘉的得寸进尺。他要求郑昱嘉自己直接和严于信通话，被郑昱嘉拒绝了。周总心头悲叹道：董事长，你这是把严教授往绝路上逼啊！周总最终没有转达郑昱嘉的要求，他尴尬地朝严于信和刘市长编排了一个善意的谎言："董事长很感谢刘市长和严教授，说真不容易。"

刘市长急着赶往市政府,他必须第一时间通知市委和市政府的各位领导,夏冬部长马上要到,这是立功的大好事情,不能让他人拔得头筹。三个人稍事商量,周总和严于信还有嘉海集团的其他几位管理人员直接赶往岗山镇的项目工地,刘市长则到市政府做好接待夏冬部长的准备,一俟夏冬部长莅临,刘市长会通知严于信和部长见面。

周总等一行来到了岗山镇的项目部,工地上人头攒动,黑压压的一片,都在等待嘉海集团高层管理人员的到来。黎一鸣早就得知消息,周总和严于信等连夜赶往周胜。黎一鸣要制造更大的声势逼迫嘉海就范,他知道严于信出马就意味着周胜的领导乃至山宁省的高层都会过问岗山镇的闹事风波,因此他们项目部的底线绝对不能停留在仅仅支付民工工资就告结束,必须索取更多的工程款,唯此才能保证他在岗山镇项目上的个人利益。

嘉海的周总和严于信等几乎是被工地上的民工绑架着押解到黎一鸣所在项目部的办公室,无数的民工和黎一鸣召集来的材料供应商们团团包围了项目部,周总他们被软禁了。有人放言:嘉海集团假如不全部结清民工的工资和材料供应商的材料款就要制造流血事件,要让周总和严于信等人直着进来横着出去。供应项目部混凝土和红砖的两个材料供应商冲进办公室,不由分说拽住严于信的衣领,左右开弓将巴掌掴向严于信,咬牙切齿地怒骂:"狗日的,你今天不拿钱出来,我就剁了你的两条腿!"

又冲进一个模板的材料供应商,用脚猛踢严于信:"狗娘养的,都是你的侄子范于波害了咱,你这个老东西,我×你娘!"

周总上前试图保护严于信,却被猛推到角落。"滚一边去。"那人又威胁道:"你不想活我们就成全你!"

办公室外一浪高过一浪的呼喊声震得现场的临时设施嗡嗡作响,还有人要挤进办公室,无奈插足之地都没有。情势急转直下,严于信等人的生命安全岌岌可危,他们只得本能地用双手抱着头任人宰割。

黎一鸣和程子根出现了,骚乱的现场瞬时平静。黎一鸣睁大细长的眼睛,装模作样地逡巡现场,露出很不满的表情:"是谁在胡闹?咋能这样?太不像话。咱问嘉海集团要工资要材料款天经地义,咱有理走遍天下。"黎一鸣掀开皮衣的一角,右手往腰间一插嗓门提得高高的,"各位请放心,工资一分都不少,材料款也一分都不能少,嘉海不给钱,嘉海的周总和咱老乡严教授就不会来周胜,他们是来给咱结算工程款的。"

黎一鸣蛊惑性的话得到呼应:"鸣哥,我们都听你的。"

黎一鸣又呵斥挤在项目部办公室的材料供应商:"都给我出来,真不像话。"

几个材料供应商都是黎一鸣的亲戚，他们朝黎一鸣挤鼻弄眼，乖乖地撤离办公室，混进了黑压压的民工人群。黎一鸣朝包围在他身边的民工们许诺："你们都等着，周总他们就是给咱们发钱来的，到时候咱就结一个走一个。"黎一鸣说完，瘦削的脸颊浮上笑容，他太为自己的运筹帷幄自鸣得意，目光一一扫视现场的人群，欣赏着众人向他投来的感恩戴德的目光。黎一鸣眼光的余角扫到人群的末端，他的心突然加剧一跳，眉头骤然紧蹙，他看到了钢材供应商朱红根也挤在人群之中。朱红根很强势地迎向黎一鸣的眼光，没有丝毫的怯懦，反而是很平静地冲黎一鸣点头，向他打招呼。

黎一鸣的心头犯怵，朱红根偏偏在这个紧要关头出现，来者不善，善者不来，这家伙假如来搅和一场，说不定自己的精心谋划会付诸东流，该和他过个招，摸清他现身项目部的底牌。黎一鸣故作镇静微笑着朝朱红根打招呼："朱老板，你好啊，啥风把你给吹来了？"黎一鸣的声音越过黑压压的人群飘向朱红根，他边说边满脸堆着笑容挤过人群径直走向朱红根。

朱红根不慌不忙地迎向黎一鸣，接口道："我还以为黎老板发大财把我给忘了，谢谢您还记得我哦，我给您黎老板送发票来了。"朱红根从怀里掏出一张发票的复印件，用右手的中指和食指夹着递给了黎一鸣。

黎一鸣的心头一沉，他不知道朱红根递给他的是什么发票。朱红根笑了笑，直截了当地挑明说："您黎老板看不明白可以去问程子根，是他采购的几十公斤钢材，给一标段的工地补缺用的，恰好是这几十公斤钢筋用在一标段，质量检测又恰好是不合格。"

黎一鸣见势不妙，赶紧将朱红根拉出项目部，两个人找了个偏僻的地方站定。黎一鸣还是揣着明白装糊涂："朱老板你什么意思？你是咱这个工程的幸运儿，早早脱身眼不见为净，你看看年关到了，咱还一个子儿都没见着，我真后悔蹚这浑水。"

"是吗？"朱红根不再和黎一鸣绕弯子，"黎老板，当初一标段质量验收钢筋不合格，咱们得追究是谁在背后捣鬼，有没有必要这您看着办，黑吃黑的把戏我也玩过，我再发一条短信给您。"朱红根将韩长龙发送给他的短信转发给黎一鸣，"我一直在周胜，您要找我很容易，打个电话我就过来。周胜的公安我也有哥们，有机会一起见见面。"朱红根说完一甩手扬长而去。

黎一鸣怔怔地看着朱红根的背影消失在他的眼皮底下。他知道坏事了，朱红根找上门来肯定是工地上有内奸，不用追究，肯定是韩长龙。狗娘养的！吃着碗里的看着锅里的，在我黎一鸣的背后捅刀子。黎一鸣咬着嘴唇发誓："韩长龙，我要让你爬着走出项目部。"暂且忍下这口气，让程子根与朱红根周旋。想想又不妥,这个老东西知道我独吞朱红根的几百万还不和自己翻脸?黎一鸣百般思索,只得求救海哥,让海哥出面与朱红根摊牌。看来自己要赔了夫人又折兵了,黎一鸣还从来没有做过赔本的买卖,这下真的要折了。黎一鸣岂会心甘?墙内损失墙外补,缠住嘉海,让嘉海吐出几百万填补自己的损失。

黎一鸣和海哥通完电话,又急着赶回项目部,他要和嘉海的周总以及严于信正面交锋。直奔主题,黎一鸣向周总提出条件:民工工资结清之后还必须支付至少一千万的工程款,嘉海不答应也得答应,没有商量的余地。

周总无法表态,他只能含糊其辞表示按照在东海市海湾区海湾镇信访办的三方约定,还是先将民工的工资表列出来,这是头等大事。至于材料款,周总在黎一鸣的逼迫下只得将严于信抬出来:"黎经理,严教授一早已经找到了刘市长,而且严教授的学生省委组织部的夏部长正在赶往周胜的途中,应该会有一个好结果。你不信可以问严教授。"

黎一鸣的脸上流露出来的不是兴奋,惊动了省委领导怕不是好事情,他开始担忧自己的设局最终会把自己给套进去。大脑飞速地转动几圈后,黎一鸣迅速调整自己的战略,将严于信供奉起来,通过严于信的关系逼迫嘉海集团和岗山镇双双拿出更多的工程款。黎一鸣瘦削的脸颊终于有了和颜悦色,他亲热地挨着严于信坐下:"周总说得有道理,咱们先确定民工的工资,争取将农民工的工资给解决,材料供应商的钱当然也要给,严教授一定要帮着争取,否则咱们都走不出项目部,我难啊!严教授,请您理解我。"

周总为严于信抱不平,愤怒地责怪黎一鸣:"黎经理,得饶人处且饶人吧!你看看严教授,一夜之间白发满头,他又是何苦?严教授是最无辜的,求求你别再步步紧逼。"

黎一鸣被周总的一顿抢白一时语噎,他自忖自己确实是在将严于信往死路上逼。周总的发作让黎一鸣回话讪讪的:"我也是被逼无奈,材料商都盯在屁股后面,我也是没办法。"

严于信倒也痛快:"我争取吧!农民工要过春节,材料商也要过春节。"严于信真挚依然:"劳苦一年,谁不想怀里揣着钱回家过个安稳的春节?"

黎一鸣不得不对迂腐的严于信怀有敬佩之情,大难当头,老夫子满心所想的不是摆脱缠绕自身的噩运,依然为他人所想,虽都是生活在一个世界,然而是两个不同的精神层面。黎一鸣自叹他无法达到严于信的境界,他信奉人不为己天诛地灭的做人之道。面对严于信的坦荡真诚,黎一鸣稍稍收敛自己的咄咄逼人之势,改口配合周总:"谢谢严教授,我同意周总的建议,赶紧将民工的工资逐一确认,争取今天将民工的工资解决。"

周总和嘉海的财务部经理以及黎一鸣等人一一招呼标段的承包商进办公室，黎一鸣一反往常的游戏规则，倒过来按照四三二一的顺序和包工头结算，明显地将韩长龙的一标段放在最后。韩长龙不知内情，反而很高兴地认为，黎老板将他放在最后结算的目的是，为了打发掉其他三个标段的包工头后，方便对他厚爱有加，韩长龙讨好地从怀里掏出一包软中华，抽出一支递给黎一鸣。

周总提议，每个标段的包工头将民工工资单列出，支付工资的时候必须附上每位民工的身份证，黎一鸣和程子根确认无误后，在包工头的带领下凭着身份证当场领取工资，黎一鸣和程子根没有异议，岗山镇项目部暂时风波平息。

岗山镇办事处党工委书记江永祥和项目筹建处总指挥赵则林闻听省委组织部的夏冬部长为岗山镇的项目亲临周胜看望自己的老师严于信，周胜市的市委和市政府主要领导都全部待命接驾。江永祥情知不妙，夏冬部长舟车劳顿亲自前往周胜探望自己的老师，绝对和岗山镇的项目有关，万一岗山镇挪用工程款的违规行为东窗事发，岗山镇的两个掌门人保不定吃不了兜着走，他俩的仕途也就毁于一旦。无奈之下，江永祥只得一个紧急电话向省委的直系领导寻求救援，给予江永祥的回复是会尽力关心，但江永祥要做好筹措资金自我解决燃眉之急的准备，领导在此时出面直截了当地游说有所不便。急得热锅上的蚂蚁般的江永祥和赵则林亲自召唤办事处的财务部主任，盘问账面上的备用资金有多少，他俩只得孤注一掷倾办事处的财政之囊解救自己。

财务部主任如实相告，账面上仅剩二千万的现金流，已经做好付款安排，除却岗山镇的项目部支持五百万之外，另外的一千万用于支付上百户被征用土地的各户村民的赔偿款，另外的五百万则用于各项节前的行政开支。江永祥和赵则林核计后，决定在万不得已的情况下，将支付村民的一千万资金调拨给项目部，村民们的工作由赵则林和几个村的村长私下协商，江永祥嘱咐赵则林："每个村的村长包一个二万元的红包，让他们出面和村民们做思想工作，理由是由于上级的财政拨款尚未到位，所以得等到春节后才能支付，先应付眼前的难关再说。挨过春节，理财的那笔钱无论如何都得收回，我会直接和领导明说目前的处境，否则大家日子都难过。"赵则林表示同意江永祥的建议，他比江永祥更担忧项目部一旦出现不测，他是整个项目的筹建处总指挥，逃脱不了最直接的干系。

两个人刚商议妥当，刘市长就来电让他俩直接上市政府。接待江永祥和赵则林的规格很高，市委书记和刘市长还有几位副市长都在市政府小会议室等待江永祥和赵则林，夏冬部长没有露面。没有寒暄，单刀直入，市领导明明白白地告诉江永祥和赵则林："岗山镇的项目惊动了省委的领导，我们不管合同上是怎样的约定，安定维稳事关重大，这是省领导的指示。"

江永祥和赵则林面面相觑,他俩松了一口气,领导们并无责怪之意。江永祥当即表态:"按照合同的规定,我们额外支持五百万资金帮助嘉海集团已经超出付款的范围,考虑到安定团结的因素,我们再另外拨付一千万工程款,我们不会让市领导为难。"

市委书记脸上显出满意的神色:"我代表市委市政府感谢你们的理解和支持,你们这样表态使得我们在上级领导那里也好有个交代,感谢你们的付出,好好干,你俩都是有前途的。"

从市政府大楼出来回岗山镇办事处的途中,赵则林还心有余悸:"江书记,我真的好担心,"苦瓜脸上满是紧张,"我怕过不了这个关呢。"

江永祥没有吱声,他的眼睛瞧着窗外的积雪,颇有深意地自言自语:"冬天很快就会过去的。"

江永祥和赵则林破例双双出现在岗山镇的工地,他俩去看望严于信,要在第一时间将业主再支持一千万的消息告诉严于信。江永祥心里还有个小九九,他想在严于信感恩之余引荐他和夏冬部长见上面。假如严于信在夏冬部长那里为自己说上几句好话,是绝对值得再拿出这一千万的。刚要停车,他俩看到一辆省委领导干部的用车停在工地大门口,再定睛一看,省委组织部的夏冬部长亲自搀扶着严于信走出工地,江永祥和赵则林下意识地往旁边一闪,他们不敢在夏冬部长面前毛遂自荐,两个人躲在工地的铁门后面,目送夏冬部长的小车在雪地慢慢地行驶而去,直到在视线中消失。

周总喜形于色地给郑昱嘉报告好消息,岗山镇的业主在支持五百万的基础之上又追加了一千万。"全都是严于信教授的功劳,董事长,你应该打个电话向严教授表示感谢。"周总嘱咐郑昱嘉,"省委组织部的夏冬部长亲自到工地上迎接严教授,部长现在已将严教授接走了。"

郑昱嘉不可置否地"嗯"了一声,他没有给严于信打电话表示感谢,他还想着必须乘胜追击,让严于信再向业主追要一千万,严于信的关系绝对要用足,过了这个村,就没有那个店。郑昱嘉站在办公室的窗口,凝视着周胜的方向思忖,该如何向严于信开口。想了半晌,他给邹培远挂了个电话,叙述一番闹事风波之后,他要求邹培远转告严于信,争取利用夏冬部长的关系再向业主追加一千万工程款。

邹培远实在是难以按捺内心的愤懑,他破口大骂郑昱嘉一顿:"你郑昱嘉手摸良心想一想,何苦把严教授逼得走上绝路?你嘉海的一切是谁帮你得来的?郑昱嘉,我算是看透你了!"邹培远"啪"地挂断电话,半晌还气愤难消。

郑昱嘉万万没有料到鹰钩鼻子会大动肝火,他岂会把邹培远放在眼里?"鹰钩鼻子,和我较劲?螳臂当车不自量力。"郑昱嘉鼻缝里"哼"了一声,信步走到写字桌前,拉开抽屉取出一个U盘,连接上电脑后,郑昱嘉欣赏邹培远淫乱的画面。他的脑海中跳出严冰的形象,郑昱嘉开始思念起严冰,他盼望着能和严冰见面。

也许是心灵感应,严冰的倩影牢牢占据郑昱嘉的脑海挥之不去之时,郑昱嘉的手机铃声响了,竟然是严冰的来电。郑昱嘉一阵狂喜:"神助我也!"郑昱嘉按捺住"怦怦"的心跳,接通电话,很镇定地询问:"你好,哪位?请讲。"

"我是严冰,"声音显得很冷漠,"我想和你郑董事长见个面,就在今天。"严冰几乎是没有商量的口吻,"郑董事长怎么安排?"

主动送上门的尤物,郑昱嘉倒没有料到,他故作矜持一番,装作漫不经心的样子答道:"严冰小姐有请,在下自然乐意,地点悉听尊便。"郑昱嘉故意绕了个圈子,他要严冰表态。

"随便郑董事长,我等你的短信。"严冰电话挂断。

郑昱嘉不假思索就回了一条短信:"我会让驾驶员到音乐学院接你。"郑昱嘉没有明说地点,但他想象着今晚在自己的别墅和严冰颠鸾倒凤的场面。

岗山镇那边正在紧张地核对所要发放的农民工工资,业主的一千五百万昨天打到了嘉海集团的账户,周总催促着集团的财务人员赶紧将这笔款子划到岗山项目部的账户,民工们都犹如嗷嗷待哺的婴儿盼望着早些拿到这笔工钱。二三四标段的民工工资全部核实完毕,剩下的就是韩长龙一标段的了。

韩长龙巴巴地等候着黎一鸣和他的标段结账,可就是不见黎一鸣吭声,韩长龙憋不住陪着小心问黎一鸣:"鸣哥,该轮着我了吧?"

黎一鸣斜着眼睛瞄了韩长龙一眼:"是该轮着你了,饭总得一口一口吃,你没看见天色已晚,今天时间是来不及了,你们一标段的明天结算。"黎一鸣见韩长龙张口还要磨缠,没好气地呵斥:"听不懂是吗?要不我再重复一遍?"

韩长龙赶紧点头哈腰:"别,别,鸣哥,我听你的,就明天结账。"韩长龙心里犯怵,不明白自己鞍前马后地跟着黎一鸣,究竟是哪里冒犯了他?一步一步地后退到门口,回身开门时,韩长龙看到朱红根站在大门口。韩长龙顿时紧张,坏事了,朱红根找上门算账来了,黎一鸣一定觉察出此事和自己有关,数九隆冬的天气韩长龙的额头却开始冒汗。

一标段的民工们围着韩长龙询问为何其他标段都结算完毕,独独一标段还迟迟不结账?韩长龙没好气地回答:"鸣哥说太晚了,明天结账。"心神不宁的韩长龙挤出民工的包围群,走出工地,他漫无目的地迎风冒寒低头彳亍,迎面撞上紧随而来的朱红根:"韩老板,在黎一鸣那里吃闭门羹了吧?"

韩长龙送给朱红根一个白眼，悻悻地回话："鸣哥说明天结。"他掉头就走，这个时候撞见朱红根，对他来说等于是碰到一个丧门星。

朱红根拦住了韩长龙："别再装没事人一般了，咱俩的心事彼此都清楚，黎一鸣心里也清楚，跟我去喝一杯再说。"朱红根硬是拽着韩长龙走进一个小酒店，朱红根冲迎门而上的店主打一个响指："老板，最好的酒上两瓶。"

几杯酒下肚，朱红根打开天窗说亮话："咱俩也别藏着掖着，我得感谢你给我发送的短消息，我朱红根被人玩还点头哈腰地跪在人家膝下感恩，这口恶气我一定要出。兄弟你面前摆着两条路，一条是继续舔黎一鸣的屁股，一条是跟着我和黎一鸣玩一把。他有人撑腰，我朱红根也不是吃素的，我豁出去了。"

酒精在腹内燃烧。韩长龙睁着血红的眼睛嚷嚷："我韩长龙借了高利贷进岗山镇的工地，欠下一屁股的债，范于波和焦保业害了我，我只有跟着他黎一鸣心甘情愿地做孙子，总想着他黎一鸣能罩着我一点。谁知到头来他竟想一脚踢了我，我咽不下这口气。"

"得，得，有老弟你这句话就中，"朱红根与韩长龙碰杯，"你明天还是当作啥事都没发生，去找黎一鸣结账，结完账手下的兄弟们拿钱走人，咱俩再和黎一鸣摊牌，他吞进去的我要让他加倍呕出来。我把话撂在这里，我会付一半给你老弟，人争一口气，我不能让他就这么玩我。"朱红根扶着韩长龙的耳朵如此这般地说出自己的计划，临了，他拍着韩长龙的肩膀，"兄弟，他黎一鸣要黑道我就黑道解决，要白道我就白道奉陪，倾家荡产也要和他玩到底，你到时只要为我当证人就成。"

韩长龙举杯高声叫嚷："朱老板，我听你的，他黎一鸣坑人的事情多着呢，我会全部说出来。"

韩长龙喝得酩酊大醉，跟跟跄跄走出小酒馆，漫天风雪裹挟着他。韩长龙满嘴酒气嘟嘟囔囔："黎一鸣你不让我过，我也不是好惹的。"

拐过一个小巷，就是韩长龙租借的栖息之地，迎面出现两个蒙面壮汉拦住韩长龙的去路。韩长龙趔趔趄趄嘟囔："是谁敢拦老子的路，走开……"韩长龙话还没说完，就被两个蒙面壮汉架起带走，韩长龙两脚拖地的印痕被扑面而来的雪花迅速掩盖。万籁俱寂的周胜千家万户都沉浸在梦乡，风雪之中，韩长龙被拖拽到一条河边，他的酒还没来得及清醒，就被两个蒙面壮汉轻轻一推，滚落到河里，韩长龙在河水中挣扎几下，就再也没有冒出河面。

翌日凌晨，有村民发现河面冒出一具尸体，迅速报案。没有任何他杀的痕迹，公安部门得出的初步结论是醉酒溺水而亡。蕞尔之地的周胜，酒风盛行，常有醉鬼喝酒身亡的事件。大家惊叹一阵之后，也就似北风呼啸而过。公安人员找到岗山镇项目部的时候，黎一鸣等人都显得很吃惊："正等着和他的标段结账付款，怎么就发生这么伤心的事情？"黎一鸣一脸的悲痛，"我们会积极配合公安调查。"黎一鸣表态，他吩咐程子根，"赶快通知家属，我们项目部也应该尽一些人道主义，安抚家属的工作我们努力做好。"

岗山镇项目部依然有序地进行着民工工资的核对工作，韩长龙的突然暴亡并没有影响其他民工们的结账，严于信和周总等到所有的民工工资都支付完毕才如释重负，嘉海集团的五百万工程款今天如果能到账，也就意味着材料供应商也可以有部分的材料款支付。然而，嘉海集团的资金迟迟未能划拨到项目部的账户，一直延迟到下午三点后，周总才接到财务部经理的电话，告知郑董事长只答应划拨二百万。周总一阵叹息，思忖着业主的一千五百万发放农民工的工资还剩余近一半，加上嘉海集团到位的二百万，好歹能支付材料供应商的部分欠款，能够应付过去，周总也就作罢，不再打电话给郑昱嘉要求追加资金的投入。

连日的折腾使得严于信不幸病倒，周总让严于信搭乘航班先行返回东海，他还得和财务部的负责人监督发放材料供应商的部分工程款。

离开周胜的当天，韩长龙的家属赶到工地，呼天抢地的哭号让严于信于心不忍，他提醒黎一鸣能否给予韩长龙的家属多一些补偿。"黎经理，恕我言重，"严于信谆谆教导黎一鸣，"我这把年纪经历此番坎坷好歹也是个教训，同时也是我人生的一笔财富。其实人活在这个世界上，无论是权倾一时，还是屈辱地生存，生命注定是要走向死亡的，得饶人处且饶人，得放手时且放手吧。人在做，天在看。黎经理，你是个聪明人。"

黎一鸣岂会将严于信的忠告放进心里？碍于老夫子的作用和威信他自然不敢冒犯，很恭敬地垂手倾听，显得很虔诚，还连连称"是"，对着严于信信誓旦旦："严教授，您放心，我一定会做到的，毕竟是嘉海集团的员工。"黎一鸣说着，眼睛里还噙着泪水，心里却还在想着必须马上和海哥见面，商量如何对付朱红根的计策。

身在东海市的郑昱嘉和周总天天保持热线联系，岗山镇项目部的一切情况他都了如指掌，对韩长龙的暴亡郑昱嘉感到突兀，却也不愿更深思考，他只想着早点甩掉这个烫手山芋。郑昱嘉深知，岗山镇的项目闹到这番程度，水深着呢，谁都没有办法理清头绪。闻得严于信将回东海，郑昱嘉稍稍不快，按照他的如意算盘，严于信还必须帮助嘉海再向业主索取一千五百万的工程款他才肯罢休。他还是想让严于信再度折回周胜，郑昱嘉在动脑筋怎样才能使严于信乖乖就范。严冰，今晚他和严冰相约见面，对，让严冰出面动员自己的父亲重回周胜。郑昱嘉整理一下思路后心中有了盘算。

严于信在机场等待航班的时刻,严冰正在前往郑昱嘉别墅的途中,严冰刚刚和邹培远见过面,当她从邹的手中接过父亲给邹培远的信件时,浑身一阵战栗,直觉告诉严冰父亲一定遇到了不测。阅读完父亲写给邹培远的信函,严冰泪如泉涌,她唯一的念头是想马上和郑昱嘉见面,她必须舍身救父,任凭邹培远如何苦劝,严冰坚定的心都没有动摇。

郑昱嘉一身便装在自己的寓所等待严冰的到来,他笑容迷人,情意款款。宽敞的客厅里播放着歌手王菲所唱的歌曲《传奇》,绵绵的歌词似乎在替代郑昱嘉的心声。郑昱嘉向推门而入的严冰张开臂膀,他将严冰揽入自己的怀抱,严冰没有拒绝。

室内温暖如春,严冰挣脱郑昱嘉的怀抱,脱去外衣端庄地坐在沙发上。她平静如水的目光正视着郑昱嘉半晌后启口:"郑董事长,我知道你喜欢我,我可以考虑和你结婚。"

严冰的话如字字珠玑,郑昱嘉怀疑自己的耳朵听错,端坐在眼前的究竟是秘书小吴还是玉人严冰?郑昱嘉揉动眼睛仔细观看,千真万确是严冰的倩影映入自己的眼帘。"此话当真?"郑昱嘉蠕动嘴唇,将信将疑,他含情脉脉地细声询问,"我没有做梦?"

严冰的嘴角掠过稍纵即逝的微笑,依旧语速平缓:"你是梦想成真。"严冰迎向郑昱嘉,眸子里射出的光泽却让郑昱嘉脊背透着寒意,他下意识地后退一步,不敢正视严冰。郑昱嘉半侧身子,调整身边的音响,耳畔传来的是严冰演奏的钢琴曲《雾》,"我是真心喜欢你,"郑昱嘉背对严冰,滞缓的声音略带沙哑,"我对你的喜欢没有杂念。"郑昱嘉突然一个转身,他单腿跪地抓住严冰冰凉的手,激动得泪花四溢:"冰,我的心上人,你真的喜欢我?我不敢相信自己的耳朵,难道好运这么快就降临到我身上?"

严冰仰面天花板,她无语,她点头,她任凭郑昱嘉柔情万丈地抚摸她的纤纤玉手,她的呼吸开始急促,脑海中闪现出父亲的身影,她在心头绝望地呼喊:"爸爸,你在哪儿?女儿救你来了。"冰凉的泪珠滴落在郑昱嘉的手背。

郑昱嘉也被感染,双眸湿濡。"亲爱的,我会用我的一辈子爱护你,直到天老地荒。"郑昱嘉动情地吟诵仓央嘉措的诗词:

> 你见,或者不见我,
> 我就在那里,
> 不悲不喜;

你念，或者不念我，
情就在那里，
不来不去；
你爱，或者不爱我，
爱就在那里，
不增不减；
你跟，或者不跟我，
我的手就在你的手里，
不舍不弃；
来我的怀里，
或者
你让我住进你的心里，
默然　相爱，
寂静　欢喜。

郑昱嘉祈盼他深情饱满的朗诵能激起严冰的共鸣，泪水充盈着他明亮的眸子，他亲吻严冰的手指缓慢起身，他无限爱恋地凝视着梦中无数次出现的严冰，这充满爱意的暖巢丝毫闻不到岗山镇的弥漫硝烟。"冰，我心爱的，你是我这辈子的唯一。"郑昱嘉激情四涌，他将严冰揽入怀抱，火热的嘴唇紧贴严冰冰凉的脸颊。

严冰任凭郑昱嘉的双唇在她的美丽脸庞恣意，如同一头温顺的羔羊，她知道自己是在与狼共舞。郑昱嘉真心喜欢自己严冰心里也清楚，她在个人独处之时也幻想郑昱嘉能够在自己的感化下收敛商人的唯利是图的本性，回归人性的善良，如此她也不排除走近郑昱嘉的可能，也会尝试着进一步接触郑昱嘉。郑昱嘉于严冰来说还是一个难解的谜团，他的两重人格的体现让严冰无法还原一个真实的郑昱嘉。此刻严冰只有一个愿望，只要能让父亲转危为安，郑昱嘉提出什么条件她都会答应，年近花甲的父亲再也经不住岗山镇项目对他无休止的折腾了，严冰必须舍身救父，她义不容辞。

郑昱嘉的肢体更加零距离地接触严冰，他萌动着强烈的渴望，他要深入走进严冰的身体，让他的热能融化严冰，双双飞入天人合一的境界。郑昱嘉轻捋垂挂在严冰额角的青丝，细语喃喃："冰，咱在地同结连理枝，在天同作比翼鸟，今生今世永不分开。"他的手伸向严冰衣服里面。

严冰一阵悸动，她推开了郑昱嘉的手："董事长，我严冰只有一个要求，假如你同意,你所提出的一切我心甘情愿;假如你当面拒绝,我严冰立即走人,我说到做到。"

郑昱嘉微笑,橘黄的灯光下严冰让郑昱嘉觉得更有风姿。郑昱嘉阅读女人太多,情场也是个高手,严冰却让郑昱嘉真正动心。严冰不请自来,多少出乎郑昱嘉的意外,很快郑昱嘉就明白过来,严冰是来救赎自己的父亲的。这让郑昱嘉更为感动,人间奇女子一个,郑昱嘉赞叹不已,他被严冰的善良折服。岗山镇的风波渐趋平静,嘉海集团的风险也逐渐归零,严冰的要求没理由不答应。郑昱嘉人性中还是有温情的,他觉得自己和严冰的爱情不应该存在交换,他不愿亵渎自己和严冰的这份真情。稍稍思索后,郑昱嘉爽快地回答:"你的要求不说我也知道,严教授今晚已坐飞机返回东海,周胜市岗山镇的项目严教授无须承担任何责任,我完全可以承诺。严冰小姐,你陪着自己的父亲好好地过个春节,你可以回去了,我让驾驶员送你。"郑昱嘉抑制强烈的情感冲动,他不愿意让严冰看轻自己,他要在严冰面前扮演一个谦谦君子。

严冰不敢相信郑昱嘉口出此言,她的内心涌动着真实的感激,一双漂亮的大眼睛睁得圆圆,嘴巴也稍稍张开:"董事长,我……"

郑昱嘉打断严冰:"别再多言,我一言既出,驷马难追。我和嘉海集团都感谢严教授的付出,我真心实意谢谢严教授。"郑昱嘉松开严冰,在沙发正襟危坐。郑昱嘉英俊伟岸的身材让严冰忍不住多看了他一眼,郑昱嘉捕捉到严冰眼神中的异样,严冰仅仅这多看的一眼,让郑昱嘉相信自己还是在严冰的心坎占据一席之地。郑昱嘉感觉很好,他要乘胜追击冲破严冰严密封存的防线,让严冰真心爱上自己。他此刻绝对不能拜倒在严冰的石榴裙下,他一定要严冰没有任何杂念地爱上自己。"冰冰,我爱你,但我的这份爱源于我的一片赤诚,我希望我俩的爱是无瑕的白玉,任何形式的交换都会让这块白玉增添瑕疵,会亵渎我俩的情感。"郑昱嘉起身,朝严冰微微欠身,"请允许我送你到门口,我会一直等你。"

假如郑昱嘉再次向严冰射出丘比特之箭,严冰会毫不犹豫地扑向郑昱嘉,但他没有,他在等待严冰移步走出他郑昱嘉的别墅。也就在刹那间,严冰泪如泉涌,她朝郑昱嘉深鞠一躬:"谢谢你,郑董事长,我……"严冰一个转身捂嘴冲出郑昱嘉的别墅。

郑昱嘉站在别墅的门口目送严冰的离去,他盼望严冰能够突然一个三百六十度的转弯,向他郑昱嘉飞奔而来。严冰一溜小跑,她逐渐放缓脚步,她在盼望郑昱嘉能够突然从背后将她包抄,她会毫不犹豫地投入郑昱嘉的怀抱。可是谁都没有这么做,两个人的距离逐渐拉远。郑昱嘉的保时捷停在严冰的身边,郑昱嘉看到严冰一脚跨进车厢,临上车,严冰犹豫地回首,郑昱嘉如果奔向严冰,严冰一定会回到郑昱嘉的怀抱。郑昱嘉朝前走了几步,却又竭力遏制内心涌动的激情不肯再向前,他知道严冰在等待着自己,郑昱嘉必须维护他和严冰之间纯洁的真爱,他不能趁火打劫,他要让自己的形象在严冰的心目中无比光辉,他深知将欲取之必先予之的为人之道。

严冰的身影终于从郑昱嘉的视线中淡出。郑昱嘉一阵怅惘,他返回别墅的客厅,没来由地抓起沙发上的靠垫愤怒地扔在脚下,一阵狂踩。"严冰!"郑昱嘉对着空旷的客厅吼叫,他的心全部被严冰占据。

21

严于信和嘉海集团的周总等先后从岗山镇的项目部返回东海,嘉海集团只掏出二百万就平息了民工和材料供应商闹事的风波。周总在向郑昱嘉汇报周胜之行时连连感叹没有严于信的亲自出马,嘉海集团至少还要掏出一千三百万。周总提议郑昱嘉是否好好宴请一下严于信,对严教授的付出表示谢意。

郑昱嘉不置可否,他在心疼自己的二百万,他还想着如何通过严于信的关系能够索回嘉海所付出的两千二百万,退后一万步而言,至少也应该归还一千二百万才能让郑昱嘉心头的气稍稍安稳。商场的基本之道就是关系一定要用足,而且必须趁热打铁一鼓作气才行。假如让严于信再次出山,利用他的关系要求岗山镇办事处再支付一千二百万,郑昱嘉在岗山镇的项目部的风险就可以锁定在可控的局面。如何开口,郑昱嘉一时没有更好的主意。

虽然岗山镇的项目部风波暂时平息,周总深知部分材料供应商还是没有摆平,大部分的材料供应商都是黎一鸣和程子根的亲属,他们的欲望远远不是这么点钱就能够打发的,周总担心他们走后,黎一鸣会突然杀个回马枪,带着材料供应商,赶到东海继续闹事,他将自己的担忧告诉郑昱嘉。

郑昱嘉很干脆地回答:"绝无可能,政府只负责农民工的工资,材料商的材料款政府不会插手干预,况且也有部分材料款支付,要闹事嘉海完全有理由和他们针锋相对。"

周总认为郑昱嘉的想法不无道理,至少他在临回东海之前,黎一鸣也有个含糊的表态,会尽量安抚材料供应商,周总又为严于信没来由地掏出二百万付给岗山镇的项目部心疼。他试探着询问郑昱嘉:"董事长,严教授的二百万嘉海集团是否能归还?"

郑昱嘉没有吭声,他从来是只进不出的,赚了钱分杯羹给他人可以考虑,让他无端地捧钱给他人断然不肯。当然他不得不承认一个事实,没有严于信亲临周胜,嘉海集团就得捧出一千三百万乃至更多。假如严于信再度飞赴周胜,为嘉海再争取一千二百万,还掉严于信的二百万,嘉海又能够入账一千万,那才是一个两全其美的方案。做到这一点,舍严于信其谁?郑昱嘉眼睛一亮,他想出一个点子,逼迫严于信再度出马上周胜找领导。还有十天就是春节,严教授还得马不停蹄即刻飞赴周胜,这个说客只能由周总充当。就以材料供应商又在催逼材料款为由头,让严于信找省委领导再度到周胜下达行政性的命令,管他是周胜市还是岗山镇,只要能付钱给嘉海就行。而且严冰那里也可以有个很好的交代,嘉海集团配合严于信到周胜是为了帮助严于信讨回他垫入的二百万工程款,省委领导闻听严于信自掏腰包二百万支付岗山镇项目部的民工工资,怎能不仗义帮助自己的老师?郑昱嘉越想越是个好主意,他兴奋地告诉周总:"你马上安排最好的酒店宴请严教授,我就不出面了。"郑昱嘉将自己的打算和盘托出。

周总急得直摇手:"董事长,不能这么做,咱做人要讲良心,你这是把严教授往死路上逼,我绝对不会向严教授说这件事情,晚上的宴请也没有必要。"周总断然回绝郑昱嘉。

郑昱嘉根本不顾周总的感受,他一不做二不休,拿起电话就打:"好吧,你周总不说我来说,我也是在为严教授着想。"

严于信的声音从电话那头传来:"郑董事长。"电话那头,严于信依然彬彬有礼,"请问还有什么事情?"严于信的声音仔细听显得有气无力。

郑昱嘉在电话中语气委婉并带有很诚恳的感激之情:"严教授,谢谢您,没有您的亲自出马,嘉海集团难以渡过年关。"

"没什么,郑董事长,我应该的。"严于信的回答相当诚恳,"给嘉海添了这么多的麻烦,我向郑董事长深表歉意。对不起了,郑董事长。"

"严教授,您千万不能这么说,"郑昱嘉也是客套有加,"在处理岗山镇项目农民工闹事的事件上,您功不可没,没有您的亲自出马,业主就不可能多掏出一千万;没有这一千万,嘉海集团也就死路一条,谢谢您,严教授。"郑昱嘉一番恭维话之后直接切入正题,"刚才我听周总汇报工作,才知道您也有二百万用于项目部,只是嘉海集团年根岁末实在无法拿出二百万还给您,我深感不安。"

严于信的声音传来:"无所谓的,只要郑董事长和嘉海集团平稳渡过年关就行。据我了解,岗山镇的项目主体结构全线封顶之后,业主该付的钱一分都不会少,董事长可以放心。"

"我相信,我完全相信严教授的所说。"郑昱嘉回答严于信,"只是让您垫二百万我于心不忍,同时又听周总在说,材料供应商保不准又要到嘉海来闹事,我心里还是着急得很。我查了查,嘉海的账面上仅剩五十万不到的现金,我还是怕过不了这个年关。严教授，您能不能再到山宁省找找您的学生，让他们再支持一千二百万？这样一来，我就可以将您的二百万还给您，剩余的款项也可以再支付一些给材料供应商。我怕项目部一旦再有闹事的风波，这个年关真的就过不了了，严教授您再帮帮忙吧！嘉海的稳定和今后的发展，全靠您严教授了。"郑昱嘉说着说着，言语有些哽咽，"我实在是于心不忍，又让您要到周胜，可是我又没有其他的办法，严教授，我郑昱嘉恳求您了。"

电话里，严于信一声长叹，他什么话也没有说就挂断了电话。郑昱嘉再次拨通严于信的手机，严于信只有简短的三个字："知道了。"

周总跳到郑昱嘉的面前，他气歪了脖子愤愤然："董事长，你实在是太过分了，还有十天就要过春节，严教授单枪匹马赶到周胜，你就不考虑到他的安全？项目部的那些人个个都比豺狼还要狠毒，严教授对付不了他们。"

郑昱嘉轻描淡写："他是去找领导，有领导的保护，黎一鸣他们还敢吃了他严教授？周总啊！你这是杞人忧天。马上给严教授订机票，彤浩亲自开车送严教授去机场。"郑昱嘉安抚周总："周总，别怪我，商场就是战场，我当然得在商言商，我也是在为严教授考虑。你以为严教授的二百万扔进项目部，我的心里头就好受？"郑昱嘉竭力为自己开脱："你从周胜回来，也很累了，好好休息两天，我们再商量后面的工作。"

周总边摇头叹息，边离开了郑昱嘉的办公室，他站在办公室的门外，憋不住给严于信发了一条短信：严教授，您千万得保重自己。

严于信万万没有料到郑昱嘉会给他打这个电话，郑昱嘉的这个电话打懵了严于信，满以为自己可以结束在岗山镇的噩梦，谁知郑昱嘉偏偏还穷追猛打，让他即刻启程再赴周胜，严于信不知道自己该怎么办？严于信郁积在心的屈辱无法释放，他想找个知心人一吐为快，思索再三，他给邹培远打了个电话。

电话那头鹰钩鼻子一惊一乍，一连串的为老同学担惊受怕的话语足足有好几分钟。严于信好生感动，还是老同学知心，两人相约在邹培远家附近的咖啡馆见面。

严于信顶着寒风一路步行而往，脑海中反复盘算该如何应对郑昱嘉的再度逼宫，他给自己设置的底线是坚决不再前往周胜，他无颜再见江东父老。严于信尝试着换位思考，他从郑昱嘉的角度又设身处地左思右想，觉得郑昱嘉说的也不是没有道理，毕竟嘉海集团的遭遇于企业而言是罕见的，况且嘉海集团为应付民工的闹事风波又垫入了二百万，一个颇具规模的集团公司年根岁末账面上仅剩五十万不到的现金，作为董事长来说岂能不焦虑万分？应该多一份宽容，理解万岁！但是严于信哪里还有脸去找自己的学生夏冬部长和周胜的发小刘市长，他开不了这个口。严于信思索再三，假如能够设法先筹措二百万归还给嘉海集团，也许还能够帮助嘉海集团一把让郑董事长渡过年关，周胜也就不用再去。好歹过了春节，等到岗山镇的项目主体结构全线封顶之后，百分之三十五的工程款就能全部到位，一切风险将全部烟消云散，自己也可以彻底的解脱。何处寻觅二百万？严于信早就囊空如洗，他想到了邹培远，让老同学帮助自己一把，也就是几个月的时间，邹培远会出手相助的，严于信非常相信。

严于信久久伫立在咖啡门口踌躇不前，零下五摄氏度的寒冷让严于信佝偻着身体冻得直哆嗦，嘴巴和鼻孔里哈出的热气凝固在他的眉毛上，结成两道薄薄的白霜，在阵阵瑟瑟的寒风中闪动银白色的光亮。他一边跺脚一边给自己打气，培远近三十年的莫逆之交，他会帮助我渡过难关。

严于信跨入咖啡馆时邹培远已经落座，他远远地朝严于信招手。老同学相对而坐，惺惺惜惜。邹培远和严于信叙往事，谈友情，好一阵子都是不着边际的闲聊，偏偏不询问岗山镇的项目。严于信尽管修养极好，也有些坐不住，深度近视眼镜背后的那对圆圆的眼睛睁得老大，他目不转睛地紧盯着邹培远，瓮声瓮气地憋出一句话："培远，岗山镇的项目你就不想听我说说？"

邹培远故意表现出一愣的表情，夸张地张开嘴巴："不是都解决了？还提这烦心事干嘛？咱俩该多聊些开心的往事排遣心中的烦闷才是。我特地安排咱俩在这儿见面，为的就是能轻松一些。在你家或者在我家，咱无法放开，老婆的眼睛都盯在后面呢。"

"也是，谢谢培远的细心。"严于信苦笑，"假如真的如你所说，岗山镇项目的风波已经平息，我倒真的想去寺院烧一炷高香感谢佛恩。还是有麻烦的事情跟着来呢，嘉海的郑董事长又催我飞往周胜，听他说，材料供应商那里还是没有摆平，而嘉海的账面上只剩下五十万的流动资金，他也着急着呢。"

邹培远的鹰钩鼻子一耸一耸，呼吸也跟随着呼哧呼哧的，鹰隼般的眼神定格在严于信愁苦的脸庞上，低沉的声音让严于信禁不住打个寒战。"你还相信他的鬼话，于信兄，商人唯利是图的本性你这个经济学家应该最清楚。我不明白你打算怎么办？说来听听。"邹培远可真会演戏，他明明知道严于信深陷泥淖还未拔出，老同学相见自然该主动关怀，尽自己所能助一臂之力，况且严于信遭受的不幸，他难辞其咎，可邹培远却揣着明白装糊涂。

严于信哪里会像邹培远那样老奸巨猾？老实巴交的他还抱极大的希望，指望邹培远能够出手相救。他呷了一口咖啡，这满室生香的咖啡却让严于信满是苦味的腻滑舌苔更添一丝苦涩，他的嘴唇翕动，他的心头打鼓，他拼命地鼓励自己向好友一诉衷肠，让邹培远能够资助二百万还给嘉海的郑昱嘉，他就可以和嘉海两清,他再也不欠郑昱嘉的情,他可以问心无愧于世。但此言一出,岂不是将自己的好友给连带拖下水?二百万不是个小数字,为难自己的老同学啊!严于信愁肠百结,他那圆圆的眼睛凝视着邹培远,话到喉咙口却又给咽了下去。他多么期盼邹培远能够主动地挑起话题,邹培远却始终没有开口。

严于信无法忍受小小包厢尴尬窒息的气氛,他在心中正告自我:开口吧!近三十年的老同学,没有必要再故作矜持,我严于信此生倘有转机,一定会涌泉相报邹培远。又呷了一口咖啡,严于信的嘴唇启动,他一五一十将心头的悲苦朝自己的老同学一吐为快。说完,他半个身体前倾,回暖的双手抓住邹培远的胳膊:"培远,就指望着你能够帮助我,借二百万给我,半年后一并还给你,连带市场上约定的利息。培远,只有你能够帮助我,培远,我求你了,培远。"严于信如泣如诉,声泪俱下,他趴在桌上像个受委屈的小男孩呜咽不止,满头的白发在邹培远的眼帘晃动,就像一个大雪球。

邹培远一言不发,他始终在静静地聆听,他的良心多少也受到谴责,严于信今天的不幸他难辞其咎。邹培远盘算着自己的个人存款,至少有一千万,他想答应严于信的恳求。但一想到这二百万是掉进郑昱嘉的腰包,邹培远不由得气不打一处来。郑昱嘉是一头恶狼,身家几个亿却还想赶尽杀绝,这口恶气一定要出!邹培远看一眼严于信,圆圆的眼睛黯然无神,老夫子可怜又可悲,被郑昱嘉耍得团团转仍然执迷不悟。怎么和老夫子说呢?如实相告郑昱嘉的恶劣行径,严于信岂不是要怨恨我为何将他老夫子往火坑里推?只有打太极拳敷衍老夫子为最妥当的方法。邹培远告诫自己,同情的话语可以说,现金的支持一概免谈。心中定下基调,邹培远开始侃侃而谈,言辞恳切。"于信,我对不起你,没有我的引荐,你就不会卷入嘉海的风波,尽管我的初衷是为于信兄提供一个平台。近几个月来,我是天天寝食难安,我在为于信兄担忧,你满头白发,我也是白发丛生,"邹培远撩起额角,露出缕缕白发,"夜深人静的时候我总是在扪心自问,你说咱们是何苦来着?没必要啊!我们都有好端端的工作,却平白无故地为一个建筑老板鞍前马后地奔波。嘉海的平台建立起来了,郑昱嘉的腰包鼓起来了,我们得到了什么?我们是一身麻烦缠绕在身。于信兄,你更是赔了夫人又折兵,我们都应该有个反思,我们都该清醒啦!我们都不是这块料,我们斗不过郑昱嘉。商场的险恶,人心的叵测,我们都经历了。我们是否有必要再为所谓良心上的平安而做无谓的付出?一个堂堂的嘉海集团账面上只有五十万的现金流,你真的会相信?于信兄,你傻呀!"邹培远抹了抹眼角,又将垂在额头的发梢往额角捋一捋,呷一口咖啡长叹道,"我是机关的公职人员,掰着手指头也就是这么些薪水,别说是二百万,就是一下子拿出十万我也爱莫能助。于信兄,听我的,别再搭理郑昱嘉,他是法人代表,他理应为自己企业经营的失误埋单,轮不到你!我真的为你抱怨叫屈,我万万没有料到你会自己掏出二百万支付给项目部。于信兄,你这么做,郑昱嘉对你说了感谢的话吗?他还不是照样逼着你在大过年的前几天到周胜要钱,你竟然还心甘情愿地将责任往自己身上大包大揽,亏你还是个经济学家。你自己算算账,你这样做是否值得?"鹰钩鼻子说得严于信低着头不敢正视邹培远,邹培远依然语调咄咄逼人,"别说我没有二百万,就是有我也一分不给,于信兄,不值得你这样干!你不该掏二百万,还应该问郑昱嘉要回二百万,没有你,业主这里就能轻而易举地多支付一千万?都是你的面子,你的功劳,他郑昱嘉该手摸良心想一想,咱俩帮了他多少忙?他从咱这里赚了多少钱?大过年的还把你往死路上逼,他还算是个人吗?"邹培远说得唾沫星子四溅,猛拍桌子,低沉的嗓音骤然提高:"咱就此和他一刀两断!"

　　严于信没有言语,老同学的话句句击中他的心坎。他承认邹培远说得有道理,但还是固执地认为自己无法面对郑昱嘉,毕竟一切缘由来自他的侄子范于波,他无法推卸责任,否则他的良心会受到谴责。邹培远指尖夹着的卷烟在逼仄的包厢升腾起一股袅袅的烟雾,屋门紧闭,烟雾逐渐加重,呛得严于信连连咳嗽。邹培远顺手将门开了一条缝,严于信转手又将门关上,还破例向邹培远索要一支烟点上,猛吸一口,呛得连泪水都冒出来。严于信还是一个劲地猛吸,邹培远没有阻拦,他明白严于信此刻的心境。

　　离开咖啡馆,邹培远替严于信叫了一辆出租,严于信摇头拒绝,他凄楚地一笑,声称要独自走走清醒头脑,"培远,我会考虑你的建议,也许你说的有道理。"严于信裹紧外套顶着寒风艰难地挪动脚步。邹培远一直目送严于信消失在自己的视线才慢慢折回,他的心里也不好受。

　　严于信回家后又给几个至交通了电话,他还是想筹措二百万还给郑昱嘉,教授学者群体之中没有人能够马上掏出二百万救急,五万或者是十万的倒还一时拿得出。严于信失望了,他考虑着自己该如何迈过这道坎。他沉思良久,心头有了主意,他将自己关进书房。

　　老伴推门进来,告知严于信,女儿严冰来电,她要过来和父母亲共进晚餐。她给严于信端上一杯热茶后开始在厨房忙活起来,近几个月来家中毫无生气,严于信的老伴想借严冰回娘家制造一些热闹。女婿小林好久未有信息,也该向严冰了解情况。

　　严于信铺开信纸,端坐在书桌前,许久才提笔书写。当"尊敬的郑昱嘉董事长"这八个大字出现在笔端之后,严于信圆圆的眼睛充溢着的泪水夺眶而出,滴落在信笺上。

书房里，笔尖沙沙的声音伴随着严于信，一行行工整的字迹铺满信笺，严于信含着血和泪的倾诉尽情流泻在笔端：

尊敬的郑昱嘉董事长：

彼此间虽近在咫尺却睽违已久，萦绕在心的一些事情很想有机会和您做个沟通，只因山宁省周胜市岗山镇的新农村的建设项目缠绕在身，我无法选择一推了之，唯有亲自面对，妥善处理，才能证明我的为人之道。有鉴于此，故迟迟未能推诚置腹。如今项目结构已届封顶，据我所知，工程款应该能正常到位，董事长无须焦虑。最近民工的闹事风波搅得董事长寝食难安，我殚精竭虑希望能帮助董事长化险为夷，所做的努力，事实上也有显著的效果。

董事长，该项目的最终结果终能尘埃落定。于公司来说，当前民工的闹事风波暂且消失，之前所引发的诸多负面效应，我想也必将成为翻过去的一页历史，痛定思痛，我也有空暇做一个很好的反思。

首先，应该向您做一个发自内心的致歉，周胜的项目让您以及嘉海集团受牵累了，抱歉！再抱歉！其间彼此有诸多的龃龉，盖因工程所忧而致。董事长为这个项目所造成的局面心里是堵得慌，而我则是内心瘆得慌。感谢您在项目进行到最危急的关头，能出手相助，最终化险为夷，真的是十二万分的感谢！我非常明白，是您帮了我的大忙，永记心头，必当回报！此外，我还要感谢嘉海集团的周总和我的学生山宁省委组织部副部长夏冬以及我在周胜的好朋友刘为民市长等，他们在我处身于危难时刻无私地出手相助，此番真情我永世铭记在心，必当涌泉相报。

于我而言，大半年之内数度奔赴周胜倾心协调斡旋此项工程，使之能得以顺利进展。吾似屈子形容枯槁，被发行吟于周胜的岗山脚下，辗转反侧周胜的翡翠山庄，动情游说于岗山办事处，甚至是周胜市和山宁省，最终博得各方的深切同情和理解，得以看到扭转岗山项目颓败之势的一线曙光，我此次的周胜之行该是毕其功于一役，化干戈为玉帛！我额手称庆。

临返东海，周总考虑到我的身体状况，让我先坐飞机归来，却遭遇百年不遇的雾霾在机舱里枯坐近七个小时，我独自天马行空的冥想，恍然间对伍子胥过文昭关一夜愁白头有了彻悟！我的眼前似乎出现了佛祖的身影，我蓦然醍醐灌顶，顿有大彻大悟的觉醒，世事无常，世事难料啊！感念我佛悲悯于我这凡夫俗子，慈航普渡我抵达彼岸，让我重获新生，矢志余生不忘佛恩！

回忆当初的此情此景,不啻为无妄之灾啊!吾历历在目,不寒而栗。吾将一日三省,其中的一省即为此事件。倘若本人当初能够稍稍理智些或考虑周全一点,也许就不会有这将近大半年的头疼事情,尽管初衷是为了嘉海集团的业绩。但任何事物都是辩证的,是一把双刃剑。从另一个角度来审视此事件,我自认为也有不少的收获,至少能让我本人在人生暮年的这段岁月中,明白了何谓谨慎行事这个最简单却又容易疏忽的生活常识。当然,还有其他的诸多感悟和慨叹,譬如人心的叵测、市场的凶险等。我一介书生实在是不谙鲜花往往铺在陷阱之上这个最基本的市场游戏潜规则,还是以善良之道面对每一个有求助的人,即使是吃了亏还是秉承着"以德抱怨,与人为善"的家训,终于酿成这场大祸。一语承诺终成谶,被不幸言中了!嗨!可惜醒悟得太晚,不过我还是值得庆幸,在迈过知天命之年的门槛,行将跨入花甲的行列,经历了如但丁在《神曲》中描绘的炼狱之门的考验,我现在对世事可以说已经历练到宠辱不惊的境地了。这近半载岁月于我而言,正可谓历经坎坷磨难,渡尽劫波余数,现在可以冷对谣言中伤相逢一笑泯恩仇了。我私下也曾有自嘲:往后的岁月该是鄙人"凤凰涅槃"获得重生的新时代吧,唯一可叹的是我这个年龄距离天堂是一步之遥了。

我们相识相交有一年多了吧?这一年多的时间中,固然是人生长河中的一个瞬间,但在相知相交中,我们彼此都尊重信任对方,从最初的互帮互助到后来共同筹划发展建筑行业的航空母舰——嘉海建设集团。其间的欢乐与忧愁,成功与烦恼,我和您都感同身受。我从心里感谢您对我的信任,让我能为嘉海的发展尽自己的一些绵薄之力。目睹今天在建筑业有骄人业绩的嘉海建设集团,我为您高兴,满心期望嘉海的事业能蒸蒸日上!此乃我的肺腑之言。倘若有需要或本人还能为嘉海的继续发展起些微薄作用的话,我仍将一如既往,因为我此生将始终以嘉海为荣。

董事长:嘉海建设集团所取得的长足进步,大家都知晓,嘉海建设集团的发展壮大,您也有坚定执着的目标,嘉海的未来一定会更好!但是任何事物的发展都有其自身的客观规律,一个企业的规模不太适宜短期内就无限扩张,否则势必会顾此失彼,应顾不暇,肯定会出现一些猝不及防的隐患。二〇〇九年突然爆发的系列事件就是一个印证!"防微杜渐,审时度势"太重要了!我们应该将公司今年所面临的这些突发事件作为嘉海日后升华的一个嬗变,为集团今后能成为建筑业的翘楚重新制定系列的工作步骤。

尊敬的董事长,在下本是布衣,可也有些不成熟的谏言,也许人微言轻,无足轻重,若有唐突万望不为见怪为好。依愚之见:一个发展成熟的企业其文化的底蕴于当今来说显得尤为重要,老子云:上善若水;嘉海的箴言:打造共赢平台,其理念都可认为是企业管理文化的精髓。荀子曰:木直中绳,其曲如规,则诠释了企业管理中必须按照规则行事的圭臬。目下,我业已欣喜地看到嘉海在文化建设方面呈现诸多可圈可点的地方,目睹了公司在规范管理方面制定了相关的制约措施。不过恕我直言,规章制度白纸黑字赫然存在,执行的力度却几近阙如。《诗经》有"知我者谓我心忧,不知我者谓我何求"之说,基于和您的友情,我还是不得不说出我的一些担忧,我深感目前公司的工作重心还是在项目的管理方面。我个人之窥见,窃以为当下最首要的任务有三个方面:

第一,把握好项目的关口。凡是用嘉海的资质承接建筑工程项目的,一定要仔细审核,将风险杜绝在签订合同之前,宁缺毋滥。就目前的情况而言,没有必要追求每年多少工程量或产值,而是应该扎扎实实地建立或扶持几个将来能为公司创品牌效应的金牌分公司,让他们来帮助嘉海创造业绩和提升公司形象。

第二,对承包人或分公司要有一个总体评估。凡是分公司或承包人我们都应该有一个考核机制,建立分公司或承包人的信誉档案。可制定具体的并具有可操作性的考核标准,每一年或两年考核一次。优秀的留下并给予适当的优惠政策,反之则当断则断,无需继续合作。如此,我们的分公司或承包人将会越来越规范。

第三,公司内部的管理也需规范。要采取岗位问责制,每项制度都必须落实到具体的部门乃至个人,奖罚分明。对于优秀的企业人员,可以创造培养的机会,让他们真正地做到把嘉海当作为自己的事业从而安心工作,反之则没有必要继续留用。

就目下之公司现状,吾之浅陋的感悟乃嘉海建设集团亟需考虑的工作步骤,切切不能让所谓的业绩再次褫夺嘉海已经建树的良好平台。"路漫漫其修远兮,吾将上下而求索",嘉海发展的道路还很漫长,在不断求索的征程中,务必要稳健扎实,规避风险。《论语》中有"工欲善其事,必先利其器"的告白,指的就是这个道理,谨望董事长予以斟酌,倘若言重也切望不予责怪,实属本人寡陋的管窥之见。

郑昱嘉董事长,现在我才真的悟出何谓时光如白驹过隙,转眼,我竟然已是一个年近六旬的老人了,岁月不饶人啊!"譬如朝露,去日苦多",人生真的是很短促的,真高兴能和您有过这么一段让我难以忘却的工作经历,也真心祝愿嘉海能长续发展。也许我的年龄不太适合当下的工作;同时对自己所造成的工作失误也断断不能宽宥：曾为您为公司带来如此令人头疼的麻烦。幸好，您和公司的利益未必损失惨重，否则我真的要抱憾终生了。我想，在二〇一〇年的新年伊始，自己很需要静心些许时间思索一些问题，如有可能也想再重执教鞭一段时间并写些东西，或者索性就退休赋闲在陋室独享安闲之乐大隐隐于市了。当然，如蒙不弃，我愿意和董事长保持良好的交往，一旦有好的契机，也可以为嘉海做一点带来福祉的工作，应该说这以后能为嘉海带来的机遇断断不会是贸然的冲动，前车之鉴鄙人此生没齿不忘！

　　记得有首歌曲，其中的一句歌词很有哲理：阳光总在风雨后。回顾嘉海的发展，我信心满满，经历了系列的坎坷，闯过了诸多的难关，嘉海建设集团理应再登上一个崭新的平台了。有位哲人曾经说过，人生也罢，创业也好，其实都是在不懈地往上攀登，是在征服一座自己尚未踏上峰顶的山峰，但在追逐心目中所设定的目标的时候，累了就该歇一歇，渴了就该喝点水，在不断的养精蓄锐的过程中，最终才能攀上高峰，没有必要一鼓作气。我自忖：此位哲人的感悟颇有人生真谛的警世。

　　尊敬的郑昱嘉董事长，请允许我再次深深地感谢您对我的始终如一的信任，我发自内心地感谢您对我的支持和理解，我会永远怀念我们曾经共同奋斗过的那段经历，无论我往后远行到哪个港湾，我们的友情必定一如既往。

　　谨向您的家人致以我最诚恳的问候，愿您和您的家人一生平安。

　　严于信一口气写完给郑昱嘉的长信，当他签上自己的姓名后突然觉得如释重负，他从头至尾默读一遍，小心翼翼地将这封长信折叠妥当，塞进了写上嘉海集团地址和郑昱嘉姓名的信封。

　　严于信又要出门，他打量着自己书房熟悉的陈设，又对着书桌玻璃板下压着的一张女儿严冰和女婿小林还有自己的老伴合影反复端详，这是女儿结婚庆典那天的合影。严于信想到了女婿小林，好些时日没有小林的音讯，忙于岗山镇的项目，也无暇向女儿问及小林的近况。小林是他的得意门生，又是他钦点的女婿，他多么希望能看到小林早日归国，学问得到建树的同时还给自己带来一个第三代，那时享受其乐融融的家庭温暖该多惬意。严于信怕是等不到这一天了，他将另外写给老伴和女儿女婿的两封信放在书桌边沿，再次深情凝望和自己相伴多年的书房，悄悄地关上了书房的门。

　　严于信起身走到盥洗室，对着镜子，精心地梳理自己的仪容。他做得从容不迫，一切有条不紊。完毕，又到自己的卧室拉开衣柜取出一件女婿小林送给他的大衣穿在身上。严于信走到客厅，看着厨房里忙碌的老伴，泪水又悄悄涌出。严于信摘下眼镜，赶紧擦了擦眼角，他对着老伴的背影说了一声："我上街走走。"他离开了自己的家。

　　严于信没有坐电梯下楼，他一步一步走下楼梯，他想寻找这幢居住了近二十年的老楼的感觉。他拾级而下，一步一步地走得很迟缓，边走边思居住在这幢老楼往昔那点点滴滴的感觉。很费劲地走出了大楼，严于信又止步不前，他抬头仰望十七楼，那里有他温馨的居所，老伴还在厨房里欢快地忙碌着，女儿严冰不一会就会到来，娘儿俩在一起肯定会有说不完的话儿，一定是女儿蹭着母亲的耳鬓絮絮叨叨。严于信想得出神，他情不自禁地流露出微笑，细碎的往事只有在回忆的时候才是最幸福的，幸福原来就这么简单，生活中琐碎的细小事情只要有真情环绕就能够酿成幸福的美酒，只是你平时不太留意罢了。

　　严于信终于挪动双腿走向车水马龙的大街，春节的气氛越来越浓，满街弥漫着年货的气息。跨入这个年头，严于信恰好是五十五岁，女儿还傻傻地给他准备了生日礼物。严于信又露出微笑，他脚不停步地向前走着，记忆深处的许多往事犹如电影一幕幕地闪现在他的眼前，并伴随着他的脚步走向严于信寻求的地方。

　　一条大河呈现在严于信的面前，滔滔的河水奔流向东，河水的尽头是一望无际的大海。命运也许就是这样的巧合，严于信曾经和老伴戏言，有朝一日离开尘世，他将与大海融为一体。严于信的戏言不幸成谶，他向大海奔来了。

　　严于信一步一步走向河堤，他没有回头，径直朝大河的中央艰难地挪动脚步。铅灰色的天空彤云密布，北风在严于信的耳畔呼啸。空旷的原野，肃杀的严冬，一个生灵在走向自己生命的归宿。河水逐渐没过严于信的头顶，严于信在另外一个世界寻求自己的永恒。天空开始飘扬着雪花，瑟瑟的北风呜咽着在为严于信悲鸣。

　　郑昱嘉是在农历小年夜那天才得知严于信离世的噩耗。之前的几天，他在为严于信没有再度飞赴周胜而大骂老夫子，收到严于信的长信后，郑昱嘉好歹气也消了一半，思忖自己也没必要逼得严于信非要在春节前几天再赴周胜，小地方的官员们往往一过腊月十五就无心上班办公，即使严于信到了周胜恐怕也是颗粒无收，郑昱嘉想了想也就作罢。他想等到正月十五过后再让周总陪同严于信飞赴周胜。谁料到严于信竟然走上自绝，郑昱嘉惊呆了。他不敢给严冰打电话表示慰问，他躲在自己的别墅整整发了半天呆。他满脑子都是严于信的身影，严教授的圆圆的眼睛里满是哀怨的神色，郑昱嘉走到哪，那哀怨的眼神就跟到哪，郑昱嘉如同芒刺在身,坐立不安,他的良心受到了谴责。

郑昱嘉试探着给邹培远挂了个电话,鹰钩鼻子没容郑昱嘉开口就破口大骂,"郑昱嘉,你要受到天谴的。"邹培远挂断电话前最后扔下一句话。

旁人对郑昱嘉谴责甚至是詈骂郑昱嘉也许还能接受,唯独邹培远的无情指责郑昱嘉偏偏就不服气,郑昱嘉对着挂断的手机大声驳斥邹培远:"你这个鹰钩鼻子,严教授的死你也有不可推卸的责任,你也休想逃脱良心的谴责。归根到底,严教授的死是你一手造成的,你这个鹰钩鼻子,该死的是你,不是严教授。"郑昱嘉歇斯底里地对着挂断的电话狂吼不已。

一夜失眠,凌晨时分郑昱嘉迷迷糊糊地进入睡梦,严于信的身影又跳入他的梦境:"董事长,我严于信没有做任何对不起你的事情。"严于信站在郑昱嘉的面前垂眉低声,"我严于信问心无愧。董事长,请你相信我。"郑昱嘉看见严于信向他张开了双手,他惊得出了一身冷汗,一个鲤鱼打挺跃身而起,严于信的身影倏尔消失,心惊肉跳的郑昱嘉靠着床头一直坐到晌午才起身。

郑昱嘉从卧室走到客厅,握着手机踌躇半晌,才发送了一条短信给严冰:冰。郑昱嘉刚打出一个字,想想又不妥,他改为严冰小姐。郑昱嘉在脑海中组织文字,他必须让严冰感觉到他郑昱嘉的一片真心可对天。郑昱嘉的指尖跳动着一个个文字:

  惊闻严于信教授遽然辞世噩耗,不胜唏嘘伤感。严教授不幸罹难,令我郑昱嘉悲伤顿首,苍天无情夺我严教授之生命,我郑昱嘉无回天之力,假如我能替代严教授复生也心甘情愿。严教授高风亮节的品行值得我们后辈敬仰,其可圈可点的人生给我们后辈留下了丰富的精神财产,受益不尽,他不仅仅是后人的道德楷模,更是一位令人高山仰止的杰出教育家,我会永远铭记严教授的恩德。

  我庸人自扰,碌碌无为之冗事缠绕在身,无法抵达严教授世事皆宠辱不惊之境界,深深愧疚。目下尚出差在外,我为不能前来吊唁深感遗憾,但严教授的音容笑貌我不会忘却。

  与严教授告别之日,吾亦会持心香一瓣遥遥为严教授送行。切盼严冰小姐和令堂节哀顺变,我们择日再共聚一堂追思严教授。

严冰没有给郑昱嘉任何回复,郑昱嘉也没有奢望严冰会回复他任何文字。他趿拉着拖鞋在客厅来回踱步几圈后,想到还是应该去办一件事情。二话没说,郑昱嘉穿着睡衣径直走向车库,开着他的保时捷离开小区。

郑昱嘉在花店花重金订购了两只大大的花篮,分别写上嘉海集团和自己的名字,着送花人送抵严于信教授的居所。办理完这一切,他才觉得良心上稍稍得到安慰,他开着保时捷来到严于信教授居所的楼下,朝十七楼眺望许久,才快快地驱车回到自己的别墅。

驶出严于信教授居所的小区,郑昱嘉远远瞧见一辆熟悉的小车迎面驶来,是邹培远的坐骑。邹培远也看到了郑昱嘉的保时捷,两辆轿车相向而行,车头对车头停下,邹培远跳下车,一个箭步走到郑昱嘉的车前,郑昱嘉摇下车窗半个头探出,"培远兄,我没有想到。"郑昱嘉试图解释些什么,却一时找不到合适的词汇为自己辩解。

邹培远阴沉着脸,鹰隼般的眼神足足盯着郑昱嘉看了好半晌,一阵冷笑,随手掴了郑昱嘉一个响亮的巴掌:"你会有报应的。"邹培远返回自己的轿车,绕开郑昱嘉的保时捷驶向严于信居住的小区。

郑昱嘉摸着发烫的脸颊,咬牙切齿:"鹰钩鼻子,等着,我不会让你有好日子过的。"恨恨地骂过,郑昱嘉驾驶着保时捷漫无边际地在东海市狂驶。"严冰,严冰。"郑昱嘉口中不停地叫着严冰的名字,他还是念念不忘严冰,他盼望着奇迹出现,他能够在大街上迎面撞上严冰,然后与严冰堂皇地进入严于信的家尽自己的一份哀悼之情。他等待着自己的手机铃声快快地响起,严冰来电向他倾诉无尽的哀思,将他郑昱嘉作为严冰在人世间唯一的精神支柱。郑昱嘉驾驶着保时捷满大街游荡,他不知不觉行驶到严于信投河的地方。

郑昱嘉下车,他面对着滔滔的流水禁不住流下悔恨的泪水:"严教授,你不该走这条路,你是耳根清净躲到天堂享福,我郑昱嘉在人世间则要背一辈子的骂名。严教授,你何苦折磨我?"郑昱嘉蹲在河边与严于信的亡灵絮絮叨叨:"我向你保证,我会一辈子善待严冰,严教授,我用人格向你保证。"郑昱嘉对着河流深深鞠躬三下,他觉得愧疚的心灵得到了释然。

严于信的追悼大会在元宵节过后举行,东海大学的师生们排成长龙和严于信做最后的告别。严于信在周胜的亲友来了,刘市长来了,他的学生夏冬也赶来送老师最后一程。邹培远作为严于信的同窗好友,受严于信的老伴和女儿严冰的委托主持追悼会,北京的老同学徐辉负责吊唁宾客的签到,严冰和母亲则陪伴在严于信的灵柩前与亲人厮守最后的时刻。郑昱嘉在嘉海集团周总的陪伴下一身素服悄然出现在追悼会的人群,他不显山不显水地静静地夹在吊唁的人群中不言不语。周总指着远远地站在东海大学几个教授身边的夏冬对郑昱嘉悄声耳语:"董事长,那个人就是山宁省委组织部副部长夏冬。"

郑昱嘉怦然心动,他多么想和夏冬有攀附的机会,有夏冬的支撑,嘉海集团在岗山镇的项目无担忧之虞,严于信临死还不忘为嘉海集团做出贡献,天赐良机与我郑昱嘉,郑昱嘉情不自禁地挤过吊唁的人群朝夏冬走去。

夏冬正在和东海大学的几个曾教过他的教授悄声细语,郑昱嘉突兀地闪现在他的面前,他极为礼貌地朝夏冬微微欠身并大方地伸出双手:"您好,夏冬部长,我是您的校友郑昱嘉。"郑昱嘉递上自己的名片给夏冬。

素昧平生之人冷不防出现在夏冬的面前,倒让夏冬一时不知该如何接口,出于礼节,夏冬握住郑昱嘉伸过来的双手客套地回复:"你好。"看过郑昱嘉的名片,夏冬才明白对方是何许人也,"哦,你就是嘉海集团的董事长郑昱嘉先生,我知道你是东海大学中文专业毕业的,严教授提起过你。哎……"夏冬叹息一声后不再言语,他的眼神定格在郑昱嘉的身上:英俊挺拔,卓尔不群。郑昱嘉留给夏冬的第一印象不错。

郑昱嘉逮住和夏冬零距离接触的机会,岂肯泛泛交流三言两语就失之交臂。他努力地使自己的眼圈泛红,声音微微发颤:"严教授遽然辞世,我无法用语言表达自己的悲伤。夏冬部长,严教授一直说要陪着等我到山宁和您见上一面,让我向您表示感谢的,想不到转眼间严教授就和我们阴阳两隔。"郑昱嘉哽咽得不得自语,"但是我一定要来山宁省向您表示最真挚的感谢,这也是为了了却严教授身前的遗愿。"

夏冬部长也被郑昱嘉的真情感染:"我也为老师的离世感到难受,他为了岗山镇的项目真正是呕心沥血,老师就是这样一个认真的人。"

郑昱嘉连连点头:"夏冬部长说得极是,我嘉海集团一定全力以赴完成山宁省在周胜市的第一个新农村的建设项目,以告慰在天堂的严教授。夏冬部长,您放心。"

"谢谢,谢谢校友,谢谢郑董事长。"夏冬部长对郑昱嘉的信誓旦旦深信不疑,"老师九泉有知一定会很高兴的。"

郑昱嘉还要再缠住夏冬深入交流,邹培远陪着严冰和严于信的老伴走来。邹培远一看到郑昱嘉和夏冬套近乎的举止就气不打一处来,郑昱嘉的为人邹培远再清楚不过,郑昱嘉盯上夏冬是司马昭之心邹培远知晓,邹培远恨得牙根痒痒的,十恶不赦的家伙!邹培远想狠狠教训郑昱嘉一番,话刚出口想想又不妥,硬是将送到嘴边的话语咽回肚子,郑昱嘉这个贼是什么手段都使得出,当众给他难堪,我邹培远背地里保不准被他使绊子整死,何不将计就计,大面上给郑昱嘉贴金,让郑昱嘉好歹再念恩自己。邹培远忍气吞声,抢先打招呼:"夏冬部长,郑董事长,严冰和她的妈妈向你们表示感谢来了。"

郑昱嘉瞅见邹培远走上前来还是心有余悸,他怕鹰钩鼻子给他难堪。邹培远的自然而然倒让郑昱嘉始料不及,他朝邹培远送去一缕感谢的神情,又抢在夏冬部长的面前当众紧握严冰的手。郑昱嘉无限的真情流露:"冰冰,节哀顺变。"郑昱嘉又向严于信的老伴深深鞠躬:"严师母,保重身体!"

严冰神情恍惚,她似乎有些不认识郑昱嘉,她呆滞的眼神失去往昔迷人的光泽,她见到任何一个人都是不断地重复:"都走了,都走了。"

郑昱嘉诧异地端详严冰,他的心头隐隐升起一种不祥,严冰怎么瞬间就判若两人,他真的想挽起严冰的胳膊到一个清静之处好好地宽慰温存严冰,他一脸狐疑的转向了邹培远,他在用神色询问邹培远,严冰她怎么啦?

邹培远附着郑昱嘉的耳朵:"消停消停吧,这是严教授的追悼大会,你该够了吧?"鹰钩鼻子的鼻尖蹭着郑昱嘉的脸颊,郑昱嘉感觉到自己的脸庞有一丝冰凉。他定睛细瞧邹培远,鹰隼般的眼睛里满是湿濡。

严于信安详地躺在水晶棺木内,满头白发紧贴着冰冷的脸庞,他双目紧闭,嘴唇却是半合,人间遭遇的许多苦楚他还没有来得及倾诉就匆匆地离开,他带着无穷无尽的屈辱飞向天国。郑昱嘉向严于信最后三鞠躬告别时,泪水哗哗地流淌。"严教授,你不应该啊!"郑昱嘉在心头呐喊。

向严于信做最后告别的人群络绎不绝,郑昱嘉和周总远远地站在吊唁大厅的角落目睹这揪心的场面,周总不住地抹眼泪,严于信生命的最后一段时间周总和他朝夕相处,他无法忘却严教授博大的襟怀。

哀乐声中,躺着严于信遗体的水晶棺木被殡葬人员缓缓地推向过道送往火化间,骤然间一声撕心裂肺的哭喊盖过沉滞的哀乐掠过所有吊唁人员的头顶:"爸爸,爸爸呀!"严冰张开双臂抱住移动的水晶棺木歇斯底里地狂叫:"爸爸,爸爸……"

郑昱嘉不知哪里来的勇气,奋力冲向严冰,掰开严冰的双手:"冰冰,冰冰啊!"郑昱嘉将严冰紧紧地抱在怀中,他抱着严冰跟着失声号啕,在场的每一个吊唁者无不动容,邹培远也被感动,他明白郑昱嘉对严冰是一片真爱。"郑昱嘉是情到深处难自拔。"邹培远的鹰钩鼻子翕动,"但愿郑昱嘉能够忏悔,善待严冰。"

夏冬部长也在一边悄悄地擦眼角,郑昱嘉给他留下很好的印象,他掏出自己的名片准备递给郑昱嘉,不仅仅是受老师严于信生前的嘱托,就冲郑昱嘉的正人君子之品行,夏冬也觉得他对岗山镇项目的关注责无旁贷。

22

  一年之计在于春,岗山镇的项目又开始正常进行,项目部抓紧完成五层楼之上的小阁楼,以便名正言顺获得百分之三十五的工程款。严于信之死的消息也传到项目部,黎一鸣等人惊愕之余也都连声叹息,恻隐之心让黎一鸣愧疚他在严于信生前没能对其有多多的善待,他让程子根唤来范于波,想多了解一些有关严于信的死因。程子根告知,春节开工后工地上就不见范于波和焦保业的人影,找了多次,都没人知道他俩躲到哪里去了。黎一鸣一愣,范于波和焦保业人间蒸发不是个好兆头,这两个无赖多少掌握一些他在岗山镇项目上暗箱操作的秘密,挖地三尺也得把这两个人给找出来。黎一鸣由范于波和焦保业联想到钢材供应商朱红根,黎一鸣在春节前与朱红根私下有过见面,这家伙死活不答应私了,一定要对簿公堂,最后海哥出面拉场子斡旋。海哥半是威胁恐吓半是好言相劝,朱红根才答应私了,张口就要一千万,气得黎一鸣脸色铁青拂袖而走。朱红根哪里将黎一鸣放在眼里,他冲着黎一鸣的背影话中有话:"黎经理,都是明白人,韩长龙的失足而死我也清楚,他死之前是和我在一起喝的酒。"

  黎一鸣恨得牙根直痒痒,他真想一不做二不休和海哥商量设法做了他。还是海哥的城府深,他找到朱红根,不慌不忙亮出底牌:"朱老板,一鸣是我的兄弟,要不我也不会轻易出场。我如果不了解你朱老板的底也不会拉这个场子,你拍着脑瓜子好好想一想,四年前你在周胜市犯下的人命案局子里还挂着号,要不是你朱老板跪着求我海哥,哼哼,你休想逍遥法外。现在只要我一个电话,你十年八年也甭想出来。"

  朱红根身上确实背负着一条人命案,四年前他喝醉酒与邻座的顾客发生争执,朱红根失手用酒瓶子将邻座的顾客砸死,后来花了五十万找了个手下的民工垫背才躲过一劫,他手下的那个民工被判十年有期。朱红根又动用海哥的关系,找了关系托了人又花了钱,将手下顶包的民工减为有期五年。朱红根见激怒海哥自然也放了软话:"海哥您也别动怒,我听您的就是。"

海哥担保,一纸君子的口头协议,工程结算完毕,黎一鸣支付给朱红根五百万。朱红根得到道上海哥的承诺,也就放了心,黎一鸣在海哥的协调下与朱红根碰杯握手言欢。

黎一鸣在时间上争取到了主动,他对朱红根还是耿耿于怀,他绝不甘心揣入囊中的五百万就这么轻易地流入朱红根的口袋,他得设法子将朱红根往死里整。对付朱红根的方案还没有想妥当,黎一鸣又闻范于波和焦保业不辞而别,更加重他心头的烦恼。一波未平,一波又起,黎一鸣的头大了。

程子根见黎一鸣怏怏不乐,还以为黎一鸣沉浸在对严于信之死的伤痛之中,反过来劝慰黎一鸣:"老弟,他严教授自己寻死,关咱鸟事,他死他的,咱干咱的,早些完成这岗山镇的鸟活咱就拿钱走人,老子这辈子再也不碰工程,还是开个小旅馆省心。"

黎一鸣斜睨程子根,见程子根吧嗒着嘴巴还欲说不休,不耐烦地挥了挥手说:"老哥,你去工地上瞅瞅,我想安静一会儿。"

程子根挠了挠板寸头,很不情愿地离开项目部办公室。关门时程子根想了想又说道:"老弟,可别多想,严教授是自己找死,没人逼他,你可别往深里想。"程子根挪动两条短粗腿向工地走去。

黎一鸣静静地坐在项目部办公室,回忆着和严于信相见的点点滴滴,他用心灵和天上的严于信说话:"严教授,何苦来着?好死不如赖活着,牙一咬这坎也就过了。"黎一鸣想起一句不知何人所说的名言:一个不成熟男人的标志是他愿意为某种事业英勇地死去,一个成熟男人的标志是他愿意为某种事业卑贱地活着。"严教授,你的年龄快近我的父辈,可你还是不如我成熟,尽管你是个教授。"黎一鸣痛惜地遥望东海市的方向连连哀叹:"严教授,不值得。"他抽出三支卷烟夹在右手的食指、中指和无名指之间,恭敬地朝着三支袅袅燃起轻烟的香烟膜拜并念念有词:"严教授,我黎一鸣向您赔罪了,不是我狠心,我也是没有办法,这个社会很现实。严教授,以后我到了天国一定鞍前马后跟着您。"黎一鸣细长的眼睛泪花闪动,他诚恳地央求严于信:"严教授,保佑我,让我早点完成这岗山镇的项目。只要这项目顺利完成,我一定会到您的坟前祭扫。"

黎一鸣完成与严于信阴阳两重天的对话,觉得浑身轻松一些,他迈步走出项目部办公室,他还是得找海哥,他要海哥帮助打探范于波和焦保业这两个人的下落。

岗山镇的项目预计还有一个月就能够全线完成主体结构全线封顶,嘉海集团和岗山镇的项目部以及所有的分包商都翘首以待这一天早日到来,都盼着能早日解套。谁料到人算不如天算,周胜市去年底召开"两会",江永祥和赵则林分别是人大代表和政协委员,江永祥和赵则林在会上陈述了岗山镇新农村建设项目所取得的骄人政绩,再加上之前省地两级的领导先后视察工程所带来的良好印象,春节后不久,江永祥和赵则林双双接到调令,官职都得到了升迁。江永祥被调任至周胜市任副市长,赵则林也如愿以偿擢升为周胜市工商管理局局长,刘为民市长也得到自己满意的安排,调到山宁省人大任主任一职,享副厅级待遇。岗山镇办事处新调入两位完全陌生的领导。

新任的岗山镇办事处党工委书记和镇长上任后的首要任务就是全面了解岗山镇的项目,棘手的问题慢慢浮出水面,用于项目建设的资金账面上荡然无存,追问两位前任,江永祥和赵则林迫不得已说出事实的原委:鉴于这笔资金留在账面上有近一年的周期,所以有领导下旨意称交给某金融机构用于资本的运作,谁料市场的经济形势风云突变,到期的资金某金融机构迟迟未能归还。追根寻源是哪位领导下达的指示,江永祥死活不开口说出是哪位领导的意思,江永祥再明白不过,没有这位老领导的出面打招呼,他岂能坐上副市长的宝座?赵则林本身也不清楚江永祥秉承的是哪位领导的指令,按照官场的游戏规则他绝不会打听江永祥背后的领导是哪一位。赵则林自然也清楚,他的周胜市工商局局长的位置少不了江永祥的出力。

两位新任领导岂敢寻根刨底,他俩面面相觑,不知道该怎么办才好。江永祥和赵则林都是抬头不见低头见的官场好友,都在一个地盘上为官,而且江永祥和赵则林现在的官职都比他俩要高出一个级别,官大一级压死人,是各级官员在官场上都明白的为官之道,他俩今后还要靠江永祥和赵则林他们的赏识提拔,所以也只得硬着头皮苦苦挨着,等待着某金融机构承诺的最多再有半年时间全部资金连本带利一并奉还的利好消息。可是还有一个月就要支付项目部百分之三十五的工程款,这个大限如何挨得过?

江永祥出了一个主意:"让质量监督部门寻找各种理由不通过工程验收,将时间拖到钱入账的那一天再说。我想最多再拖上个三四个月的时间吧,在工程上拖延几个月的时间付款是很正常的嘛,何况之前嘉海的工程进度还没有到付款的节点我们也支持三千五百万,他们没有理由不支持我们。"

赵则林也跟着出谋划策:"你们可以把一切责任推到我们这两个前任的头上,你们完全有理由说你们不知道账面上有多少钱,让嘉海集团和项目部来找我们,我和江书记也和他们打太极拳,我们不在其位,不谋其政嘛。"苦瓜脸自鸣得意,他认为自己的建议很不错。

新任的岗山镇党工委书记心领神会马上接口:"江市长,赵局长,我们不会给两位领导增添麻烦,都是为党工作,我们理应该很好地完成你们交给的任务。"

新任的岗山镇办事处镇长也跟着表态:"领导放心,干工程拖欠工程款是再平常不过的事情,我们是只拖时间不拖欠款,这有什么大不了的。"

江永祥大悦,他频频点头,新任的两位岗山镇的后继者给他留下很好的印象。"你们都比我和赵局长年轻,你们的前途一定比我和赵局长还要好,放心吧。"江永祥给两位新任的岗山镇父母官一个表态。

岗山镇的两位新任领导私下商议多次后悄悄地达成共识,保护好两位前任以便自己今后能得到江永祥的赏识,岗山镇项目所面临的风险暂时全都由他俩扛着,扛不过去那也只得矛盾上交。

黎一鸣得知岗山镇的领导班子大换血要早于项目部的其他人,他也不在乎所谓的一朝天子一朝臣的古训,在周胜这个蕞尔小地彼此间都是抬头不见低头见,连续串上三四个人保准能找到你想要找的人。黎一鸣也不想再多花心思走人际关系,严于信之死让黎一鸣的良心多少受到自责和忏悔,他想着还是早日收兵竣工退场,他不愿再仅仅为了这些百元的"老人头"折腾得自己上窜下跳。春节后,岗山镇的项目部第一次召开业主和总包方的例行会议,黎一鸣也懒得参加,他知道新任的筹建处总指挥亮相必有一番慷慨激昂的陈词,黎一鸣才不稀罕,他想得很简单,按照合同老老实实地施工,按照合同约定的时间节点一分不少地拿钱,此外他不再有任何非分之想。

埋在黎一鸣心中的那根刺是范于波和焦保业的突然失踪,这两个人渣是有奶便是娘的货色,黎一鸣隐隐担心他俩是否让嘉海集团给雪藏,等到嘉海集团与项目部彼此间发生本质利益冲突的时候,郑昱嘉再将范于波和焦保业给端出来掣肘他黎一鸣,毕竟范于波和焦保业知道黎一鸣强势指定给各标段的包工头的血拼价格,项目上所有材料供应的来源两个人也都知道,都是黎一鸣和程子根的亲朋好友,所谓的材料供应商闹事也就是黎一鸣和程子根两大家族的聚众闹事。黎一鸣的头开始疼了,他更为担忧的事情是万一朱红根再与范于波和焦保业绑扎在一起,绝对是一股置他于死地的力量。黎一鸣想从岗山镇的项目上收手了,他不想再越陷越深。黎一鸣想让程子根抛头露面。

程子根一听黎一鸣让他全权掌管岗山镇的项目,乐得抱住黎一鸣叫嚷:"好兄弟,你太抬举老哥了,我想是想,就怕没有你的能耐。"程子根还是有些顾虑。

黎一鸣不屑一顾,轻描淡写地道:"老哥你怕啥?背后还是我给你撑着,马上结构全线封顶,钱到手了怕啥呀?后面的二次粉刷等活比起这主体结构封顶要轻松得多。以后项目上的一切都你老哥拍板做主,咱们项目部也发个文给业主,你程子根为项目部的第一负责人,你现在先将项目部的所有管理人员召集到会议室,咱开个会宣布一下这个决定。"

程子根乐不可支,撅着肥臀凑近黎一鸣讨好地说:"老弟,你的大恩老哥我一辈子记着。"程子根乐颠颠地冲出项目部办公室,按黎一鸣的指示,召唤项目部的所有管理人员到现场会议室开会。

范于波和焦保业确实被郑昱嘉监控起来,岗山镇的工程一路走到如此的尴尬境地,郑昱嘉即使再采用各种手段来防患于未然已经回天无力,他唯一的心愿是指望黎一鸣能够安安分分地完成工程,赚多赚少嘉海集团一分管理费都不收,但春节前民工们连续不断的闹事,使得他不得不提高对黎一鸣的警惕,郑昱嘉反复盘算着该如何对付黎一鸣和程子根。

严于信的追悼会上,郑昱嘉遇到了范于波,他悄悄让嘉海的周总派人暗中跟踪范于波,设计将范于波诓骗到嘉海集团后,采取软硬兼施的方法,逼得范于波乖乖地吐出黎一鸣在项目部的许多暗箱操作,包括韩长龙的蹊跷死亡,范于波也说出自己的怀疑。郑昱嘉和周总听得肺都气炸了,"绝不能让黎一鸣逍遥法外。"郑昱嘉决计和黎一鸣决一雌雄,他给范于波指明两条路,或者他立即离开岗山镇的项目部,老老实实地配合嘉海集团调查取证黎一鸣的斑斑劣迹,向公安机关报案,请求立案侦查。假如范于波选择这个方案,郑昱嘉则对范于波和焦保业前期的劣行则予以宽恕;或者郑昱嘉和周总马上押解范于波和焦保业一同到东海市公安机关,连同黎一鸣等人一并向公安机关举报,控告范于波和焦保业在岗山镇的项目上私刻公章、伪造银行存款欺骗集团公司等犯罪行为,嘉海集团拼着赔本千万,也要让范于波和焦保业在牢里呆上个十年八年。

范于波自然选择第一种方案,郑昱嘉让范于波即刻召唤焦保业到嘉海集团,随后委派公司的几个下属将他俩押解到远在中国南部一个嘉海集团的工地给软禁起来。范于波为了能减轻自己在岗山镇项目上所犯下的不可饶恕之责,还主动向郑昱嘉提供朱红根的联系方式。郑昱嘉不动声色地派人和朱红根取得联系,并亲自和朱红根通话,郑昱嘉一言九鼎,只要朱红根认真配合嘉海集团检举黎一鸣和程子根的罪行,朱红根的利益绝对能得到保证。郑昱嘉还让周总亲自出马将朱红根接到东海市,他亲自面晤朱红根,郑昱嘉当场对朱红根拍胸脯保证,百分之三十五的工程款到账后,朱红根被黎一鸣黑吃黑没的几百万元由嘉海集团来支付。朱红根虽然有黎一鸣的亲口许诺:百分之三十五的工程款到账后,黎一鸣会支付给他五百万,但是朱红根压根不相信黎一鸣会大发善心,他担忧自己会不会也像韩长龙一样被黎一鸣暗暗做掉,有嘉海集团的董事长撑腰并亲口许诺不少他的钱,朱红根自然愿意配合郑昱嘉举报黎一鸣,他掏出早就准备好的检举材料递交给郑昱嘉。郑昱嘉又充分掌握了黎一鸣串通质量监督部门动手脚在钢筋上作弊从而逼得朱红根乖乖就范的行径。朱红根还提供线索给郑昱嘉,他认为韩长龙的蹊跷死亡肯定是黎一鸣买通黑道做的手脚,韩长龙临死之前他俩在一起喝过酒。郑昱嘉要求朱红根将这件事情的经过如实写下。看着朱红根和范于波、焦保业所写的揭发黎一鸣、程子根的书面材料,郑昱嘉忍无可忍,他决定出手了,害群之马,不杀不足以平民愤,郑昱嘉咬牙切齿。

郑昱嘉将所掌握的有关黎一鸣和程子根在岗山镇项目上的斑斑劣迹如数提供给律师,他做好了将黎一鸣和程子根送进班房的准备。郑昱嘉通过关系和周胜市的上级公安机关接洽上了关系,他随时准备和黎一鸣摊牌,一旦黎一鸣在百分之三十五的工程款上做手脚,他就会毫不手软地向公安机关举报黎一鸣和程子根。假如黎一鸣和程子根有所收敛的话,郑昱嘉也就偃旗息鼓,完成岗山镇的项目后从此各走各的道,井水不犯河水。

黎一鸣就此和范于波、焦保业失去联系,郑昱嘉却还装模作样让周总给黎一鸣打电话,要求黎一鸣通知范于波和焦保业到嘉海集团,嘉海集团要做主体结构全线封顶的资料备案,前期有些事情必须向他俩咨询。黎一鸣是有苦说不出,只得吞吞吐吐回答周总,这两个人节后开工就没有在工地上出现过,周总惊讶地向黎一鸣盘问是怎么回事情,并责令黎一鸣迅速找到范于波和焦保业,否则要向公安机关报案。黎一鸣的头一下子大了,他支支唔唔地回答周总,一定会找到范于波和焦保业。他也着急,范于波和焦保业的人间蒸发对他来说是极为不祥的征兆,他发疯似的遣人四处寻找范于波和焦保业。

黎一鸣足足寻找了两个多星期,派出去的各路人马均无功而返。让黎一鸣胆战心惊的事情又发生了,黎一鸣一直派人暗中监视着朱红根,跟班张永杰向黎一鸣报告,朱红根也失踪了。黎一鸣的脑袋顿时像炸裂一般,头晕目眩的他走路跌跌撞撞找不到北。黎一鸣阴沉着脸思索着自己的后续策略,最终他给自己制定一个底线:一俟岗山镇的项目上主体结构全线封顶,百分之三十五的工程款到手,捞到一票后就告退出,让程子根顶上,他再也不愿蹚这浑水。万一自己在项目部的所有行径东窗事发,他挨枪子儿的可能性都会有,他只能临阵逃脱了。

黎一鸣盘算着最多还有一个月的时间自己就可以摆脱目前的困境,熬也得熬过这一个月,他一反常态,吃住都在工地,拼命地催促各标段的包工头开足马力加班加点。黎一鸣说得天花乱坠,结构封顶了,钱也就可以到手,大家都可以解套。从大局上讲,黎一鸣说得一点没错,于是工地上出现了热气腾腾的景象,各标段都铆足了劲,加班加点完成这五层楼之上的所有小阁楼。

岗山镇的领导却一反常态,新任的筹建处总指挥马镇长隔三差五到工地上挑茬儿,表面上振振有词工程质量第一,不需要紧赶慢赶,背地里老是让监理寻找种种理由开出停工单要求整改。次数一多,黎一鸣引起警觉,办事处的办事风格怎么来了个三百六十度的大转变?为什么老是用各种摆不上台面的理由一而再再而三地要求项目部停工整改?而且停工令一开就是一个星期。黎一鸣担忧办事处会不会资金链断裂?一旦这个假想成为事实,那黎一鸣可就走远了。黎一鸣越想越后怕,睡梦中都惊出一身冷汗。

尽管施工的进程受到重重阻挠,工程的推进还是在缓慢地进行,终于盼来按照业主约定的主体结构全线封顶的时候,看上去,黎一鸣的眼窝也深深地陷下了,人也瘦了一圈,他苦笑着对他的大哥海哥自嘲,总算盼到解放的日子了。黎一鸣发誓,再也不干这倒霉的营生,哪怕在集市摆个地摊也坚决不干工程,这钱他赚得提心吊胆。

岗山镇的项目主体结构全线封顶历经千难万难,时间节点也因为业主的重重阻挠往后足足挪了一个多月,一直到四月初,总算到了业主按照合同付款百分之三十五的标准。黎一鸣再次将请款单传真到嘉海集团,郑昱嘉确认后重新打印,请款单盖上嘉海集团的公章后由郑昱嘉亲自委派公司的管理人员彤浩送到周胜市的岗山镇项目部,同时送给黎一鸣的还有郑昱嘉的亲笔信。

郑昱嘉的算盘也开始加紧拨动,他不能轻易地就让黎一鸣获得这几千万的工程款,除非黎一鸣将嘉海集团前期支持的工程款连带利息一并偿还,否则的话他决心和黎一鸣一拼,近两个月他已经充分掌握置黎一鸣于死地的证据。因此郑昱嘉在亲笔信中要求黎一鸣将每一笔工程款的支出都附上正规的发票,提交到公司财务部确认,同时公司还得逐一核实该材料价格在市场上的合理性并由公司的造价采购部予以认可才能生效,各材料供应商以及各标段的包工头与项目部所签订的合同原件也全部送交集团公司确认,在得到集团公司的认可之下,各材料供应商以及各标段的包工头才能够直接到嘉海集团财务部领取各项工程款。

黎一鸣一看郑昱嘉的这封亲笔信函肺都气炸了,他在项目部办公室圆睁细长的眼睛破口大骂郑昱嘉:"狗日的不费一兵一卒就想来摘桃子,我黎一鸣一个桃核都不会给你。他妈的!在周胜的地盘和我黎一鸣玩的人还没有生出来呢。"

程子根双脚跺得屋顶都直摇晃,满脸的横肉都气得转成紫酱色:"老子和郑昱嘉拼了命也不会给他一分钱,他郑昱嘉的命比我程子根值钱,我就一条命换他一条命,老弟,咱再召集几百个民工包围嘉海集团,打死郑昱嘉,用我的老命抵换,我不怕死。"

黎一鸣冷笑:"大哥,咱的命比他更值钱,还没有必要结果他的狗命,只要他老老实实地把百分之三十五的工程款划到咱项目部听由咱分配,咱没必要和他过不去。他要发票,他要查账,好啊,我就去弄一堆发票给他,看他还有啥好说。"

程子根一拍额头恍然大悟:"老弟说得对,咱先不和他计较,老哥反正一切都听你老弟的,你让老哥咋办就咋办。"

"你晚上好好地招待嘉海集团的人,吃好喝好玩好是你老哥的任务,"黎一鸣吩咐,"而且你还要和他说,董事长提出的一切要求我们项目部都会积极配合,千万不要露出马脚,剩下的事情我自有办法。"

程子根领命,唤上手下的几个兄弟赶往周胜市的翡翠山庄,黎一鸣等到程子根一走,悄悄地将项目部的财务经理招到他的家里,密谋着如何既能够瞒过程子根且又不让嘉海集团对项目部的账目产生怀疑的策略,黎一鸣对财务经理就是一句话:"假账要做得像真的,发票我负责提供。"

黎一鸣将手头的事情一一安排妥当,才喘了口气。他吸上一支烟后,拿起手机给岗山镇办事处的马镇长打电话。

马镇长接到黎一鸣的电话,倒也爽快,他说自己在省城的党校学习一周,要求黎一鸣下周四到办事处来找他,黎一鸣无可奈何地答应了。今天才星期一,到下周四去办事处找马总指挥那就是十天之后。

远在东海市的郑昱嘉这几天也心神不宁,他也在等待岗山镇办事处的工程款,根据合同的约定,两个亿工程款的百分之三十五就是七千万,再加上设计变更、原材料调差、工作面的增加等等因素,业主现在至少得支付九千万,扣除先前已经支付的三千万,还有六千万的进账。

彤浩从周胜回来向郑昱嘉汇报了情况,项目部的账目和各项支出明细都会提供,工程款要到下周四岗山镇的马镇长从省城党校回来后才能确定。郑昱嘉听后没有吱声,他眉头紧锁,黎一鸣很干脆地同意他在信函中的一切要求出乎他的意料,他担心黎一鸣又会出什么阴招,这家伙答应得这么痛快,莫非是他也在赶紧做功课搪塞我?郑昱嘉的这个疑虑还没有消除,另一个担心又浮上心头:岗山镇办事处在下周四能否支付工程款?为什么偏偏在这个节骨眼上马镇长上省城党校学习?生性多疑的郑昱嘉百思不得其解。

郑昱嘉一个人坐在办公桌前托着腮帮子冥思苦想,一直想得脑袋要开裂了还是百思不得其解。他走到窗前,信手推开窗户,明媚的春光下,办公大楼前几株桃花开得正艳,粉红色的花骨朵让郑昱嘉萌生爱怜之心,他情不自禁地想到了严冰。也罢,不再去想恼人的岗山镇项目,该去看看严冰才是,我郑昱嘉是鱼和熊掌都志在必得之人。郑昱嘉抬腕看了一眼江诗丹顿,快到下班的时间了,他尝试着给严冰打了一个电话,接电话的是严冰的母亲,她告诉郑昱嘉严冰病了。郑昱嘉一听很着急,马上就说要赶来看严冰,他也不顾严冰的母亲婉言谢绝,"蹬蹬"下楼开着保时捷出来了。

严冰自打严于信离世后一直神情恍惚,她现在和母亲相依为命。郑昱嘉由邹培远陪同去看过严冰几次,严冰也没有拒绝,她总是躲在母亲的背后默默地看着邹培远和郑昱嘉一言不发,面对访客没有丝毫喜哀怒乐的表情流露。郑昱嘉多少次在心头呐喊:冰,你还是原来的那个冰吗?冰,难道你甘愿掉在冰窖不愿看一眼明丽春天的阳光?冰,你知道我的痛苦的思念吗?冰,你愿意听我吟诵一首仓央嘉措的情诗吗?冰,你能再为我弹奏一曲德彪西的《雾》吗?鉴于严冰的精神状况,音乐学院作出决定让严冰在家休息,严冰就此将自己深锁在家,足不出户。

郑昱嘉手捧鲜花再次出现在严冰的面前,严冰身体笔直端坐在沙发上,她的双手规矩地放在膝盖上,黯然无神的眼光送给郑昱嘉一片漠然。郑昱嘉伸出手替严冰梳理额前的刘海,严冰僵硬的表情恍然有了一丝灵动,这是她对郑昱嘉爱抚的反馈。郑昱嘉的心猛地一阵收缩,他的眼窝刹那间注成两汪泪湖,心碎地凝视着心目中的女神:苍白的脸庞没有一丝健康的红润,往昔那摄人魂魄的双眸失去了光泽,伴随着盈盈的笑意呈现出的两个漂亮酒窝不再出现,两道微蹙的柳眉始终紧锁在眉头。那个在舞台上演绎《雾》的年轻钢琴家,那个曾经迷倒无数俊男的严冰,此刻如同一尊没有生命的塑像安放在郑昱嘉的面前,郑昱嘉的心阵阵绞痛,他揉着心口任凭泪水夺眶而出在他的脸颊上蜿蜒流淌,"冰,你看看我,看看我。"郑昱嘉轻声地呼喊。

严冰的眼睛眨了眨,她歪头看着郑昱嘉,看了很久很久却仍然一言不发。她似乎不认识眼前的这个男子,她的眼睛又茫然地注视着天花板。但是郑昱嘉却捕捉到了严冰细微的表情变化,他分明看到严冰美丽的眼睛里有泪花闪动。

严冰的母亲端茶给郑昱嘉,眼泪汪汪的:"郑董事长,冰冰她整天就是这样坐着,和她说话也没有反应,我担心着呢。"严母抹着眼泪:"家里接二连三地出事,当我又听到小林走了的噩耗时,就感觉整个天都塌下来了。现在他爸也走了,孩子受不了这个打击,我娘俩的命怎这么苦?"严母悲痛欲绝,她视郑昱嘉为她娘儿俩的救星,如泣如诉地絮叨严家的不幸遭遇。

327

郑昱嘉被严母泣诉得心酸,他宽慰道:"伯母,冰冰一时没办法排解,过一阵子就会好的,您不用担心。"郑昱嘉边喝茶边用心打量严冰,他也在为严冰目前的状况担忧,他要不惜一切代价还原一个他心目中的那个清纯靓丽的女子。"冰冰该到外面去走走,晒晒阳光,看看春天。"郑昱嘉有意无意地自言自语。

严母抚掌叩首赞同:"正是,我想带着她出去几天,又怕半道生出事来,迟迟下不了决定。"

郑昱嘉瞧着严母,心头有了主意,他将茶杯搁在茶几,双手小心地抚摸严冰的手背,脸转向严母试探地问道:"伯母,倘若您不介意,我可以带着冰冰到外面转转,也许她看到外面的世界,神智会慢慢好转。"

严母满脸欣喜:"那敢情好,可您是个大忙人,怎能劳驾?"严母想了想又摇头道,"使不得,不行,不能麻烦您郑董事长。"

郑昱嘉斩钉截铁,他不顾严母在场,不由分说一把将严冰揽入怀抱,小心翼翼地用纸巾拭去严冰嘴角流出的涎水:"我来照顾严冰,伯母,您放心,明天我会来接冰冰,我一定要让您看到原来的冰冰。"一个神圣的承诺在郑昱嘉的心头升腾,不管严冰将来怎样,郑昱嘉一定会不离不弃终身相伴在她的身边,天老地荒直到永远。

郑昱嘉一宿未眠,辗转反侧在床,满脑子塞满严冰的身影。他为严冰担忧,直觉告诉郑昱嘉,严冰的精神状况出现间歇性的障碍,他想带严冰到精神病医院好好地咨询。严冰牢牢地盘踞在郑昱嘉的心头,他爱严冰,他想通过对严冰的真爱来救赎自己,来弥补自己对严于信的不公,岗山镇项目所带来的困扰暂时被他扔到了爪哇国。

两天过后,一个春光明媚的好天气。郑昱嘉起床,今天要做一件他认为是他人生中最重要的一件大事。郑昱嘉精心梳理自己的仪表,全然是迎接最尊贵宾客的装束。郑昱嘉对着穿衣镜适时地调整自己穿着打扮的细微部分,直到无可挑剔才心满意足。随后,郑昱嘉又从衣橱里取出他从巴黎购买的整套名牌女性时装,他要让严冰和自己一样穿戴得雍容华贵,要让所有的人都对他俩投来艳羡的一瞥,他要喜滋滋地接受世人的公认:这真是天造地设的一对。浮想联翩之后,郑昱嘉也不带随从,亲自驾驶着他心爱的保时捷去迎接严冰。一路上,郑昱嘉或者是吹口哨,演绎严冰弹奏的钢琴曲《雾》;或者是吟诵仓央嘉措的情诗;或者是与严冰进行跨越时空的心灵交流,他的整个身心与严冰融为一体。

严冰在母亲的陪伴下等待郑昱嘉的到来,焕然一新的郑昱嘉神采俊逸,他的外形和穿着让严母满意,德才兼备容貌出众的郑董事长引得严母唏嘘不已。她悲叹自己的女儿命运的悲苦,假如郑昱嘉成为严门的乘龙快婿,他们严家该是另一番景象啊！严母抹着眼泪向郑昱嘉连连致谢："郑董事长，给你添这么多的麻烦，我实在是无以报答，严冰她爸和小林在九泉之下会保佑你的。"严母絮叨不停，翻来覆去就是这么几句话。

郑昱嘉真挚地报以一笑，他彬彬有礼地回敬严母："伯母，有我郑昱嘉在，您一切都放心。"郑昱嘉将携带的手提袋递给严母，"我们要将冰冰打扮得漂漂亮亮的出门，冰冰比春天还要美丽。"

严母一叠声地向郑昱嘉表示感谢："冰冰能得到郑董事长的照顾是我们娘俩的福分，万一我走了，她将来可怎么办？"严母叹息。

郑昱嘉连想都没想，张口就答："伯母，有我郑昱嘉在，我会照顾冰冰一辈子。"郑昱嘉说得斩钉截铁，他小心翼翼地搀扶严冰，哄小孩子一般娓娓细语，"冰冰，穿上新衣服后咱们出门踏青去。"

郑昱嘉载着严冰一路驶往东海市的精神病医院，他已经约好东海市最著名的精神病科主治大夫替严冰把诊。郑昱嘉为严冰想得特别周到，他没有载着严冰直接到精神病院，而是让他朋友所引荐的精神病科主治大夫杨教授直接到他的别墅为严冰秘密会诊。

郑昱嘉的别墅经过一番精心布置，宛如豪华的宾馆。茶几和餐桌上满是盛开的一束束鲜艳欲滴的百合花，严冰喜欢百合。一套出自丹麦的音响设备循环播放着两首曲子，王菲的《传奇》和严冰演奏的《雾》。安放在一角的三角钢琴琴盖已然打开，似乎在欢迎女钢琴家的到来。黑白的琴键让严冰的眼睛骤然一亮，黯然无神的眸子闪烁着昔日的灵动光泽，严冰挣脱郑昱嘉紧紧挽住的手臂，她走到钢琴前久久伫立，她的纤纤手指在黑白琴键来回滑动，郑昱嘉清晰地瞥见严冰的双眸噙着泪珠。百合花和钢琴，德彪西的《雾》和王菲的《传奇》唤醒了严冰的记忆，她突然回眸凝视着郑昱嘉，她送给郑昱嘉一个甜美的微笑。郑昱嘉的心猛地一抖，他看到了昔日的严冰又出现在他眼前，郑昱嘉再也克制不住内心的汹涌澎湃，他一把搂住严冰，发烫的双唇紧贴严冰冰凉的脸颊："冰冰，咱俩今生今世永远在一起，冰冰，我要娶你为妻。"

在郑昱嘉朋友的陪同下，精神病院的杨教授如约而至。郑昱嘉递给杨教授一份大大的红包，简短明了："我只要结果，不管是什么结果。"

会诊的过程令郑昱嘉揪心，会诊的结果令郑昱嘉寒心，严冰受到的刺激太深，精神上出现间歇性的障碍。杨教授惋惜地告诉郑昱嘉："可怜可悲，一个如此绝色的才女，她也许一辈子都无法回到原先的生活状态，她需要终生的呵护和陪伴。"杨教授扼腕之余还是给予郑昱嘉一线希望："如果能精心陪伴，创造一个安逸的环境让严小姐打开心结，慢慢平复她内心的创伤，也许严小姐会慢慢地好起来。现在最好的治疗方案是带领严小姐远离她目前生活的环境,让她看到外面一个美好的新世界,或许会有奇迹发生。"

郑昱嘉平静地倾听杨教授的叙述,俊朗的脸庞流露出沉稳的神色,谢过杨教授后他掷地有声:"我一定会让她好起来!"

送走杨教授和郑昱嘉的朋友,郑昱嘉深情凝眸严冰,"冰冰,冰冰",郑昱嘉声声呼唤,泪如泉涌。"冰冰啊!"郑昱嘉一声长啸,紧紧地搂抱住严冰大声号啕,"我对不起你,是我害了你,害了严教授。"

良心的发现让悲伤之后的郑昱嘉做出一个重大的决定,他要带着严冰周游世界,他要用自己的救赎行为感化严冰,让严冰重新回到正常的世界。

一周之后,郑昱嘉早早来到嘉海集团,他将公司所有的高层管理人员召集到会议室,当众宣布自己将要离开公司一段时间,日常的工作由周总全权负责。各部门的人事安排一一落实,郑昱嘉又将周总唤至自己的办公室,继续商讨岗山镇项目的相关事宜。郑昱嘉交代周总:"百分之三十五的工程款打到嘉海的账户后,首要的任务是务必全部结清剩余的民工工资,一分都不能拖欠。材料款由财务部、工程部和事业部的三位部门经理配合你仔细核查,黎一鸣胆敢叫板,你可以先将范于波、焦保业和朱红根提供的检举材料复印一套给黎一鸣过目,倒过来质问他怎么打算?公了私了咱都奉陪到底,律师从明天起就会常驻嘉海集团,有任何事情你可以和律师商量。我的底线是公司前期的支持款和管理费全部扣除后再和黎一鸣交涉,这是前提,他不答应也得答应,没有丝毫的商量余地。"郑昱嘉交代完毕又不无忧虑地对周总说,"我担心的倒不是黎一鸣会出什么阴招,我现在最担忧的是岗山镇办事处会出事情,万一他们没有钱那就真的走远了,我隐隐约约有一种不祥的感觉。"郑昱嘉眉头紧蹙:"岗山镇办事处两手一摊说现在没有钱倒真的是麻烦,前任江永祥和赵则林调走了,新任的两个领导完全可以推卸责任。"

周总也跟着忧心忡忡:"董事长,这可是个大问题,下面的分包商和材料供应商都是和嘉海签订的合同。"

"所以说,黎一鸣那里暂时还不能打草惊蛇,他既是我们的战友又是我们的敌人。岗山办事处的钱没有到手,黎一鸣就是我们的盟友,我们必须依赖他和岗山镇斗,鼓动他们项目部上访闹事,闹到周胜、闹到省城甚至北京咱都不怕,白纸黑字的合同约定,咱就不怕他们岗山镇办事处。再说黎一鸣伸长了头等待着这笔钱,他也不会轻易退缩,这里面还有他的个人利益掺和在里面。我这里还有一封信,是寄给山宁省委组织部副部长夏冬的,你看情况而言,办事处耍赖,你就亲自前往山宁省城找夏冬部长。据我所知,岗山镇的新农村建设项目资金已经全部落实,可业主方为何迟迟拖着不付钱,这其中有诈啊!弄得不好拔出萝卜带出泥,周胜市的官场要闹出地震来了。"郑昱嘉边思索边和周总说话:"咱也不管他了,咱们是在商言商。"郑昱嘉一一布置完毕,最后又关照周总:"我的手机二十四小时都开着,随时可以和我联系。"郑昱嘉转身背对着周总,他两眼眯缝成一条线凝视窗外明媚的阳光忧心忡忡:"别看现在是风和日丽,可远边的天空成片的乌云压了过来,风力也开始加大了,一会儿就会是山雨欲来风满楼,咱要做的事情就是未雨绸缪。"

周总告辞后,郑昱嘉将自己独自反锁在办公室,托腮沉思好一阵子,他信手拉开的办公桌前的抽屉,郑昱嘉取出一个U盘,他想到了邹培远。"鹰钩鼻子,别怪我对不起你,你是始作俑者,严教授的死你无法推卸责任。"郑昱嘉打开电脑,插上U盘,浏览一遍有关邹培远的淫秽画面。几分钟后,郑昱嘉取下U盘装进一个牛皮纸的公文袋,将打印好的邹培远单位的地址细心地贴在牛皮纸公文袋的外面,自言自语道:"东海市建设局纪检委。"做完这一切,郑昱嘉双手搁在脑后,仰望着天花板发呆,他在想象着几天后邹培远该是怎样的下场。

郑昱嘉自己动手将办公室打扫一遍,觉得一尘不染,才洗洗手。他再度环顾自己的办公室,随后又将窗帘放下,夹起公文包步步后退到门口,他终于下定决心离开嘉海集团,他要陪伴着严冰做一次远游。

几天后,郑昱嘉在奥地利的维也纳陪伴着严冰瞻仰莫扎特的公墓,他接到了周总的来电:岗山镇办事处声称,得过一个半月后才有可能支付百分之三十五的工程款,项目部情绪激愤,准备大闹周胜市,黎一鸣也在赶往东海市的途中,寻求嘉海集团的支持。

郑昱嘉回复极其简略:"你马上奔赴山宁省,将我的亲笔信送交夏冬部长。同时和山宁省公安厅的经侦大队吴队长取得联系,将有关黎一鸣等人违法乱纪的资料送到山宁省纪检委,要求迅速立案侦查,对黎一鸣等人展开刑事调查。"吩咐完毕,他"啪"地关掉电话,他得将全部的精力放在严冰的身上。

中欧明媚的春光里,郑昱嘉看到严冰绽开的笑容,他的心里也涌动着阵阵暖意,郑昱嘉挽起严冰的胳膊悄声细语:"冰,今晚咱俩在金色维也纳欣赏音乐会,曲目单中有德彪西的《雾》。"

严冰回眸,她朝郑昱嘉嫣然一笑:"真好。"

郑昱嘉和严冰手挽着手徜徉在维也纳静谧的大街,维也纳是德彪西的第二故乡,郑昱嘉要陪伴严冰遍访德彪西当年留下的足迹。一阵轻薄的雾飘然而至,轻盈地环绕着他俩,那层薄雾就像一袭白色的婚纱将严冰裹挟。郑昱嘉从口袋里取出MP3,他将耳机塞进严冰的耳朵,严冰演奏的《雾》充盈她的耳膜,郑昱嘉分明看见严冰水汪汪的大眼睛瞬间明亮,久违的纯真笑容绽放在严冰美丽的脸庞,她似乎找到了自我,她沉浸在自己的音乐世界。不知不觉,严冰的大眼睛注成两汪泪湖,郑昱嘉用手掌轻轻地拭去严冰眼角渗出的泪水:"傻丫头。"郑昱嘉小声嗔怪。

严冰歪头,她孩子般朝郑昱嘉顽皮地眨眼微笑,郑昱嘉分明看见严冰脸颊两侧那两个迷人的酒窝似乎盛满着幸福,郑昱嘉竟然大为感动,他送给严冰一个甜蜜的吻,然后挽着严冰一步一步缓缓地朝前走,身后洒下一路阳光。

下一站的行程该是匈牙利,郑昱嘉和严冰要与李斯特进行超越时空的对话,和李斯特告别之后,两个人将徜徉在华沙,那里有肖邦在等待着他们。郑昱嘉的一个宏愿在悄悄实现:和享誉世界的钢琴大师们进行一次穿越时空的心灵沟通之旅,他要帮助严冰找回自我,郑昱嘉信心满满。

一周之后,波兰的华沙,郑昱嘉陪伴着严冰追寻着肖邦的足迹。匝地的浓荫中,严冰依偎着郑昱嘉款款移步,两个人宛如一对来自东方的神仙眷侣慢慢踱步在华沙的街头。严冰的心情很好,她开始主动地和郑昱嘉说话。欣喜的郑昱嘉终于一点点地找到了原来的那个严冰,他一阵激动,俯下身子在严冰的左腮轻轻地吻了一下。严冰羞赧,回报郑昱嘉一个甜蜜的微笑。

严冰歪头靠着郑昱嘉,顺从地走向街心公园一侧的长靠椅,他俩都累了,坐在长靠椅上互相紧紧地依偎,严冰的秀发在郑昱嘉的下颏微微摩擦,郑昱嘉幸福地闭上了眼睛。

好景被一阵突兀的手机铃声打断,是周总的来电,郑昱嘉不慌不忙地接听。周总整整一个多小时的工作汇报让郑昱嘉明白了东海市和山宁省周胜市近阶段发生的剧变,一切似乎都在郑昱嘉的预料之中。郑昱嘉微微眯缝起双眼向东方瞭望,仿佛看到了邹培远被双规的情景,周总告诉他邹培远被东海市建设局纪检委带走了。"咎由自取。"郑昱嘉丝毫没有不安的感觉,他明白是他断送了邹培远的前程。

周总告诉的第二个消息有点出乎郑昱嘉的意料:周胜市岗山镇的两位前任——江永祥和赵则林并未受到任何处罚,纵然是他俩违规动用建设资金用于融资理财,毕竟没有将钱财纳入个人的腰包,所以上级机关也未对他俩做出任何处理,也许是碍于官场千丝万缕的关系,此事也就不了了之,但是后续的工程款倒是给予支付,周胜市财政局紧急调拨五千万到岗山镇办事处,三天之内就会将剩余的百分之三十五工程款划拨到嘉海的账户。第三件事情是最让郑昱嘉感到欣慰的,嘉海集团的报案山宁省公安厅经侦队正式受理,黎一鸣闻风便逃之夭夭,通缉令已经正式下发,经侦队正在全力缉拿黎一鸣,岗山镇项目上所有的猫腻也许会有一个水落石出。周总最后汇报的事情则让郑昱嘉的心猛然抽紧:嘉海集团分包的其他几个项目也出事了,有两个分公司的负责人因为工程的管理不善,索性卷走资金人间蒸发,又有大批的民工赶到了嘉海集团,其来势汹汹远远盖过去年岗山镇民工闹事的浪头,政府部门正在出面调解,又一场风波在嘉海集团掀起。周总急切地盼望郑昱嘉能够迅速回来,他无法承受如此巨大的压力。周总最后的一句话压得郑昱嘉的心头沉甸甸的:"董事长,我担心嘉海集团这个关过不了啊!"

郑昱嘉没有给周总任何回复,他一言不发关掉了手机,他也不知该如何指示周总。淅淅沥沥的春雨从天空飘下,郑昱嘉脱下外套,轻柔地盖在严冰的身上,然后他又将严冰整个人揽入自己的怀抱,漠然地凝视着远方,他看到的是蒙蒙雨雾中一片茫然的景象。许久,郑昱嘉的双唇才稍稍蠕动:"美人和江山,江山和美人。"他不知道自己该做出何种选择,他陷入了迷茫。

郑昱嘉最终还是做出了他人生中最为艰难的抉择:他要马上回国,他要亲自坐镇嘉海集团化干戈为玉帛,唯有嘉海才是他真正的命根子。他侧眼瞧着身心和神智逐渐恢复的严冰,愧疚的心理稍稍得到些安慰,他完成了对严冰的救赎,现在他要以拯救嘉海为最重要的大事。抬腕看看江诗丹顿,郑昱嘉迅速地给远在东海的周总打了个电话:"我明天就飞回东海。"

郑昱嘉悄悄搀扶起严冰返回下榻的宾馆,一路上自言自语不断:"没有江山,何来美人?"郑昱嘉给自己寻找了N个必须放弃严冰但又问心无愧的理由。传统的所谓男人以事业为重的观念让郑昱嘉重新给自己定位,陈旧而又荒诞的所谓传统道德观念让郑昱嘉突破了自我,他自责的心态稍稍释然,他悄然自语:"没有事业的男人怎能成为好男人,即使妻子也只是身上的一件衣服,有钱何愁换不来新的。"他更加坚定了自己的信念,割舍严冰,重振嘉海,他的心飞到了自己的嘉海集团。

郑昱嘉没有继续他和严冰的欧洲音乐之旅,他购买了翌日返回中国东海市的机票携严冰一起回归。飞机降落在东海市的机场后,郑昱嘉面对前来迎接的周总,张口就问:"我嘱咐你的事情办妥了没有?"

周总打量一眼依偎着郑昱嘉的严冰,答道:"已经替严小姐联系了东海市最好的精神康复中心,按照你郑总的吩咐,为严小姐安排的是豪华的单人病房。"

郑昱嘉叩首赞赏:"好,办得不错。我们现在就先送严小姐去康复中心。"

轿车一路行驶前往东海市的精神康复中心，郑昱嘉必须尽快地甩掉严冰这个包袱，他才能全身心地重振自己的嘉海集团，为了嘉海，郑昱嘉甘愿舍弃心中的最爱。

　　挥手告别严冰，郑昱嘉和周总随即就赶往嘉海集团，他准备着再打一场恶仗。郑昱嘉充满信心，他有把握打赢这一仗。此时，郑昱嘉恍然醒悟，他的最爱就是他的嘉海集团，没有嘉海，就没有他郑昱嘉的一切。

完稿于 2012 年 10 月

图书在版编目(CIP)数据

灰色的建筑 / 夏国平著. —上海：文汇出版社，2015.8
ISBN 978-7-5496-1498-1

Ⅰ.①灰… Ⅱ.①夏… Ⅲ.①长篇小说-中国-当代 Ⅳ.①I247.5

中国版本图书馆 CIP 数据核字(2015)第 137229 号

灰色的建筑

| 作　　　者 / 夏国平
| 策　　　划 / 张　衍
| 责任编辑 / 鲍广丽
| 封面设计 / 王　翔

| 出　版　人 / 桂国强

| 出版发行 / 文汇出版社
| 上海市威海路 755 号
| (邮政编码 200041)

| 经　　销 / 全国新华书店
| 排　　版 / 南京展望文化发展有限公司
| 印刷装订 / 上海新文印刷厂
| 版　　次 / 2015 年 8 月第 1 版
| 印　　次 / 2020 年 4 月第 2 次印刷
| 开　　本 / 720×1000　1/16
| 字　　数 / 375 千字
| 印　　张 / 21.25

ISBN 978-7-5496-1498-1
定　　价 / 68.00 元